D1877808

उमा नेहरू और स्त्रियों के अधिकार

[लेख एवं भाषण]

उमा नेहरू
और
स्त्रियों के अधिकार

सम्पादक

प्रज्ञा पाठक

राजकमल प्रकाशन

ISBN : 978-93-89577-95-2

मूल्य : ₹ 695

© प्रज्ञा पाठक

पहला संस्करण : 2020

प्रकाशक : राजकमल प्रकाशन प्रा. लि.
1-बी, नेताजी सुभाष मार्ग, दरियागंज
नई दिल्ली-110 002
शाखाएँ : अशोक राजपथ, साइंस कॉलेज के सामने, पटना-800 006
पहली मंजिल, दरबारी बिल्डिंग, महात्मा गांधी मार्ग, इलाहाबाद-211 001
36 ए, शेक्सपियर सरणी, कोलकाता-700 017
वेबसाइट : www.rajkamalprakashan.com
ई-मेल : info@rajkamalprakashan.com

मुद्रक : बी.के. ऑफसेट
नवीन शाहदरा, दिल्ली-110 032

UMA NEHRUAUR STRIYON KE ADHIKAR
Edited by Prajna Pathak

इस पुस्तक के सर्वाधिकार सुरक्षित हैं। प्रकाशक की लिखित अनुमति के बिना इसके किसी भी अंश को फोटोकापी एवं रिकॉर्डिंग सहित इलेक्ट्रॉनिक अथवा मशीनी, किसी भी माध्यम से, अथवा ज्ञान के संग्रहण एवं पुन:प्रयोग की प्रणाली द्वारा, किसी भी रूप में, पुनरुत्पादित अथवा संचारित-प्रसारित नहीं किया जा सकता।

अनुक्रम

संसद संवाद

प्राक्कथन

बीसवीं शताब्दी के आरम्भिक तीन दशक हिन्दी में स्त्री लेखन की दृष्टि से बेहद महत्त्वपूर्ण हैं। इन तीन दशकों में हिन्दी क्षेत्र में एक स्त्री आन्दोलन हुआ था जिसका नेतृत्व 'स्त्री दर्पण' पत्रिका ने किया था। इस आन्दोलन के माध्यम से स्त्रियाँ अपनी समस्याओं को सामने लाकर उन पर विचार-विमर्श करती थीं, उनके समाधान के रास्ते तलाश करती थीं और भविष्य के स्वतंत्र और समतामूलक समाज का नक़्शा बनाने का काम करती थीं। उमा नेहरू का लेखन इस आन्दोलन का बहुत मज़बूत स्तम्भ है। हिन्दी में स्त्रियों के, विशेष तौर पर वैचारिक लेखन का जो अकाल स्वाधीनता आन्दोलन के दौरान दिखता रहा है या दिखाया जाता रहा है उसका बहुत मज़बूत प्रत्याख्यान है उमा नेहरू का रचना-कर्म। बड़े आश्चर्य की बात है कि बतौर लेखक हिन्दी में उमा नेहरू की पहचान ही नहीं है। उनके रचना कर्म का यह संग्रह उमा नेहरू को नहीं, हिन्दी क्षेत्र के स्त्री लेखन को पहचान देगा। साहित्येतिहास और आलोचना में यह दमदार आवाज़ अब और विलुप्त न रहे यह समय की माँग है।

मूलत: यह उमा नेहरू के 1910 से लेकर 1935 तक के बीच विभिन्न पत्र-पत्रिकाओं में छपे लेखों का संग्रह है। इन लेखों से मेरी पहचान अपनी पीएच.डी. की उपाधि के लिए 'स्त्री दर्पण' पत्रिका पर शोध करते हुए हुई थी। मेरे शोध निर्देशक प्रो. मैनेजर पाण्डे ने मुझे 'दुखिनी बाला' की लिखी 'सरला: एक विधवा की आत्मजीवनी' जो स्त्री दर्पण में धारावाहिक रूप से छपी थी, को सामने लाने के लिए प्रेरित किया। यह आत्मजीवनी वर्ष 2008 में पुस्तक के रूप में आ चुकी है। इस पुस्तक की खोज के क्रम में दोबारा शोध सामग्री से साक्षात्कार हुआ। ज़ाहिर है यह आसान न था। लेकिन इस दूसरी बार के सामग्री संकलन के कार्य ने मुझे थोड़ा गुणग्राही बना दिया था। उमा नेहरू के आठ या नौ लेख मुझे वर्ष 2004 तक मिल चुके थे। उसके बाद के ये वर्ष हर ग्रीष्मावकाश में स्त्री दर्पण, गृहलक्ष्मी, मर्यादा, चाँद इत्यादि की बरसों पुरानी जर्जर फ़ाइलों के साहचर्य में कुछ दिन बिताने की लम्बी कहानी है। इस खोजबीन के काम में आप खोजते कुछ और हैं, मिलता कुछ और है। सोचती हूँ, मेरा घर

यदि बनारस में न होता तो क्या मैं इस दुर्लभ साहित्य के दुर्गम साक्षात्कार का यह लम्बा सफ़र तय कर पाती?

इस काम की शुरुआत करते हुए उमा नेहरू की कोई राजनैतिक पहचान दूर-दूर तक मेरी जानकारी में नहीं थी। जैसे-जैसे लेखों का संग्रह बढ़ा और इंटरनेट के माध्यम ने सूचनाओं को सर्वसुलभ किया तब मालूम हुआ कि उमा नेहरू सांसद भी रही हैं। संसद की कार्यवाही की खोज और उसे शामिल करने का सुझाव मेरे गुरु प्रो. मैनेजर पाण्डे का था। इस पुस्तक की परियोजना, स्त्री लेखन के इतिहास की खोज में मेरी अपनी दिलचस्पी के कारण बनी थी। इस संग्रह के आकार पाने के क्रम में इतिहास में भूली-बिसरी एक दमदार स्त्री आकार पाती गई। यह काम कितना उपयोगी बन पड़ा यह निर्धारित करने का काम अध्येता और अनुसन्धाताओं का है।

इन लेखों के अतिरिक्त उमा नेहरू की एक पुस्तक है 'बिपता'। यह जॉन्स मेज़फ़ील्ड के अंग्रेज़ी नाटक 'ट्रैजडी ऑफ़ नैन' का अनुवाद है जो 1929 में पुस्तक के रूप में छपा था। इसके पूर्व यह नाटक धारावाहिक रूप से स्त्री दर्पण में छप चुका था। यह भी सूचना प्राप्त होती है कि कैथरीन मेयो की लिखी बहुत चर्चित और विवादास्पद पुस्तक 'मदर इण्डिया' का भी हिन्दी अनुवाद उमा नेहरू ने किया था।

इस पुस्तक पर काम करते हुए लगभग सौ वर्ष पुराने टेक्स्ट (पाठ) की भाषा को उसके मूल रूप में सुरक्षित और संरक्षित करना अपने आपमें एक चुनौती भरा काम था। मैंने पूरा प्रयास किया है कि वह ज्यों का त्यों रह सके। उमा नेहरू ने अपने सभी लेखों में 'समाज' को स्त्रीलिंग के रूप में व्यवहृत किया है। इसी तरह 'मानवी' है जिसे टाइप में 'मानवीय' और 'पश्चिमीय' को पश्चिमी हो जाने से बचा पाना ख़ासा मुश्किल था। जावें, आवें, दिखावें, जावेगी, आवेगी, पहिले, उद्देश्य, त्रिष्णा, आर्य्य, पार्लामेंट, बेग, आधीन और पातिव्रत जैसे अनेक शब्द हैं जो पढ़ते हुए खटक सकते हैं पर वे जैसे थे वैसे ही हैं। इसी प्रकार पंचमाक्षर जो अब अनुस्वार के रूप में प्रयुक्त होता है इस मूल पाठ में अपने पुराने रूप में प्रयुक्त है, जैसे—मृदङ्ग, आकाङ्क्षा, तरङ्ग, कलङ्क, वञ्चित इत्यादि। इसी प्रकार अफरीका और अफ्रीका, अमरीका और एमेरीकन, सम्युल और सेमूएल, रोमस ग्रैहम और रोमेस ग्रेहम जैसे शब्द हैं जो कभी-कभी तो एक ही लेख में अलग-अलग तरीक़े से प्रयुक्त हुए हैं।

एक शब्द अभ्यासवश बदल गया है, वह है 'विकाश'। विभिन्न लेखों में 'विकास' लिखा है पर मूलत: वह 'विकाश' लिखा मिलता है। 'युद्ध क्षेत्र की सैर' में तो शिरोरेखा के ऊपर आने वाली मात्राओं के साथ भी चन्द्रबिन्दु लगे हुए थे जो बदल दिए गए हैं। वर्तनी के तौर-तरीक़ों में इस एक शताब्दी

में बहुत बदलाव हो चुके हैं—'अ' और 'झ' के पुराने रूप, अब की टाइपिंग और कम्पोजिंग का हिस्सा नहीं हो सकते थे। नुक्ता अधिकांशत: लगा हुआ है, पर कहीं-कहीं नहीं भी है। दरअसल ये लेख अलग-अलग पत्रिकाओं में छपे हैं, सो पत्रिका की वर्तनी और भाषा की अपनी पॉलिसी भी वर्तनी के विविध रूपों का कारण हो सकती है। संसद के सम्भाषणों का लिपिबद्ध स्वरूप, लिखने वाले भिन्न-भिन्न लोगों की दक्षता व उनके भाषिक व्यवहार का ही प्रतिरूप माना जाना चाहिए।

सामग्री संकलन की सुदीर्घ प्रक्रिया में नैरन्तर्य के साथ लगी रही छोटी बहन प्रमा, इसी अवधि में शिशु से किशोरावस्था की दहलीज़ तक पहुँचा प्रमेय जिसके हिस्से का भी बहुत सारा समय इन दस्तावेज़ों ने लिया, अतवीर का साहचर्य और समर्थन, बनारस में मम्मी के ऊपर जो है—जैसा है के हाल में सब कुछ छोड़कर निकल पड़ना, इनमें से किसी के भी बिना ये काम सम्भव ही नहीं था।

मेरे गुरु प्रो. मैनेजर पाण्डे इस पूरी परियोजना पर न सिर्फ़ नज़र बनाए रहे बल्कि इसे बेहतर तरीक़े से करने के सुझाव भी देते रहे। इतनी विलम्बित अवधि में उनका मुझ पर भरोसा बनाए रखना मेरे लिए उपलब्धि है। संसद की लाइब्रेरी तक बहुत सुगमता पूर्वक मुझे पहुँचाने और मेरी वांछित सामग्री तक पहुँच बनाने के लिए डॉ. राजेश गर्ग, एसोसिएट प्रोफ़ेसर, डी.ए.वी. कॉलेज, बुलन्दशहर और डॉ. भोला सिंह, सांसद—बुलन्दशहर संसदीय क्षेत्र का जितना आभार व्यक्त करूँ कम होगा। नागरी प्रचारिणी सभा बनारस, कारमाइकेल लाइब्रेरी बनारस, साहित्य अकादमी पुस्तकालय नई दिल्ली पुस्तकालय संसद भवन से प्राप्त सहयोग के बिना भी यह काम सम्भव नहीं था। राजकमल प्रकाशन समूह के सम्पादकीय निदेशक श्री सत्यानन्द निरुपम इस सारे उपक्रम की सबसे महत्त्वपूर्ण कड़ी हैं उनकी पारखी दृष्टि के अभाव में इस काम का प्रकाशित होना असम्भव था।

—प्रज्ञा पाठक

दिसम्बर, 2019
मेरठ (उत्तर प्रदेश)

भूमिका

हिन्दी क्षेत्र के स्त्री आन्दोलन के सर्वाधिक ऊर्जावान व्यक्तित्व का नाम है—उमा नेहरू। बीसवीं शताब्दी के आरम्भ के तीन दशकों (1900-1930 ई.) में स्त्रियों की दशा और दिशा को लेकर गम्भीर बहस चल रही थी। इस बहस में अपनी बेबाक बयानी, अग्रगामी सोच, दुनिया भर की स्त्रियों की स्थिति का ज्ञान और भारतीय स्त्रियों की ज़मीनी हक़ीक़त से परिचय के साथ उमा नेहरू एक नया और सुस्पष्ट दृष्टिकोण लेकर सामने आती हैं। यह वो समय है जहाँ स्त्रियों के मुद्दों पर स्वयं स्त्रियाँ सबसे ज़्यादा सक्रिय दिखाई देती हैं। ऐसे में उमा नेहरू का चिन्तन, सदियों की रूढ़िग्रस्त परम्पराओं को झकझोरता हुआ समानता और स्वतंत्रता की नई राहों की खोज का आवाहन है। वे डरती नहीं हैं, झिझकती नहीं हैं, ठीक उसी बिन्दु पर हाथ रखती हैं जो समाज में असमानता का केन्द्र है। तरीक़ा भी कबीर सा—अक्खड़ और बेलौस।

उमा नेहरू बहुत जागरूक लेखक और स्त्री के अधिकारों के लिए संघर्ष करने वाली सामाजिक कार्यकर्ता थीं। लेखक बनकर प्रसिद्धि पाने की आकाङ्क्षा उनमें नहीं थी। लिखना, उनके लिए एक माध्यम था समाज बदलने के रास्ते पर चलने का। लिखने का कुछ फ़ायदा हो तो लिखें वर्ना ख़ामोश रहें[1] एक सचेत लेखक होने के नाते तत्कालीन सामाजिक-राजनैतिक मुद्दों पर उन्होंने विभिन्न पत्र-पत्रिकाओं में ख़ूब लिखा। लेकिन स्त्रियों की समस्याओं एवं उनकी ग़ुलामी की पीड़ा पर लिखते हुए उन्होंने अपनी अन्यतम प्रतिभा का परिचय दिया है। हिन्दी क्षेत्र के स्त्री आन्दोलन को नई पहचान और दिशा देने में सक्षम है उनका यह लेखन।

अपनी सामाजिक आज़ादी और देश की पराधीनता से मुक्ति के जो प्रयास बीसवीं शताब्दी के आरम्भिक दशकों की स्त्रियों ने किए हैं, उनकी चर्चा अधूरी रहेगी यदि तत्कालीन स्त्री आन्दोलन से सम्बन्धित वैचारिक विमर्श की चर्चा न की जाए। इस स्त्री आन्दोलन की विशेषता ही यह है कि स्वयं स्त्रियों ने अपनी सामाजिक पराधीनता को पहचाना और उसे दूर करने के प्रयास किए। अपनी ही मुक्ति की चिन्ता नहीं की बल्कि अपनी शक्ति और सामर्थ्य के अनुरूप भारतीय

1. देखें, 'अन्य' में चर्खे के सम्बन्ध में सम्पादक गृहलक्ष्मी का लिखा उनका पत्र।

स्वाधीनता संग्राम में भी अपने लिए जगह बनाई। उस समय स्त्रियों के स्पष्ट रूप से दो वर्ग थे—एक जो जागरूक बना रहा था और दूसरा जिसे जागरूक बनाया जा रहा था। ज़ाहिर है उमा नेहरू पहले वर्ग का प्रतिनिधित्व कर रही थीं। यह वर्ग उन स्त्रियों का था जो ख़ूब पढ़ी-लिखी और सजग थीं। वे उस दकियानूसी वातावरण में भी अपनी बातें मज़बूती के साथ रखने में सक्षम थीं।

यह समय स्त्री लेखन के अभाव के रूप में चिन्हित होता रहा है। यह आश्चर्यजनक है कि इस समय में वैचारिक विमर्श मुख्यतः तीन बिन्दुओं पर हुआ। पहला—आर्थिक आत्मनिर्भरता, दूसरा—हिन्दू महिला बनाम पाश्चात्य महिला और तीसरा—स्त्री आन्दोलन। ग़ौरतलब है कि वीरभारत तलवार जैसे नवजागरण के विशेषज्ञ भी इस आन्दोलन को स्त्रियों द्वारा स्त्रियों का आन्दोलन बताते हुए बाल-विवाह, मृतस्त्रीक विवाह, विधवा-विवाह के विरोध और स्त्री शिक्षा के समर्थन तथा राष्ट्रीय स्वाधीनता संग्राम में स्त्रियों की भागीदारी का आन्दोलन[1] बताकर इसकी एक सीमा रेखा तय कर देते हैं। जबकि उस दौर का साहित्य प्रमाण है कि जागरूक बनाने में लगे वर्ग की दृष्टि में उपर्युक्त सामाजिक-राजनैतिक मुद्दे तो थे ही लेकिन स्त्रियों के लिए आकाश की कोई सीमा बाँधने का उनका कोई इरादा हो ऐसा नहीं लगता। स्त्री को एक मनुष्य के रूप में विकास के स्वतंत्र अवसर मिलें यह इस थिंक-टैंक की चिन्ता का मूल विषय था।

स्त्री दर्पण पत्रिका में 1915 में एक रचना प्रकाशित हुई थी—'एक विधवा की आत्मजीवनी'। यह आत्मजीवनी एक बालविधवा के जीवन एवं उसकी पीड़ा को बहुत संवेदना के साथ स्वर देती है। 'दु:खिनी बाला' स्त्रियों की दुर्दशा के कारणों की खोज करते हुए कहती हैं—'संसार रूपी बाज़ार में पुरुष का आदर अधिक है क्योंकि वह productive capital है, उपार्जन करता है, क्योंकि उसके द्वारा धन की आय और उसकी वृद्धि होती है। स्त्री लक्ष्मी होते हुए भी पैदा नहीं करती इसी कारण से उसका मान कम है। यदि वह भी उपार्जन करती होती तो पुरुष के समान बाज़ार में उसका भी मूल्य होता और उस अवस्था में पुरुष के समान आदर की अधिकारिणी भी वह होती।'[2]

स्त्रियों की अवनत सामाजिक दशा के मूल में उनकी आर्थिक पराधीनता है। इस सच्चाई से बीसवीं सदी के आरम्भ की स्त्री परिचित हो चुकी थी। यह ज़रूर है कि तत्कालीन सामाजिक परिस्थितियों में जहाँ स्त्री की जीविका का एकमात्र साधन परिवार माना जाता था, वहाँ स्त्री के आर्थिक स्वावलम्बन की बात सोचना अपने समय से आगे बढ़कर सोचना था। लेकिन तत्कालीन स्त्री आन्दोलन के

1. राष्ट्रीय नवजागरण और साहित्य-वीरभारत तलवार, हिमाचल पुस्तक भंडार, दिल्ली, 1993, पृ. 146
2. सरला एक विधवा की आत्मजीवनी-प्रज्ञा पाठक, परमेश्वरी प्रकाशन, दिल्ली 2008, पृ. 49

नेतृत्व करने वाले वर्ग ने यह ख़तरा उठाया। अप्रैल 1918 के स्त्री दर्पण के अंक में उमा नेहरू का लेख छपा 'हमारे सामाजिक साँचे'। वे लिखती हैं—'मानवी समाज में स्त्री अपना पालन-पोषण स्वयं नहीं कर सकती। इसका अन्नदाता पुरुष होता है, इसलिए पुरुष को वे सारे अधिकार प्राप्त होते हैं जो एक अन्नदाता को अपने आश्रित पर हुआ करते हैं। इस रस्म या सामाजिक प्रबन्ध ने एक ओर तो पुरुषों को देवताओं से जा मिलाया है, दूसरी ओर स्त्री के स्वभाव में एक गहरा अंश दासत्व का उत्पन्न करा दिया है। यही आर्थिक पराधीनता स्त्री जाति की हीन दशा का मूल कारण है।'

स्त्री की आर्थिक आत्मनिर्भरता पर उस दौर में जो चर्चा हुई वह बहुत सारे किन्तु-परन्तु के साथ थी। मूल बात यह है कि आर्थिक आत्मनिर्भरता इस स्त्री आन्दोलन की चर्चा का एक महत्त्वपूर्ण हिस्सा था। ये अलग बात है कि इस चर्चा के क्रम में पुरुषों का विचार यह था कि अपने आपको दुर्दशा से बचाने के लिए स्त्री आर्थिक स्वातंत्र्य प्राप्त करे। आवश्यकता न होने पर स्त्रियों के लिए अर्जन अनिवार्य नहीं हो। जबकि स्त्री सोच का रुझान यह था कि चूँकि 'अर्थ' उसकी पराधीनता के मूल में है इसलिए असमानता और पराधीनता को दूर करने के लिए यह बन्धन तोड़ने की आवश्यकता है कि—वे अर्जन न करें या सिर्फ़ आवश्यकता पड़ने पर ही अर्जन करने की ओर प्रवृत्त हों। स्त्रियाँ, स्त्री-समाज के सम्मुख यह चुनौती रखती हुई प्रतीत होती हैं कि पुरुष का देवत्व और स्त्री का दासत्व तोड़ने के लिए और उपार्जन का आदर प्राप्त करने के लिए अर्जन आवश्यक है।

वैचारिक विमर्श का दूसरा महत्त्वपूर्ण बिन्दु है—हिन्दू महिला बनाम पाश्चात्य महिला। भारतीय स्त्रियों की शिक्षा और जागरूकता के अभियान को देखते हुए समाज में कुछ नए सवाल उठ रहे थे। ये सवाल स्त्री की शिक्षा और सजगता दोनों को कठघरे में रखते थे। औपनिवेशिक भारत में सवाल और जवाब का यह सिलसिला काफ़ी लम्बा चला था। 1881 में 'नीलदेवी' की भूमिका में भारतेन्दु ने पाश्चात्य स्त्री के तत्कालीन मॉडल को सामने रखते हुए उसकी स्वच्छन्दता और फ़ैशनपरस्ती को छोड़कर, उसके गुणों को ग्रहण करने पर ज़ोर दिया था।[1] बीसवीं सदी के आरम्भ में भी भारतीय समाज इस बात पर एकमत नहीं था कि शिक्षा प्राप्त की हुई जागरूक स्त्री का स्वरूप कैसा होना चाहिए, उसकी शिक्षा किन आदर्शों पर होनी चाहिए।

पाश्चात्य स्त्री का मॉडल तत्कालीन रूढ़िवादी समाज के लिए हौवे की तरह था। स्त्री के पाश्चात्य मॉडल का अतिरंजित चित्र प्रस्तुत कर भारतीय स्त्री को पुनः उन्हीं चारदीवारियों में क़ैद करने की साजिश, एक सिरे से ज़ोर पकड़ रही थी जिससे भारतीय स्त्री बड़े प्रयासों के बाद आज़ाद होने की राह पर थी। घर-परिवार,

1. भारतेन्दु समग्र—हेमंत शर्मा, वाराणसी, 1989, पृ. 478-79

परम्पराएँ-मान्यताएँ, मूल्य-आदर्श, त्याग-बलिदान जैसे न जाने कितने मुद्‌दे स्त्री के भारतीय मॉडल की प्रशंसा में सामने रखे गए। इन्हीं के बरअक्स स्वच्छन्दता, उच्छृंखलता, फ़ैशनपरस्ती, परिवार और पति की उपेक्षा और परम्पराओं को चुनौती देने को पाश्चात्य स्त्री की विशेषता बताते हुए इस मॉडल से भारतीय स्त्री को सावधान करने का अभियान चल पड़ा था। स्त्री आन्दोलन की अगुआई करने वाली स्त्रियों ने अपने सुलझे हुए सोच और खुले दिमाग़ का परिचय देते हुए इस मुद्‌दे पर विमर्श किया।

दिसम्बर 1915 के स्त्री दर्पण में 'पाश्चात्य स्त्रियाँ' शीर्षक से उमा नेहरू का एक लेख छपा जिसमें उन्होंने भारतीयों द्वारा अपने अज्ञान के कारण पाश्चात्य स्त्रियों के सन्दर्भ में किए गए दुष्प्रचार का जमकर विरोध किया है। वे कहती हैं कि हिन्दुस्तान में यह आम धारणा है कि पश्चिमीय स्त्रियों का व्यक्तित्व, उनका स्वतंत्रता प्रेम हमारी दृष्टि में उनको पतिव्रत धर्म पालन के अयोग्य बना देता है। हमारे यहाँ की स्त्रियाँ यह मानती हैं कि अपने सांसारिक सुखों में मग्न पाश्चात्य स्त्रियाँ माता की पदवी के साथ न्याय नहीं कर पातीं। उमा नेहरू कहती हैं कि पातिव्रत धर्म के नाम पर भारत में प्रचारित की जाने वाली बातें वास्तविक पातिव्रत धर्म से दूर ले जाती हैं। वे स्त्रियों में मित्रभाव उत्पन्न करने के स्थान पर दासियों के भाव उत्पन्न करती हैं और स्त्रियाँ अपने पुरुषों की हितैषिणी और सहायिका बनने की बजाय उनके आश्रित और अधीन बन जाती हैं।

इस लेख में उमा नेहरू यूरोप के अनेक ऐसे महत्त्वपूर्ण पुरुषों के बारे में बताती हैं जिनके जीवन में उनकी माँ, पत्नी अथवा बहनों का ज़बरदस्त प्रभाव रहा है। वे पश्चिमी स्त्रियों के प्रेम व उनकी योग्यता की प्रशंसा करते हुए बताती हैं कि वे सांसारिक सभ्यता के क्षेत्र में कमतर नहीं हैं। उमा नेहरू भारतीय समाज में पाश्चात्य स्त्रियों की स्वतंत्रता, विद्वत्ता और उनके राजनैतिक आन्दोलन को लेकर बनी ग़लत धारणाओं का ज़ोरदार खंडन करती हैं। उनका मत है कि स्त्री जाति के पश्चिमीय राजनैतिक आन्दोलन, योरोप की तत्कालीन दशा का स्वाभाविक परिणाम हैं। भारतीय स्त्री को शिक्षा अथवा सामाजिक दशा सुधारने के नाम पर पाश्चात्य स्त्रियों से भयभीत करवाना वे उचित नहीं मानतीं। 'यह स्त्रियाँ हमारे लिए जूजू का काम देने वाली हैं तथा हमारे मार्ग में सबसे बड़ी अड़चन हैं। पश्चिमीय स्त्री की वास्तविक दशा दिखाने तथा उनके गुण गाने में हमारा सिद्धान्त केवल उनकी प्रशंसा नहीं है। हम अपनी उन्नति के क्षेत्र की इस अड़चन को हटाया चाहती हैं। इसलिए हमने उपयुक्त उपमाओं द्वारा यह दिखाया है कि विद्वत्ता तथा नवीन सामाजिक प्रपंचों से स्वतंत्रता कदापि स्त्रियों को अपने धर्म पालन के अयोग्य नहीं बना सकतीं। हमारी उपमाएँ यह बताती हैं कि वस्त्र सीना, भोजन बनाना और अपने पति के उपस्थित होते ही आगे-पीछे दौड़ने लगना ही पातिव्रत धर्म पालन की अन्तिम सीमा नहीं है।'

भारतीय बनाम पाश्चात्य की इस बहस में भारतीय जनमानस में बसी पश्चिम की नकारात्मक छवियों को सकारात्मक बनाने का काम उमा नेहरू बहुत बारीकी से करती हैं। 'युद्ध क्षेत्र की सैर' में खाने पर टूट पड़ा एक भूखा आदमी और उसके संवाद ध्यान देने लायक़ हैं—'मेरे शरीर में भी आप लोगों के सदृश ही रक्त बह रहा है' और 'हमारी जननी के प्राण निकल रहे हैं। पहले उसे अन्न पहुँचाकर ही मैं अपने उदर में कुछ डाल सकता हूँ।' इस लेख में उमा नेहरू का मूल स्वर युद्ध विरोधी है। युद्ध की भीषणता का परिचय देने के लिए ही यह लेख लिखा गया। शरीर में बहता रक्त सारी दुनिया के मनुष्यों का एक जैसा ही होता है और श्रवण कुमार सिर्फ़ भारत में नहीं होते यह भी साफ़-साफ़ रेखांकित हो रहा है।

स्त्री दर्पण पत्रिका का अगस्त 1915 का सम्पादकीय भी पाश्चात्य स्त्रियों को भारतीय सन्दर्भ में प्रस्तुत किए जाने के विषय में लिखा जा चुका था। स्त्री दर्पण की सम्पादक कहती हैं—स्त्री शिक्षा के विरोधियों ने सफ्रेजेट स्त्रियों (वोट के अधिकार के लिए संघर्ष करने वाली स्त्रियों) को भी एक मुद्दा बना रखा है। ये विरोधी कहते हैं कि यदि अपने यहाँ भी स्त्रियों को बहुत स्वाधीनता दोगे, उन्हें ज्ञान-विज्ञान से परिचित होने को स्वतंत्र छोड़ दोगे तो वे भी पश्चिम की सफ्रेजेट स्त्रियों की तरह बम लेकर तुम्हें मारने उठेंगी। रामेश्वरी नेहरू स्त्री शिक्षा के अधिकांश समर्थकों पर कटाक्ष करती हैं कि शिक्षा शब्द का प्रयोग जब स्त्री के लिए करते हैं तो उसके अर्थ को बहुत सीमित कर देते हैं। वर्णाक्षर पहचानना, रामायण पढ़ लेना, चिट्ठी-पत्री लिख लेना और गृहस्थी का हिसाब कर लेना ही उन्हें स्त्री की उपयुक्त शिक्षा लगता है। इससे आगे बढ़ना वे स्त्री के लिए ग़लत मानते हैं। यही नहीं बराबर धमकी देते हैं कि स्त्री का इससे आगे बढ़ना स्त्री नामधारी उस राक्षसी की अनुगामिनी होना है जिसे लोग सफ्रेजिस्ट के नाम से जानते हैं।[1]

रामेश्वरी नेहरू 'मर्यादा' पत्रिका में छपे लेख 'क्या स्त्री पुरुष समान हैं' के द्वारा लेखक के हिन्दू स्त्री को उच्च और पश्चिमी स्त्री को हीन बताने पर एतराज़ करती हैं। वे इंग्लैंड की प्रसिद्ध सफ्रेजेट स्त्री मिसेज स्नोडन की पुस्तक फ़ेमिनिज़्म' के सन्दर्भ से बताती हैं कि मिसेज स्नोडन ने लिखा है कि साधारण पुरुष जब सफ्रेजेटों के बड़े-बड़े दलों को नगर के गली-बाज़ारों में से झंडा-पताका उड़ाते हुए गुज़रता देखते हैं तो वे बहुधा यही कह उठते हैं कि यह सब आडम्बर स्त्रियों ने पति ढूँढ़ने के लिए रचे हैं। रामेश्वरी नेहरू लिखती हैं कि विवाह तो स्त्री-पुरुष दोनों का होता है फिर भी घर-वर ढूँढ़ने का प्रयास करने का लांछन स्त्री पर ही क्यों होता है? वे इंग्लैंड के स्त्री-पुरुष लिंगानुपात का ज़िक्र करते हुए बताती हैं कि वहाँ यदि जितने पुरुष हैं, सब विवाह करें तो भी दस लाख स्त्रियाँ ऐसी होंगी जिनका विवाह नहीं होगा। वे अविवाहित रहेंगी और अपनी जीविका का प्रबन्ध ख़ुद करेंगी।

1. स्त्री दर्पण पत्रिका-सम्पादकीय, अंक-अगस्त 1915, पृ. 125

जो महिलाएँ काम करने बाहर निकली हैं उनके रास्ते में भी वहाँ के अन्याययुक्त क़ानूनों और दस्तूरों की बाधाएँ हैं। इसी कारण साधारण स्त्री उन दिक़्क़तों और कठिनाइयों से बचने के लिए घर-वर ढूँढ़ने की चिन्ता करती है। रामेश्वरी नेहरू यह भी कहती हैं कि जो साहसी और आत्माभिमानी, परोपकारिणी स्त्रियाँ सहस्त्रों कष्ट सहन करके उन अन्यायों और अत्याचारों को दूर करने का प्रयत्न कर रही हैं, जिन क़ानूनों और दस्तूरों को उनके विरोधी भी 'अनर्थ' स्वीकार करते हैं। ऐसी स्त्रियों को अधम और नीच समझकर बुरा-भला कहना अन्याय है।[1]

स्त्री दर्पण के ही जनवरी 1916 के अंक में गणेश शंकर विद्यार्थी भी 'स्त्रियों का स्थान' शीर्षक लेख में पश्चिम की स्त्री और पूर्व की स्त्री की दशा की चर्चा करते हुए परोन्मुखता को दोनों ही के जीवन की प्रमुख समस्या बताते हैं। मर्यादा का लेख, रामेश्वरी नेहरू का सम्पादकीय, उमा नेहरू का 'पाश्चात्य स्त्रियाँ' और गणेश शंकर विद्यार्थी का लेख, इन सबको एक साथ विश्लेषित करने का प्रयास करें तो यह बहुत स्पष्ट हो जाएगा कि उमा नेहरू अपनी युगीन समस्याओं को ही सम्बोधित करके लिख रही थीं।

एक लेख उमा नेहरू ने लिखा 'हमारे ज़ेवर'। इस लेख को भी तत्कालीन सामाजिक सन्दर्भों में पढ़ा जाना चाहिए। स्त्री दर्पण के 1910 से लेकर 1922 तक के अंकों में आभूषण प्रेम के परित्याग या आभूषण धारण करने से हानि इत्यादि विषयों पर एक सम्पादकीय और कई लेख छपे हैं। गृहलक्ष्मी पत्रिका में 'महात्मा गांधी और आभूषण' शीर्षक से गांधी की आत्मकथा का एक अंश छाप कर पाठकों के आभूषण प्रेम को नियंत्रित करने की प्रेरणा दी गई है। प्रेमचन्द का उपन्यास 'गबन' इसी आभूषण प्रेम की धुरी पर अपने समय और समाज की कथा कहता है। 'अछूत जातियों की दशा', 'सामाजिक संगठन में स्त्रियों का स्थान', 'स्त्रियाँ और भर्ती', 'स्त्रियों में स्वदेशी प्रचार' जैसे लेखों के माध्यम से उमा नेहरू अपने समय की प्रमुख समस्याओं को सम्बोधित करती हैं। इन विषयों पर उस समय के लगभग सभी सामाजिक-राजनैतिक कार्य करने वालों ने लिखा और जनमत के परिष्कार में महत्त्वपूर्ण योगदान किया।

हिन्दी और अंग्रेज़ी दोनों में ही उमा नेहरू के बारे में जो जानकारी मिलती है, उसका स्रोत वीरभारत तलवार का लेख 'स्त्री-मुक्ति आन्दोलन का आरम्भ : स्त्री दर्पण पत्रिका' है जो उनकी पुस्तक 'राष्ट्रीय नवजागरण और साहित्य' में छपा। बाद में इसका अंग्रेज़ी अनुवाद कुमकुम संगारी और सुदेश वैद सम्पादित पुस्तक 'रिकास्टिंग वीमेन: एस्सेज़ इन कोलोनियल हिस्ट्री' में छपा। इसी लेख का एक खंड है 'उमा नेहरू का नारीवाद'। यह खंड स्त्री दर्पण के 1918 के पाँच अंकों (मार्च, अप्रैल, मई, जुलाई और अगस्त 1918) में छपे उमा नेहरू के लेखों के

1. स्त्री दर्पण पत्रिका-सम्पादकीय, अंक-अगस्त 1915, पृ. 126-27

आधार पर लिखा गया है। इस लेख में वीरभारत तलवार लिखते हैं कि 'उमा नेहरू जिन सवालों के उत्तर दे रही थीं उन सवालों को भारतीय स्त्री आन्दोलन ने नहीं उठाया था। वे सवाल इस आन्दोलन से बाहर कहीं उठे थे। वे सवाल और उनके उत्तर जो उमा नेहरू ने दिए, ब्रिटिश नारीवादी आन्दोलन में चल रही बहस (discourse) के अंग थे।'[1]

ऐसा लगता है कि भारतीय नारी बनाम पाश्चात्य नारी की जो बहस पूरे हिन्दी समाज में चल रही थी वह कहीं नज़रअन्दाज़ हुई है। उमा नेहरू के लेखों में उठाए गए तमाम सवाल-जवाब ब्रिटिश नारीवादी आन्दोलन की बहस से नहीं उपजे थे बल्कि इसी भारतीय नारी बनाम पाश्चात्य नारी की बहस का हिस्सा थे। इस बहस का सीधा सम्बन्ध स्त्री शिक्षा से था। औपनिवेशिक भारत में स्त्रियों के लिए काम करने वाला हर व्यक्ति कहीं न कहीं इस बहस में उलझा है और अपना पक्ष चुनने को मजबूर हुआ है।

भारतेन्दु 1884 (बलिया व्याख्यान) में कह चुके थे, 'लड़कियों को पढ़ाइए मगर उस चाल से नहीं जैसे आजकल पढ़ाई जाती हैं, जिससे उपकार के बदले बुराई होती है1'[2] गांधी, सीता, दमयन्ती, व द्रौपदी के समान पवित्र, दृढ़ और आत्मावलम्बित स्त्रियाँ समाज में उत्पन्न करने की प्रार्थना भगवान से कर रहे थे।[3] प्रेमचन्द 'गोदान' में मालती बनाम गोविन्दी प्रकरण में, प्रो. मेहता के धाराप्रवाह श्रमसाध्य व्याख्यानों में इसी बहस से मुखातिब थे। उमा नेहरू ने स्त्री शिक्षा पर एनी बेसेंट के एक लेख का अनुवाद किया है। उसमें एनीबेसेंट भी भारतीय स्त्रियों की सामाजिक दशा पर पड़ने वाले अंग्रेज़ी प्रभाव से चिन्तित दिखती हैं।

स्त्री दर्पण पत्रिका ने बड़े तार्किक ढंग से पाश्चात्य महिलाओं के जीवन के विविध पहलुओं को स्त्री समाज के सम्मुख रखा। स्वयं उमा नेहरू पूर्व और पश्चिम के आदर्शों के सांस्कृतिक द्वन्द्ध को केन्द्र में रखते हुए चल रहे विद्वानों के देशव्यापी वाद-विवाद को और उनके दुविधाग्रस्त मन को ठीक-ठीक पढ़ पाई थीं।

वर्ष 2015 में कमलेश मोहन की पुस्तक आई 'रामेश्वरी नेहरू'। इस पुस्तक में उमा नेहरू का ज़िक्र करते हुए कमलेश मोहन लिखती हैं—'पश्चिमी शिक्षा प्राप्त उमा नेहरू, जिनके उग्र आन्दोलनकारी विचार औसत भारतीय महिला को समझ में नहीं आते थे।'[4] यह भी कि—'यह तथ्य कि उमा नेहरू के उग्र आन्दोलनकारी

1. राष्ट्रीय नवजागरण और साहित्य-वीरभारत तलवार, हिमाचल पुस्तक भंडार, दिल्ली, 1993, पृ. 145-46
2. भारतेन्दु समग्र-हेमंत शर्मा, वाराणसी, 1989, पृ. 1013
3. स्त्री दर्पण पत्रिका-स्त्रीजाति के सम्बन्ध में गांधीजी के विचार आजकल की शिक्षा प्रणाली दोषपूर्ण है, अंक-अप्रैल 1918, पृ. 206
4. रामेश्वरी नेहरू-कमलेश मोहन, नेशनल बुक ट्रस्ट 2015, पृ. 66

विचार और नारीवादी तर्क बिना किसी पूर्वग्रह के स्त्री दर्पण के पाठकों के साथ साझा किए जाते थे, रामेश्वरी के खुले दिमाग़ के संकेत देते थे, जिसकी अपेक्षा एक सम्पादक-मध्यस्थ से की जाती थी।'[1]

अगस्त 1915 के स्त्री दर्पण के सम्पादकीय का ज़िक्र पूर्व में किया गया है। अपने सुलझे विचारों से स्त्री दर्पण को नेतृत्व देने वाली सम्पादक कुछ दुविधा या दबाव में नज़र आती हैं। मार्च 1918 के सम्पादकीय में रामेश्वरी नेहरू ने 'हमारे समाज में क्या दोष है' (यह फरवरी 1918 में छपे ब्रजकृष्ण गुर्टू के लेख का शीर्षक है, जिसमें व्यक्त विचारों को आड़े हाथों लेते हुए उमा नेहरू ने 'हमारे समाज सुधारक' लिखा था) शीर्षक से लिखते हुए उमा नेहरू के लेख 'हमारे समाज सुधारक' का उल्लेख किया है। रामेश्वरी नेहरू लेख की गम्भीरता से आश्वस्त हैं, उसे विचारपूर्वक पढ़ने की राय भी देती हैं—'परन्तु उनकी एक सम्मति से हम सहमत नहीं। श्रीमती उमा नेहरू जी हमारी प्राचीन शैली के भारतीय धर्म या सामाजिक आचरणों को वर्तमान काल के लिए अनावश्यक और असम्भव भी समझती हैं। सीता, दमयन्ती, द्रौपदी आदि भारत माता के नाम उज्ज्वल करने वाली महिलाओं के सम्बन्ध में आपकी सम्मति है कि उचित होता कि हमारे पुरुष अब इन महिलाओं की उपमा देना बन्द कर देते।'[2] रामेश्वरी नेहरू भारत की तरक़्क़ी ज्ञान-विज्ञान और धर्माचरण से होना सुनिश्चित बताती हैं और पूर्वी आदर्शों की स्थापना को उद्धार का मार्ग मानते हुए कहती हैं—सीता, दमयन्ती, सावित्री सदा हमारी पूज्य बनी रहें और जिस प्रकार स्वतंत्रता और स्वाधीनता का सुख भोगती हुई वे हमारी बुढ़िया भारत माता का नाम अजर-अमर बना गई हैं, उसी प्रकार का सौभाग्य वर्तमान युग की महिलाओं को भी प्राप्त हो, यही घट-घट वासी अन्तर्यामी दयामय से हमारी हृदय खोलकर प्रार्थना है।[3]

इस सम्पादकीय के माध्यम से पूर्वी बनाम पश्चिमी की बहस में रामेश्वरी नेहरू भी साफ़-साफ़ घोषणा करती हैं कि वे पूर्वी आदर्शों के साथ हैं। अगस्त 1918 में एक और सम्पादकीय आया 'देशी और विलायती नारी शिक्षा'। इसमें भारत की स्त्री की आजन्म शिक्षा, पतिदेव की पूजा को बताया गया, पाश्चात्य स्त्रियों के बारे में स्त्री विरोधी टिप्पणियाँ की गईं और अपने प्राचीन (सीता, सावित्री, दमयन्ती) आदर्शों के संरक्षण पर ज़ोर दिया गया। इस सम्पादकीय के बाद 'हमारी सूरतें' का दूसरा भाग तो स्त्री दर्पण के सितम्बर अंक में छपा लेकिन उमा नेहरू ने इस सम्पादकीय में अपने विचारों के विरोध की झलक पाकर स्त्री दर्पण के लिए लिखना बन्द कर दिया था।

---

1. रामेश्वरी नेहरू-कमलेश मोहन, नेशनल बुक ट्रस्ट 2015, पृ. 57
2. स्त्री दर्पण, सम्पादकीय, मार्च 1918, पृ. 117
3. वही, पृ. 118

उमा नेहरू अपने समय की बहुत चर्चित लेखक थीं। स्त्री अधिकारों के लिए काम करने वाले पत्रों में उनकी ख़ूब जगह थी। वे मर्यादा, गृहलक्ष्मी और चाँद के लिए लिखती रहीं। वीरभारत तलवार बताते हैं कि उनका 'हमारे हृदय' स्त्री दर्पण में छपने के कुछ समय बाद बनारस के दैनिक 'आज' में भी छपा था।[1] 'हमारे हृदय' मई 1918 में स्त्री दर्पण में छपा है जबकि मर्यादा में यही लेख अप्रैल 1918 में ही छप चुका था। लेखन से ज़्यादा एक्टिविज़्म की कायल उमा नेहरू जनता को जागरूक बनाने वाले विचारों को अधिक से अधिक लोगों तक पहुँचाना चाहती थीं।[2]

उमा नेहरू के लेखों ने परम्परापूजक समाज में चेतना का विस्फोट किया था। 1918 में तो उनके हर लेख के साथ रामेश्वरी नेहरू को अपनी टिप्पणी के साथ उपस्थित होना पड़ा था। उमा नेहरू परम्पराओं को चुनौती देने में सक्षम थीं। क्या यही कारण है कि तुलना के निकष पर ही उनका मूल्यांकन होगा। उमा बनाम रामेश्वरी, विशिष्ट महिला बनाम औसत महिला, उग्रता बनाम उदारता। खरी-खरी पुरुष कहें तो 'कबीर' स्त्री कहे तो उग्र नारीवादी, उग्र आन्दोलनकारी।

भारत और भारतीयता से उमा नेहरू का लगाव इतना प्रगाढ़ न होता तो भला क्यों वे अपने देश की सामाजिक और राजनैतिक आज़ादी के लिए हर मोर्चे पर काम करतीं। लेकिन ऐसा लगता है कि ख़ुद को बेहतर दिखाने के लिए दूसरे की तस्वीर को काला कर देना इस समझदार महिला के सिद्धान्तों के विपरीत था। उन्होंने पाश्चात्य सांस्कृतिक मूल्यों का जो उज्ज्वल पक्ष था उसे किसी भी क़ीमत पर उज्ज्वल ही स्वीकार किया। इतना ही नहीं अपने तईं भरपूर कोशिश की कि यह उजला पहलू साधारण जन तक भी सम्प्रेषित कर सकें। उस षड्यंत्र को समझा सकें जो पूर्वी-पश्चिमी के द्वन्द्व में स्त्री की शिक्षा और उसकी मुक्ति की दिशा में अवरोध उत्पन्न कर रहा है।

तत्कालीन वैचारिक विमर्श का तीसरा और महत्त्वपूर्ण बिन्दु है—स्त्री आन्दोलन। इसके माध्यम से उन मुद्दों को उठाया गया है जिनके द्वारा स्त्री चेतना की एक नई ज़मीन तैयार हो रही थी, जिसमें से नारीवाद का स्वरूप उभरता दिखाई दे रहा था। यह आम धारणा है कि भारत में और ख़ास तौर पर हिन्दी क्षेत्र में कोई स्त्री आन्दोलन कभी हुआ ही नहीं। भारतीय सन्दर्भ में 'नारीवाद' शब्द को 'यत्र नार्यस्तु पूज्यन्ते' के पाठ से ख़ारिज करने का प्रयास करने वालों के लिए ये आश्चर्य का विषय हो सकता है कि बीसवीं शताब्दी के इन आरम्भिक दशकों में स्त्रियाँ और उनके साथ-साथ पुरुष भी स्त्री शक्ति की पहचान, स्त्रियों की अपने अस्तित्व और

1. राष्ट्रीय नवजागरण और साहित्य-वीरभारत तलवार, हिमाचल पुस्तक भंडार, दिल्ली, 1993, पृ. 144
2. देखें, स्त्रियों के अधिकार-उमा नेहरू का आरम्भ

व्यक्तित्व के प्रति चेतना तथा परम्परापोषित अवधारणाओं पर उनके द्वारा खड़े किए गए सवालों पर खुलकर चर्चा करते हैं। यह सारा चर्चा समवेत स्वर से स्त्री के सम्मुख एक नई दुनिया का ढाँचा खड़ा कर रहा था। इसके साथ ही हमारे सामने खड़ा होता है स्त्री आन्दोलन का एक नया रूप जिसने उन्नीसवीं सदी के उत्तरार्ध से बीसवीं सदी आरम्भिक तीन दशकों में 'स्त्री जागरण' से 'स्त्री आन्दोलन' तक का सफर तय किया है। स्त्रियाँ अबला हैं या शक्तिहीन हैं, इस बात का विरोध करते हुए तत्कालीन स्त्री आन्दोलन ने उन्हें अपनी शक्ति के प्रति चेतस बनाया। इस बात के प्रयास किए गए कि स्त्रियाँ अपनी शक्ति की वास्तविक पहचान करके अपनी स्थिति सुधारने के लिए स्वयं प्रयासरत बनें। स्त्री दर्पण के मार्च 1915 के अंक में रामेश्वरी नेहरू का लेख छपा—'स्त्रियाँ और सामाजिक कार्य'। इस लेख में रामेश्वरी नेहरू स्त्रियों की बुरी दशा के पीछे तीन कारण बताती हैं—पहला, देश का पराधीन होना, दूसरा, सामाजिक कुरीतियाँ और तीसरा, शिक्षा का अभाव। स्त्री शक्ति में अपनी पूरी आस्था व्यक्त करते हुए वे सामाजिक कुरीतियों के उन्मूलन और शिक्षा के प्रचार-प्रसार के लिए अपनी शक्ति के सदुपयोग का आग्रह करती हैं।

स्त्री शक्ति का अन्तिम लक्ष्य सिर्फ़ विवाह करना या पुरुषों को रिझाना नहीं है इस तथ्य को पहचानने और सामने लाने का काम स्त्री दर्पण के माध्यम से गणेश शंकर विद्यार्थी ने जनवरी 1916 में किया। उन्होंने लिखा कि स्त्री और पुरुष में भेद करने का काम प्रकृति ने नहीं किया, यह असमानता तो अज्ञानजन्य थी। पुरुष ने स्त्री को अपने विलास की सामग्री समझा। स्त्री को भी अपनी शक्ति का अन्दाज़ नहीं हुआ। वह नहीं समझ पाई कि वह किस उच्च ध्येय के लिए बनी है। वह पुरुष के विलास की सामग्री बनकर, पुरुष को अपनी ओर झुकाने में अपनी शक्ति समझने लगी। इसी भ्रमात्मक नींव पर समाज का वर्तमान भवन बना जिसके बड़े खंड पर पुरुष का राज्य हुआ। एक छोटे से भाग पर स्त्रियों का आधिपत्य भी हुआ परन्तु इस छोटे से टुकड़े पर भी पुरुष की मूर्ति देवतुल्य पुजी।[1]

स्त्री चेतना के आन्दोलनपरक स्वरूप के कारण ऐसी अनेक स्त्रियाँ सामने आईं जो अपने अस्तित्व और व्यक्तित्व के प्रति जागरूक थीं। इस जागरूकता का प्रचार-प्रसार वे अन्य स्त्रियों के बीच भी कर रही थीं। इन्होंने समाज में स्त्री और पुरुष के बीच मौजूद असमानता का विरोध किया। इस दौर में ज़ोर देकर यह बात कही गई कि स्त्री का भी अपना हृदय है, आकाङ्क्षाएँ हैं। उन्हें कुचलकर वह जिस रूप में सामने आती है वह समाज के लिए उपयोगी नहीं हो सकता है। स्त्री अपनी योग्यता और क्षमता के अनुरूप समाज में अपनी जगह हासिल कर सके ऐसी प्रेरणा देने का प्रयास स्त्री आन्दोलन के माध्यम से किया गया।

---

1. स्त्री दर्पण, जनवरी 1916, गणेश शंकर विद्यार्थी, पृ. 28-29

स्त्री और पुरुष के बीच असमानता और स्त्री के तिरस्कृत जीवन का आरम्भ परिवार में कन्या के जन्म से ही हो जाता है। जन्म लेने वाली कन्या और जन्म देने वाली माँ दोनों समाज में तिरस्कार की भागी बनती हैं। वह स्त्री जो बेटी, माँ, बहन या पत्नी के रूप में पुरुषों के साथ होती है, उनकी सहायता और सेवा करती है उसका जन्म भारतीय समाज में कितना अनचाहा होता है इस बात को स्त्री दर्पण की लेखिकाओं ने महसूस किया है और कहा भी है। स्त्री दर्पण के माध्यम से यह सवाल खड़े हुए कि कैसे इन संस्कारों से मुक्ति पाई जाए कि पुत्र-जन्म प्रसन्नता और पुत्री-जन्म शोक का अवसर न रहे। धीरे-धीरे यह हल निकलकर आया कि स्त्री अपने स्वत्व और अधिकारों को पहचाने, अपनी स्वाधीनता के लिए संघर्ष करे तो इन समस्याओं का हल ख़ुद ब ख़ुद निकल आएगा।

स्त्री की पराधीनता और उसकी स्वतंत्रता की ठीक-ठीक पहचान उमा नेहरू को थी। भारत में बहुत प्रचलित पदबन्ध है—अच्छी स्त्री। अच्छी स्त्री होने या बनने के जो नुस्खे प्रचलित हैं उसमें 'त्याग' को काफ़ी महत्त्वपूर्ण माना जाता है। दैनिक जीवन में भोजन से लेकर, सपनों तक का परित्याग स्त्री सहज ही कर पाती है क्योंकि समाजीकरण की प्रक्रिया में उसे इंजेक्ट किया गया होता है कि यही उसका धर्म है। उमा नेहरू एक ओर स्त्री को समझाती हैं—'जो आत्मत्याग अपनी आत्मा अपने शरीर का विनाशक हो, जो दूसरों को स्वार्थी, अन्यायी और अत्याचारी बनाता हो, जो अपनी संतान की उन्नति के मार्ग में कंटक और विष बोता हो, जो समाज के सम्मिलित जीवन को दुर्बल और हीन बनाता हो, वह आत्मत्याग नहीं आत्महत्या है। हम आत्मत्याग की निन्दा नहीं करती। हम तो आत्महत्या से बचना चाहती हैं।'

स्त्री होने के नाते स्त्री के हृदय के भावों से, उसकी व्यथा से उमा नेहरू का गहरा परिचय है। एक ओर वे स्त्री को प्रबुद्ध बनाने का प्रयास करती हैं तो दूसरी ओर वे समाज को स्त्री के प्रति संवेदनशील बनाने का प्रयास करती हैं। वो स्त्री जो अपने मुँह से कुछ नहीं कहती हमेशा सब कुछ सहती है, दीपक की भाँति धीरे-धीरे जल रही है—'तुम स्वयं सोचो यदि तुम हमारे आश्रित होते, यदि तुम्हारी आत्मा, तुम्हारा शरीर, तुम्हारा हृदय हमारे अधीन होता और हम तुम्हारी स्वतंत्रता की सारी सम्पत्ति को लूट लेती, तो उस समय तुम्हारी क्या दशा होती? केवल राष्ट्रीय स्वतंत्रता के जाने ने तुम्हें कैसा मलिन, कैसा व्याकुल, कैसा दुखित बना दिया है? फिर स्वयं सोचो जिसके शरीर की, जिसके आत्मा की, जिसके हृदय की सारी स्वतंत्रता लुट गई हो, उसका हार्दिक भाव आनन्दमय कैसे हो सकता है।'

तत्कालीन स्त्री आन्दोलन में यह सवाल कई बार उठता है कि आख़िरकार स्त्री की पराधीनता क्या है? स्त्रियाँ कैसी और किससे स्वाधीनता पाना चाहती हैं? उमा नेहरू इन सारे सवालों के जवाब 'हमारे हृदय' नामक लेख के माध्यम से दे रही हैं कि स्त्रियों को अपने शरीर, आत्मा और हृदय की स्वाधीनता चाहिए। स्त्रियों

की स्वाधीनता के मुद्दे पर जुलाई 1920 के अंक में श्री जगमोहन राजदान 'स्त्री दर्पण' की सम्पादक से दो प्रश्न करते हैं—

1. स्त्रियों को कौन सा स्वत्व मिलने से वे पूर्ण स्वतंत्र हो सकेंगी?

2. अपने पति के प्रति पत्नी का कर्तव्य क्या है?[1]

इसके प्रत्युत्तर में सम्पादक कहती हैं कि हमको केवल एक अधिकार चाहिए और वह पुरुषों के साथ समानता या बराबरी का अधिकार है। यह अधिकार मिलने पर हम स्वयं को पूर्ण स्वतंत्र समझेंगी। उनका कहना है कि जब तक पति-पत्नी की योग्यता में इतना अन्तर है कि जितना वर्तमान स्थिति में पाया जाता है तब तक यह सम्भव नहीं है कि पति, पत्नी के प्रति उतनी ही श्रद्धा भक्ति रखे जितना कि पत्नी, पति के प्रति रखती है। अतएव उसको उस श्रद्धा और भक्ति का पात्र बनाने के लिए यह आन्दोलन है। वे कहती हैं—लेखक के दूसरे प्रश्न का उत्तर तब दिया जाएगा जब वह पति का पत्नी के प्रति कर्तव्य बताएँ।

पति-पत्नी के परस्पर सम्बन्धों की चर्चा उमा नेहरू भी करती हैं। उनकी राय में—वास्तविक प्रेम दो स्वतंत्र और समान हृदयों में ही उत्पन्न हो सकता है। दासी और स्वामी का प्रेम घृणामय, अस्थिर और अप्राकृतिक है। दासी भाव के स्थान पर मित्र भाव का उत्पन्न हो जाना स्त्री-पुरुष के पारस्परिक सम्बन्ध को अधिकतर विशाल, उच्च और पवित्र बना देगा।[2]

समता की यह आकाङ्क्षा हृदय में लिये स्त्री जब समाज के सम्मुख आती है तो उसे जल्दी ही मालूम चल जाता है कि यह आकाङ्क्षा उसके लिए आकाशपुष्प चाहने जैसी है। हमारे 'समाज सुधारक' लेख के माध्यम से उमा नेहरू भारतीय समाज और समाज सुधारकों दोनों के ही अन्तर्विरोधों पर कड़ी चोट करती हैं। वे यह प्रश्न सामने रखती हैं कि आने वाले समय में, समाज में स्त्री का स्थान क्या होगा?

उमा नेहरू समाज की तत्कालीन दशा को किसी प्रकार आदर्श या सन्तोषजनक नहीं पातीं। उनका मानना है कि समूचा संसार एक परिवर्तनकारी दौर से गुज़र रहा है। प्राचीन मूल्य-मान्यताएँ, रीति-रिवाज नष्ट हो रहे हैं और उनका स्थान नवीन नियम और विचार लेने का प्रयास कर रहे हैं। न तो पुराना पूरी तरह से नष्ट हुआ है, न ही नए को पूरी तरह से अपनाया गया है।

उमा नेहरू का मत है कि राष्ट्रीय और राजनैतिक प्रश्नों के अलावा जो सबसे बड़ा प्रश्न संसार के सामने है, वह यह कि आने वाले समय और समाज में स्त्री के अधिकार क्या होंगें? उसका स्थान क्या होगा? वे कहती हैं—जिन शक्तियों ने प्रजा को राजा के, कारीगरों को आका के, मज़दूरों को अपने मालिक के आगे ला खड़ा किया है वही शक्तियाँ स्त्री को पुरुष के सम्मुख ले आई हैं।

1. स्त्री दर्पण, जुलाई 1920, पृ. 377
2. हमारे हृदय-उमा नेहरू

उमा नेहरू कहती हैं कि भारत राष्ट्रीय और राजनैतिक प्रश्नों को ही हल करने में नहीं पिछड़ा है बल्कि स्त्री सम्बन्धी चिन्तन में भी उसकी स्थिति बहुत पिछड़ी हुई है। संसार के परिवर्तनों से अछूता भारत अब भी रामायण और महाभारत के युग के स्वप्न देख रहा है। सभी समस्याओं का सहज समाधान है—'अपने परम्परा पूजकों की भजन मण्डली से यह कहना कि अपनी मृदङ्ग और भी ज़ोर से बजाओ।' यह वही शोर था न जो सतियों की चीत्कार को जय-जयकार के महिमामंडन में बदल देता था। ज़रा ध्यान से पढ़ा और समझा जाए तो उमा नेहरू जड़ परम्पराओं से आच्छादित कर स्त्री को विकास करने से रोकने वाली हर व्यवस्था का पुरज़ोर विरोध करती दिखाई देती हैं।

अप्रैल 1918 के स्त्री दर्पण में बम्बई के भगिनी समाज में दिए गए गांधी जी के भाषण का अंश छपा है। इसमें गांधी जी स्त्रियों की बिगड़ी दशा पर गहरा विचार-विमर्श करके स्त्रियों के पुनरुद्धार की बात कहते हैं। वे पुरुषों की तुलना में स्त्रियों की बुरी दशा के कारणों की खोज करते हुए कहते हैं कि—'नियम सदा पुरुष बनाते रहे और पुरुष नियम बनाने में सदा न्याय और सूक्ष्म विचार की दृष्टि से काम नहीं कर सके।'[1] उन्होंने यह भी कहा—'स्त्री पुरुष की संगिनी है और वह भी पुरुष के ही बराबर मानसिक शक्ति रखती है। उसको पुरुष के कामकाज के राई-राई अंश में भाग लेने का अधिकार है और उसके साथ स्वतंत्रता और स्वाधीनता पाने की भी वह हक़दार है। अपने कार्यक्षेत्र में वह सबसे ऊँचे पद पाने की अधिकारिणी है जैसे पुरुष अपने में है। यही साधारण नियम होना चाहिए।'[2] गांधी जी पाश्चात्य शिक्षा प्रणाली को दोषपूर्ण मानते हैं और साधारण जीवन में अंग्रेज़ी की शिक्षा को स्त्री और पुरुष दोनों के लिए ही आवश्यक नहीं मानते।

स्त्री दर्पण के इसी अंक में उमा नेहरू का लेख छपा 'हमारे सामाजिक साँचे'। गांधी जी के भाषण और उमा नेहरू के लेख पर अपनी सम्पादकीय टिप्पणी लिखते हुए रामेश्वरी नेहरू लिखती हैं कि श्रीमती उमा नेहरू के लेख और गांधी जी के विचारों को मिलाकर मनन करने से सम्भव है कि आजकल की स्त्रियों की शिक्षा-शैली निर्णय करने में बहुत कुछ सहायता मिल सकेगी। वीरभारत तलवार के पूर्व में उल्लिखित लेख का एक खंड है 'गांधी और उमा नेहरू'। इस खंड में तलवार कहते हैं कि 'अपने विकसित नारीवाद के बावजूद 1917-1920 के स्त्री आन्दोलन को आगे बढ़ाने में उमा नेहरू वह योगदान न दे सकीं जो उनके मुक़ाबले नारीवाद के बहुत कम समर्थक गांधी ने दिया।'[3]

1. स्त्री दर्पण पत्रिका—स्त्री जाति के सम्बन्ध में गांधी जी के विचार आजकल की शिक्षा प्रणाली दोषपूर्ण है, अंक-अप्रैल 1918, पृ. 206
2. वही, पृ. 207
3. राष्ट्रीय नवजागरण और साहित्य-वीरभारत तलवार, हिमाचल पुस्तक भंडार, दिल्ली, 1993, पृ. 146

इसी भाषण के सन्दर्भ में वीरभारत तलवार लिखते हैं—"पूना के स्त्री संगठन भगिनी समाज ने गांधी को अपनी सभा में बोलने के लिए बुलाया। वहाँ गांधी ने जो भाषण दिया वह मार्च 1918 के स्त्री दर्पण में छपा। गांधी ने अपने भाषण में यूरोपीय सन्दर्भ में स्त्री आन्दोलन को देखने वाली उच्चवर्गीय स्त्रियों के नारीवाद पर हमला किया। 'आजकल का सारा आन्दोलन गिनती में बहुत थोड़े से लोगों की सीमा के अन्दर बँधा हुआ है।' स्त्री आन्दोलन को आगे बढ़ाने के लिए गांधी ने देश की 85 प्रतिशत स्त्रियों की जीवन दशा और उनके विचारों पर ध्यान देने को कहा।"[1]

प्रो. तलवार गांधी जी के विचारों का जो विश्लेषण करते हुए उसमें यूरोपीय सन्दर्भ, स्त्री आन्दोलन और उच्चवर्गीय स्त्रियों का नारीवाद और इन सब पर गांधी के हमले का जो ज़िक्र करते हैं वह उनकी अपनी व्याख्या है। उस व्याख्या के पुनर्विश्लेषण के लिए गांधी जी के भाषण का वह अंश फुटनोट में दिया जा रहा है।[2] यह भाषण तत्कालीन आन्दोलन को पचासी प्रतिशत मनुष्य जिसमें नर-नारी दोनों शामिल हैं की पहुँच से दूर बताता है। जिस आन्दोलन का ज़िक्र गांधी कर रहे हैं उसे समझने के लिए उन्होंने सारे भारतवर्ष की यात्रा की है। वे भगिनी समाज की बहनों से उन अनजान मनुष्यों के जीवन को समझकर, बेहतर समाज कार्य करने के तरीक़े ढूँढ़ निकालने की अपील करते हैं। इस पूरे भाषण में यूरोपीय सन्दर्भ में स्त्री आन्दोलन को देखने वाली उच्चवर्गीय स्त्रियों के नारीवाद पर अहिंसक गांधी जी ने कहीं भी हमला नहीं बोला है, बल्कि होमरूल आन्दोलन में भगिनी समाज की सहायता की अपेक्षा की है।

---

1. राष्ट्रीय नवजागरण और साहित्य-वीरभारत तलवार, हिमाचल पुस्तक भंडार, दिल्ली, 1993, पृ. 146
2. "हमको जानना चाहिए कि जब हम स्त्रियों के पुनरुद्धार की बात कहते हैं तो हमारा मतलब क्या है। पुनरुद्धार की आवश्यकता से यही सिद्ध होता है कि उनकी दशा बिगड़ चुकी है, और यदि यही बात है तो हमको सोचना चाहिए कि ऐसा क्यों हुआ। इन बातों पर बहुत गहरा विचार करना हमारा पहला कर्तव्य है। सारे भारतवर्ष की यात्रा करके मुझको जान पड़ा है कि आजकल का सारा आन्दोलन गिनती में बहुत थोड़े से लोगों की सीमा के भीतर बँधा हुआ है और इतने से लोग सारे संसार में एक नन्हे से बूँद के बराबर हैं। नर-नारी दोनों जाति के करोड़ों मनुष्य इस आन्दोलन से बिलकुल अनजान पड़े हैं। सौ में पचासी मनुष्य कुछ भी नहीं जानते कि उनके चारों ओर क्या हो रहा है। ये नर-नारी अज्ञान होने पर भी अपने जीवन के कार्य का अंश अच्छी तरह और उचित रीति से कर लेते हैं। दोनों को एक ही तरह की शिक्षा मिलती है—या यों कहिए कि उनको कुछ भी शिक्षा नहीं मिलती। जैसा चाहिए वैसे ही दोनों एक-दूसरे की सहायता करते हैं। यदि किसी बात में उनके जीवन अपूर्ण हैं तो इसका कारण यही हो सकता है कि बाकी सौ पीछे पन्द्रह मनुष्यों के जीवन में भी अपूर्णता है। यदि भगिनी समाज की मेरी बहनें उन सैकड़ा में पचासी मनुष्यों के जीवन में ध्यान देकर खोज करेंगी तो उनको अपने समाज में काम करने का ढंग निकलने के लिए बहुत अच्छे मसाले मिल सकेंगे।"

वीरभारत तलवार कहते हैं—'आज नारीवादी आन्दोलन में प्रखर नारीवादी उमा नेहरू को भुला दिया गया पर गांधी जी को याद किया जाता है।'[1] भारत में स्त्री असमानता पर विचार करते हुए गोपा जोशी लिखती हैं—'प्रश्न उठता है, यदि गांधी स्त्री होते और तब स्त्रियों के प्रश्नों पर अपने विचार व्यक्त करते तो क्या समाज इतने ही खुले मन से उन विचारों को अपनाता जितने खुले मन से उसने अपनाए?' 'यदि स्त्री स्वयं मानवोचित सुविधाओं की भी माँग करती है तो वह पितृसत्ता और पुरुष (पितृसत्ता का प्रतीक) दोनों को असुरक्षित करती है। परिणामस्वरूप पितृसत्तात्मक समाज उसके प्रतिकूल प्रतिक्रिया व्यक्त करता है।'[2] समय के प्रवाह में पुरुषों का लेखन बचा रहे और स्त्रियों का लिखा सब मिट जाए, क्या बिना पूर्वग्रह और दुराग्रह के यह सम्भव है। साहित्येतिहास और आलोचना दोनों के नियामक पुरुष थे और पुरुषों ने सोच-समझ कर ही पितृसत्तात्मकता को चुनौती देने वाली स्त्रियों को इतिहास बाहर किया।

—प्रज्ञा पाठक

1. राष्ट्रीय नवजागरण और साहित्य-वीरभारत तलवार, हिमाचल पुस्तक भंडार, दिल्ली, 1993, पृ. 147
2. भारत में स्त्री असमानता एक विमर्श-डॉ. गोपा जोशी, हिन्दी माध्यम कार्यान्वयन निदेशालय, 2006, पृ. 87

जीवन-परिचय

स्त्री अधिकारों की ज़बरदस्त पैरोकार उमा का जन्म 8 मार्च, 1884 को आगरा में हुआ था। कुछ संयोग, विशेष अर्थ धारण करके महत्त्वपूर्ण हो जाते हैं। ऐसा ही विरल संयोग उमा नेहरू के जन्म की तारीख़ और अन्तर्राष्ट्रीय महिला दिवस की तारीख़ का एक होना भी है। इनके पिता श्री निरंजननाथ हुक्कू तथा माता श्रीमती कैलाश हुक्कू थीं। 14 फरवरी, 1901 को इनका विवाह श्री शामलाल नेहरू के साथ हुआ।[1] इस तरह से सत्रह वर्ष की आयु में उमा इलाहाबाद के प्रतिष्ठित नेहरू परिवार की सदस्य बन गईं। उनके पति शामलाल नेहरू, मोतीलाल नेहरू के बड़े भाई नन्दलाल नेहरू के पुत्र थे। जवाहरलाल नेहरू और शामलाल नेहरू चचेरे भाई थे। शामलाल नेहरू 'विधान सभा के सदस्य'[2] थे, ऐसी सूचना ज्योति प्रसाद मिश्र निर्मल के लेख से मिलती है।

कालान्तर में उमा नेहरू एक पुत्र और एक पुत्री की माँ बनीं। उनके बेटे आनन्द कुमार नेहरू आई.सी.एस. बने और कई ज़िलों में बतौर कलेक्टर तैनात हुए।[3] बेटी श्याम कुमारी नेहरू इलाहाबाद हाईकोर्ट में एडवोकेट थीं। वे स्वाधीनता आन्दोलन से जुड़ी तमाम गतिविधियों में सक्रिय सहभागिता करती रहीं और बाद में उ.प्र. से राज्य सभा की सदस्य रहीं। आनन्द कुमार नेहरू के पुत्र अरुण नेहरू भी सक्रिय राजनीति में भागीदारी करते हुए कई बार लोकसभा के सदस्य रहे।

उमा नेहरू के राजनैतिक व्यक्तित्व की चर्चा हरिवंशराय बच्चन अपनी आत्मकथा 'दशद्वार से सोपान तक' में करते हैं—'उमा जी 1920 के असहयोग आन्दोलन के समय से ही स्वाधीनता संग्राम में उतरी थीं; इलाहाबाद के कांग्रेसी नेताओं में उनका स्थान तीसरा समझा जाता था; जब मोतीलाल या जवाहरलाल जेल में होते या नगर से बाहर, तब सब प्रकार की राजनीतिक सभाओं का नेतृत्व वे ही करतीं।'[4] ज़ाहिर है बच्चन अपनी आत्मकथा लिख रहे थे इतिहास नहीं। उनकी पंक्तियाँ उनके सम्पर्क में आए व्यक्ति का उनके नज़रिये से वर्णन हो सकता है। पर जब इतिहास में उल्लेख बहुत कम मिलता हो तो ऐसी हर पंक्ति इतिहास को खँगालने का सूत्र बन जाती है।

---

1. Member's Bioprofile–Lok Sabha
2. गृहलक्ष्मी, अंक-जुलाई 1925, भारतीय राजनैतिक क्षेत्र में महिलाएँ-ज्योति प्रसाद मिश्र निर्मल, पृ. 192
3. दशद्वार से सोपान तक-हरिवंशराय बच्चन, राजपाल एंड सन्ज़, दिल्ली, 2006, पृ. 36
4. वही, पृ. 38

धीरे-धीरे मालूम होता गया कि 1930 के असहयोग आन्दोलन के अग्रगण्य लोगों में उमा नेहरू का भी नाम है। नमक क़ानून भंग करना, प्रभात फेरी लगाना, जुलूस निकालना, विदेशी कपड़ों और शराब की दुकानों पर धरना देना[1] जैसे अनेक काम उन्होंने किए। असहयोग आन्दोलन में पुरुषों की गिरफ़्तारी के बाद महिलाओं ने मोर्चा सँभाला और तमाम महिलाओं ने ज़िला और प्रान्तीय 'कांग्रेस डिक्टेटर' के रूप में काम किया। उमा नेहरू भी प्रान्त की कांग्रेस डिक्टेटर बनीं[2] और उस दौर के आन्दोलन को बख़ूबी संगठित किया। 1932-34 के दौर में सविनय-अवज्ञा आन्दोलन के दौरान उमा नेहरू निषेधाज्ञा भंग कर ज़िला कॉन्फ्रेंस आयोजित करते हुए गिरफ़्तार हुईं।[3] 1942 के भारत छोड़ो आन्दोलन में इलाहाबाद से गिरफ़्तार होकर जेल जाने वाली प्रमुख महिलाओं में उमा नेहरू भी थीं।[4]

राजनैतिक कार्यकर्ता के रूप में उमा नेहरू ने व्यवस्था के हर सोपान पर भागीदारी की। वे प्रयाग म्यूनिसिपल बोर्ड की मेंबर रहीं और वहाँ शिक्षा विभाग के अध्यक्ष का उत्तरदायित्व सँभाला। वे ऑल इंडिया विमेंस कॉन्फ्रेंस की लखनऊ ब्रांच की अध्यक्ष रहीं। उन्होंने स्वाधीनता पूर्व गठित संयुक्त प्रान्त की विधान सभा के सक्रिय सदस्य के तौर पर काम किया। भारतीय स्वाधीनता संग्राम, स्त्रियों तथा शरणार्थियों से सम्बन्धित अनेक समितियों को उन्होंने नेतृत्व दिया और कई में बतौर सदस्य भागीदारी की।[5] डॉ. श्वेता विधान सभा की प्रोसीडिंग्स के हवाले से बताती हैं 'विधान सभा के सदस्य के रूप में इन्होंने अनेक महत्त्वपूर्ण प्रस्तावों, विधेयकों पर अपने विचार रखे। अनेक विधेयकों पर विचार करने के लिए गठित प्रवर समिति की सदस्य के रूप में इनका महत्त्वपूर्ण योगदान था।'[6] उमा नेहरू भारतीय संसद में पहली (1952-1957) और दूसरी (1957-1962) लोकसभा की सदस्य निर्वाचित हुईं। भारतीय राष्ट्रीय कांग्रेस से सीतापुर (उत्तर प्रदेश) संसदीय क्षेत्र का प्रतिनिधित्व उन्होंने संसद में किया। लोकसभा में उनकी जनकल्याणकारी और मुखर उपस्थिति थी। 3 अप्रैल, 1962 से पाँच वर्ष के कार्यकाल के लिए राज्यसभा के सांसद के रूप में मनोनीत हुईं। लेकिन कार्यकाल पूरा न हो सका, 28 अगस्त, 1963 को उनका देहान्त हो गया।

—प्रज्ञा पाठक

---

1. महिलाएँ और स्वराज्य-आशारानी व्होरा, प्रकाशन विभाग, सूचना और प्रसारण मंत्रालय, भारत सरकार, नई दिल्ली, पृ. 194
2. Member's Bioprofile–Lok Sabha
3. महिलाएँ और स्वराज्य-आशारानी व्होरा, प्रकाशन विभाग, सूचना और प्रसारण मंत्रालय, भारत सरकार, नई दिल्ली, पृ. 212
4. वही, पृ. 336
5. Member's Bioprofile–Lok Sabha
6. भारतीय राष्ट्रीय कांग्रेस एवं महिलाएँ (1920-1950)—डॉ. श्वेता, वाणी प्रकाशन, नई दिल्ली, 2018, पृ. 115

उमा नेहरू संसद में

इस पुस्तक में उमा नेहरू के संसद में दिए गए भाषणों को भी शामिल किया गया है। वे बहुआयामी व्यक्तित्व की महिला थीं। एक लेखक के रूप में उनको जानने के बाद बतौर सामाजिक कार्यकर्ता, स्वतंत्रता सेनानी और सांसद के रूप में उनकी पहचान दिलचस्प है। उनकी बहुआयामी पहचान का हर रूप उनके नारीवाद की प्रखरता से आच्छादित है। वे जब और जहाँ रहीं, स्त्रियों के अधिकारों के लिए लड़ती रहीं। स्त्रियों की इच्छाओं-आकाङ्क्षाओं को अभिव्यक्त करने के साथ-साथ उसकी गरिमा और सम्मान के लिए उन्होंने हमेशा आवाज़ बुलन्द की। सार्वजनिक जीवन में स्त्रियों की भागीदारी के अवसर निकालने का कोई मौक़ा शायद ही उमा नेहरू से चूका हो।

लेखक उमा नेहरू के लेखों और सांसद उमा नेहरू के संसद में प्रतिभाग में जो चीज़ कहीं नहीं बदली वो है—उनके सरोकार। उन्होंने स्वयं स्वीकार किया कि राजनीति से ज़्यादा उन्हें समाज के लिए कार्य करना पसन्द है (डायरी, 4 दिसम्बर, 1959)। महिलाओं और बच्चों को लेकर जितने खुले दिमाग़ और उदार हृदय से वे संसद की बहसों में शामिल हैं, वह उनकी दृढ़ता और ठोस व्यक्तित्व का परिचायक है।

वे रक्षा मंत्रालय के अनुदान के मुद्दे पर कैंटोनमेंट की सर्विसेज़ में स्त्रियों के लिए अवसर बनाने की बात करती हैं। ध्यान देने की बात है कि 1955 में लोकसभा में खड़ी होकर एक स्त्री कह रही है कि कोई ऐसा काम नहीं है जो स्त्रियाँ नहीं कर सकतीं। वे बन्दूक भी चला सकती हैं और निशाना भी साध सकती हैं। इसलिए बिना भेदभाव हर पद पर स्त्रियों के लिए अवसर होने चाहिए।

महिलाओं से छेड़छाड़ के मसले में सज़ा के बिल पर चर्चा करते हुए उमा नेहरू क़ानून बनाकर, कड़ी सज़ा दिए जाने के मसले पर असहमत दिखाई देती हैं। वे स्त्रियों को मज़बूत बनाने के मुद्दे से अपनी बुनियादी प्रतिबद्धता दिखाती हैं। स्त्रियों की ज़मीनी दिक़्क़तों का ज़िक्र करती हैं। स्त्रियों की राष्ट्रीयता का सवाल उठाती हैं और पुलिस सेवाओं में स्त्रियों की भागीदारी न होने का ज़िक्र करती हैं। समाज में स्त्री-पुरुष की बराबरी पर उनका ध्यान है, इतना ही नहीं वे स्त्रियों के उत्थान के लिए ख़ुद स्त्रियों के परिश्रम करने की हिमायती हैं।

भारतीय दंड संहिता में संशोधन के बिल पर चर्चा करते हुए वे भारतीय समाज के इस विरोधाभास पर ध्यान आकृष्ट करती हैं जहाँ संविधान में बराबरी लिखी गई, पर समाज में है नहीं। उमा नेहरू स्त्री की राष्ट्रीयता की चर्चा करते हुए भारतीय समाज में स्त्री के स्वतंत्र व्यक्तित्व के निषेध की ओर संकेत करती हैं। वे कहती हैं, जब तक समाज में असमानता है तब तक ये कहना कि स्त्री अगर पुरुष के साथ कोई गुनाह करती है तो उसको भी सज़ा होनी चाहिए, बेख़बरी और अज्ञानता की बात है। संस्कृति के संरक्षण में भारतीय स्त्री के प्रयासों को वे बड़े दिलचस्प उदाहरण से साबित करने का प्रयास करती हैं। उनका कहना है, भारतीय स्त्री कितनी भी फ़ैशनेबल हो, उसने साड़ी पहनना नहीं छोड़ा है जबकि मर्दों ने कोट-पतलून और टाई लगानी शुरू कर दी है। वे आज़ाद भारत की नींव स्त्रियों को बताती हैं।

परीक्षा व्यवस्था पर अपनी राय सदन में रखते हुए उमा नेहरू बच्चों की शिक्षा को स्त्रियों के हाथों में सौंप देने की पुरज़ोर वकालत करती हैं। उनके विचार सदन के अन्य सदस्यों को कई बार असहज भी बनाते होंगे। इसी भाषण पर लोकसभा के उपाध्यक्ष महोदय की टिप्पणी थी कि औरतों ने जायदाद भी ले ली और बच्चे और नौकरियाँ भी ले जाएँ। जब वे रेल बजट पर सामान्य चर्चा के दौरान स्त्रियों को ट्रैवलिंग टिकट एग्जामिनर्स रखने की संस्तुति करती हैं, जिससे स्त्रियाँ ग्राउंड ड्यूटी तक ही सीमित न रहें, सफ़र कर सकें तो सदन के एक सदस्य अपना आश्चर्य व्यक्त करने से ख़ुद को रोक नहीं पाते। वे रेलवे बोर्ड के सुधार के लिए स्त्रियों को उसका मेंबर बनाए जाने की भी राय देती हैं।

अनुसूचित जाति और जनजाति के मसले पर चर्चा करते हुए वे इन समुदायों की लड़कियों की शिक्षा की व्यवस्था की बात करती हैं ताकि अगली पीढ़ी शिक्षित बने। अपराधी परिवीक्षा बिल पर चर्चा करते हुए वे यहाँ भी स्त्रियों, ख़ास तौर पर परिपक्व स्त्रियों के हाथ में कमान देने की राय रखती हैं।

समान पारिश्रमिक बिल पर उमा नेहरू के भाषण को, उनके सरोकार बेहतरीन बना देते हैं। वे भारत में स्त्री-पुरुष समानता के छद्म को उद्घाटित करती हैं। बड़ी बुनियादी स्थापनाओं के साथ टेक्सटाइल मिलों में सूत सुलझाती स्त्रियों का रूपक बाँध वे कहती हैं कि जो चीज़ें उलझ जाती हैं, पुरुषों द्वारा उनको सुलझाया नहीं जा सकता है, वे स्त्रियों को सुलझाने के लिए दी जाती हैं। भुगतान भी उन्हीं को कम मिलता है। वे कहती हैं—'मैं पुरुषों के ख़िलाफ़ नहीं हूँ लेकिन पुरुषों की हुकूमत से मैं ख़ूब वाक़िफ़ हूँ, चाहे वे कांग्रेस के हों, चाहे कम्यूनिस्टों के हों। सब पुरुष एक ही होते हैं, पुरुषों में कोई भेद नहीं होता।' उमा नेहरू कहती हैं, पुरुष कहें चाहे कुछ भी लेकिन सच्चाई यही है कि औरतों की समानता उनके दिल में घर नहीं कर पाई है। वे स्त्रियों को मज़बूत होने और अपने अधिकारों के लिए संघर्ष

करने को प्रेरित करती हैं। स्त्री के स्वतंत्र अस्तित्व और उसकी राष्ट्रीयता के मसले इस चर्चा में भी हैं।

भारतीय दंड संहिता में संशोधन के मुद्दे पर वे, परिवार में एक पति और एक ही पत्नी के मुद्दे पर सहमति रखते हुए भी इसका उल्लंघन होने की दशा में इसको संज्ञेय अपराध की श्रेणी में रखे जाने का विरोध करती हैं।

दहेज प्रतिबन्ध के बिल पर बोलते हुए उमा नेहरू अपनी प्रतिबद्धता के अनुरूप ही दहेज प्रथा के हर पहलू पर अपनी राय रखती हैं। वे दहेज को स्त्रियों के लिए असम्मानजनक प्रथा बताती हैं। उनका मत है कि स्त्री की प्रतिष्ठा, भौतिक संसाधनों से कहीं ज़्यादा है। वे कहती हैं, दहेज का मसला अर्थ से जुड़ा है इसलिए आजकल लड़कियाँ अर्थ स्वातंत्र्य हासिल करने को ज़्यादा उत्सुक दिखती हैं। इस प्रकरण में अब लड़कियाँ ख़ुद खड़ी होकर कहना शुरू कर देंगी कि जो दहेज की माँग रखते हैं उस परिवार में वो विवाह नहीं करेंगी। विवाह व्यवस्था में स्त्रियों को स्वयं चयन का अधिकार न होना भी उनकी दृष्टि में है, साथ ही स्त्री की आत्मनिर्भरता में बाधा डालने वाली शक्तियों से भी वो बाख़बर हैं। दहेज के मसले को सामाजिक जागरूकता के माध्यम से हल करने का उनका इरादा है।

शैक्षणिक संस्थाओं में अनुशासनहीनता के मद्देनज़र विद्यार्थियों को अनिवार्य मिलिट्री ट्रेनिंग दिए जाने के सम्बन्ध में भी उनके पास तयशुदा समाधान है—महिलाओं को शिक्षा देने के काम से जोड़ा जाए। अनाथाश्रम तथा इस प्रकार के अन्य आश्रय स्थलों से पुरुषों को दूर रखने की ज़ोरदार सिफ़ारिश उमा नेहरू ने 1960 में ही की थी। वे लड़कियों के स्कूल-कॉलेज की मैनेजमेंट कमेटियों में पुरुषों को रखे जाने के सख़्त ख़िलाफ़ हैं। वे नहीं चाहतीं कि धनिकों के चन्दे से इस तरह की संस्थाएँ चलें और उन धनिकों को संस्थाओं के दुरुपयोग के अधिकार मिलें।

1960 में तीसरी पंचवर्षीय योजना के सन्दर्भ में पिछड़े इलाक़ों के विकास के मुद्दे पर वे कहती हैं कि पिछड़ेपन के मुद्दे पर वे ज़्यादा दावे के साथ बोल सकती हैं, क्योंकि वे एक स्त्री हैं। वे स्त्रियों के पिछड़ेपन और उनकी उपेक्षा को रेखांकित करती हैं।

महिलाओं को मातृत्व-लाभ दिए जाने के बिल पर उमा नेहरू बहुत गहरे सरोकार के साथ इसके सभी पहलुओं पर चर्चा करती हैं। वे सदन का ध्यान कामकाजी महिलाओं की ओर आकर्षित करती हैं कि सिर्फ़ शिशु जन्म के लिए ही अवकाश न मिले बल्कि महिलाओं को मिसकैरेज तथा एबॉर्शन की स्थिति में भी अवकाश मिलना चाहिए। उनका मानना है कि इस बिल का लाभ सिर्फ़ बड़े उद्योगों में काम करने वाली महिलाओं को ही नहीं बल्कि सभी तरह के उद्योग-धन्धों में लगी औरतों को मिलना चाहिए। बीड़ी बनाने और दाल फटकने वाली महिलाओं

को भी। स्त्रियों के उत्थान और उनके आर्थिक स्वातंत्र्य के मद्देनज़र ये आवश्यक है कि शिशु जन्म के लिए स्त्रियों को सरकार की तरफ़ से मुफ़्त चिकित्सा सुविधा मिले। बिल में आया 'मिसकंडक्ट' शब्द उन्हें सख़्त नापसन्द है। उनका कहना है, दुनिया में कोई दुराचरण नाम की चीज़ नहीं है। यदि किसी स्त्री पर आप दुराचरण के आरोप लगाते हैं तो उसके साथ कोई पुरुष भी होगा। अगर दुराचरण के लिए दंडित करना है तो स्त्री और पुरुष दोनों को करना चाहिए सिर्फ़ स्त्री को नहीं।

बच्चों के बिल पर चर्चा करते हुए वे स्त्रियों को प्रकृति से बच्चों की देखभाल करने में सक्षम बताते हुए, बाल मनोविज्ञान की जानकार स्त्रियों को बच्चों के स्कूलों और सुधार गृहों में नियुक्त करने की बात करती हैं।

स्त्रियों के अधिकारों की हर क़ीमत पर रक्षा करने को संकल्पित सांसद के रूप में उमा नेहरू अलग ही पहचानी जाती हैं। अपने चिन्तन और विचार में वे बेहद लोकतांत्रिक दिखाई देती हैं। संसद की बहसों के सन्दर्भ में उन्होंने कहा, ज़्यादा विरोध का मतलब, ज़्यादा अच्छे भाषण। वे प्रतिबन्ध लगाने और सज़ा देने की ख़िलाफ़त बार-बार करती हैं। सामाजिक सजगता के काम करने को सदैव तैयार रहती हैं। देश की आज़ादी के लिए लड़ने और उसे हासिल करने का उन्हें गर्व है। मातृभूमि से प्रेम ऐसा कि अपने देश के हर कोने को विकसित करने की इच्छा हृदय में रखती हैं।

अंग्रेज़ियत से भरपूर परिवार में जन्म और विवाह के बावजूद हिन्दी और भारतीय भाषाओं के महत्त्व की गहरी समझ उमा नेहरू को थी। वे कहती हैं, अपनी भाषा से बड़ा कोई ख़ज़ाना नहीं। देश की अपनी ज़ुबान का ख़त्म होना ही ग़ुलाम होना है। 'हिन्दी' वो, जो हिन्दुस्तानी हो। कहती हैं, हिन्दी के हमारे गुरु प्रेमचन्द हैं। उमा नेहरू की आवाज़ औपनिवेशिक चिन्तन की नहीं, स्वतंत्र भारत की स्वच्छन्द आवाज़ है। हिन्दी में आर्मी कमांड पर वे ख़ुश होती हैं और आर्मी में वर्दी के लिए खादी की सिफ़ारिश करती हैं।

वे चीन में हुए सामाजिक विकास से प्रभावित हैं और अपने यहाँ समाज के वर्गीकरण और भेदभाव को सही नहीं मानतीं। समाज के ग़रीब और उपेक्षित तबकों तथा इलाक़ों के हितों के संरक्षण उनके लिए प्राथमिकता पर हैं। जातीय पूर्वग्रहों पर कहती हैं—भगवान ने किसी जीव को जात-पाँत लेकर नहीं बनाया, हमने ही बनाया है और हम ही उसे ख़त्म करेंगे। उनमें, सक्रिय राजनीति में रहते हुए भी गन्दी राजनीति का विरोध करने का साहस है।

काशी हिन्दू विश्वविद्यालय का मुद्दा जब लोकसभा के पटल पर आता है तो विद्यार्थियों के हित में उनकी स्थापनाएँ किसी खुले दिमाग़ के शिक्षाविद् और समाजवेत्ता जैसी हैं। किसी भी दल से सम्बन्ध रखने वाले राजनेताओं को विश्वविद्यालय और

विद्यार्थियों से दूर रखने का उनका अनुरोध और वाइस-चांसलर जैसे पदों पर योग्य व्यक्तियों की नियुक्ति न किए जाने पर उनकी चिन्ता समस्या की नब्ज़ पकड़ने की दिशा में क़दम है। शिक्षा के माध्यम से वैज्ञानिक चिन्तन का विकास उनके सामाजिक विकास के नक़्शे में है।

देश की आज़ादी की लड़ाई लड़ने वाली कार्यकर्ता और हासिल की हुई आज़ादी को सुरक्षित रखने के लिए निरन्तर प्रयास करने वाली संसद सदस्य के रूप में उनकी लम्बी यात्रा की साक्ष्य हैं 1955 से लेकर 1960 तक की संसद की ये बहसें।

—प्रज्ञा पाठक

जापान के मिकैडो महाराज

आप लोगों को मालूम होगा कि जापान देश किस कदर हमेशा से तरक़्क़ी कर रहा है, और जब से रूस से यह लड़ाई में जीता है, दुगनी तरक़्क़ी हो रही है, और नाम? इसका ज़्यादा रोशन हो गया है।

तिजारत में वह इतना बढ़ा है कि कोई देश नहीं जहाँ कि इसकी बनी हुई चीज़ें न पाई जावें। तरह-तरह के रेशम और चीनी वग़ैरह के सामान हमारे हिन्दुस्तान में ही आते हैं, और अब तो रेशमी धोतियाँ छः-छः गज़ की जापान की बनी हुई मिलने लगी हैं। मदरास में भी कई दुकानें जापानी चीज़ों की दिखाई देती हैं। जो चीज़ वहाँ की देखने में आई सब बहुत ही उम्दा नज़र आई।

जापान के बादशाह साहब को मिकैडो (Mikado) कहते हैं, और वहाँ की रैयत उनको ईश्वर के समान समझती है। आपके कई महल हैं, कोई पाँच खंड के—और सबमें आपके अज़ीज़ रहते हैं। आप जिस महल में रहते हैं उसका नाम 'चियोडो' (Chiyodo) महल है जिसके चारों तरफ़ निहायत उम्दा बाग़ है।

मिकैडो (Mikado) महाराज बहुत ही सुबह उठा करते हैं, और सुबह की आपकी पोशाक कीमानो (Kimon) होती है। आप सुबह सात बजे खाना खाया करते हैं और खाते ही आराम करने के कमरे में चले जाते हैं। नौ बजे महल का डाकह जिसे 'फी' (Fii) जापान में कहते हैं तशरीफ़ लाते हैं। डाकह के आने के बाद, आपकी 'Court Ladies' जो आपके काम पर मुक़र्रर हैं आपकी पोशाक दूसरी ले आती हैं, जिसे वहाँ के लोग 'डैगिन सूं' कहते हैं। वह पोशाक पहिनकर आप अपने काम करने के कमरे में जाते हैं। वहाँ दस बजे तक काम किया करते हैं और कभी-कभी आप दोपहर तक लिखा करते हैं।

दोपहर को आप फिर थोड़ा खाना खाते हैं। तीन-चार तरह के 'सूप' व और चीज़ें होती हैं, लेकिन आपको मुरगी के 'सूप' से बहुत प्रेम है।

मिकैडो महाराज के बावरची को जापानी बोली में कहते हैं देसिन शौकू (Daisen Shoku) खाना पकाने के बाद उस बावरची का काम है कि वह सब खाना डाक्टर साहब को दिखावे और उस दिखाने की रस्म को वह कहते हैं औडूकूमी

(Odukumi) खाना इसलिए दिखाया जाता है कि कहीं ज़हर न मिला हो। यह रस्म मुद्दतों से महल में जारी है।

मेज़ पर आपका खाना आता है, और वह मेज़ निहायत उमदा फूलों से आरास्ता की जाती है। मिकैडो महाराज हाथ से या चमचे से नहीं खाते हैं। दो लकड़ियों की उमदा तरह से बनाई तीलियाँ सी होती हैं, नौ इंच लम्बी, और कोई ख़ास दरख़्त है जिसका नाम कौंटसू-नौकी है उसमें से बनती हैं।

इन लकड़ियों की तीलियाँ बनाने वाले का नाम (Eitaro Watauabe) 'इटैरो वाटआबी' है। बनाने से पेश्तर वह पहिले नहाते हैं, और उसके बाद अलग कमरे में बन्द करके बनवाई जाती हैं—नहाने का यह कारण है कि वह शुद्ध होनी चाहिए।

'मिकैडो' महाराज तीन बजे दोपहर को स्नान किया करते हैं। उनकी 'Court Ladies' पानी वग़ैरह ला दिया करती हैं। 'Court Ladies' सुबह को पाँच बजे से उठकर रात के दस-ग्यारह बजे तक काम करती रहती हैं। और जो कुछ काम कर चुकती हैं तो कई दफ़ा हाथ धोती हैं और अगर कोई कीड़ा या मक्खी, उनके मुँह पर बैठ जावे तो वह हाथ से नहीं उड़ाती हैं, हमेशा एक काग़ज़ उनके साथ रहता है उससे उड़ा देती हैं।

'मिकैडो' महाराज शाम छः बजे खाना खाते हैं। शाम को आप अंग्रेज़ी काले कपड़े पहिनकर भोजन करते हैं, और रात के नौ-दस बजे तक आप जागते रहते हैं।

आप बहुत कम किसी क़िस्म की कसरत किया करते हैं। कभी-कभी आप अपने काठ के घोड़े पर कसरत किया करते हैं या कभी महल के बाग़ में टहलने लगते हैं। आपको पच्चीकारी से भी बहुत शौक़ है, और छोटी-छोटी घड़ियों को बहुत पसन्द करते हैं। महल के हर एक कमरे में एक छोटी घड़ी रख दी हैं।

दोहे बनाने का भी बहुत शौक़ है और बहुत सा वक़्त आप इसमें लगाया करते हैं। जापान की चाय से आपको और कहीं की चाय ज़ियादा पसन्द नहीं, लेकिन 'केक व चौकलेट' आपको विलायत के पसन्द आते हैं।

महारानी साहिबा की भी आदतें बहुत ही सादी हैं, और वह बहुत ही कम मौक़ों पर मेज़ पर खाना खाती हैं।

'मिकैडो' महाराज चालीस साल से राज कर रहे हैं और जितनी तरक़्क़ी इस थोड़े अरसे में आपके मुल्क ने की है, वह आज तक बहुतेरे पश्चिमी देश भी नहीं कर सके। ईश्वर आपकी व महारानी साहिबा की उमर बढ़ावे और इसी तरह से आपकी प्रजा हिम्मत व तरक़्क़ी पर कमर बाँधे रहे।

स्त्री दर्पण, सितम्बर 1910

दुःख-सुख

विचार करने से आपको मालूम होगा कि जहाँ-तहाँ ईश्वर की सृष्टि द्वन्द्वों से भरी हुई है, वा ऐसा मालूम होता है कि परमेश्वर ने अपनी सृष्टि को दो बराबर हिस्सों में भाग किया है, और वह द्वन्द्व यह हैं—दुःख-सुख, मरना-जीना, राग-द्वेष, तम-प्रकाश, रात-दिन, छोटा-बड़ा, अज्ञान-ज्ञान, इत्यादि।

जो मनुष्य, इन द्वन्द्वों से रहित होकर एक अखंड ब्रह्म की भावना में लगा रहता है, उसको समदृष्टि कहते हैं और वही जीवन मुक्त है। अनेक द्वन्द्वों में से दुःख-सुख पर कुछ थोड़ी सी बातें मैं अपनी मन्द बुद्धि के अनुसार कहती हूँ।

वेद और शास्त्र-प्रमाण तथा युक्ति यानी अकल से वह द्वन्द्वभाव केवल कल्पित यानी समरूप जान पड़ता है, और इसकी उत्पत्ति और नाश हर एक के अन्तःकरण यानी मन में होती है, बाहर नहीं। सृष्टि दो प्रकार की है—एक ईश्वर-रचित, दूसरी जीव-रचित। ईश्वर-सृष्टि बाहर वाली, हवा, पानी, पृथ्वी आदि हैं, और जीव-सृष्टि अन्दर है, यानी मन के संकल्प, विकल्प। ईश्वर सृष्टि से न किसी को दुःख और न किसी को सुख होता है—ज्यों का त्यों रहता है—जीव-सृष्टि में दुःख-सुख दोनों होते हैं।

अगर बाहर के पदार्थों ही में दुःख अथवा सुख होता, तो जो वस्तु एक को दुःखरूप है, वह सबों को दुःखरूप होनी चाहिए थी, और जिससे एक को आनन्द होता है उससे सबों को आनन्द होना चाहिए था। लेकिन ज़ाहिरा हम ऐसा नहीं देखते।

जैसे देखिए, जब यमुना नदी में बाढ़ आती है तो उसकी धारा के बेग से कितने गाँव, बस्ती और घर नाश हो जाते हैं, कभी-कभी आदमी और जानवरों की जानें भी ज़ाया होती हैं। इन लोगों की नज़र में वह नदी कालरूपी है—नुकसान होने की वजह से वे ख़तरा के दोष नदी पर डालते हैं। परन्तु इसी नदी की बाढ़ ने दूसरी जगह, जहाँ पानी न होने की वजह से ज़मीन सूखी पड़ी थी, यहाँ तक कि पीने को भी पानी न था, वहाँ जाकर ज़मीन को सरसब्ज़ कर दिया, तालाब और कुएँ भी भर दिए, जिससे वहाँ के रहने वालों को अत्यन्त सुख मिला, और लोग ख़ुशी में यमुना माता की स्तुतियाँ करने लगे, फूल-पान चढ़ाने लगे।

अब आप ज़रा ग़ौर करिए कि यमुना का पानी—जिसने एक जगह प्रलय और दूसरी जगह कल्याण किया—वही तो है। जो वह दुःखरूप है, तो सुख की उत्पत्ति

उससे असम्भव यानी नामुमकिन होती। और जो वह सुखरूप है तो दुःख उसमें क्यों पैदा हो सकता है? इसलिए यमुना का जल न दुःख और न सुख का रूप है वह दुःख और सुख की कल्पना उन गाँव वालों के मन में अपने नुकसान और फ़ायदों की दृष्टि से पैदा हुए हैं।

एक दूसरा दृष्टान्त इसी बात को निश्चय करने के लिए मैं लिखती हूँ। आकाश से बिजली कदाचित् किसी आदमी पर गिरती है और उसकी जान चली जाती है तो सब लोग बिजली को दुःखदायक कहते हैं। मगर उसी बिजली को सन्दूक में बन्द करके डाक्टर लोग जब किसी गठिया के बीमार को लगाते हैं तो वही बिजली उसे सुख की देने वाली ख़्याल की जाती है। वहाँ भी एक ही बिजली को लोग अपने उपयोग-अनुपयोग की दृष्टि से अच्छा और बुरा कहने लगते हैं। मगर अच्छी और बुरी कल्पना उनके मन की है, बिजली से उसका कुछ सम्बन्ध नहीं। इसी तरह अनेक मिसालें दी जा सकती हैं, मगर विस्तार के भय से मैं और कहना मुनासिब नहीं समझती।

ऊपर के दृष्टान्तों से यह बात निश्चय हुई कि दुःख-सुख सिर्फ़ मन के धर्म हैं। इस मन को छोड़कर जो आप सारे जगत् भर में दुःख-सुख तलाश करोगी तो नहीं मिलेंगे। सो, हर एक विचारवान को उचित है कि मन की वृत्तियों को जो दुःखरूप और सुखरूप हैं, रोकने में कोशिश करें।

इसे कहने से यह शंका होती है कि दुःख की इच्छा तो किसी को भी नहीं होती, इसलिए दुःखदाई वृत्तियों के रोकने में प्रयत्न करना तो ठीक है; मगर सुख की इच्छा सर्वजगत् को है, इसलिए सुख की वृत्तियों का भी विरोध करना यानी रोकना मूर्खता है; सो उसका समाधान यों होता है—

सुख दो प्रकार के होते हैं, एक विषय यानी पदार्थ-सुख और दूसरा स्वरूप-सुख। इनके दूसरे नाम विषयानन्द और आत्मानन्द भी हैं। विषय यानी किसी चीज़ से जो आनन्द प्राप्त होता है वह अनित्य है, यानी नाशवान है। और आत्मा का सुख नित्य है, यानी कभी उसकी हानि नहीं होती।

विषय सुख। जिस वक़्त मन की वृत्ति राजसिक होती है उस समय अनेक तरह की इच्छाएँ पैदा होती हैं। इच्छा पैदा होने के कारण संस्कार हैं और संस्कारों के कारण पूर्व जन्म के कर्म हैं। कर्म का कारण अहंकारयुक्त बुद्धि है, और बुद्धि का कारण अविद्या है। सो जब जिस चीज़ की इच्छा होती है और वह पूरी हो जाती है तो मन थोड़ी देर के लिए शान्त हो जाता है और इसकी वृत्ति राजसिक से बदलकर सात्त्विक हो जाती है। शान्त होते ही आत्मा जो अन्दर विराजमान है और जिसका स्वरूप ही सुख है, उसका प्रकाश मन में होता है, उस प्रकाश के होते ही मन सुख का अनुभव करता है। पर अफ़सोस, उस समय मन कहता है कि यह सुख उसे विषय में हुआ। देखिए, अगर विषय ही में सुख होता तो, जब एक विषय को छोड़कर

दूसरे विषय के मिलने से सुख होता है तो पहिले विषय का सुख भी रहना चाहिए था, मगर वह नहीं रहता। या जब किसी का प्यारा पुत्र बहुत दिनों बाद परदेश से घर आता है तो उसकी माता देखकर अत्यन्त सुखी होती है। मगर जो सुख पुत्र के देखने ही से हुआ था वह एक-दो दिन पीछे नहीं रहता। पुत्र दो दिन पीछे भी वही है जो पहिले दिन था। अगर उसी में सुख होता तो जब तक पुत्र रहे तब तक उसकी माता को उतना सुख होना चाहिए था जितना प्रथम दिन हुआ।

इसलिए, मेरी बहिनो! विषय-सुख का कुछ भरोसा नहीं। यह आने और जाने वाला है। ज्ञानी पुरुष स्वर्ग के सुख की भी इच्छा नहीं करते, क्योंकि वह भी अनित्य है। शुभ कर्मों के फल पूरे होने पर स्वर्ग को छोड़ फिर मृत्युलोक में जीव को आना पड़ता है और जब तक स्वर्ग में है, वहाँ भी वह ख़्याल कि एक दिन इस सुख को छोड़ना पड़ेगा, दु:ख देता रहता है।

आत्मा अथवा स्वरूप सुख। यह सुख नित्य है, और त्रिकाल में एक सा रहता है, न घटता है न बढ़ता है, और इसी सुख के प्राप्त करने को कर्मी कर्म, उपासक उपासना, योगी तपस्या, और ज्ञानी विचार कहते हैं। इस सुख के हासिल करने की जिसको इच्छा होती है उसको मुमुक्षु वा जिज्ञासु कहते हैं। और वह इच्छा जीव को उस वक़्त होती है जब चार तरह की कृपा उस पर हो—पहली ईश्वर की कृपा, दूसरी गुरु की कृपा, तीसरी वेदशास्त्र की कृपा, चौथी अपने मन की कृपा। इस इच्छा का फल मोक्ष अनित्य सुख है, और सुख साधन ज्ञान है, ज्ञान से अज्ञान दूर होता है, और अज्ञान से सब संस्कार जो दु:खरूप होते हैं। इसलिए ज्ञान द्वारा परमानन्द को जब-जब जीव अनुभव करता है तब ही जड़ समेत सब सुख से रिहाई पाकर वह परम पद को पहुँच जाता है।

बहिनो! इस कहने का तात्पर्य यह है कि जैसे तुम और तुम्हारा घर दो अलग-अलग वस्तु हैं, तुम घर नहीं हो, बल्कि घर में रहने वाली हो, इसी तरह तुम्हारा स्वरूप यानी आत्मा और तुम्हारा मन दो न्यारी वस्तु हैं। तुम मन नहीं हो, बल्कि मन को प्रकाश देने वाली हो। सो जैसे घर के अच्छे वा बुरे होने से तुम अच्छी वा बुरी नहीं होती, वैसे मन के ख़ुश व रंजीदा होने से तुम्हारे स्वरूप को किसी तरह का रंज नहीं होना चाहिए। दु:ख-सुख मन के धर्म हैं। इनका बोझ उसी के सर पर रहने दो। तुम तो निजस्वरूप असंग आत्मा हो। क्या अच्छा दादू दयाल जी ने फरमाया है कि—

सहज रूप मन का भया, द्वै द्वै मिटी तरंग।
ताता सीला सम भयो, तब दादू एक ही अंग॥
बहुरूपी मन जब लगे, तब लग माया रंग।
जब मन लागा राम से, दादू एक ही अंग॥

स्त्री दर्पण, अगस्त 1911

अछूत जातियों की दशा

हमारी हिन्दू जाति में बहुत सी बातें ऐसी पैदा हो गई हैं जिनके सुधार की बहुत ज़रूरत है। हम जिधर देखती हैं हमको सैकड़ों ऐसी ही बात दिखाई देती हैं यथा— बाल-विधवा, बाल-विवाह, छुआछूत, बिरादरियों के झगड़े इत्यादि। इन सभी बातों ने हिन्दू जाति को कमज़ोर करके मौत के समीप पहुँचा दिया है मगर ये सब बातें हमको मनुष्यत्व से इतना नहीं गिरातीं, जितना कि हममें अछूत जातियों का होना और हमारा उनके साथ बर्ताव हमें नीचे गिराता है।

दुनिया की किसी कौम में कोई ऐसी जाति न है, न कभी थी जिसके आदमियों से मिलना-बोलना या किसी तरह का बर्ताव केवल नीच कर्म ही नहीं बल्कि सामाजिक पाप समझा जाता हो। ख़ेद से कहना पड़ता है कि यह फ़ख्र हमारे हिन्दुस्तान को ही हासिल है।

हमारा धर्म दूसरे धर्मों से कहीं बढ़कर हमको यह सिखाता है कि जितने मनुष्य हैं सब में एक ही जीव विराजमान है, हमारे वेदान्त और हमारी फ़िलासफ़ी में यह कूट-कूट कर भरा है कि संसार की वस्तुओं में जितने भेद पाए जाते हैं वे सब आदमियों के बनाए हुए हैं—और वे केवल उन मनुष्यों के किए हुए हैं जो संसार की और उसकी चीज़ों की असली बात से अभिज्ञ नहीं हैं। ऐसा धर्म और ऐसी फ़िलासफ़ी रखते हुए भी हमको शर्म से कहना पड़ता है कि हम इतने गिर गए हैं कि अब हमारी ही जाति में ऐसी बातें पाई जाती हैं, जिनको संसार देख-देख कर हँसता है।

सबसे भद्दा धब्बा हमारी जाति पर अछूत जातियों का है। अगर हम अपनी पुरानी किताबों को देखते हैं, तो हमको मालूम होता है कि पुराने ज़माने में कोई जाति ऐसी न थी जो हमारी वर्तमान अछूत जातियों से समता रखती रही हो। पहले का हाल तो मालूम नहीं, मगर मनुजी के ज़माने में एक समुदाय मनुष्यों का ऐसा पाया जाता है, जिसको छूना, जिससे कोई सम्बन्ध रखना या जिसको अपने पास आने देना, एक बुरी और अपवित्र करने वाली बात समझी जाती है और जिससे हर ऊँची जाति वालों को बचना ज़रूरी है। मगर यहाँ भी हम यह पाती हैं कि वह समुदाय जो सामाजिक केन्द्र से निकालकर इस तरह बाहर फेंक दिया जाता है वह

कोई ख़ास जाति नहीं है। इस समुदाय के व्यक्तियों को मनुजी चाण्डाल के नाम से पुकारते हैं। हमारी सारी धर्म की किताबें यह पुकार-पुकार कर कहती हैं कि कोई मनुष्य चाण्डाल पैदा नहीं होता, बल्कि उसको इसके कुकर्म चाण्डाल बनाते हैं।

जो मनुष्य मनुजी के समय में इतना ख़राब होता था कि उसका सुधार असम्भव होता, वह और अलावा अपनी व्यक्तिगत ख़राबियों के जिसकी ग़िलाज़त इतनी बढ़ी हुई होती थी कि उसको कुत्ते का मांस खाने और मुर्दों के कपड़े लेने तक में, किसी तरह की घृणा नहीं होती थी, वह मनुष्यों के सामाजिक केन्द्र से ख़ारिज कर चाण्डालों में शामिल कर दिया जाता था।

मनुजी के बाद के लोगों की लिखी हुई किताबें देखने से, यह मालूम होता है कि आहिस्ता-आहिस्ता होते-होते चाण्डालों का एक फ़िर्क़ा दिखता है और ऊँची जातियों की घृणा उस फ़िर्क़े के साथ पहिले के मुक़ाबिले, बहुत ज़्यादा गहरी हो गई है।

अब हम अपनी दशा को देखते हुए पाते हैं कि हममें ऐसी नीच जातियों की कोई इन्तिहा ही नहीं है, जिनसे मनुष्यत्व का बर्ताव करना हमारे धर्म के ख़िलाफ़ न हो। पासी, चमार, भंगी, पारिया, पनचामा इत्यादि सब उन बेकुसूर जातियों के नाम हैं जो बिला किसी अपने कुसूर के हज़ारों वर्ष से हमारे ज़ुल्म सहती चली आती हैं। शक़्ल, सूरत, बदन, ताक़त नहीं बल्कि अकल में भी, इन फ़िर्क़ों के आदमी किसी हालत में हमसे कम नहीं होते। मगर फिर भी उनके साथ, जानवरों से भी ख़राब व्यवहार करते हुए हमको शर्म नहीं आती। अगर कोई कुत्ता या गदहा या दुनिया का कोई जानवर हमारे कपड़े या हमारे बर्तन छू लेता है, तो हम उनको माँजकर इस्तेमाल में ले आते हैं, मगर इन जातियों के इनसान अगर हमारे बर्तन छू लें तो बिना आग में डाले हुए वे हमारे काम नहीं आ सकते। यहाँ तक तो ख़ैर गनीमत है मगर हमारे मदरासी भाइयों ने तो कमाल ही कर दिया है। वे अपनी पारिया जाति के लोगों के साथ जो बर्ताव करते हैं, उसका विश्वास किसी पढ़े-लिखे आदमी को मुश्किल से आएगा। वहाँ के ब्राह्मणों पर अगर किसी पारिया का साया पड़ जाता है, तो वह फ़ौरन अपवित्र हो जाता है। वहाँ की सड़कों पर पारियों को अधिकार नहीं है कि वे आज़ादी के साथ गुज़र सकें। वहाँ के कुछ मोहल्लों में पारियों के घुसने की क़तई मनाही है। उनसे किसी तरह का सरोकार रखना तो दरकिनार, उनसे बोलना, उनकी तरफ़ देखना एक बहुत बड़ा कुसूर समझा जाता है अगर किसी ग़रीब पारिया से कोई ग़लती हो जाती है, उदाहरण के लिए यह कि अगर उसकी छाया, धोखे में किसी नहाए हुए ब्राह्मण के सामने पड़ जाए, तो वह ब्राह्मण देवता ग़ुस्से में उस ग़रीब को ख़ुद तो लकड़ी तक से पीट नहीं सकते, किन्तु दूसरे राह चलने वालों से पिटवाते हैं।

इतना ही नहीं दक्षिण में एक और जाति है जो पूलीया के नाम से प्रसिद्ध है। इस जाति के लोगों को वहाँ के सभ्य लोग यह इजाज़त नहीं देते कि वे ज़मीन

पर अपने मकान बना सकें। गाँवों के अन्दर आना दरकिनार गाँव के आसपास आने तक की उनकी मुमानियत होती है। वे बेचारे इनसानी दुनिया से यों ख़ारिज होकर दरख़्तों पर पक्षियों की तरह घोंसले बनाते हैं और शाख़ों पर बैठकर अपनी कमबख़्त ज़िन्दगी के दिन गुज़ारते हैं। किसी समय जब ये देखते हैं कि सड़क पर कोई नहीं है तब वे सड़क पर चलने की हिम्मत करते हैं, मगर जहाँ उन्होंने दूर से देखा कि कोई इनसान आ रहा है, वहीं उनका फ़र्ज़ है कि वे चीख़कर फ़ौरन रास्ते से भाग जावें। चीख़ना इसलिए ज़रूरी है कि गुज़रने वाले को मालूम हो जावे कि कोई पूलीया आसपास है और वह मन्तर जप-जप कर उसकी हवा लग जाने की अशुद्धता को दूर करता रहे।

कौमों के इतिहास में इससे ज़्यादा भयंकर मिसाल मिलना कठिन है और मेरे ख़्याल में कोई कौम किसी हालत में इससे बड़े पाप की भागी नहीं हो सकती। धर्म-शिक्षा और मनुष्यत्व ने अगर हमें कुछ सिखाया है तो वह यह है कि हम अपने से गिरे हुए लोगों की, अपने से कमज़ोरों की दशा सुधारें न कि इन्हें महज़ अपने ज़ुल्म और ज़्यादती से जानवरों से बदतर ज़िन्दगियाँ बसर करने पर लाचार करें, यह नहीं है कि वे इनसान तरक़्क़ी करने के योग्य न हों, पुराने ज़माने में बालमीक ऐसे महापुरुष जिनका नाम हमारे मुल्क के लिए अभिमान की वस्तु है इन्हीं बेबस सताए हुए जातियों में उत्पन्न हुए थे, दूर क्यों जावें आज अब हम ख़ुद अपनी आँखों से देखते हैं कि इन्हीं अछूत जातियों के वह बालक जो ईसाइयों के हाथ पड़कर उनके जाति में मिल जाते हैं उनकी तालीम पाते हैं, चन्द ही साल के भीतर यूरोप के अंग्रेज़ों की तरह हमको ठोकरें लगाने को तैयार हो जाते हैं।

अछूत जातियों की संख्या कुछ कम नहीं है। अगर तमाम हिन्दुस्तान का हिसाब लगाया जावे तो उनकी तादाद एक करोड़ से कम न होगी। अपनी कौम के एक इतने बड़े हिस्से पर यों ज़ुल्म करना हमारे दीन या दुनिया किसी को नहीं सुधार सकता। ज़ुल्म करने और ज़ुल्म सहने की आदत दोनों पक्ष को बरबाद कर देती है। हमारे उन ज़ुल्मों ही का यह नतीजा है कि हम हज़ारों साल से ग़ुलामी में पड़े हैं। अछूत जातियों से घृणा करते-करते हममें नफ़रत का माद्दा इतना पैदा हो गया है कि एक-दूसरे से नफ़रत करने लगे हैं। अछूत जातियों से छुआछूत का ख़्याल मुद्दतों तक रहने का अब यह नतीजा है कि अब एक ब्राह्मण दूसरे ब्राह्मण को कुत्ते से ज़्यादा नीच समझता है। मगर अभी तक हमको शायद काफ़ी सज़ा अपने पापों की नहीं मिल चुकी क्योंकि अब भी हमारी आँखें बन्द हैं और हम असलियत को नहीं देख सकती हैं। अब वह ज़माना आने वाला है कि जब वही अछूत जातियाँ दूसरे मज़हब में जाकर हमारे मुक़ाबिले में आवेंगी और उस समय उनको वह हक़ हासिल होगा कि हमारे हज़ारहाँ साल के ज़ुल्म और जियादतियों का बदला हमसे लें और इस बदले में ईश्वर उनकी सहायता करेगा।

यह दिन कुछ बहुत दूर नहीं है। आजकल भी हज़ारहाँ अछूत जाति के लोग ईसाई हो रहे हैं। ईसाई मज़हब अंग्रेज़ों का मज़हब है। जिस तरह से मुसलमानों के ज़माने में मुसलमान रियाया को बहुत से हक़ हासिल थे उसी तरह से आजकल भी ईसाइयों पर हमारी सरकार की ख़ास इनायत रहती है। इनका हर बात में पक्षपात किया जाता है और यह ईसाई जाति अच्छी तरह से जानती है कि अगर हिन्दुस्तान की सरकार में हिन्दुस्तानियों को हस्तक्षेप करने का हक़ हासिल हो गया तो फिर वे झूठे हक़ जो आजकल वे भोग करते हैं उनके हाथ से निकल जावेंगे। यह जानते हुए ईसाई लोग हिन्दुस्तानियों की सरकारी तरक़्क़ी के ख़िलाफ़ अपनी जान तक देने पर आमादा रहेंगे। हमारी अछूत जातियों के लोग हमसे तंग आकर और ईसाइयों की इनसानियत का बर्ताव अपने साथ देख-देख कर उनकी संख्या को दिन दूना रात चौगुना करते रहेंगे। इस तरह हम अपनी कमअकली से ख़ुद अपने ही हाथ एक ऐसा समूह अपने मुल्क में पैदा कर रही हैं जो मुमकिन है हमेशा के वास्ते हमारी मुल्की और राजनैतिक उम्मीदों का नाश कर दे क्योंकि हमारा मज़हब सिखाता है कि हमारे बुरे काम हमारे दुश्मनों की शक्ल में हमारे सामने आते हैं और हमसे अपना पूरा-पूरा बदला लेते हैं।

अभी कुछ नहीं बिगड़ा है, अछूत जातियों के एक बहुत थोड़े हिस्से पर ग़ैर मज़हबों का असर हुआ, अब भी अगर हम अपने इस दुराचार से बाज़ आकर इस बात के लिए तैयार हो जावें कि हम अपने इन गिरे हुए भाइयों को इनसान समझकर इनसानियत का बर्ताव करेंगे तो यह असम्भव है कि वे हमारे विरुद्ध दूसरों से जा मिलें। यद्यपि हमने उन पर ऐसे ज़ुल्म किए हैं कि जब तक इतिहास बाक़ी रहेंगे हम पर से उनका कलंक का टीका नहीं छूटेगा।

क्या तमाशा है कि एक तरफ़ तो हम राजनैतिक अधिकार माँगने में लगी हैं और यह चाहती हैं कि हमारे साथ भी वैसा ही बर्ताव किया जावे जैसा कि सरकार अंग्रेज़ों के साथ करती है। एक तरफ़ तो हम दक्षिण अफ़्रीका में अपने देश-भाइयों पर ज़ुल्म होते देखकर बेचैन होते और गुल मचाते हैं, लेकिन कभी हमारा ध्यान इस तरफ़ नहीं जाता कि हमारा बर्ताव अपने ही भाइयों के साथ कैसा है? सच तो यह है कि जैसा ज़ुल्म हम अपने भाइयों को ग़ुलामी में रखकर उनके साथ करती हैं वैसा शायद कोई जाति किसी अन्य जाति के साथ न करती होगी। जैसा करोगे वैसा पाओगे, यह संसार का क्रम है। हमको हज़ारहाँ साल गुज़र चुके हैं और अगर अब भी हम अपने को न सुधारेंगे तो भविष्य में भी हम ग़ुलामी, आपत्ति और मुसीबत में पड़ी रहेंगी इसमें सन्देह नहीं।

मर्यादा, फरवरी 1914, स्त्रियों पर केन्द्रित विशेष अंक
स्वयं उमा नेहरू इस अंक की सम्पादिका थीं।

युद्ध-क्षेत्र की सैर-I

पाठक तथा पाठिकागण, आजकल आप नित्य ही युद्ध की ख़बरें पढ़ती होंगी। आप पढ़ती होंगी कि आज फलाने स्थान पर फलानी सेना ने शत्रुओं को पीछे हटाया, आज फलाने शहर पर अंग्रेज़ों ने क़ब्ज़ा कर लिया, आज जर्मनों ने विजय लाभ की किन्तु इन सब ख़बरों को पढ़कर आपको ख़ून को सफ़ेद करने वाली युद्ध की भीषणता का पता न लगता होगा, आपको यह पता न होगा कि युद्ध की वास्तविकता या हक़ीक़त क्या है और यह कि उसमें दिल दहलाने वाली बातें कौन सी होती हैं।

आप भोजन कर विश्राम करने को बैठी हैं, थोड़ी देर के लिए गृहस्थी के कामों को छोड़ इधर आइए, हमारे साथ चलिए, हम आपको युद्ध-क्षेत्र की सैर करा लावें। हम यह नहीं कहतीं कि इससे आपका मन बहलेगा, सम्भव है युद्ध की भीषणता, गोलों की गरररडम, बन्दूकों की बिजली की सी तड़प, गोलियों की सनसनाहट, घायल सिपाहियों का पानी के लिए चीत्कार और मुर्दों के ढेर देखकर आपका कोमल कलेजा काँप जाए, किन्तु याद रहे कुछ ही दिन पहिले हमारे ही भाई और हमारी ही बहिनें स्वयं घोड़े पर सवार हो रणक्षेत्र में शत्रुओं का मान-मर्दन करती थीं। उन्हीं का ख़ून हममें बह रहा है। आज हमारी दशा हीन अवश्य है किन्तु संसार से रणबाँकुरों और वीर ललनाओं का नाम अब भी नहीं मिट गया है। आज इस यूरोपीय महाभारत में भी कितनी ही ललनाएँ अस्त्र-शस्त्र ले स्त्री जाति का मुख उज्ज्वल कर रही हैं। अभी कल ही यह ख़बर आई थी कि एक रूसी को सेना में जाने की आज्ञा हुई। वह भीरु था, कायर था, रण में न जाकर वह घर में छिप रहा। उसकी स्त्री को यह बात मालूम हो गई। वह पति का वेश धारण कर अस्त्र-शस्त्र से सुसज्जित हो मैदान में जा पहुँची कितने ही वीर शत्रुओं को उसने नीचा दिखाया। आख़िर में वह घायल हुई, उसके कई गोलियाँ लगीं। सिपाही उसे सेवा शुश्रूषा के लिए उठाकर ले गए। उसका हाल खुल गया। कारण पूछे जाने पर उसने यह बताया कि "मैं यह नहीं चाहती थी कि मेरे कुल में यह दाग़ लगे कि उसमें कोई भीरु पैदा हुआ था।" हमने इस बात को इसीलिए सुना देना अच्छा समझा जिसमें आप रणक्षेत्र की सैर करने के नाम से विचलित न हो जाएँ।

अच्छा तो अब देर न करिए, आपको घर लौटने की भी जल्दी होगी।

वह देखिए, समुद्र के किनारे एक भीषण मैदान खँडहर-सा पड़ा हुआ है। युद्ध ही के कारण इसकी ऐसी दशा हो गई है, नहीं तो चार दिन पहिले इसका एक ज़माना था, दूर-दूर से यात्री इसकी सैर करने आते थे। यह जो खँडहर दिखाई देते हैं वे चार दिन पहिले ऊँचे-ऊँचे महल थे, कभी-कभी रात्रि में सन्देह हो जाता था कि ये चन्द्रमा चूम रहे हैं, नक्षत्रों से ये बातें कर रहे हैं किन्तु आज ये घर धराशाई (ज़मींदोज़) हो गए हैं, इनके निवासी घर छोड़ जर्मनों के भय से भाग गए हैं। इस प्रदेश का नाम बेल्जियम है। आज यहीं की आपको सैर करनी है। दूर से आप चलकर आई हैं स्वस्थ हो लीजिए और सावधानी से देखती चलिए।

देखिए-देखिए, वह एक पैदल सेना आती हुई दिखाई देती है। इनकी ख़ाकी रंग की पोशाक कैसी धुँधली दिखाई देती है। आइए बढ़कर देखें ये कौन है। आहा! इनके साथ तो यूनियन जैक का झंडा फहर रहा है, यह तो ब्रिटिश सरकार ही की सेना है। यह अच्छा हुआ। यह मित्र ही निकले आइए इन्हीं के साथ हम लोग भी हो लें। देखिए वह दूर से कौन सवार तेज़ी से चला आ रहा है? अरे यह तो सबसे आगे आ पहुँचा। यह सैनिक कैसे एक साथ हाथ उठा रहे हैं। अरे यह तो सब एकदम रुक भी गए। मालूम होता है यह कोई इनका अफ़सर है। बस, अब इसी के साथ हम सब लोग भी हो लें युद्ध का तमाशा इसी के साथ रहने से अच्छा दिखाई देगा। देखिए, उसके हुक्म के साथ ही ये सब पश्चिम की ओर मुड़ गए। पचास क़दम चलकर कप्तान खड़ा होकर कुछ कह रहा है कितने ही सैनिक कुदाली ले यह ज़मीन क्यों खोदने लगे। ये तो बड़े-बड़े ऊँचे राजप्रासादों की नेव-सी कुछ खोदी जा रही है। अपने ठहरने को ये महल तैयार करेंगे क्या? नहीं-नहीं, यह नहीं हो सकता, देखिए कप्तान से मैं इस मर्म को पूछ आती हूँ।

हम लोग धोखे में थे। कप्तान कहता है कि वे महल नहीं खोद रहे हैं वरन् अपने रहने को वे ज़मीन के भीतर गड्ढे खोद रहे हैं। ये गड्ढे 24 हाथ गहरे खोदे जाते हैं कारण यह है कि गोले फूटने पर दस-बारह हाथ ज़मीन में घुस जाते हैं इसी कारण से बचाव के निमित्त गहराई गड्ढों की 24 हाथ रखी जाती है। इन्हीं खड्डों में ये सैनिक छिपे रहते हैं। मैदान में रहने से शत्रुओं के गोलों से बचना कठिन है इसलिए शरण ज़मीन के अन्दर ही मिल सकती है। इन्हीं गड्ढों में सब सैनिक और सेना का सरंजाम रहता है।

गररररडम! गररररडम गररररडम अरे!

यह गोले की आवाज़ कहाँ से आई, अरे यह तो हम लोगों के कानों के पास ही से निकल गया! देखिए! देखिए पचास हाथ के फ़ासले पर वह फूट गया। आँखें चौंधिया गईं वहाँ पर वे दस आदमी देखिए कैसे हो गए? वह देखिए एक का हाथ उड़ गया। वह किसी का सर चकनाचूर हो गया है, यह कप्तान ने बिगुल कैसी

बजाई। ये सिपाही खड्डों में कैसे घुसे जाते हैं? अरे ये तो सब भीतर चले गए, कप्तान भी भीतर घुसना चाहता है, आइए हम लोग भी इसी के साथ खड्ड में चलें। मालूम होता है शत्रु आ रहे हैं।

चारों तरफ़ भीषण गोलों की वर्षा हो रही है। सिपाही खड्डों में बैठे हैं, कितनों ही की मुखश्री चिन्ताशून्य है, कितनों ही के चेहरे पर हवाइयाँ उड़ रही हैं। प्रत्येक दूसरे मिनट पर गोले इधर-उधर गिर रहे हैं सन्ध्या होने को आई किन्तु गोलों की वर्षा में कमी नहीं हुई है। अरे वह देखो कप्तान वाला घर ढेर हो गया। कप्तान साहब भागकर उस खड्ड में चले गए। अरे यहाँ तो बहुत कुछ भरा हुआ है। वह देखिए शराब की बोतलें ढेरों इकट्ठा हैं, खाने का भी कुछ सामान दिखाई देता है। चलिए दिन भर बाद कुछ भोजन का सहारा हो जाएगा। तोपों की गरररडम भी कम होती दिखाई देती है। अँधेरा भी हो गया है। सैनिक रोशनी के इन्तज़ाम में लग गए हैं। अब सन्ध्या भी हो गई, चलिए कुछ पेट पूजा कर लीजिए।

देखिए, सैनिकों की दशा कैसी है ? दिन भर इन्हें चलते और काम करते ही बीता है। अभी तक विश्राम करने की नौबत नहीं आई है। ये भी भोजन पर कैसे टूटे हैं। किसी प्रकार पेट की ज्वाला को कम कर ये ज़मीन पर ही पड़कर मुर्दों से बाज़ी लगावेंगे। देखिए, वह कप्तान भी आ गया अब भोजन में देर नहीं।

सुनिए वह क्या कह रहा है, "भाइयो, आज 7 दिन और 7 रात हम लोगों को लड़ते और भागते बीता, कितने ही भाई हमारे वीरगति को प्राप्त हुए, ईश्वर की दया से हम लोग प्रसन्न हैं। जगदीश्वर की जय मनाओ और भोजन आरम्भ करो।"

कप्तान की बात ख़तम भी न हो पाई थी कि गोलों की आवाज़ सुनाई देने लगी। अरे! क्या शत्रु फिर आ गए! सब भोजन ज्यों का त्यों रह गया। सब सिपाही फिर वैसे ही अस्त्र-शस्त्र ले तैयार हो गए। देखिए, वह एक सिपाही खड्ड के बाहर गर्दन निकाले क्या देख रहा है? अरे वह तो वहीं उलट गया। यह क्या? लोग दौड़े। कप्तान ने सबको रोक दिया। शत्रु की गोलियों की सनसनाहट से कान उड़े जाते हैं। आइए कप्तान से पूछें, मामला क्या है?

देखिए, कप्तान कहता है कि जब से वह आया है उसे बराबर शत्रु की अग्नि-वर्षा का ही सामना करना पड़ा है। तीन दिन उसकी सेना केवल अग्निवर्षा से दूर रही किन्तु उन तीन दिनों में उसे बिना रात में एक मिनट भी सोये सेना सहित बराबर चलना पड़ा है। उसके कितने ही आदमी मर गए हैं। उसे नये और बहुसंख्य सैनिकों की आवश्यकता है। वह कहता है कि जितने अधिक सैनिक उसके पास रहेंगे, उतनी ही कम उसे हानि उठानी पड़ेगी और उतनी ही जल्दी वह शत्रुओं का दमन कर सकेगा। देखिए, उसने भी सैनिकों को तोप छोड़ने की आज्ञा दे दी। आह ये तो कान के पर्दे फटते से मालूम होते हैं। देखिए, वह जर्मनों के गोले ने फटकर ज़मीन में प्रायः 16 फीट 8 इंच का कैसा गड्ढा कर दिया है। चारों ओर अग्नि ही

प्रज्वलित दिखाई देती है। आकाश में उड़ते हुए लाल-लाल अग्नि के स्फुलिङ्ग अँधेरी रात में कैसे भयावने मालूम होते हैं। कान के पास से गुज़रते हुए गोलों की सनसनाहट से शरीर का रक्त ठंडा सा हुआ जाता है। गोले से निकले हुए तेज धार वाले लोहे के टुकड़े चारों ओर नाचते से दिखाई देते हैं। बड़ा ही रोमांचकारी दृश्य है। मालूम होता है, यम ने सभी नारकीय राक्षसों को आज उत्सव मनाने की छुट्टी दे दी है या भैरव के पिशाच और भूत संहारकारिणी माता दुर्गे के लिए रुंड-मुंड की माला बनाने का आयोजन कर रहे हैं।

रात्रि के 11 बज चुके किन्तु युद्ध की भीषणता में कमी नहीं। लीजिए, अब 12 पर सुई भी आ पहुँची। ईश्वर को धन्यवाद है गरररडम में भी कमी होती दिखाई देती है। वह कप्तान भी आगे आ गया है। चौथाई सैनिकों को उसने आराम करने की आज्ञा दे दी। आज 7 दिन और रात्रि के बाद इन्हें सोना नसीब हो रहा है।

युद्ध भी हलका हो गया है, मालूम पड़ता है जर्मन चल दिए हैं।

हमारा अनुमान ठीक निकला। जर्मन चल दिए हैं किन्तु वे यों ही नहीं चले गए। देखिए, कप्तान के पास वह जासूस क्या ख़बर दे रहा है। वह कहता है कि "पास ही दक्षिण की ओर फ्रेंच सिपाही खड्डों में भरे पड़े थे, उन्हें जर्मनों ने त्रस्त कर बाहर निकलने पर बाध्य किया। खुले मैदान में बिचारों की बहुत बुरी गति हुई। सब मुर्दे मैदान में पड़े हैं, उनमें कुछ तो जीवित भी होंगे किन्तु उनके पास जाना कठिन है, क्योंकि जर्मनों की गोलियाँ बराबर चली आ रही हैं। उनमें जो जीवित हैं, वे सब थोड़ी देर में मर जाएँगे, क्योंकि भीषण ठंडी हवा बह रही है। ब्रिटिश सिपाहियों के खड्डों के आसपास जो घर थे, उनका पता नहीं है, किसी की छत ग़ायब है, कोई औंधा पड़ा ज़मीन से बातें कर रहा है, ईंटें और खपड़े इस तरह चारों ओर फैले हैं मानो उनकी वर्षा हुई हो।

अच्छा अब चलिए रात्रि बहुत बीत चुकी, हम लोग भी तनिक विश्राम कर आवें।

लीजिए, थकान भी दूर नहीं हुई थी कि सबेरा हो गया किन्तु यहाँ कौओं की काँव-काँव नहीं है, कहीं चिड़ियों की चहचहाहट भी नहीं सुनाई देती, आकाश मेघाच्छन्न है, सर्दी से हाथ-पैर ठिठुरे जाते हैं, बदन पाला हुआ जाता है, पानी छूना तो दूर रहा उसकी ओर देखने की भी हिम्मत नहीं। चलो तो रात्रि के लीला-क्षेत्र के दर्शन कर आवें।

भूमि की रंगत देखकर मालूम होता है यहाँ बरसाने का फाग रचा गया था। चारों ओर रक्त ही रक्त दिखाई देता है। इनमें कितने ही फ्रेंच और कितने ही अंग्रेज़ सैनिक हैं। चलिए, देखें वह खड्ड के पास हिलता क्या दिखाई देता है? अरे यह तो आहत सैनिक है। पहिनावे से फ्रेंच मालूम होता है। अभी इसमें जान बाक़ी है। देखिए, यह इसका झोला भी पास ही पड़ा है। इसमें यह बोतल भी है। दो-चार बूँद इसके मुख में डालिए, शायद बच जाए। अरे! इसने तो आँखें खोल दी। तनिक शराब

इसे और देनी चाहिए। इससे युद्ध गाथा कदाचित् कुछ मालूम हो जाए। देखिए, वह कुछ कह रहा है, "हम...लोगों को...जर्मनों ने ब...अड़ा...धोखा दिया, हम लो... इधर से जा आ...थे। पास ही ख...में झंडा लिए ए...जर्मन सैनिक...थे। वे हाथ उठा दोहाई-सी दे रहे थे। कप्तान के हु...से हम लोग उन्हें गिरफ़्तार करने गए। जब हम लोग खड्ड में पहुँचे...तो हाथ उठाने वालों के पीछे जो छि...हुए जर्मन सि...थे, उन्होंने गोलों की वर्षा शुरू कर दी। जो झंडा उठाए थे, वे भी गोला चलाने लगे। हम सब धोखे में मारे गए।"

अरे बोलते-बोलते इसकी तो आँखें पथरा गईं। बेचारे का कोई साथी भी पास नहीं। यदि हम लोगों के पहिले किसी ने पहुँचकर इसकी फ़िक्र की होती, तो यह बच जाता। किन्तु लड़ाई में कौन किसको पूछता है। कितने ही ज़िन्दा कुचल जाते हैं, घोड़े और तोप गाड़ियाँ उन पर दौड़ जाती हैं।

अब दिन चढ़ता दिखाई देता है, गृहस्थी का काम-काज सब पड़ा होगा चलिए, लौट चलें। यदि यह सैर आपको पसन्द आई होगी, तो फिर किसी दिन रणक्षेत्र की सैर कराने ले चलूँगी। अच्छा अब विदा होती हूँ।

गृहलक्ष्मी, मार्च 1914 (फाल्गुन संवत् 1971)

युद्ध-क्षेत्र की सैर-II

बहिनो! उस दिन की सैर अभी आप भूली न होंगी। उस दिन आपने कोई बड़ी लड़ाई नहीं देखी थी मैदान में पहुँचते ही खड्डों की खुदाई हम लोग देखकर लौट आई थीं। अनन्तर कुछ युद्ध भी हुआ था किन्तु वास्तव में वह जिसे युद्ध कहना चाहिए वह न था। बहुत सी बहिनों को उस दिन यह शिकायत थी कि उन लोगों ने युद्ध नहीं देखा। उनकी यह शिकायत ठीक थी किन्तु इसका भी कुछ कारण था। मैं जानबूझकर आप लोगों को ऐसे स्थान पर ले गई थी जहाँ पर आपको भीषण युद्ध न दिखाई दे। सिंह का शिकार देखने वालों को जिन्होंने पहिले कभी सिंह का शिकार देखा नहीं है सिंह का शिकार नहीं दिखाया जाता क्योंकि सम्भव है कि नया देखने वाला सिंह की गर्जना सुनकर, उसका तड़पना देखकर, डर जाए, मचान से नीचे गिर पड़े, बेहोश हो जाए अस्तु इसी कारण से नये शौक़ीनों को पहिले शूकर आदि का शिकार दिखाया जाता है। जब वे एक-दो बार देखते-देखते अभ्यस्त हो जाते हैं, जब उनका कलेजा पोढ़ा हो जाता है तब फिर उन्हें शिकारी लोग सिंह का शिकार दिखाने ले जाते हैं।

इसी नीति के अनुसार उस दिन मैंने आपको भीषण युद्ध नहीं दिखाया। आपने यह नहीं देखा कि युद्धक्षेत्र में सेना समुद्र की लहरों की भाँति कैसे हिलती-डोलती है, आपने यह नहीं देखा कि शत्रुओं के सामने आने पर पूर्णिमा के चन्द्रमा को देखती हुई, मतवाली समुद्र की लहरों की भाँति सेना कैसे उतावली हो गुँथ जाने को बढ़ती है। रक्त रूपी फेन इधर-उधर उड़ते कैसे दिखाई देते हैं। आपने यह भी नहीं देखा था कि जो शरीर कुछ ही देर पहिले हँस-बोल रहा था, जिसमें सब कुछ कहने और करने की शक्ति थी, वह खड़े ही खड़े एक शब्द के होते ही कैसे उलट जाता है। संज्ञाहीन मुँह से रक्त टपकते हुए सवार को लिये हुए घोड़ों का पागल की भाँति इधर-उधर दौड़ना और फिर गोली लगने से वहीं ढेर होकर गिर जाना यह सब आपने नहीं देखा था। साथ ही इनसे कितनी ही अधिक भीषण बातों को आप लोगों ने नहीं देखा था। धीरे-धीरे इन सब बातों को मुझे दिखाना है।

अच्छा तो आइए! आज फिर चलने का कष्ट उठाइए। बाल-बच्चों को घर ही पर रहने दीजिए। समझ लीजिए महिला समिति के अधिवेशन में चल रही हैं। बड़े लेक्चरारों की भाँति मैं यह कहना उचित नहीं समझती कि मैं आपका बहुत

सा समय नहीं लूँगी। मैं पहिले से ही सावधान किए देती हूँ। समय आपको बहुत देना होगा, सम्भव है कहीं युद्ध-क्षेत्र में खड़े ही खड़े कई दिन बीत जाएँ। इसलिए कहती हूँ ज़रा दिल को मज़बूत कर लीजिए बुद्धि, विवेक, धीरता और वीरता को साथ लेकर चलिए, देखिए आज की सैर कैसी है?

लीजिए हम लोग पहुँच गए। यह स्थान भी देखा हुआ सा मालूम होता है किन्तु कुछ ठीक तौर से इस समय हम लोग इसे पहचान नहीं पा रहे हैं। देखिए, यह एक आदमी इसी तरफ़ आता दिखाई दे रहा है इससे पता चल जाएगा। अरे, यह तो हमीं लोगों के पास आता हुआ मालूम देता है।

आइए तब तक हम लोग इस जगह पर बैठकर कुछ जलपान कर लें। बहुत दूर चल चुके हैं। कुछ आराम ही मिल जाएगा, साथ ही पेट में भी कुछ पहुँच जाएगा।

अभी हम लोग खा ही रहे थे कि लीजिए वह मनुष्य आ गया। अरे, वह तो कोई भूखा-सा मालूम पड़ रहा है। यह तो एकदम हम लोगों के खाने पर टूट पड़ा, और भोजन उठाकर भागना चाहता है। किन्तु सूरत से यह भला आदमी मालूम होता है। देखिए, इसका कारण इससे पूछती हूँ। "सुनती थी पश्चिमीय मर्द बड़े नियम से चलने वाले होते हैं। कम से कम दुनिया की दृष्टि में वे स्त्रियों का बड़ा मान करते हैं, इसके विपरीत तुम्हारा यह कर्तव्य कैसा है? क्या स्त्रियों पर डाका डालना तुम्हारा काम है?" यह क्या? इस प्रश्न को सुनकर तो यह रोने लगा। अब देखिए यह कुछ कहता है। "मैं बड़ा भूखा हूँ, पेट की ज्वाला से शरीर जल रहा है। मैं चोर नहीं, डाकू नहीं, एक भला आदमी हूँ। मेरे शरीर में भी आप लोगों के सदृश ही रक्त बह रहा है, किन्तु लाचार होकर मैं असद् व्यवहार करने पर उतारू हुआ था।" मेरे यह कहने पर कि "अच्छा, बैठकर भोजन कर लो," उसने कहा, "नहीं घर पर भूख से हमारी जननी के प्राण निकल रहे हैं पहिले उसे अन्न पहुँचाकर ही मैं अपने उदर में कुछ डाल सकता हूँ।"

भोजन मिल जाने पर बहुत धन्यवाद दे वह जाने को तैयार हुआ, और कहने लगा, "आप लोग बैठी रहें, मैं अभी वापस आता हूँ और आप लोगों की सेवा करूँगा।" यह अच्छा ही हुआ, यह यहाँ का रहने वाला है, इसके साथ घूमकर हम लोग बहुत सी बातों को देख सकेंगी।

लीजिए, हम लोग भोजन कर बैठी ही हैं कि वह आ गया है। अब इससे पूछना चाहिए कि हम लोग कहाँ हैं, यह स्थान कौन सा है, और उसकी यह उजाड़ दशा कैसी है। देखिए, वह उत्तर में कहता है—"यह बेल्जियम की राजधानी ब्रूसल्स है। थोड़े दिनों से इस पर जर्मनों ने क़ब्ज़ा कर लिया है। अब यह भिखमङ्गों का शहर हो गया है। निवासियों के पास किसी प्रकार का सामान बाक़ी नहीं है। रोज़गार भी अब सिवा भीख माँगने के और कोई नहीं रहा है। अब हम लोग आगन्तुकों से कुछ माँगकर पेट पालते हैं। दिन-रात यों ही काम चलता है।

कहीं भी अपनी हँसी-ख़ुशी का सामान नहीं, थियेटर सब बन्द हैं, होटल सब बन्द हैं। बड़ी ख़राब दशा हो रही है।

हम लोग मित्रदल की सहायता की बाट बड़ी उत्सुकता से निहार रहे थे किन्तु उनका कहीं पता न था। एक ओर यह दशा थी दूसरी ओर रोज़ ही जर्मनों के पास पहुँचते जाने की ख़बर दिल को दहलाए देती थी। मित्रदल की सहायता कोरी बातों की रह गई, अगणित जर्मन सेना के सामने थोड़े से वीर बेल्जियम कुछ न कर सके, और आज हम लोगों की यह दशा है। जर्मन सेना अब पेरिस की ओर बड़े बेग से बढ़ी जा रही है। इतना कह उसने निगाह नीची कर ली, आँखें डबडबाकर भर आईं और उनमें से मुक्ता के समान आँसू झरने लगे। उसकी दशा देख कलेजा दहल गया। अच्छा अब बहुत स्वस्थ हो लिये, आइए अब कुछ चलकर देखें। देखिए यह हम लोगों का पथ-प्रदर्शक कह रहा है कि कल बृहस्पतिवार को ऐन्टवर्प से विजयी जर्मन सेना दक्षिण की ओर गई है। वान पूलों की सेना वाम अङ्ग में है और वह साम्ब्रे की ओर बढ़ी है दाहिनी ओर से वान क्लुक की सेना मार्न की ओर बढ़ रही है, और घोड़सवारों (शहसवारों) की सेना है। ये सब ब्रिटिश सेना का चैनल की ओर से नई आई हुई सेनाओं से सम्बन्ध तोड़ देने के लिए बढ़ रही हैं। इतनी बड़ी-बड़ी तोपें जो लीज के क़िले को तोड़-फोड़ चुकी हैं, कुछ इस समय आगे हैं। हम आपको इसी जर्मन सेना की ओर लिये चल रहे हैं।

वह देखिए, फ़रांसीसी घोड़सवार भी साम्ब्रे के उस पार पड़े हुए हैं। इनकी छुट्टा लड़ाई या जर्मन उलहान और ड्रेगरन सवारों से हुई थी। विजयश्री भी इनके हाथों आती दिखाई देती थी। किन्तु जर्मन सेना के पास प्रति घंटे सहायक सेना पहुँचती जाती थी। आख़िर में विवश हो इन लोगों को नदी के पास की ओर हट जाना पड़ा। अब यहाँ पर दोनों ओर की सेनाएँ एकत्र हो रही हैं, दोनों तरफ़ ख़ूब तैयारियाँ हो रही हैं, शीघ्र ही यहीं कहीं पर भीषण युद्ध आरम्भ होगा। यदि आप लोगों को युद्ध देखना है तो यहीं ठहर जाइए, सन्ध्या भी हो रही है, आगे हम लोग जाने भी न पावेंगे। अब रात्रि में यहीं विश्राम करिए, कल रणक्षेत्र का दृश्य देखिएगा।

प्रातःकाल हो गया। चलिए आज कहीं न कहीं भीषण युद्ध दिखाई देगा। ये बादल जो इतने ज़ोर-शोर से उमड़े हुए हैं, बिना बरसे न जाएँगे।

लीजिए हम लोग रणक्षेत्र में पहुँच गए। यह देखिए इस ओर मित्रदल की सेना ही खड़ी हुई है।

यह ब्रिटिश सेनानायक कहता है कि फ्रेंच सेना शार्लिरोई में पड़ी हुई थी। वहीं पर ब्रिटिश सेना भी पहुँच गई। सर जान फ्रेंच के पास 70000 सैनिक और 280 तोपें थीं। वान क्लूक की जर्मन सैनिक सेना भी सामने मैदान में थी। सेना के सफ़रमैना

(Advanced Guards, Patrols) में भी कहीं-कहीं मुठभेड़ हो गई। दिन भर पैदल सेना और गोलन्दाज़ों ने यों ही कुछ काम किया। वे तोपों के लिए स्थान बना रहे थे। यह ख़बर मिल चुकी थी। एक बड़ी भारी जर्मन सेना आ रही है। यह तय हो चुका था कि ब्रिटिश और जर्मन सेना धावा नहीं वरन् रक्षा कर लड़ेगी। सन्ध्या समय दक्षिण की ओर से दूर से गररररडम की ध्वनि सुनाई देने लगी। कुछ लोगों का यह ख़्याल था कि नामूर के क़िले पर जर्मन की तोपें ग़रज़ रही हैं। किन्तु वास्तव में ध्वनि साम्ब्रे (Sambre) के युद्ध से आ रही थी। वान पूलो की सेना फ्रेंच सेना को ध्वंस कर रही थी। शार्लिरोई पर भी भीषण युद्ध हुआ। दिन में 5 बार विजय का पासा कभी फ्रेंचों का, कभी जर्मनों का पड़ा। कभी उस पर फ्रेंचों का, कभी जर्मनों का क़ब्ज़ा हो जाता था। आख़ीर में क्रप की तोपों ने आग उगलना शुरू किया, शहसवार शहसवारों से जुट गए, पैदल पैदल से भिड़े, तलवारें चमकने लगीं, दो बार फ्रेंच सैनिकों ने जर्मनों को पीछे हटा दिया, मालूम हुआ कि विजय फ्रेंच सेना की होगी। किन्तु परिणाम बिलकुल विपरीत हुआ जर्मन पीछे हटते ही और तेज़ी से आगे बढ़ते थे और सन्ध्या होते-होते उन लोगों ने शार्लिरोई पर क़ब्ज़ा कर लिया। यह एक नाममात्र का युद्ध था, वास्तव में फ्रेंच सेना के दाहिने भाग पर जर्मनों ने बड़ी भारी विजय प्राप्त की। वे सामने की ओर घुस गए। इसका फल यह हुआ कि मित्रदल की सेना नामूर से अलग हो गई। और दूसरे ही दिन नामूर के क़िले ने आत्मसमर्पण कर दिया। फ्रेंच सेनानायक ने हम लोगों को इस युद्ध की ख़बर नहीं दी। हमारे अफ़सरों को यह विदित नहीं था कि जर्मन सेना ने विजय लाभ की है और वह विजय से मस्त हमारी ओर बढ़ी आ रही है। अभी वायुयानों और स्काउटों ने ख़बर दी है कि जर्मन सेना कम से कम संख्या में हमारी सेना से दुगनी है। अब कुछ ही समय बाद सम्भव है भीषण युद्ध होगा।

अफ़सर से बात कहकर हम लोग आकर सेना से दूर एक पेड़ के नीचे बैठ गए। सेना में बड़ी चहल-पहल दिखाई देती थी। समय तीन का रहा होगा। एकदम गररररडम, गररररडम की आवाज़ से पृथ्वी काँपने लगी। मालूम हुआ कि जर्मन सेना ब्रिटिश सेना पर बेतहाशा टूट पड़ी। घोड़सवार स्काउटों ने ख़बर दी कि जर्मन सेना आगे की ओर मैदान में दाबती चली आ रही है। इसी समय जर्मन गोलन्दाज़ों ने अग्निवर्षा शुरू की। देखिए, वह पैदल सेना गोली चलाती हुई कितनी भीषणता से बढ़ती आ रही है। मालूम होता है, वे समझते हैं कि जीवन कोई चीज़ ही नहीं और उसकी ममता उन्हें है ही नहीं। देखिए-देखिए, ब्रिटिश सेना ने भी जवाब देना शुरू किया। खड्डों से ब्रिटिश सैनिक गोली चला रहे हैं। उधर देखिए, उस टीले से ब्रिटिश तोपें कैसी विकरालता से आग उगल रही हैं। प्रायः 25 मील का यह फ्रन्ट है, सभी जगह से

आग बरसाई जा रही है। तोपों की ध्वनि के कारण कान के परदे फटे जा रहे हैं। अरे वह देखिए, उस टीले पर क्या हुआ! कुछ ही देर पहिले वहाँ पर कितने ब्रिटिश गोलन्दाज़ थे किन्तु अब वहाँ पर लोथ ही लोथ दिखाई दे रही हैं। किन्तु यह क्या! गोलन्दाज़ी अब भी कैसे जारी है। अरे! अरे! वह देखिए, वह लोथों में एक सैनिक है। उसके पैर कट गए हैं। किन्तु तब भी वह अपना कर्तव्य पालन करता ही जाता है। वह देखिए, लोथों पर बैठा हुआ वह तोपों को कैसे छोड़ रहा है। लीजिए, वह जर्मन गोला उसी पर आकर गिरा, और उसका भी अन्त हो गया।

यह देखिए, गोली चलाते हुए सैनिकों पर यह गिद्ध कैसे घुमड़ रहे हैं। मालूम होता है इन्हें गोलियों का भय ही नहीं और ये ज़िन्दा ही सैनिकों को उठा ले जावेंगे। इन पर सैनिक रह-रह कर गोलियाँ भी चला देते हैं। किन्तु वे भागते भी नहीं। अरे वे तो और भी नीचे आ गए, अब तो ये बिलकुल सैनिकों के सिर पर ही उड़ रहे हैं। ये तो कुछ गिराते भी नज़र आते हैं। क्या कबूतरों की भाँति गिद्ध भी यहाँ पर सिखलाए हुए होते हैं। नहीं-नहीं, यह नहीं हो सकता, आगे चलकर इसका मर्म किसी से पूछना चाहिए। आप लोग यहीं ठहरी रहें, मैं उस अफ़सर से पूछकर अभी आती हूँ।

सुनिए, वह कहता है कि ये गिद्ध नहीं ये जर्मन वायुयान हैं। ये ऊपर से बम के गोले गिराते हैं किन्तु इन गोलों में धड़ाका नहीं होता, न इनसे किसी की जान ली जाती है। ये अजीब गोले हैं। गिरते ही इनसे काला धुआँ चारों ओर फैल जाता है। फल यह होता है कि धुआँ फैलने से अन्धकार हो जाता है। उस समय गोलों के चलने से यह पता चल जाता है कि गोलन्दाज़ किस स्थान पर है। बस फिर उन पर ऊपर से बम गिराए जाने लगते हैं। ऊपर से वे अपने गोलन्दाज़ों को इशारा कर यह भी बतलाते हैं कि वे गोले किस ओर छोड़ें।

वह देखिए, जर्मन पैदल सेना किस तैश से बढ़ आई है। लीजिए, ब्रिटिश सैनिक भी वहाँ उन पर टूट पड़े। कैसा घमासान युद्ध हो रहा है। वह देखिए, जर्मन सेना पीछे हट रही है। ब्रिटिश सैनिक, आहा, जान को हथेली पर रखकर कैसे टूट पड़े हैं। वह देखिए, एक सैनिक गिर पड़ा। उसका ब्रिटिश साथी उसे पीठ पर लादे ले जा रहा है। हैं! वह तो पीठ पर सवार ही सवार गोली दाग़ता जाता है। वाह रे वीर, आख़िर हो तो हमारे स्वदेशी भाई ही।

देखिए-देखिए, वह जर्मन सेना उस खड्ड पर टूट पड़ी है। यह क्या वह तो एकदम नष्ट हो गई। जर्मनों ने समझा था कि उनकी गोलन्दाज़ी के कारण खड्ड की तोपें नष्ट हो गई हैं, किन्तु बात वैसी नहीं थी। गोलन्दाज़ योंही चुपचाप रह गए थे, अवसर आते ही उन्होंने बाढ़ दाग़ी और जर्मन सेना वहीं पर उलट गई। किन्तु देखिए, इससे जर्मन हताश नहीं हुए हैं। पीछे से सैनिक फिर आगे बढ़ते चले आते हैं। लीजिए, अबकी बार उन्होंने खड्ड पर क़ब्ज़ा जमा लिया।

जर्मन सेना चारों ओर भर रही है। सम्हलकर देखिए लड़ना वह जानती ही नहीं। बलती आग में कूदना ही उन्होंने लड़ना समझ लिया है। इस समय जर्मन सेना में प्रायः 150000 सैनिक हैं, इसके विपरीत ब्रिटिश सेना में हद से हद 80000 हैं। देखिए, वह वान क्लूक की सेना बढ़ती आ रही है। पूर्व की ओर से वह देखिए वान पूलो के सैनिक भी आ पहुँचे। ब्रिटिश सैनिक भी जान तोड़कर लड़ने लगे। वह देखिए, वह घोड़ा कैसे भागा जा रहा है। जिधर जाता है उसे गोली की धाँय-धाँय सुनाई देती है। किसी ओर निकल भागने का उसे मौक़ा ही नहीं मिलता। अरे, उस पर तो एक सवार भी है। हाय-हाय, उसके मुँह से कैसा रक्त बह रहा है। लीजिए, उस सैनिक को कुचलता हुआ वह घोड़ा भागा जाता है। अरे वह सैनिक प्यासा है। देखिए, वह पानी के लिए कैसा चीत्कार मचा रहा है। अरे यह तो सैनिकों का ढेर सा लगा जा रहा है। सन्ध्या भी हो रही है किन्तु लड़ाई वैसे ही जारी है। मालूम ही नहीं होता कि इसका कभी अन्त होगा।

हैं, यह क्या? वह ब्रिटिश सेना, दक्षिण भाग की ओर कैसे दबती जा रही है। मालूम होता है अब यह पीछे खिसककर विश्राम करेगी। अब तो अँधेरा भी हो गया और लड़ाई भी हलकी होती जाती है। देखिए-देखिए, वह जर्मन सेना और आगे बढ़ आई। ब्रिटिश आहत सैनिकों को उठाकर वह अस्पताल में भेज रही है। ब्रिटिश तोपों को भी उसने हस्तगत कर लिया है और मालूम होता है अब वह भी पड़ाव डालेगी। चलिए, हम सब भी बहुत देर से आई हुई हैं। घर चलें और बाल-बच्चों को इस भीषण युद्ध का हाल सुनावें।

आपकी
उमा नेहरू

मर्यादा, जून 1915

स्त्री शिक्षा*
(श्रीमती एनी बेसेन्ट)

किसी राष्ट्र के लिए स्त्री शिक्षा से बढ़कर महत्त्वपूर्ण विषय दूसरा नहीं है। ग्रेट ब्रिटेन ही का उदाहरण लीजिए तो स्त्रियों को उच्च शिक्षा दे उसने अपनी राष्ट्र की ताक़त को द्विगुणित कर लिया है। आजकल के युद्ध के समय में उसे पुरुषों के बाद स्त्रियों से भी देश की रक्षा में सहायता मिली है। स्त्रियों ने आगे बढ़कर पुरुषों को युद्ध में जाकर लड़ने के लिए अवकाश दिया है, वे रणभूमि में केवल डाक्टरों ही का काम इस उत्तमता से नहीं करतीं कि जिससे उनके पुरुष सहयोगी डाक्टरों को आश्चर्य होता है वरन् बहुत आदमियों के युद्ध में जाने से जो काम बन्द हो जाते हैं उन्हें वे घर पर कर रही हैं। इंग्लैंड में शिक्षित स्त्रियाँ दफ़्तरों और व्यापार-धन्धों में पुरुषों की ख़ाली जगहों पर ही काम नहीं कर रही हैं वरन् अपनी इच्छा से उन्होंने पुलिस कान्सटेबिल, मोटर ड्राइवर, सिगनेलर इत्यादि के रूप में कार्य करना आरम्भ किया है जिससे बिना किसी रुकावट के देश का काम अच्छी तरह चल रहा है। इसके अतिरिक्त उन्होंने युद्ध से पीड़ित मनुष्यों की सहायता करने और बेकार मनुष्यों को काम देने के लिए सभाएँ संगठित की हैं और शरणागतों के स्वागत और उनकी सहायता के लिए संस्थाएँ स्थापित की हैं। जिनका काम वे बड़ी योग्यता से चला रही हैं। उनके प्रबन्ध करने की शक्ति विलक्षण है, जो स्त्रियों में ही पाई जाती है।

शिक्षा के साथ जो खेल और कसरत सिखाए जाते हैं, उनका फल यह हुआ है कि शारीरिक शक्ति, नई बातें सोचने की बुद्धि और किसी काम को पूर्ण रूप से करने की शक्ति उनमें उत्पन्न हो गई है। वोट माँगने वाली स्त्रियों की सभाओं की विलक्षण सफलता ने दिखला दिया है कि वे जो आन्दोलन कर रही हैं, उसमें कितना शिक्षा पूर्ण तत्त्व है। ब्रिटेन की आजकल की स्त्रियों का विक्टोरिया के राज्य के आरम्भिक काल की स्त्रियों से जो दुर्बल और पराधीन थीं, और जो थैकरी को बड़ी प्रिय थीं, मिलान कीजिए तो आश्चर्य मालूम होगा। आजकल की स्त्रियाँ यार्क, ट्यूडर और स्टुअर्ट के समय की पुरानी अंग्रेज़ रमणियों के और भारतवर्ष की महाभारत के समय की या आधुनिक काल की राजपूताने या महाराष्ट्र की वीरांगनाओं के समान हैं।

* उमा नेहरू ने स्त्री दर्पण के लिए इस लेख का अनुवाद किया था।

यहाँ भारतवर्ष में भी भारतीय रमणियों में एक बड़ा परिवर्तन हो रहा है। जो लोग सार्वजनिक संस्थाओं के सम्बन्ध से भारतवर्ष के भिन्न-भिन्न स्थानों में गए होंगे, उन्होंने देखा होगा कि इस समय भारतीय रमणियों के हृदयों में भी नई आकाङ्क्षाएँ हिलोरें मार रही हैं। स्थान-स्थान पर स्त्री वक्ताओं के व्याख्यान सुनने के लिए बहुत सी स्त्रियाँ एकत्र होती हैं। दक्षिण अफ्रीका के आन्दोलन के समय स्त्रियों के कई व्याख्यान केवल मनोहर ही नहीं तत्त्व पूर्ण भी हुए। यह परिवर्तन कुछ तो उन अंग्रेज़ी प्रभावों के कारण हुआ है जिनका उन पर अपने पतियों द्वारा प्रभाव पड़ा है और कुछ अंग्रेज़ महिलाओं से सम्पर्क होने के कारण हुआ है। भारतवर्ष में अन्य स्थानों की अपेक्षा मद्रास में यह परिवर्तन अधिक हुआ है। हमें यह नहीं भूलना चाहिए कि भारतीय स्त्रियों का सार्वजनिक कार्यों में भाग लेना कोई नई बात नहीं है। क्योंकि अन्तिम सबसे बड़ी रानी का हाल ही में केवल 19वीं शताब्दी में शरीरान्त हुआ है। महाराष्ट्र में स्त्रियों को शिक्षा देना कभी बन्द नहीं हुआ और विद्याभ्यास के लिए, ललित कलाओं के लिए, लेक्चरों और पुस्तकावलोकन के लिए स्त्रियों के क्लब सारे देश में इधर-उधर फैले हुए हैं। चार ही उदाहरण लीजिए तो नागपुर, मसूलीपट्टम, कञ्जीवरम और बंगलौर में परस्पर शिष्टता उत्पन्न करने के लिए संस्थाएँ स्थापित हैं। उत्तर और बंगाल में जहाँ पर्दा है वहाँ कुल गुरुओं के संस्कृत और मातृ भाषा में धार्मिक साहित्य पढ़कर सुनाने और हरिकीर्तन करने से और अन्य ऐसी ही बातों से शिष्टता उत्पन्न हुई है जो लोग भारतीय रमणियों की शिक्षा की अवस्था को मनुष्य गणना की रिपोर्ट से जाँचते हैं, उनकी सम्मति बड़ी भ्रान्त है।

इस समय अंग्रेज़ी प्रभाव भारतीय रमणियों की सामाजिक दशा पर बराबर पड़ रहा है और सामाजिक दृष्टि से यह सर्वथा वांछनीय नहीं है। भारतीय रमणियाँ और बालिकाएँ बड़े नगरों की एंग्लो-इंडियन सोसाइटी में फँस जाती हैं। उन्हें इस बात का ज्ञान नहीं होता कि वे सभ्य और असभ्य का और उच्च और नीच व्यवहार और चाल-ढाल का भेद समझें। फल यह होता है कि उनमें बहुत सी आवश्यक और अनावश्यक बातें आ जाती हैं, और ये सभी अंग्रेज़ी हैं, इसलिए शायद वे उनका अनुकरण करती हैं। इसका फल सर्वदा अच्छा नहीं होता। भारतीय रमणियों की स्वाभाविक अच्छी रुचि और आत्मगौरव उन्हें अच्छे मार्ग पर ले जावेगा, यदि वे अपनी बुद्धि और स्वभाव से काम लें। पर कभी-कभी बुरी सलाह से यह दबा दिए जाते हैं। इसके अतिरिक्त अनुकरण करने की इच्छा से उन्हें तरह-तरह की अंग्रेज़ी पोशाकें बनानी पड़ती हैं जो न तो अच्छी होती हैं और न लाभकारी होती हैं क्योंकि उनमें दाम अधिक लगता है। इन सब बेतुकी बातों को दूर करने के लिए शिक्षा उपयुक्त साधन है। पहिले के दिन बीत गए और दशा भी बदल गई इसलिए पहिले की शिक्षा इस समय अनुपयुक्त है। अतएव अब बहुत सोच-समझ कर नई शिक्षा प्रणाली का संस्कार होना चाहिए।

यहाँ हम बार-बार कहे हुए अपने मत को फिर दुहराते हैं कि भारतीय बालिकाओं की शिक्षा का प्रबन्ध और उसका संगठन भारतवासियों द्वारा ही होना चाहिए। नहीं तो राष्ट्र का हृदय कलुषित हो जाएगा और मातृभूमि का स्त्रियों में अधार्मिकता के फैलने से सर्वनाश हो जाएगा। भारतीय रमणियों का धर्म प्राय: उनके ज्ञान के अनुसार नहीं होता, उनमें भक्ति पूरी होती है पर तात्त्विक दूरदर्शिता का उनमें अभाव होता है। उनका ज़हन तेज और बुद्धि तीव्र होती है। इसलिए सच्ची बात को वह तत्काल समझ लेती हैं और उसका जीवन में उपयोग करती हैं, पर प्राय: उन्हें ऊपरी बातों और रीति-रस्मों की शिक्षा दी जाती है। जिन्हें वे भक्ति के साधन बनाती हैं पर अपनी बुद्धि का प्रयोग नहीं करतीं। घरों में इस लोकोक्ति के प्रचार की आवश्यकता है कि "अपने विश्वास में ज्ञान को शामिल करो" स्त्रियों को चाहे जैसी शिक्षा दी जाए पर उसकी नींव आत्मिक और उच्च हिन्दू धर्म ही पर होनी चाहिए, यदि हिन्दू रमणी के हृदय मन्दिर में हिन्दू धर्म के लिए स्थान नहीं है तो मातृभूमि श्मशान घाट पर चली जाएगी।

लड़कियों को जो नैतिक शिक्षा दी जाए उसमें देश-भक्ति, मातृभूमि के प्रति कर्तव्य पालन और उसके हित के लिए स्वार्थ त्याग करने के लिए तैयार रहने की भी शिक्षा देनी चाहिए। ऐसे प्रेम और त्याग के चमकते हुए उदाहरणों से भारतीय इतिहास भरा पड़ा है। मातृभूमि की पुत्रियों की इन कथाओं में जिस बात की आवश्यकता है वह सब अब पूरी होनी चाहिए।

अन्य कारणों को दूर रखिए, धार्मिक और नैतिक शिक्षा की आवश्यकता इस बात के लिए काफ़ी कारण है कि भारतीय बालिकाओं की शिक्षा भारतवासियों ही के अधिकार में रहे। क्या पादरी लोग हिन्दू या मुसलमान धर्म की शिक्षा देंगे, या विदेशी लोग देश का उच्च प्रेम सिखलावेंगे? भारतीय इतिहास, भारतीय धर्म शास्त्र, भारतीय नाटक, भारतीय कला-कौशल इन्हीं से भारतीय बालिकाओं को शिक्षा मिलनी चाहिए।

प्रारम्भिक शिक्षा के अतिरिक्त स्त्रियों को अन्य प्रकार की शिक्षा देने के लिए यह स्पष्ट ही उचित है कि अल्पावस्था में उनका विवाह होना बन्द कर दिया जाए। जिन लड़कियों का 7- 8, 9-10, 11-12 वर्ष में विवाह होगा उन्हें शिक्षा कैसे दी जा सकती है? 13-14 वर्ष की उम्र में वे माताएँ बन गईं, लड़कियाँ-लड़के पैदा करने लगीं, इस दशा में शिक्षा की चर्चा करने से क्या लाभ है? जो लोग और स्त्रियाँ बुरी रीति-रस्मों से अन्धी हो गई हैं, और अभ्यास के मोह जाल में फँस गई हैं, वे ऐसे विवाह से जो बुराइयाँ और अत्याचार होते हैं उन्हें नहीं देख सकतीं। इन निस्सहाय कन्याओं को इनके पिता मनचाहे पतियों के हाथ ग़ुलामों के समान बेचते हैं।

क्या यह सम्भव है कि जब तक भारतवर्ष में बालिकाओं को ग़ुलाम बनाने की प्रथा जारी है तब तक भारतवर्ष स्वतंत्र हो सके? हाल ही में एक हिन्दू ने कहा था

कि एक हिन्दू कन्या 'माल-असबाब, गोरू-डंगर के समान है'। हमें लज्जा नहीं आती कि जिस देश को हम स्वतंत्र करना चाहते हैं उसमें अभी तक कन्याओं की ग़ुलामी मौजूद है।

साहित्य, संगीत, चित्रकारी आदि कलाएँ स्वास्थ्य के नियम, गृह के खाद्य पदार्थ बनाने, गृह चिकित्सा, घायलों की चिकित्सा आदि इन सबकी प्रारम्भिक शिक्षा साधारण शिक्षा के साथ-साथ मिलनी चाहिए। शरीर को पुष्ट और दृढ़ बनाने के लिए शारीरिक शिक्षा भी देनी चाहिए। जो बालिकाएँ उच्च शिक्षा ग्रहण करना चाहती हैं उन्हें प्रायः वे ही चीज़ें पढ़नी पड़ेंगी जो लड़के पढ़ते हैं। पर ऐसी बालिकाओं की संख्या बहुत कम होगी। जहाँ तक सम्भव हो बालिकाओं को गृह पर या दिन को स्कूलों में भेजकर शिक्षा दी जाए। बोर्डिंग वाले स्कूलों से उन्हें बड़ी हानियाँ होती हैं। यदि बोर्डिंग स्कूलों की आवश्यकता ही हो तो उनमें गृह का भाव होना चाहिए। यह अत्यन्त आवश्यक है कि हिन्दू लड़कियों के बोर्डिंग हाउस का पूर्ण अधिकार एक बड़ी उम्र की सुशिक्षित हिन्दू महिला के हाथ में हो जो उसमें गृह के भाव को उत्पन्न कर सके और लड़कियों के साथ एक बुद्धिमान और प्रिय माता के समान व्यवहार करे।

केवल इन्हीं उपायों से भारतीय कन्याओं का विषादपूर्ण जीवन महत्त्वपूर्ण महिलाओं के जीवन में परिवर्तित हो सकता है। भारतीय स्त्रियाँ क्या थीं, यह हम जानते हैं, अनेक असुविधाएँ होने पर भी आज वे क्या हैं, यह हम देखते हैं। संसार में इनसे सुन्दर अन्य पुष्प नहीं हैं। वे क्या होंगी यह कौन कह सकता है? हम आशा करती हैं, हम स्वप्न देखती हैं कि स्त्रियों का जीवन सर्वांगपूर्ण हो जिसमें गार्गी की सी बुद्धिमत्ता, सावित्री का सा साहस और बुद्धि, सीता का सा अचल प्रेम, दमयन्ती की सी भारी सहनशीलता और शकुन्तला की सी सच्ची पति भक्ति हो।

स्त्री दर्पण, जुलाई 1915

पाश्चात्य स्त्रियाँ

अज्ञानता पाप और भूल का मूल है। इसी कारण प्रत्येक सभ्य देश अपने निवासियों की अज्ञानता को मिटाने के लिए नाना प्रकार के उपाय करने में लगा रहता है।

अज्ञानता के इस अन्धकार के घटने को सभ्यता का उत्कर्ष कहते हैं, और इसी अन्धकार की अधिकता सभ्य देशों को भी धीरे-धीरे असभ्य बना देती है।

हमारा अभागा देश एक समय सभ्यता में संसार के समस्त देशों का सरताज था। परन्तु अज्ञानता के अद्‌भुत विस्तार ने अन्त में उसको कहीं का न रखा। वह सब कुछ खो बैठा। आज के दिन सारा संसार उस पर हँसता ही नहीं वरन् उसको घृणा की दृष्टि से देखता है।

शताब्दियों के घोर परिवर्तनों और राजनैतिक घटनाओं ने हमारे देश से राष्ट्रीय शिक्षा और विद्या प्रचार का नाम मेट दिया है। अज्ञानता के प्रबल प्रभाव ने ऐसी विष भरी रीतियाँ और रिवाज हमारे समाज में प्रचलित किए हैं जिनके द्वारा हमारे सारे गुणों और ख़ूबियों का नाश हो गया। जहाँ और सैकड़ों कुप्रथाओं की स्थापना हुई, वहाँ हमारे धर्म प्रचारकों ने अपनी पवित्र देश भूमि से, किसी निवासी के अन्य देशों की यात्रा के मार्ग में ऐसी बाधाएँ डाल दीं, जिनका हटाना कठिन हो गया। इसका विनाशक फल यह हुआ कि जिस प्रकार हमारे घरों की दीवारें हमें अपने गोद में रखकर अपने देश क्या, नगर तक के हाल से अपरिचित रखती हैं, वैसे ही हमारे पुरुष अपने देश की चारदीवारी में बन्द रहकर सारे संसार के हाल से बेख़बर हो गए। संसार से विलग हो जाना मनुष्य के हृदय में संकुचित विचारों को उत्पन्न कर देता है। यह उसमें औरों की बातें समझने, उनकी रीतियों और रिवाजों की ख़ूबियों को जानने और पहचानने के माद्‌दे को कम ही नहीं करता वरन् बिलकुल मिटा देता है।

यही सब कारण हैं जिनके द्वारा हम अपनी बहिनों के मुखकमलों से अन्य देशों की स्त्रियों और अन्य समाजों की रीतियों के सम्बन्ध में ऐसे अनुचित वचन और ऐसी कठोर सम्मतियाँ सुनती हैं, जिन्हें सुनकर दुःख होता है। वह सम्मतियाँ हमारी अज्ञानता के परिणाम हैं। हमारी वर्तमान सामाजिक दशा की उत्पन्न की हुई संकुचित दृष्टि उन्हें अधिकतर ज़हरीला और भयानक बना रही है।

पश्चिमीय स्त्रियों को हम सारे संसार के अवगुणों की खान समझती हैं, और 'सफ़रेजिट' नियम पालिका हमें चांडालिन अथवा चुड़ैल से कम नहीं दिखाई देतीं। पश्चिमीय स्त्रियों का व्यक्तित्व, उनका स्वतंत्रता प्रेम, उनको हमारे विचार में पतिव्रत धर्म पालन के अयोग्य बना देते हैं। यही नहीं बल्कि माता की भी पदवी को वहाँ की स्त्रियाँ अपने स्वार्थ लीन सांसारिक सुखों के स्वप्नों में मग्न रहने के कारण हमारी तरह से सुशोभित नहीं कर सकतीं। स्त्रियों का इसमें इतना दोष नहीं। हमारी सम्मति के अनुसार वहाँ के पुरुष और समाज सब ही मानो पगला गए हैं, जो उन्होंने स्त्रियों को इतना सर उठाने का अवसर दिया। स्वयं डूबे और इन्हें भी डुबो दिया।

अंग्रेज़ी में एक कहावत है कि अज्ञानता भी नेमत है। यह मूर्खों को अपने ख़्याली स्वर्ग की भूलभुलैयों में फँसाकर संसार की असली बातों से परिचित नहीं होने देती। यह अपने प्रेमियों को नर्क को स्वर्ग, और स्वर्ग को नर्क के रूप में दर्शाती हैं और ये अभागे अपनी भूलों को धर्म और अपनी त्रुटियों को सद्गुण समझते रहकर कभी सुधार या उद्धार के निकट नहीं आने पाते।

कुछ समय हुआ कि हमने एक लेख में पश्चिमीय स्त्रियों को पत्नी के रूप में दिखाया था। कुछ पश्चिमीय आदर्श महिलाओं के जीवन चरित्रों का हवाला देकर हमने यह सिद्ध करने की चेष्टा की थी कि पश्चिम में पतिव्रता स्त्रियों का अभाव नहीं। मिसेज़ लफ़येट को आदर्श महिला होने में हमने सावित्री व सीता के समान बताया था। उस लेख में हमारा कहना यह था कि आजकल जो बातें पतिव्रत धर्म के नाम से पुकारी जाती हैं, उनका धर्म से कोई सम्बन्ध नहीं, और हमारी वर्तमान दशा व शिक्षा हमको वास्तविक पतिव्रत धर्म पालन के असमर्थ बना देती है। मित्र भाव के स्थान पर हममें दासियों के भाव उत्पन्न हो जाते हैं और बजाय अपने पुरुषों की सहायिका और हितैषिणी होने के, हम उनके आश्रित और आधीन हो जाती हैं।

वह लेख स्त्रियों के पत्नी भाव ही से सम्बन्ध रखने के कारण कुछ परिमित हो गया था, इसलिए अब हमारी इच्छा है कि इस लेख में समस्त पश्चिमीय स्त्रियों की दशा पर एक सरसरी नज़र डाल के यह विचार करें कि पश्चिम की महिलाएँ सांसारिक सभ्यता के क्षेत्र में वास्तव में तुच्छ और हीन हैं या नहीं। यह कहना कि सांसारिक सभ्यता और आध्यात्मिक सभ्यता भिन्न-भिन्न वस्तु हैं जिनका एक-दूसरे से कोई सम्बन्ध नहीं, हमारी राय में बिलकुल व्यर्थ है। हम आध्यात्मिक सभ्यता को सांसारिक उन्नति से विलग नहीं कर सकती। जो आध्यात्मिक आदर्श किसी जाति के सांसारिक पतन का कारण हो जाते हैं, हमारी राय में उस जाति का उन आदर्शों को बेदर्दी से पददलित कर डालना सबसे श्रेष्ठ और उत्तम धर्म है।

प्रसिद्ध पश्चिमीय स्त्रियों के जीवन-चरित्रों को इस छोटे से लेख में बयान कर देना, असम्भव है। हमारा विचार है कि हम यूरोप के उन सद्चरित्र विद्वान महापुरुषों के कथन अपनी पाठिकाओं को सुनाएँ, जिन्होंने वर्तमान यूरोप को उत्तमता के उस सिंहासन पर पहुँचाया जहाँ से, वह सारे संसार पर शासन कर रहा है।

इन महापुरुषों के जीवन पर जो प्रभाव इनकी माताओं, पत्नियों और भगनियों इत्यादि ने अपने प्रेम व योग्यता से डाले, उनको देखकर हम विस्मित रह जाती हैं। जिस प्रकार इन सब भाग्यवानों को अपनी रमणियों से आध्यात्मिक और सांसारिक उन्नति के क्षेत्र में सहायता मिली, उसका अनुमान करना भी हमारे लिए सहज नहीं। फ़र्ज़ी क़िस्से-कहानियों द्वारा किसी को पतिव्रता, किसी को आदर्श माता बना देना तो बहुत सहज है किन्तु जब हम ऐतिहासिक चरित्रों में ऐसी मिसालें पाएँ और उन मिसालों के गुण उन्हीं लोगों ने गाए हों, जिन्होंने स्वयं उनके प्रेम, उनकी योग्यता और विद्वत्ता से लाभ प्राप्त किए हों तो हमारा सन्देह, आश्चर्य और प्रशंसा में बदल जाता है। अब मिसालें सुनिए—

'क्रामवेल' को कौन नहीं जानता। एक मामूली हैसियत के मनुष्य का पुत्र होते हुए भी उसने अपनी सद्चरित्रता, साहस और योग्यता से इंगलिस्तान का राज सिंहासन कैसे प्राप्त कर लिया इससे सब भलीभाँति परिचित हैं। किन्तु जिन लोगों ने उसके जीवन-चरित्र की कहानी को विचारपूर्वक पढ़ा होगा, यह बात केवल वे ही जानते होंगे कि इस सपूत के चरित्र संगठन में उसकी माता ने क्या भाग लिया था। 'क्रामवेल' की पाँच बहिनें और भी थीं, और उसकी माता ने अपने हाथों से परिश्रम कर-कर के उन सबका विवाह किया, और ऐसे-ऐसे दहेज दिए जो बड़े आदमियों से भी देते न बन पड़ते। घोर से घोर आपत्तियाँ उनको भयभीत नहीं कर सकती थीं, और इंगलिस्तान के राजभवनों में उनके स्वभाव की सरलता और हृदय की कोमलता वैसी ही रही जैसी कि अपने पुराने 'हंटिङ्गटन' वाली ग़रीबामऊ कुटी में। 'क्रामवेल' के जीवन-चरित्र के लेखक सब इस बात पर सहमत हैं कि क्रामवेल ने अपनी धर्म बुद्धि, अपना सन्तोष, अपने कुटुम्बियों से प्रेम, तथा ग्रहाभिरुचि, अपने चरित्र की सरलता इत्यादि सब सद्गुण अपनी प्रिय माता ही से ग्रहण किए थे।

इसी प्रकार फ्रांस का सबसे बड़ा सपूत जिसने अपनी वीरता और योग्यता से एक बार समस्त यूरोप को हिला दिया नेपोलियन था। क्रामवेल की भाँति यह भी एक मामूली बैरिस्टर का पुत्र था और उसी की तरह इसने भी अपने साहस और उदार हृदयता की सहायता से फ्रांस का राज पाया। क्रामवेल की माता के समान इस वीर की माता भी सारे सद्गुणों की खान थी। और इसके पुत्र ने अपनी सारी तूफ़ानी ज़िन्दगी में इस देवी के निहोर और ऋण को कभी एक क्षण के लिए भी नहीं भुलाया। इसके जीवन-चरित्र के लेखक कहते हैं,

कि "वह अपने गहरे से गहरे मित्रों को दग़ा दे सकता था, उसके निकट अपने सच्चे से सच्चे हितैषी तथा भक्तिपूर्ण चाकरों को एकदम में बहा देना एक साधारण सी बात थी। अपनी प्रेमी और पतिव्रता स्त्री को जिसके कारण उसे अपने उत्साहित जीवन के आरंम्भ में बड़ी उन्नति प्राप्त की थी सदा के लिए त्याग देना, उसके लिए असम्भव न था। किन्तु मरते दम तक वह अपनी प्रिय माता, 'मेडेम लामीर' के सन्मुख वही प्रेम, सत्यता और भक्ति की मूर्ति बना रहा, जो अपने बाल अवस्था में था। वह यह जानता था कि उसकी माता ने उसके लिए क्या कुछ नहीं किया। और किस प्रकार इसकी नवीन हार्दिक और मानसिक शक्तियों का अपने प्रेम और ज्ञान द्वारा सिंचन करके उनको फलने-फूलने योग्य बनाया। वह यह जानता था कि उसकी उत्साही और प्रबल आत्मा का उत्तम से उत्तम अंश उसका नहीं वरन् उसकी प्रिय माता का है और यह जानते हुए नेपोलियन का इस देवी की भक्ति को अपना सबसे प्रमुख कर्तव्य मानना कोई आश्चर्य की बात नहीं।"

अमेरिका को स्वतंत्रता प्रदान करने वाला मनुष्य 'जार्ज वाशिङ्गटन' था, इसकी प्रशंसाओं से अमेरिका का इतिहास और पुस्तकें भरी पड़ी हैं। इसी के लिए यह कहा गया है कि—

"First in War and first in peace,
And first in the hearts of his countrymen."

अर्थात् "युद्ध की घनघोर घटाएँ देश पर छाई हों तो, यदि शान्ति की मन्द-मन्द सुगन्धित पवन देश में बहती हो तो यह मनुष्य सदा सब में अग्रगामी ही रहा और साथ ही साथ अपने देश निवासियों के प्रेम भरे हृदयों में भी सबसे प्रथम तथा उत्तम स्थान इसी ने पाया था।"

इसका पिता बचपन में ही इसको माता के आश्रित छोड़कर स्वर्गवासी हो गया था। इसके पालन-पोषण, शिक्षा-दीक्षा का भार इसकी वीर माता ने जिस ख़ूबी से उठाया वाशिङ्गटन का जीवन चरित्र स्वयं ही उसका जाज्वल्यमान प्रमाण है। इसके ऐतिहासिकों ने इसकी माता के गुण यों गाए हैं—

"यह उसकी माता ही थी, जिसने वह चतुराई, वह सद्‌चरित्रता, वह स्वच्छ प्रणता उसको प्रदान की थी, जिसके द्वारा यह संसार में एक प्रसिद्ध नायक की पदवी पर पहुँच गया। और जिसने इसे अपने कृतज्ञ देश निवासियों के प्रेम और प्रशंसा का भागी बना, संसार के सदा सुजीवित आत्माओं की श्रेणी में पहुँचा दिया। गोकि संसार के महापुरुषों में बहुत कम ऐसे होंगे जिनमें नायकों के लक्षणों का ऐसा अभाव हो, जैसा इस महापुरुष में था।"

इसी प्रकार की उपमाओं से पश्चिमीय इतिहास भरा पड़ा है, परन्तु इस छोटे से लेख में सारे इतिहास का सारांश भी अपनी पाठिकाओं की सेवा में निवेदन कर

देना हमारी शक्ति से बाहर है। दो-चार प्रसिद्ध माताओं के नाम गिनाकर ही अब हम स्त्रियों की अन्य स्थितियों का विचार करेंगी।

गेटे जर्मनी का सबसे बड़ा लेखक था। जर्मनी ही नहीं, वरन् समस्त यूरोप उसकी योग्यता को स्वीकार कर रहा है। एक यात्री को एक बार उसकी माता से भेंट करने का अवसर हुआ। इस देवी से परिचित होने के बाद उसने कहा, "गेटे की प्रसिद्धता का सारा रहस्य आज हम पर खुल गया।" गेटे स्वयं अपनी माता के बहुत गुण गाता है।

लार्ड लैङ्गडेल ने अपनी माता के लिए कहा है कि "यदि अपनी माताजी को मैं एक तराजू के पल्ले में रखूँ और दूसरे पल्ले में सारे संसार को तो संसार वाला पल्ला आकाश को पहुँच जाएगा।

चार्ल्स किङ्गसली की माता के सम्बन्ध में कहा गया है।

"वह सारे अच्छे भावों से अपने पुत्र को सुशोभित करने में शक्तिपूर्ण परिश्रम करती थी। वह उसकी छोटी-मोटी बातों और खेलकूद में बड़े चाव से भाग लेती थी। जब उसका पुत्र कविता द्वारा अपने न प्रकट होते हुए विचारों को प्रकट करने की कठिनाइयों में फँसा होता, वह उसका बड़े प्रेम से उत्साह बढ़ाती और स्वयं उचित शब्द और उपमाएँ बता उन विचारों को शुद्धता के साथ प्रकट करने में उसकी सहायता करती थी। इस माता ही ने अपने पुत्र के कोमल हृदय में संसार के सारे सत्य और सौन्दर्य का सिक्का बिठाया। इसका फल यह हुआ कि बाल, युवा तथा वृद्ध अवस्था में उसका कृतज्ञ पुत्र सदा इस देवी पर अपने घनिष्ठ और सच्चे प्रेम के प्रसूनों की वर्षा करता रहा।"

उपमाएँ बहुत हैं और ऐसी सुन्दर हैं कि उनके छोड़ने को जी नहीं चाहता। परन्तु जगह की कमी के कारण उनका वर्णन असम्भव है। ख़ैर माताओं को छोड़िए, अब देखिए पश्चिम में पत्नियों के पातिव्रत धर्म पालन की लोगों ने कैसी-कैसी प्रशंसा की है।

De Tocqueville एक बड़े ज़बरदस्त राजनीतिज्ञ थे। उनकी धर्म पत्नी पढ़ने-लिखने में उनको अधिक मदद देती थी। वह इनके व्याख्यान बड़े प्रेम से सुनती, और इस प्रकार उन व्याख्यानों की प्रशंसा करती कि जिसमें उसके पति का उत्साह बढ़े। उसके कृतज्ञ पति ने अपने मित्रों को उसके सम्बन्ध में यों लिखा है, "तुम क्या जानो यह क्या चीज़ है, मैं तो इसको देवी मानता हूँ। ईश्वर ने मुझे यही सबसे बड़ी नेमत दी है। मुसीबत में यह इस प्रेम से साथ देती है कि दुःख का अनुभव ही नहीं होता। वास्तव में यह बहुत ही कोमल व नर्म दिल की है, परन्तु ईश्वर जाने इसको आपत्तियों में कहाँ से इतनी शक्ति आ जाती है। काम मेरे पास सदा अधिक रहता है, किन्तु इसकी सहायता के कारण मुझे कुछ जान नहीं पड़ता। आराम की मुझे बहुत आवश्यकता रहती है, यदि 'मेरी' न होती तो मुझे किसी प्रकार का सुख

मिलना अत्यन्त कठिन था। इसके हँसमुख चेहरे को देखकर मुझे चारों ओर सुख ही सुख दिखाई देने लगता है। दुःख में, सुख में, हर कठिनाई और विपत्ति में यह मेरी सच्ची मददगार है।"

सर रोमस ग्रेहम इंगलिस्तान के एक बड़े प्रसिद्ध मनुष्य थे। इनकी पत्नी वर्षों तक इनके प्रेम की देवी रहकर इनको हर प्रकार के आत्मिक और सांसारिक सुख पहुँचाकर स्वर्गवासी हो गई। इस समय उनकी अवस्था तैंतालीस वर्ष की थी। अपनी पत्नी के वियोग का दुःख ऐसा न था, जो वह सहज में सहन कर सकते। उन्होंने अपना दुःख दूर रखने, और किसी बात में लिप्त रहने के लिए वृद्धावस्था में भी अपना नाम फ़ौज में लिखा दिया और जहाँ कहीं घोर युद्ध होता था, वहीं जा अपनी पत्नी से शीघ्र मिल जाने की आशा में कार्य आरम्भ कर देते थे। यह बहुत समय तक जीवित रहे और बड़े-बड़े संग्रामों में इन्होंने विजय प्राप्त की। अपने देश के सम्राट से बहुत से ख़िताब भी इन्होंने पाए, किन्तु उनके जीवन का एकमात्र उद्देश्य सदा अपनी स्वर्गवासिनी स्त्री से सम्मिलन ही रहा।

सर सम्युल रोमिली की कहानी सर रोमेस ग्रेहम से भी अधिक दुःखदाई है। इन्होंने एक जगह कहा है—

"गत पन्द्रह वर्ष से मेरे आनन्द, मेरे सारे सुख-चैन की देखभाल उस प्रिय स्त्री के आधीन रही है, जो समस्त संसार की स्त्रियों की सिरमौर है। इस रमणी की विलक्षण बुद्धि, पवित्र से पवित्र और उत्तम से उत्तम विचार और भाव, अपूर्व सद्चरित्रता तथा असीम हार्दिक और स्वाभाविक सरलता इसके घनिष्ठ प्रेम की सुगन्ध को और भी मनमोहिनी बना रहे हैं। और इसके इन सारे आत्मिक सद्गुणों और मानसिक परिपूर्णता को प्रकृति ने ऐसे शारीरिक सौन्दर्य और कोमलता के साथ संगठित किया है, कि जिसकी उपमा संसार में मिलनी बहुत कठिन है।" इस अभागे के भी कर्म में अपनी पत्नी का वियोग बदा था, परन्तु ग्रेहम की तरह यह उस वियोग को सहन न कर सका। जिस समय से इसकी आदर्श पत्नी ने प्राण त्यागे उसके दुखी पति का काम-काज, सुख-चैन, खाना-सोना सब ही छूट गया। उसका दिल ऐसा टूटा कि फिर सँभाले न सँभला। पत्नी की मृत्यु के तीसरे रोज़ इसने भी अपने हाथों ही अपना काम तमाम कर दिया।"

जार्ज ग्रोट यूनान के इतिहास का प्रसिद्ध लेखक कहता है कि "इसका इतिहास कभी लिखा न जा सकता, यदि उसकी पत्नी का प्रेम, उसका उत्साह और उसकी योग्यता उसकी सहायक न होती।" एडमंड बर्क कहते हैं कि "जिस समय मैं अपने घर में क़दम धरता हूँ मेरी सारी चिन्ताएँ लोप हो जाती हैं।"

लूथर जो ईसाई मत का सबसे बड़ा सुधारक यूरोप में हुआ है कहता है—"मैं कैथराइन के साथ की ग़रीबी को कुबेर की सम्पत्ति से भी बदलने को तैयार नहीं, अर्थात् कैथराइन की तुलना में कुबेर की सम्पत्ति का कोई मूल्य नहीं है।"

Guizot ने जो फ्रांस का एक प्रसिद्ध इतिहासवेत्ता और राजनीतिज्ञ था, अपनी पत्नी की सर सेमूएल रोमली और ग्रेहम से कम महिमा नहीं गाई है।

यह तो आपने पत्नियों की महिमाएँ सुनीं अब उनमें से कुछ के कार्य देखिए। उनको देखकर हमको कुछ अनुमान हो जावेगा कि पश्चिमीय पातिव्रत धर्म का अर्थ क्या है, और इसका पालन किसे कहते हैं।

Mrs. Regausburg Grotuis एक उच्च विज्ञानी की पत्नी थी, इनके पति क़ैद हो गए थे, सहस्त्र उपायों द्वारा इस महिला ने अपने पति के साथ कारागार में जीवन व्यतीत करने की अनुमति प्राप्त की। कारागार में पहुँचकर उसने अपने पति की मुक्ति के उपाय विचारने आरम्भ किए। अन्त में उसे सफलता प्राप्त हुई। अपने पति को एक पुस्तकों की अलमारी में बन्द कर उसने कारागार के बाहर कर दिया, और स्वयम् उसके शत्रुओं की दुष्टता का सामना करने के लिए वह वहाँ रह गई।

Lady Nithsdalea के पति भी राजद्रोह के अपराध में क़ैदखाने भेजे गए थे, और उनके सर काट देने का हुकम दे दिया गया था। यह वीर महिला उनसे एक बार मिलने की आज्ञा प्राप्त कर कारागार में गई। वहाँ पहुँचकर इसने अपने पति को अपने वस्त्र पहनने पर मजबूर किया, और इसी भेष में उनको यहाँ से बाहर निकाल दिया, और स्वयं उनके स्थान पर सर कटा देने के लिए रह गई। इसी युक्ति से Count-Lovelitte की पत्नी ने भी अपने पति को कारागार से मुक्त किया था।

इन ललनाओं की महिमा कहाँ तक गाएँ। Mary Russell, Miss Vordsworth, Caroline Herschell, George Eliott, Elizabeth Barrett Browning, Mrs. Green, Ms. Somervilla, Katherine Philips, Lady Rachel Russell, Mrs. Aphra Behn ये सब रमणियाँ उन सारे स्वर्गीय सद्गुणों से सुशोभित थीं, जो एक आदर्श स्त्री में होने आवश्यक हैं। अधिक न कहकर इतना कह देना अलम होगा कि यदि हम उन स्त्रियों के केवल नाममात्र ही गिनाना चाहें जिन्होंने पश्चिमीय सभ्यता में यश प्राप्त किया है, तो हमको एक पुस्तक की आवश्यकता होगी। उनके जीवन-चरित्रों का सारांश लिख देने की तो बात ही न्यारी है।

लेख समाप्त करने से पहले हम अपनी प्रिय पाठिकाओं से कह देना चाहती हैं कि पश्चिमीय ललनाओं की प्रशंसा करने से हमारा मतलब अपने देश की रमणियों का अनादर करना नहीं है। हमारे देश में आदर्श रमणियों का अभाव

कभी नहीं रहा। पश्चिम की वर्तमान समाज में स्त्रियों की स्वतंत्रता और विद्वत्ता को देखकर और साथ ही साथ उस घोर राजनैतिक आन्दोलन को देखकर जो वहाँ के स्त्री समाज में उपस्थित है, हमारे देश निवासी बहुधा भयभीत हो जाते हैं। और अपनी घबराहट में वे हमारे व्यर्थ के सामाजिक प्रपंचों के मिटाने तथा स्त्री शिक्षा प्रचार के मार्ग में बाधाएँ डालने को अपना कर्तव्य समझने लगते हैं। हमारी उन्नति के विरोधी, जहाँ किसी ने हमारी सामाजिक दुर्दशा के सुधारने अथवा हममें विद्या प्रचार करने के उपाय विचारने आरम्भ किए तुरन्त पश्चिमीय स्त्री को भयंकर रंगों में रंगकर हमारे सन्मुख ला खड़ा कर देते हैं।

ये स्त्रियाँ मानो हमारे लिए जूजू का काम देने वाली हैं, हमारी उन्नति के मार्ग में सबसे बड़ी अड़चन हैं। पश्चिमीय स्त्रियों की वास्तविक दशा दिखाने तथा उनके गुण गाने में हमारा सिद्धान्त केवल उनकी प्रशंसा नहीं है। हम अपनी उन्नति के क्षेत्र से इस अड़चन को हटाया चाहती हैं। इसलिए हमने उपयुक्त उपमाओं द्वारा यह दिखाया है कि विद्वत्ता तथा पूर्वीय नवीन सामाजिक प्रपंचों से स्वतंत्रता कदापि स्त्रियों को अपने धर्म पालन के अयोग्य नहीं बना सकतीं। हमारी उपमाएँ यह बताती हैं कि वस्त्र सीना, भोजन बनाना और अपने पति के उपस्थित होते ही आगे-पीछे दौड़ने लगना ही पातिव्रत धर्म पालन की अन्तिम सीमा नहीं। और न अपने पुत्र का अद्भुत प्रेम ही आदर्श माता होने का सबसे बड़ा लक्षण है। वास्तव में आदर्श माता और पत्नी बनने के लिए स्त्री में वह सब सद्गुण होने चाहिए जो पुरुषों में होते हैं। उसमें दिमाग़ की आवश्यकता है, सांसारिक अनुभवों की आवश्यकता है और धैर्य, साहस, निर्भयता इत्यादि गुणों की तो इस पथ के यात्रियों को पग-पग पर आवश्यकता होती है।

स्त्री जाति का पश्चिमीय राजनैतिक आन्दोलन यूरोप की वर्तमान दशा का एक स्वाभाविक परिणाम है। इससे भयभीत होना व्यर्थ है। संसार की सजीव जातियों में सदा सामाजिक परिवर्तन हुआ करते हैं। और यही उनके जीवित होने का सबसे बड़ा परिमाण होता है। परम्परा पूजन का फ़ालिज उनकी प्रबल शक्तियों को स्थिर नहीं कर सकता। वे नये-नये आदर्श नई-नई प्रथाओं द्वारा संसार में उभरने तथा संसार को उभारने की चेष्टा करती हैं। वर्तमान यूरोप ऐसे आदर्श, ऐसी शक्तियों, ऐसे परिश्रमों का एक मोहिनी चित्र बना हुआ है। वहाँ की स्त्रियाँ भी सजीव हैं। पुराने आदर्शों का उनकी उभरती हुई आत्माओं को सन्तुष्ट करना असम्भव है। पश्चिमीय संसार के साथ वे भी उभर रही हैं। जो भाग हमारी उपरोक्त उपमाओं में स्त्रियों ने व्यक्ति चरित्र संगठन में लिया है वही भाग इस आन्दोलन की अनुकरण करने वाली स्त्रियाँ जातीय चरित्र संगठन में लेना अपना धर्म समझती हैं। इस प्रकार वे विकास के क्षेत्र में अपनी अगली भगनियों से कई पग नहीं, वरन् कोसों आगे हैं। यदि हमें कभी अवसर मिला तो

हम इन नवीन आदर्शों पर अपनी सम्मति विस्तार के साथ प्रकट करेंगी। किन्तु इस लेख में इसकी आवश्यकता नहीं। इसमें तो इस नवीन आन्दोलन से कोई सम्बन्ध न रखते हुए हमने केवल इतना दिखाया है कि विद्वत्ता तथा स्वतंत्रता का होना स्त्री को अपने धर्म पालन के अयोग्य नहीं वरन् योग्य बनाता है। और इस बात का न्याय कि हमारे इस कथन में कोई सत्य का अंश है या नहीं, हम अपनी पाठिकाओं पर छोड़ती हैं।

स्त्री दर्पण, दिसम्बर 1915

सामाजिक संगठन में स्त्रियों का स्थान

मानवी संसार के दो भाग हैं—स्त्री और पुरुष। इन दोनों की संख्या लगभग बराबर है। इन दोनों के आपस के सम्बन्ध ऐसे घनिष्ठ होते हैं कि संसार में उनकी उपमा मिलनी कठिन है। इन दोनों की क़िस्मतें सम्मिलित होती हैं और एक-दूसरे पर ये बराबर बुरे या भले प्रभाव डालती रहती हैं।

सम्प्रदाय, सदाचार और क़ानून इन सबका एकमात्र उद्‌देश्य स्त्री और पुरुष के पारस्परिक सम्बन्धों में स्वच्छता, सरलता और प्रेम उत्पन्न करना है। समाज की स्थिति और उन्नति इन्हीं दोनों के आपस के सम्बन्ध, प्रेम और सहानुभूति के यथोचित होने का नतीजा है। मानवी संसार के ये विचित्र अंग हर प्रकार से एक-दूसरे के आश्रित हैं और हमारा समाज इन्हीं दोनों के मिश्रित उद्योगों का फल है।

सांसारिक रचना के शुरू से ये दोनों एक-दूसरे के साथी हैं। हमारे समाज का सारा जाल इन्होंने मिल-मिल कर अपने हाथों से बिना है। न्याय की बात तो यह है कि पुरुष को मेहनत ज़्यादा करनी पड़ी। परन्तु बेचारी महिलाओं को दुःख अधिक झेलना पड़ा। प्रकृति ने ही पुरुषों को मज़बूत बनाकर परिश्रम करने योग्य बनाया था। स्त्री की कोमलता और नम्रता ने उसकी मुसीबतों को और भी बढ़ा दिया, उनको चिरस्थायी बना दिया। ख़ैर! यह सब भूतकाल की कहानी है। बुरे-भले जैसे भी हुआ इन दोनों ने संसार का काम चलाया और इस काम की रवा-रवी में जो कुछ भूलें, जो कुछ अत्याचार हो गए हैं उन पर विलाप करना व्यर्थ है। परन्तु भविष्य के लिए सावधानी आवश्यक है।

मगर वे भूल थीं क्या? निन्दा नहीं किन्तु सुधार के लिए उन पर ध्यान देना ज़रूरी है। सबसे बड़ी भूल यह थी कि पुरुष ने सामाजिक जाल बिनने का सारा भार अपने ऊपर ले लिया। उसकी सुन्दरता और सूक्ष्मता के सब रहस्य अपने आधीन कर लिये। स्त्री से कहा कि हम तो इस कठिन काम में फँसे हैं। हम बड़ा कष्ट सहते हैं। तुम केवल इतना करो कि हमारे शारीरिक सुखों का ज़िम्मा ले लो बाक़ी हम सब कर लेंगे। स्त्री ने देखा कि सस्ती छूटी सांसारिक प्रपंच में कौन

पड़े। पुरुष को शारीरिक सुख देना कोई बड़ी बात नहीं। इनको सामाजिक जाल बिनने की कठिनाइयों में मग्न रहने दो। स्वयं चैन करो। इनकी उमंग पूरी होगी। अपनी कोई हानि नहीं।

यह दोनों की भूल थी। सामाजिक जाल ऐसा न था जिसे पुरुष अकेला बिन सकता और साथ ही इस काम से सर्वथा विलग होना स्वीकार कर लेने ने स्त्री जाति को दीन-दुनिया कहीं का न रखा। दोनों ही का पतन हुआ। सामाजिक जाल के फन्दों में ऐसी गाँठें पड़ने लगीं जिनका सुलझना असम्भव हो गया। पुरुष अपने शारीरिक सुखों के लिए स्त्री का आश्रित हो गया और स्त्री उसकी सेवा के अतिरिक्त और किसी योग्य न रही।

राजमद सब मदों का राजा है। इसकी लत बुरी होती है। एक बार पड़ जाने पर मनुष्य का पीछा कदापि नहीं छोड़ती। इसके नयनहीन प्रभाव में मनुष्य को दूसरों के हानि-लाभ का ध्यान नहीं रहता। बहुधा अपनी ही सुध भूल जाती है। किसी अपने आधीन का स्वाधीन हो जाना अत्यन्त दुःखदाई होता है और मनुष्य अन्य सांसारिक क्लेशों का सहन करना स्वीकार करता है, पूर्व इसके कि उसका कोई प्रेमी स्वतंत्र हो।

दूसरे नशों की भाँति यह नशा भी हवसनाक होता है, कभी इसकी तृप्ति नहीं होती। प्रयोग के साथ-साथ इसकी लालसा बढ़ती ही जाती है। सबसे बड़ा अवगुण इस नशे का यह है कि जिन अभागों पर इसके मतवालों का शासन होता है वे नित्य अधोगति को प्राप्त होते जाते हैं। उनमें से समस्त सद्गुणों का विनाश होता जाता है। असाहस, संकोच और भीरुता के रोग उनको आ घेरते हैं और कुछ काल में भेड़-बकरी के समान दूसरों के शासन के सहनशील और अभ्यासी ही नहीं बल्कि आश्रित हो जाते हैं। इसलिए स्त्री-पुरुष समाज सभी को इस प्रबन्ध से हानि हुई। परन्तु एक ओर तो इस नशे की उन्मत्तता ने, दूसरी ओर इसके विनाशक प्रभाव ने स्त्री-पुरुष दोनों को नयनहीन रखा और वे सुगम से सुगम विषयों के देखने और समझने से विमुख रहे।

यदि इस नशे का अन्धकार इन मतवालों की दृष्टि पर छाया न होता तो वे सब के सब भलीभाँति देख लेते कि स्त्री संसार में केवल पुरुष की सुखपात्र ही होने के लिए नहीं उत्पन्न की गई। वे देख लेते कि सामाजिक जाल का कोई ऐसा फन्दा नहीं जिसको पुरुष स्त्री की सहायता बिना पूर्ण रीति से बिन सके और उनको यह भी विदित हो जाता कि समाज की उन्नति और उद्धार पुरुष की अपेक्षा स्त्री की उन्नति पर अधिक निर्भर है और स्त्री को पुरुष की अर्द्धांगिनी कहने की जगह वे उसको समाज का श्रेष्ठ अंग विचारते, इस प्रकार वे सहस्त्रों सामाजिक त्रुटियाँ दूर हो गई होतीं जो आज मानवी उन्नति के मार्ग में बाधक हैं।

सोसाइटी क्या है? वह कोई मशीन नहीं जो अपनी हरकत के लिए किसी बाह्य शक्ति के आधीन हो। मशीन का कोई गुण भी इसमें नहीं होता।

यह मनुष्यकृत नहीं किन्तु एक प्राकृतिक संस्था है। इसमें शरीर है, इसमें जीव है, इसमें दिमाग़ है अतएव इसमें वे सब लक्षण हैं जो एक मनुष्य में होते हैं और इसको एक जीवित जागृत व्यक्ति कहना अत्युक्ति नहीं।

इसी सजीव वस्तु के जिसे हम समाज कहते हैं स्त्री-पुरुष दोनों अंग हैं। इन्हें शरीर और रक्त कहिए, हृदय और मस्तिष्क कहिए, हाथ-पैर कहिए, कुछ भी कहिए, बात यह है कि इन दोनों की शक्ति, सहानुभूति, प्रेम और त्याग समाज के संगठन के लिए ज़रूरी है। एक का विनाश दूसरे के सुख का कारण नहीं हो सकता और न इसमें समाज ही को कुछ लाभ हो सकता है। समाज अपनी उन्नति के लिए इन दोनों की उन्नति की मोहताज है परन्तु स्त्री की दुर्गति समाज को जितनी हानि पहुँचाती है, उतनी पुरुष की दुर्गति नहीं पहुँचा सकती। सुनने में यह बात विचित्र और अविश्वस्त समझ पड़ती है। परन्तु असलियत यही है और स्त्री का जो सम्बन्ध सभाज से है उसको भलीभाँति अनुभव करने से हमको इसका विश्वास हो जाएगा।

परन्तु इसकी परीक्षा हो कैसे?

सरल रीति यह है कि समाज के प्रबन्ध और संगठन को हम analyse कर डालें और अलग-अलग उसके हर एक अवयव को देखें कि उसके साथ स्त्री का क्या सम्बन्ध है।

जिस प्रकार एक व्यक्ति की विविध हैसियतों का अलग-अलग ज़िक्र किया जाता है, जैसे उसकी मानसिक, शारीरिक, आर्थिक, नैतिक दशा इत्यादि का, इसी प्रकार समाज की भी यही स्थितियाँ होती हैं और यदि यह मालूम हो जावे कि इनमें से हर एक के साथ स्त्री का क्या सम्बन्ध है, वे उन पर क्या प्रभाव डालता है और उनका केवल बनाना-बिगाड़ना कहाँ तक स्वयं उसी की दशा पर निर्भर है तो हम इसका स्थान समाज में भलीभाँति नियत कर सकते हैं।

सबसे पहिले समाज के स्वास्थ्य तथा शारीरिक आरोग्यता को देखें कि इनकी स्थिति और वृद्धि में स्त्री क्या भाग लेती है। यह कहाँ तक केवल उसकी दशा के साथ बद्ध है और उसका प्रभाव समाज की इस हैसियत पर पुरुष से अधिक होता है या नहीं।

व्यक्तियों के समूह को समाज कहते हैं। इसमें प्रत्येक व्यक्ति भिन्न-भिन्न होते हैं और हर एक व्यक्ति की उपर्युक्त दशाएँ एक-दूसरे से अलग-अलग होती हैं। स्वास्थ्य और शारीरिक बल की भी यही दशा है। फिर सामाजिक स्वास्थ्य और शक्ति क्या है? मानो इन्हीं भिन्न-भिन्न व्यक्तियों के सम्पन्न स्वास्थ्य और बल ही सामाजिक स्वास्थ्य और बल है।

एक व्यक्ति के स्वास्थ्य का ज़िम्मेदार कौन है? माता या पिता? एक व्यक्ति की सेहत और आरोग्यता का दारमदार किस पर अधिक होता है? माता पर

या पिता पर? इन प्रश्नों का एक ही उत्तर है! माता ज़िम्मेदार है और उसी पर पिता से अत्यन्त अधिक भार होता है। बालक महीनों माता के गर्भ में रहता है। उसी के रुधिर से उसकी परवरिश होती है। माता की शारीरिक दशा का उस पर अधिक प्रभाव पड़ता है। शारीरिक दशा तो एक ओर रही, माता के विचार भी उस छोटे से जीव पर ऐसे प्रबल संस्कार डालते हैं, जिनका विश्वास आना भी कठिन है। तात्पर्य यह कि जन्म लेने से पूर्व ही मनुष्य स्त्री से संस्कारित होना शुरू हो जाता है और बहुधा यह संस्कार ऐसे होते हैं जो उसके जीवन भर के साथी हो जाते हैं।

जन्म लेने के बाद भी बच्चा दो वर्ष स्त्री ही के रुधिर से पलता है, जो अब दूध के रूप में उसे मिलता है और इस अवस्था में भी उसका स्वास्थ्य और बल केवल माँ की शारीरिक आरोग्यता के आधीन होता है। यदि माता रोगी है, यदि माता बलहीन है, यदि उसमें कोई मानसिक दोष है तो इन सबका प्रभाव उस बच्चे पर जीवन भर के लिए पड़ जाएगा। साथ ही पिता के स्वास्थ्य का बच्चे की दशा पर कोई प्रभाव नहीं पड़ता और यदि पड़ता है तो इतना कम कि जिसकी तुलना माता के प्रभावों से करना मूर्खता है।

दूध छूटने के बाद लगभग 10 वर्ष तक दिन-रात का बच्चे का साथी कौन होता है? माता या पिता? उसकी ख़बरगीरी कौन करता है? उसकी सफ़ाई, उसके खिलाने-पिलाने का ज़िम्मेदार कौन है ? उसके सोने-जागने, उठने-बैठने, खेलने-कूदने की देखभाल की मुसीबत किसके हिस्से में है? और कौन वर्षों तक इसे अपना सुख विचार हँसी-ख़ुशी सहन करता है। माता या पिता?

इन प्रश्नों का एक ही उत्तर है। 10 वर्ष की अवस्था तक प्रत्येक बालक हर बात में अपनी माता के आधीन होता है न कि अपने पिता के और वे 10 साल हर बच्चे के भावी जीवन के बुनियादी पत्थर होते हैं। इन्हीं की मज़बूती पर उसके सारे जीवन का आधार होता है।

हम यह कह चुकी हैं कि व्यक्तियों का समूह ही समाज है फिर जब हर व्यक्ति अपने स्वास्थ्य और मज़बूती के लिए स्त्री के ऐसे आधीन है तो यह कहना कि सामाजिक स्वास्थ्य और प्रबलता केवल स्त्री के स्वास्थ्य और आरोग्यता पर निर्भर है अत्युक्ति नहीं और जिस समाज में स्त्रियाँ दुर्बल होंगी, उसकी सेहत ख़राब होगी उस समाज की दशा कदापि अच्छी नहीं हो सकती।

दूर क्यों जाइए अपने ही घर को देख लीजिए। शिक्षा की न्यूनता, बाल-विवाह, बाल और युवा विधवाओं की संख्या और इसके अतिरिक्त वे कुप्रथाएँ जिन्होंने स्त्री को सर्वथा पशुओं के समान बना दिया है। आपके समाज के स्वास्थ्य और दशा पर क्या प्रभाव डालती हैं? 12 वर्ष की माताएँ 2-2, 3-3 वर्ष की विधवाएँ सैकड़ों बल्कि लाखों की तादाद में मौजूद हैं। स्त्रियों के शरीर और उनकी चेष्टाएँ देखिए।

इससे आपको अपने पतन का सारा रहस्य प्रतीत हो जाएगा। शहर की सड़कों पर मनुष्य झुंड के झुंड जाते हुए दिखलाई देते हैं, थोड़ी देर ठहरिए और इनकी ओर ध्यान दीजिए। यौवन, शक्ति और प्रसन्नता का चिह्न इनके मुखों पर लेशमात्र नहीं है। 16 वर्ष की वृद्ध स्त्रियों और 25 वर्ष के बूढ़े पुरुषों का दिल दुखाने वाला दृश्य सिवा इस अभागे देश के संसार के किसी अन्य देश में आपको दिखाई न देगा। जिस्म टूटे हुए, छत्ते संकुचित, गर्दनें पतली-पतली, हाथ-पाँव सूखे हुए, मतलब यह कि हर अंग से यह टपकता हुआ कि स्वास्थ्य मज़बूती, प्रबलता से ये सदा के लिए हाथ धो बैठे हैं।

इन झुंडों में यदि कुछ अंग्रेज़ और मेमें भी दिखाई दे जावें तो इन दोनों की तुलना और भी आँखें खोल देंगी। दोनों की दशाओं में ज़मीन और आसमान का अन्तर पाइएगा। उनका क़द, उनका शरीर और उनका तेज देखकर यह विचार होने लगता है कि यह किसी दूसरे दुनिया के निवासी हैं।

इन बातों पर ग़ौर करने से हम यह देख सकती हैं कि प्रत्येक समाज की आरोग्यता लगभग तीन-चौथाई उन समाज की स्त्रियों पर और एक-चौथाई पुरुषों पर निर्भर होती है और संसार में कोई जाति अपनी स्त्रियों के स्वास्थ्य पर अच्छी तरह ध्यान दिए बिना कदापि उन्नति के शिखर पर नहीं पहुँच सकती।

समाज के स्वास्थ्य की तो यह दशा है कि यदि इसकी मानसिक अवस्था पर ग़ौर किया जावे तो वह शारीरिक दशा से भी अधिक स्त्री के आश्रित और आधीन है। मनुष्य जाति ने इस प्रश्न को नज़रअन्दाज़ रखा। इन्होंने आरम्भ से ही स्त्री की दिमाग़ी हालत की ओर ध्यान नहीं दिया, वह उसको अनावश्यक समझते रहे और इस भूल से हमारे समाज को जो हानि पहुँची उसका अब पूरा अनुमान करना असम्भव है।

हम दिखा चुकी हैं कि बालक के स्वास्थ्य का भार स्त्री पर होता है परन्तु यहीं पर स्त्री की उपयोगिता समाप्त नहीं होती। वह बालक की दाई होने के साथ-साथ उसकी गुरु भी होती है। 10 वर्ष तक बालक का मस्तिष्क अत्यन्त ही कोमल और प्रभावग्राही होता है और इस काल में जिस ओर चाहे उसको फेर सकते हैं और उसमें वह बीज भलीभाँति डाल सकते हैं जो आगे चलकर फले-फूले। और इस 10 वर्ष का जैसा कि हमने ऊपर बयान किया, प्रकृति ने स्त्री ही को रक्षक बनाया है। मनु भगवान् ने माता को बालक का प्रथम और श्रेष्ठ गुरु माना है। मुहम्मद साहब और ईसादि ने इसका समर्थन किया है। वर्तमान शिक्षा और उन्नति ने यह पूर्ण रीति से सिद्ध कर दिया है कि बालक के मस्तिष्क को भलीभाँति विकसित करने के लिए एक ऐसे विद्वान और बुद्धिमान गुरु की आवश्यकता है जो किसी युवक की शिक्षा से अधिक ज्ञानी हो क्योंकि बालक की शिक्षा सबसे कठिन है। ऐसी दशा में वह गुरु जो निरक्षर हो, कैसे अपना कर्तव्य पालन कर सकता है।

मनुष्य जाति यह न समझी कि वह महिलाओं को विद्याहीन रखकर मानवी अर्धभाग अर्थात् स्त्रियों ही को विमुख नहीं रखती, किन्तु दूसरे अर्धभाग (पुरुषों) की शिक्षा की जड़ को भी काट देती है।

मनुष्य जाति सदैव विद्या के पक्ष में रही और विद्या प्रचार के लिए शोर व गुल करने से कभी नहीं चूकी परन्तु साथ ही बुद्धिमानी देखिए कि स्त्रियों को मूर्ख रखकर प्रत्येक व्यक्ति के जीवन के शुरू के 10 वर्ष विद्याहीन बनाकर समाज को कितनी हानि पहुँचाई, विशेषकर ऐसी दशा में जबकि सब मानते हैं कि वह 10 वर्ष शिक्षा के विचार से हर मनुष्य के जीवन के तत्त्व होते हैं। माता अपने सब गुणों को सुगमता से बालक को प्रदान कर सकती है। गाना, बजाना, चित्रकारी और कविता सारांश यह कि सब सद्गुण जो कि माता में हों और जिनमें वह प्रवीण हों ऐसा विशाल प्रभाव बालक पर डालते हैं और इतनी शीघ्रता से वह उनको ग्रहण कर लेता है, जिसका कोई परिमाण नहीं। पढ़ने-लिखने की भी यही दशा है, हँसते, बोलते, खेलते, कूदते वह इतना सीख लेता है कि पाठशाला की वर्षों की शिक्षा भी उसको नहीं सिखा सकती। शोक की बात है कि मानवी संकुचित विचार ने इस सबसे बड़े, सबसे उपयोगी और अल्प व्यय, पाठशाला की स्थिति को ही मिटा दिया है और इससे जो अकथनीय हानि समाज को हुई, वह सब को विदित है। मानवी आधे संसार का विद्याहीन रहना दूसरे आधे भाग को भी बिना हानि पहुँचाए नहीं रह सकता।

स्त्रियों की मूर्खता का फल मनुष्य जाति के लिए अत्यन्त हानिकर हुआ, इसने समाज की उन्नति को हर प्रकार रोका। इसी का प्रभाव है कि मूर्खता आज तक हमारे समाज में विद्या और बुद्धि पर अधिकार किए हुए है। साम्प्रदायिक झगड़ों का तूफ़ान इसी के कारण आज तक शान्त नहीं होने पाता, बुद्धि और ज्ञान इसी दुःखदाई कारण से अपना स्वाभाविक स्थान समाज के अन्दर पाने में कृतकार्य नहीं होते। पुरुष अपनी विद्या के कारण कहीं से कहीं पहुँच जावें परन्तु स्त्रियों की अविद्या उनको पुरानी लकीर का फ़क़ीर बनाए रहती है और उनका प्रभाव पुरुषों को अपने आधीन करके परम्परागामी बनाए रखता है। बड़ी-बड़ी बातें तो दूर छोटे-छोटे विषयों पर ध्यान दीजिए, विधवा-विवाह सिद्ध हो गया कि हिन्दू शास्त्र के विरुद्ध नहीं है। क़ानून भी पास हो गया कि विधवा-विवाह जायज़ समझे जावें। यह भी स्वीकार हो चुका कि हिन्दू विधवाओं की दुर्दशा अनिर्वचनीय है और इससे समाज को अत्यन्त हानि हो रही है परन्तु विधवा-विवाह शुरू नहीं होने पाते। बाल-विवाह की विपत्तियों से सब परिचित हो चुके, यह मान लिया गया कि इसमें सिवा हानि के कोई लाभ नहीं मगर फिर भी वह किसी के रोके नहीं रुकता और आज तक वह उसी ज़ोर-शोर से प्रचलित है जैसा पहिले था। छुआछूत को लीजिए सारा सभ्य और शिक्षित समुदाय इसको मान गया है कि इससे ज़्यादा

निष्फल और हानिकारक और बेहूदा रिवाज संसार की किसी जाति में पैदा नहीं हुआ। लेकिन क्या कीजिए किसी को अपने मातामह, किसी को अपनी धर्ममाता, किसी को अपनी माता के ख़्याल से सदैव इस कुप्रथा का पालन करना पड़ता है। यह नहीं कि महिलाएँ ही इन बातों की मुरीद हों बल्कि बाल्यावस्था में पुरुषों के दिल और दिमाग़ों पर इन्हीं स्त्रियों द्वारा वे संस्कार चिरस्थायी पड़ जाते हैं कि फिर वह जीवनपर्यन्त मिटाए नहीं मिटते और वे बेचारे भी अपनी अवस्था इन्हीं उलझनों में व्यतीत कर देते हैं।

महिलाओं का अशिक्षित होना समाज की उन्नति में सबसे ज़्यादा बाधा डाल रहा है और इसका दूर होना समाज के उद्धार के लिए पुरुषों की मूर्खता के दूर होने से ज़्यादा ज़रूरी है। क्योंकि पुरुष की मूर्खता का प्रभाव बालक पर स्त्री की मूर्खता के प्रभाव के मुक़ाबले कुछ भी नहीं पड़ता और बाल्यावस्था के संस्कार बहुधा ऐसे प्रबल और चिरस्थायी होते हैं कि वे मनुष्य का संग तमाम उम्र नहीं छोड़ते और इन बातों से यह सिद्ध होता है कि समाज की दिमाग़ी हैसियत भी जितनी स्त्री के आधीन है उतनी पुरुष के नहीं। क्योंकि इस प्राकृतिक नियम पर सामाजिक संगठन में दृष्टि नहीं रखी गई, मानवी उन्नति और समाज-संगठन की असीम हानि हुई।

अब नैतिक दशा को लीजिए। शारीरिक और मानसिक दशाओं के सम्बन्ध में जो कुछ कहा गया वह इस विषय में भी सत्य प्रतीत होता है। स्त्री के नैतिक स्थिति के प्रश्न को हल करने में भी मनुष्यों ने बड़ी भूल की और स्त्री की नैतिक दशा का जो घनिष्ठ सम्बन्ध समाज के साथ है उसकी विशेषता को कम न समझें।

अभाग्यवश स्त्री के सदाचार के विषय को समाज ने पागलों और अभियुक्तों के सदाचार के सदृश हल किया। यह मान लिया गया कि स्त्री अत्यन्त दुर्बल वस्तु है। सांसारिक घटनाओं के तूफ़ान से बचने के लिए उसको स्वयं आन्तरिक शक्ति और बल से सम्पन्न होने की आवश्यकता नहीं बल्कि ज़बरदस्ती दबाव और जब्र से उसे उन मार्गों पर स्थिर रखो कि जिन पर उसका चलना लाभदायक हो। उसको अपने कर्म करने के लिए स्वाधीन कभी न करो। बाल्यावस्था में वह अपने माता-पिता की, युवा अवस्था में अपने पति की, वृद्धावस्था में अपने पुत्र की अधीनता और रक्षा में रहे। और इन सबका बराबर यह कर्तव्य रहे कि उसको कुमार्ग पर न चलने दें। जो मनुष्य कार्यों में स्वाधीन नहीं होता उसमें नैतिक शक्ति नहीं पैदा हो सकती। और इस कारण मानवी समाज में प्राचीन काल से लेकर वर्तमान समय तक स्त्रियों की नैतिक दशा को वे ही नियम और आईन अपने आधीन बनाए हुए हैं जिनके होते हुए किसी व्यक्ति में नैतिक ज़िम्मेदारियों की उत्पत्ति होना असम्भव है। इन बातों का परिणाम यह हुआ है कि स्त्रियों और पुरुषों के स्वभावों में बड़ा

अन्तर हो गया, स्त्री में वीरता, स्वतंत्रता, गौरव, स्थिरता इत्यादि गुणों का पता नहीं रहा, बल्कि इनकी जगह, भीरुता, असाहस, संकुचित दृष्टि आदि के घातक रोग पैदा हो गए।

स्त्रियों को सदाचार में इतना हीन बनाकर पुरुष ने समाज को कुछ लाभ नहीं पहुँचाया। हम दिखा चुकी हैं कि माता की शारीरिक दुर्बलता, माता की मानसिक दुर्गति सन्तान पर कैसा प्रभाव डालती है। परन्तु नैतिक हीनता विनाशक होने में इन सबसे ज़्यादा ज़हरीली और दुःखदाई है। अपने ही देश की दशा देखो, यहाँ की स्त्रियाँ नैतिक भाव से सर्वथा शून्य हैं। इनसे काम करने की स्वाधीनता ले ली गई है। दिन में एक घर से दूसरे घर जाने के लिए उनको एक रक्षक की आवश्यकता होती है। एक शहर से दूसरे शहर तक जाने की तो बात क्या, अपने ही घर में वह अकेली नहीं रह सकती, अपने ही घर के एक हिस्से से दूसरे की ओर अन्धकार में जाना उनके लिए असम्भव है। संसार की कोई वस्तु नहीं जो उन्हें भयभीत न बनाए। संसार का कोई पदार्थ नहीं जिससे उनको रक्षित होने की आवश्यकता नहीं और जिससे वे स्वयं अपनी रक्षा कर सकें। संसार के किसी विषय में अपनी राय क़ायम करने में वे अभागी या असमर्थ हैं और यदि राय क़ायम कर भी लें तो किन्हीं दबावों के होते हुए उस पर चलना उनके लिए असम्भव है। तात्पर्य यह कि काँपते, कँपकँपाते, दबकते-दबकाते अपने घर की चारदीवारियों के अन्दर एक-दूसरे से बेकार काँव-काँव करते जलते-झुलसते वह अपना सांसारिक जीवन व्यतीत करती है। नतीजा क्या है? इसका दुःखदाई फल यह है कि हमारे पुरुष अपने घरों ही के शेर रह गए हैं। घरों के बाहर अन्य देश वालों के सन्मुख उनकी वही दशा है जो हमारी इनके सामने। ग़ुलामी की ख़ासियतें वे अपनी माताओं से ग्रहण करते हैं। लरज़ना, भयभीत होना उनके स्वभाव में होता है। स्वतंत्रता का महत्त्व नहीं जानते। सिद्धान्तों का गौरव नहीं पहचानते। और अच्छे नियमों से परिचित होने पर भी वे अपने में उनके अनुकरण की शक्ति और साहस नहीं पाते। सामाजिक अत्याचार हो तो, राजनैतिक अत्याचार हो तो वे उन सबका आहार बन जाते हैं। इन अत्याचारों को मिटाने में साहस, त्याग तथा जीवनदान की आवश्यकता है। और इन सद्गुणों का उनमें लेश नहीं। हो कैसे, जब घरों में ही ये सद्गुण उच्छिन्न हैं तो देश में कहाँ से आवें। इन सद्गुणों के न होने से जैसे हम अपने घरों में हैं, वैसे ही हमारे पुरुष अपने देश में काँपते-कँपकँपाते, दबकते-दबकाते आपस ही में एक-दूसरे से काँव-काँव करते, जलते-झुलसते अपने सांसारिक जीवन को समाप्त करते हैं। स्त्रियों को असहाय, निकम्मा तथा दुर्बल बनाकर पुरुष का स्वयम् इन दुर्गतियों से वंचित रहना कठिन था। बालक किसी दशा में अपनी माता के प्रभाव से रहित नहीं रह सकता। जो आज बालक है वह कल

बड़ा होगा परन्तु यह बड़प्पन बाल्यावस्था के संस्कारों को मिटा नहीं सकता। जो सांस्कारिक सम्बन्ध माता-पिता का बच्चे के साथ है, वही सम्बन्ध बाल्यावस्था का युवा और वृद्धावस्था के साथ होता है।

माता की त्रुटियाँ और दोष बालकों में तत्काल आ जाते हैं। क्योंकि इन्हीं बालकों से समाज बनता है—इस समाज का जीवन भी इन कमज़ोरियों से विलग नहीं रह सकता। हम अनुभव करें अथवा न करें, परन्तु वास्तव में संसार की शासनकर्त्री स्त्रियाँ हैं। भावी सन्तानों की क़िस्मत उनके हाथ में होती है। इन्हीं सन्तानों के पालन और शिक्षा पर किसी जाति की उन्नति और अवनति का फ़ैसला होता है। जिसने यह कहा कि—"The hand that rocks the cradle rules the world." असत्य नहीं कहा, अत्युक्ति नहीं की किन्तु एक गूढ़ रहस्य का वर्णन किया है। ऐसी दशा में किसी जाति के नैतिक सुधार और उन्नति का एक ही द्वार है। वह यह कि स्त्रियों में नैतिक भाव तथा स्थिरता पैदा करना। बिना इसके जाति का सदाचारी होना कठिन और असम्भव है।

अब रही आर्थिक दशा। प्रसिद्धि की दृष्टि से वह और दशाओं से कम नहीं। इसमें बड़ा भारी उलझाव है। इसकी गाँठों को सफलता से सुलझाना, मानसिक अथवा नैतिक दशाओं की अपेक्षा अत्यन्त कठिन है।

इस दशा की विशेषता क्या है। स्त्री की बेकारी और पुरुष का अकेले जीविका प्राप्त करने का उद्योगी होना। वह प्रबन्ध प्रकृति के नियमों के प्रतिकूल है। सिवा सभ्य मानवी संसार के और किसी मनुष्य और पशुओं के समुदाय में यह बात नहीं पाई जाती। नर और मादे का मिश्रित उद्योग अपने और अपने सन्तान के पालन में लगता है। फिर सभ्य संसार शेष संसार से विलग क्यों है और उसका यह विलगाव समाज पर क्या प्रभाव डालता है।

हमारी सम्मति में उसकी हानियों की कोई सीमा नहीं। यह कुटुम्ब के पालन को कठिन बना देता है, बालक की शिक्षा में बाधक होता है, स्त्री को निकम्मा, संकुचित-विचार और दुर्बल बना देता है। सांसारिक परीक्षा और अनुभवों से महरूम रखता है। पुरुष को वह अभिमानी बना देता है। स्त्री को उसके ऐसा आधीन कर देता है कि पुरुष उसकी कोई प्रतिष्ठा नहीं करता। अन्तिम परिणाम यह होता है कि पुरुष का घमंड पराकाष्ठा को पहुँच जाता है और स्त्री की सेवा का, ग़ुलामी से अन्तर करना कठिन हो जाता है।

स्त्री को दिमाग़ और नैतिक गुणों को काम में लाने का अवसर नहीं मिलता। इसलिए यह शक्तियाँ निर्मूल हो जाती हैं। स्त्री और पुरुष के शारीरिक और मानसिक दशाओं में इतना अन्तर हो जाता है जो दोनों के सम्बन्ध को सारहीन और नीरस बना देता है, दोनों में शारीरिक सम्बन्ध के अतिरिक्त और कोई सम्बन्ध नहीं रहता। सारांश यह कि इस मिथ्या प्रचार का यह परिणाम होता है जो हम

आज देख रहे हैं। हमारी वर्तमान सामाजिक दुर्दशा शताब्दियों से इन्हीं कुमार्गों पर चलने का नतीजा है।

मानसिक और सांसारिक कामों में स्त्री, पुरुष की बराबरी नहीं कर सकती। परन्तु इसलिए जो थोड़ी-बहुत वह कर सकती है उससे भी उसे विमुख रखना कौन सी बुद्धिमानी है। स्त्री-पुरुषों का मिलकर काम करना जीविका प्राप्त करने की कठिनाइयों को सुगम कर देगा। यदि स्वयं स्त्री काम से भागे तो दूसरी बात है। परन्तु उसके किसी काम को तुच्छ समझने के क्या मानी। जो पुरुष निकम्मा होता है उसको कितना अपमान की दृष्टि से लोग देखते हैं और उसका निकम्मापन कितनी जल्दी उसको तुच्छ और हीन बना देता है। परन्तु संसार की विचित्रता देखो कि स्त्री को ज़बरदस्ती ग़ुलाम बनाने में यह अपना गौरव समझता है।

हमारी सम्मति में स्त्रियों में काम करने की योग्यता पैदा करनी चाहिए, और उनको पूरे अवसर काम करने के लिए देने चाहिए। बिना इसके किसी स्त्री का चरित्र संगठित नहीं हो सकता और वह मानसिक और शारीरिक गुण पैदा नहीं हो सकते जो सन्तान को सुशिक्षित और होनहार बनाने के लिए आवश्यक हैं।

अब हम अपने विषय पर हर पहलू से विचार कर चुकी, हमने देख लिया कि चाहे किसी ओर से देखें प्रकृति ने स्त्री को अत्यन्त प्रसिद्ध बनाया है। उसको पुरुष से अधिक ज़िम्मेदारी का पद प्रदान किया है। इसका प्रभाव मानवी समाज पर पुरुष से अत्यन्त अधिक होता है और इस प्रभाव को श्रेष्ठ और लाभदायक बनाने के लिए यह आवश्यक है कि स्त्री की शिक्षा में पुरुष से अधिक ध्यान और उद्योग किया जावे। इसमें स्त्री का ही लाभ नहीं। किन्तु पुरुषों को केवल स्वार्थ के लिए, यदि ये अपनी उन्नति और उद्धार चाहते हों तो इस मार्ग पर चलना चाहिए।

यह असम्भव है कि स्त्री को निकम्मा और अधूरा रखकर पुरुष कोई चिरस्थायी उन्नति संसार में कर सके। गन्दे स्रोत से स्वच्छ और सुन्दर जल की आशा करना भूल है। दुर्बल और मुर्दा जड़ों से मोटे और बड़े वृक्षों की अभिलाषा रखना भूल है। अधूरे और कमज़ोर आधारों पर विशाल भवनों के उठ जाने की आशा व्यर्थ और निर्लाभ है, ऐसी आशाएँ संसार में कभी पूरी नहीं होतीं। और इनमें मग्न रहने वाले अपने को और दूसरों को हानि पहुँचाने के अतिरिक्त कोई लाभ प्राप्त नहीं करते।

यदि वृक्ष को सुफलित और हरा-भरा रखना हो तो उनकी जड़ों की दृढ़ता की ओर ध्यान दो। यदि विशाल और चिरस्थायी भवन बनाना हो तो प्रथम अटल और चिरस्थायी नींव डालो। यदि इसकी विशेषता को समझने में ग़लती की, यदि

इन्हें साधारण बातें समझकर अधूरा छोड़ दिया तो अपनी आशाओं के ढेर, अपने पैरों के नीचे देखोगे।

स्त्रियों के सुधार और उद्धार पर पुरुषों की उन्नति और उद्धार निर्भर हैं। और स्त्रियों ही की उन्नति में जातीय उन्नति और गौरव है। हमारी वर्तमान दुर्दशा, हमारी भूलों का दुःखदाई परिणाम है।

पुरुष ने स्त्री की पदवी को सामाजिक प्रबन्ध में नहीं पहिचाना और उसका अनादर करके उसको केवल अपना सुखपात्र समझकर मानवी समाज की उन्नति और गौरव के मार्ग को सदैव के लिए बन्द कर दिया। परन्तु अभी कुछ नहीं गया है। सर्वदा सोते रहने से देर में जाग जाना भी अच्छा है।

मर्यादा, जून 1916

स्त्रियाँ और भरती

हममें से बहुत कम ऐसी होंगी जिन्होंने मिरिच के मुल्क का नाम न सुना हो। हम उन सब स्थानों को जहाँ भारत से क़ुली भरती हो-हो कर भेजे जाते हैं इसी नाम से पुकारती हैं। भरती की रीति से भी हम सब ख़ूब परिचित हैं, मगर हममें से बहुत सी बहिनें यह नहीं जानती होंगी कि मिरिच का मुल्क क्या बलाय है, वहाँ कौन बसता है और हमारे देश के निवासी वहाँ क्यों भेजे जाते हैं। मैं आपको थोड़े से शब्दों में यह सारी कथा सुनाती हूँ।

यह तो हम सब जानती हैं कि विलायत, जहाँ के हमारे साहब लोग रहने वाले हैं, एक बहुत छोटी सी जगह है। हम यह भी जानती हैं कि इस भूमि के रहने वालों की दिन दूनी, रात चौगुनी बढ़ती हुई जीव संख्या और दौलत इतनी है कि वह इस छोटी सी भूमि में समा नहीं सकती। इसलिए यह ज़रूरी है कि वहाँ के रहने वाले अपने देश के सिवा और-और स्थान अपने फलने-फूलने के लिए ढूँढ़ें। बहुत से अब यही कर रहे हैं और अब दुनिया के बहुत कम हिस्से ऐसे हैं जिन्हें अपने चरणों से इन्होंने पवित्र न कर रखा हो।

वह अफरीका और अमरीका के बहुत से प्रान्तों में जा बसे हैं, आस्ट्रेलिया को उन्होंने बिलकुल ही अपना लिया है और समुद्र में छोटे-छोटे जज़ीरों पर भी अब इन्हीं का राज है।

अब प्रश्न यह उठता है कि आख़िर भारत निवासी वहाँ क्यों ले जाए जाते हैं। इसका कारण यह है, हर देश में बहुत से चाकरों की ज़रूरत होती है, जो वहाँ के धनवान महापुरुषों की सेवा किया करें, जो वहाँ के खेतों को जोतें, सड़क साफ़ करें, पाँस ढोयें, नालियाँ धोयें, और जितने नीच और मेहनत के काम हों किया करें। क़ुलियों के भरती किए जाने का स्थान हमारा देश मुक़र्रर किया गया है। केवल यही होता तो इतने दुःख की बात न थी। भारत ग़रीब है और इसके अधिकतर बच्चों को ऐसे ही कामों द्वारा अपने देश में भी अपना पेट पालना पड़ता है। फिर अगर वे बाहर जाकर भी यही काम करते तो हमारे लिए लज्जा की बात अवश्य थी फिर भी हम इसे सह सकते थे। मगर होता यह है कि एक तो हम क़ुलियों की तरह भिन्न-भिन्न देशों में भेजे जावें और फिर वहाँ हमारे साथ पशुओं से भी

बदतर बर्ताव किया जावे। क़ुली भी चाहे भारत के ही क़ुली क्यों न हों, इनसान होते हैं और विशेषकर उन्हीं के द्वारा अन्य देशों के रहने वाले करोड़ों रुपया साल में पैदा करते हैं।

आपने अभी प्रेसिडेंट साहिब की स्पीच में सुना है कि किस बेरहमी का, किस बेदर्दी का बर्ताव हमारे भारत के बच्चों के साथ इन्हीं मुल्कों में किया जाता है। आपको यह सुनकर बहुत अचरज हुआ होगा कि हमारी सरकार कितना बड़ा हिस्सा इन क़ुलियों के भरती होने में लेती है। हमारी सरकार ने तमाम हिन्दुस्तान में अपने अफ़सरों को हुक्म जारी कर रखे हैं कि वह अपने भरसक भरती करने वालों के काम में विलम्ब न करें। इसने क़ानून बनाए हैं कि जिनके द्वारा वह लोग भरती किए जाते हैं और इन क़ानूनों की देखभाल सरकारी अफ़सरों का काम है। आप शायद यह जानती होंगी कि भारतवर्ष में क़ुली मिलना कुछ सहज बात न थी। भारतवासी अपना देश छोड़कर अन्य देशों में जाना पसन्द नहीं करते, धोखाधड़ी बग़ैर बाहर नहीं जा सकते। तमाशा यह है, यह धोखा देने वाले भी हिन्दुस्तानी हैं। इन हिन्दुस्तानियों को लालच दे-दे कर धोखा देना सिखाया जाता है और जो जितना ज़्यादा धोखा देने में निपुण हो वह उतना ही ज़्यादा रुपया कमा सकता है। अगर कोई कुटना एक पुरुष को अपने धोखे के जाल में फाँस ले तो उसको पैंतालीस रुपये इनाम मिलते हैं। अगर एक औरत को फाँसे तो पचास रुपये और अगर दो-तीन स्त्री-पुरुष इसके पंजे में आ जावें तो मालामाल हो जाता है। क्या अच्छा तरीक़ा है। छल और फरेब की शिक्षा ख़ुद मिलती है। और इस शिक्षा का शिकार भी हमारे भारत ही के लोग होते हैं और उसका लाभ अन्य देशों के लोग उठाते हैं।

जो गँवार भारतवासी इन कुटनों के हाथ पड़ जाते हैं, वे जब तक किसी जहाज़ में भर नहीं लिये जाते तब तक तो उनका जीवन बड़े सुखों में व्यतीत होता है। हर प्रकार के आराम उनको दिए जाते हैं और झूठे वादों और आशाओं का स्वर्गीय दृश्य बराबर उनकी आँखों के सामने रखा जाता है। लेकिन जहाज़ में बैठते ही सारा भ्रम खुल जाता है और यह बिचारे क़ुली अपनी क़िस्मत पर आँसू बहाना शुरू कर देते हैं।

भरती के क़ुलियों को ले जाने के लिए ख़ास जहाज़ होते हैं। यह बिचारे काठ-किवाड़ की तरह इन जहाज़ों में ऐसे भर दिए जाते हैं कि जैसे उनमें जान ही नहीं। इनके धर्म का, इनकी इज़्ज़त का कुछ ख़्याल नहीं किया जाता। औरतों और मर्दों के लिए इतनी जगह नहीं होती कि वह अलग-अलग सो सकें जहाज़ की तक़लीफ़ों का अन्दाज़ा हम कुछ इसी से कर सकते हैं कि सैकड़ों मुसाफ़िर इनको सह नहीं सकते और अपनी ग़ुलामी की जगह पहुँचने से पहिले ही जहाज़ पर ही मर मिटते हैं।

मिरिच के मुल्क पहुँच जाने पर भी इनकी तक़लीफ़ें कुछ कम नहीं होतीं। यह मुल्क इनके लिए एक विचित्र देश होता है। यहाँ की हर बात निराली है। इन स्थानों में क़ानून किसी क़ुली के मज़हब या धर्म का कोई मान अथवा ख़्याल नहीं करता। यहाँ पहुँचते ही न हिन्दू, हिन्दू रहता है, न मुसलमान, मुसलमान। अगर कोई पति-पत्नी यहाँ से भरती होकर जाते हैं तो वहाँ पहुँचते ही न पति पत्नी का रहता है, न पत्नी पति की। वहाँ के ओवरसियर फ़ौरन इन औरतों व मर्दों को अपने क़ब्ज़े में ले लेते हैं और अक्सर इनकी संख्या के अनुसार इन स्त्री-पुरुषों को अलग-अलग स्थानों में बाँट देते हैं। औरतों की संख्या बहुत कम होती है। क्योंकि वह महापुरुष यह नहीं चाहते कि बहुत सी औरतें भरती की जावें। मर्द औरत से ज़्यादा काम करता है इसलिए जितने मर्द हों उतना ही अच्छा। दूसरे स्त्रियाँ भरती वालों के हाथ ज़रा कम लगती हैं। इस सबका नतीजा आप जानती हैं, क्या होता है। नतीजा यह होता है कि एक स्त्री तीन-तीन, चार-चार पुरुषों के हिस्से पड़ती है इस घोर अत्याचार की मिसाल आपको संसार के इतिहास में मिलना असम्भव है।

अपने आराम को खोकर अपनी इज़्ज़त को मिटाकर यह भारत के बच्चे इन स्थानों में वैसे ही रखे जाते हैं और उनके साथ वैसा ही बर्ताव किया जाता है जैसा उन जहाज़ों पर जिसका अभी हम बयान कर चुके हैं। सुबह से शाम तक काम में पिले रहना, गालियाँ खाना, ठोकरें खाना और रात को निहायत ही गन्दी, गलीज़ झोंपड़ियों में थककर पड़ रहना और अपनी इस मुसीबत से करोड़ों रुपये का फ़ायदा अपने विदेशी मालिकों को पहुँचाना यही इन स्थानों पर हमारे देश निवासियों का काम है। और आप जानती हैं कि इन सबके लिए वह क्या इनाम पाते हैं। बारह आने रोज़ जो उनके पेट भरने या तन ढकने के लिए भी काफ़ी नहीं होते। क्योंकि इन स्थानों पर खाने-पहिनने की चीज़ें हमारे भारत से कई गुनी महँगी होती हैं, लोगों ने हिसाब लगाया है कि इन क़ुलियों को भारतवर्ष के हिसाब से ढाई आने रोज़ से ज़्यादा का औसत नहीं पड़ सकता। स्वयम् भारत में हमारे मज़दूर चार आने से बारह आने रोज़ तक कमाते हैं। इसी लाभ के लिए इनसे इनका देश छूटता है और जीते जी उन्हें नर्क के सारे कष्ट सहन करने पड़ते हैं।

पैंतीस साल से इन स्थानों में भारतवासियों पर यह अत्याचार हो रहे हैं, हमारी सरकार ने आज तक इसके दूर करने की चेष्टा नहीं की। यूरोपियन क़ुलियों का पग-पग पर पूरा-पूरा ख़्याल रखा जाता है, सबसे पहिले यह देखा जाता है कि धोखा देकर कोई इन्हें बहकावे नहीं न इनके भरती करने वालों को कोई इनाम दिया जाता है। जब यह इस स्थान पर पहुँच जाते हैं जहाँ उन्हें काम करना होता है तो उन्हें दो-तीन महीने का अवसर दिया जाता है कि यह वहाँ रह-सह कर काम करके देख लें कि वह जगह और वह काम इनके पसन्द का है या नहीं।

अगर पसन्द नहीं होता तो यह फ़ौरन अपने घरों को वापस कर दिए जाते हैं और अगर इन्हें काम पसन्द हुआ तो इनको भारतवासियों से कहीं ज़्यादा तनख़्वा दी जाती है और निहायत इनसानियत और मुहब्बत का बर्ताव किया जाता है। यह क़ुलियों में भेद नहीं होना चाहिए।

बहिनो! हम आख़िर इतने नीच क्यों हैं? इसीलिए न कि हमने अपने आपको नीच बना रखा है। इसीलिए न कि हम स्वार्थ में डूबे हुए हैं और अपनी जाति की कुछ सेवा करने को तैयार नहीं। हम डरते हैं, हम अपनी जान को अपनी इज़्ज़त से ज़्यादा अज़ीज़ रखते हैं, यही हमारे वर्तमान दशा का मुख्य कारण है।

आपको यह मालूम है कि महात्मा गांधी ने सरकार से यह साफ़-साफ़ कह दिया है कि इकतीस मई तक वह क़ुलियों का भरती करना और भारतवर्ष से बाहर ले जाना बन्द कर दे। हम महात्मा गांधी के अफ़्रीका वाले आन्दोलन से भलीभाँति परिचित हैं, और हम यह जानती हैं कि सरकार इनके कहने पर अवश्य ध्यान देगी और अगर न भी दे तो हमको पूरी चेष्टा इस प्रथा के दूर करने की करनी उचित है।

जब तक हम सब अपने दिलों में यह न ठान लेंगी कि कुछ ही क्यों न हो हम बिना अपना प्रण पूरा किए चैन नहीं लेने को, तब तक हमारी दशा का सुधरना कठिन है। संसार में वही लोग उभरते हैं जो हिम्मत वाले हैं।

(18 फरवरी के दिन महिला समिति में व्याख्यान)

स्त्री दर्पण, अप्रैल 1917

हमारे समाज-सुधारक

रखियो ग़ालिब मुझे इस तल्ख नवाई में मुआफ़
आज कुछ दर्द मेरे दिल में सिवा होता है

हमारी समाज की वर्तमान दशा आदर्श अथवा सन्तोषजनक नहीं कही जा सकती। किन्तु यही दशा समस्त संसार की है। प्राचीन समाज-संगठन के प्रासादों में नवीन विचार, नवीन नियमों की शक्तिशाली तरंगें आ-आ कर टकरा रही हैं। व्यक्तित्व और स्वतंत्रता-प्रेम के भूडोल ने इस प्रासाद की प्राचीन नेवों को हिलाकर प्रासाद निवासियों में एक घोर हलचल मचा रखी है। जिस ओर देखो प्राचीन और नवीन आपस में टकरा रहे हैं। पुराने रिवाज और रीतियाँ अपनी जगह पर क़ायम नहीं रह सकी हैं, और न नई बातों ने पूर्ण रीति से उनकी जगह ले पाई हैं। ऐसे परिवर्तन संसार के भिन्न-भिन्न भागों में बहुधा हुए हैं, और इधर-उधर सदा ही होते रहे हैं। किन्तु वर्तमान विप्लवकारी आन्दोलन की विशेषता यह है कि वह एक ही समय लगभग एक ही रंग-रूप में संसार के समस्त सभ्य भागों में उपस्थित है।

इस विशाल आन्दोलन की न रुक सकने वाली शक्तिशाली बाढ़ का इससे बड़ा सबूत और क्या हो सकता है कि उसने भारत जैसे वनवासी योगी को अपनी सहस्रवर्षी समाधि से चौंका संसार ऐसे तुच्छ वस्तु के जंजाल में फँसा दिया है। और अब यह भी उन्हीं प्रश्नों का उत्तर देने, उन्हीं आदर्शों को परखने में लीन है जो इस समय संसार को अपनाए हुए हैं। परन्तु इतना अवश्य प्रतीत होता है कि इसकी समाधि ने इसकी आत्मिक शक्तियों पर चाहे जो असर डाला हो, किन्तु इसकी शारीरिक अथवा मानसिक अवस्था को इसने कुछ भी लाभ नहीं पहुँचाया। और अब इसका अपनी समाधि छोड़ फिर संसार में लीन होना यह बताता है कि संसार को तज देने में इससे बड़ी भूल हुई। न संसार ही हाथ में रहा, न समाधि ही क़ायम रह सकी।

राष्ट्रीय और राजनैतिक प्रश्नों के अतिरिक्त जो महान् प्रश्न इस समय संसार के सामने है, वह यह है कि आने वाले समय में स्त्री के अधिकार क्या होंगे, उसे कौन

सी पदवी दी जावेगी? जिन शक्तियों ने प्रजा को राजा के, कारीगरों को आक़ा के, मज़दूरों को अपने मालिक के आगे ला खड़ा किया है, वही शक्तियाँ स्त्री को भी पुरुष के सम्मुख ले आई हैं। और जिस प्रकार यह सब अपने उद्देश्यों में सफल हो रहे हैं, उसी प्रकार स्त्री भी अपनी मनोकामना पावेगी। किन्तु सहज में नहीं। उसे भी अपनी मनोकामना प्राप्त करने में वही कष्ट सहन करने पड़ेंगे जो स्वतंत्रता के उपासकों को सदा सहन करने पड़े हैं।

राष्ट्रीय और राजनैतिक प्रश्नों के समान इस प्रश्न के हल करने में भी भारत और देशों के पीछे है। यह न देखकर कि संसार कितना बदल गया और कितना बदलता जाता है, वह वही रामायण व महाभारत के युगों के स्वप्न देख रहा है। उन युगों का वापस लाना सम्भव है या नहीं, इससे इसे कुछ वास्ता नहीं। यदि वापस लाना सम्भव और उचित है तो वे किस प्रकार वापस लाए जा सकते हैं, इस प्रश्न के विचार की इसे फुर्सत नहीं। वह कौन सी शक्तियाँ हैं जो इन युगों से हमें और भी दूर ले जा रही हैं ? इन शक्तियों का रोकना, इसके सामर्थ्य में है या नहीं! यदि है तो क्या उपाय किए? और नहीं है तो धारा के विरुद्ध तैरने से क्या नतीजा? इन सारे प्रश्नों का भारत के पास एक ही जवाब है—अपने परम्परा-पूजकों की भजनमण्डली से यह कहना कि अपनी मृदङ्ग और भी ज़ोर से बजाओ।

राजनैतिक और आर्थिक बातों में भारत ने पश्चिमीय सिद्धान्तों को पूर्ण रीति से स्वीकार कर लिया। और इन्हें अपने राष्ट्रीय संगठन में स्थापित करने का उद्योग उत्साह से कर रहा है। इसकी शिक्षावली में भी अब आत्मिक और आध्यात्मिक विषयों से उच्च और मुख्य स्थान विज्ञान और अर्थशास्त्र को दिया जा रहा है। परन्तु स्त्री-पुरुष सम्बन्धी विषयों में यह पश्चिम की वर्तमान स्थितियों से उदासीन है। यह नहीं सोचता कि यह स्थितियाँ केवल उन्हीं नैतिक और आर्थिक अवस्था के नतीजे हैं जिनका अनुकरण यह स्वीकार कर चुका है, और न इन स्थितियों के व्यक्तिभाव से हटकर इसकी दृष्टि उनके सामाजिक महत्त्व और गम्भीरता की ओर जाती है। यह देख कि पश्चिम में स्त्री-पुरुष के आपस के मेल-जोल का केन्द्र, पूर्वीय जातियों से ज़्यादा विशाल है, यह वहाँ की स्त्रियों को कुकर्मी और निर्लज्ज समझ बैठता है। यह नहीं देखता कि वर्तमान घोर युद्ध में इन्हीं योग्य महिलाओं ने अपने देशों की लाज रख ली है। फ्रांस और इंगलिस्तान की स्त्री, पुरुषों का अभाव पड़ जाने पर, यदि अपने देश के प्रबन्ध का भार न उठा लेती तो जर्मनी इन दोनों को कब का कुचल चुका होता।

यदि यही समय भारत पर आ पड़ता तो भारतीय स्त्रियों की क्या दशा होती? भारत की लाज तो एक ओर रही, यहाँ अपनी ही लाज बचाने के लिए रक्षकों की आवश्यकता है। इससे और अधिकतर हीन दशा अब क्या होगी!

जब संसार के युवक और युवतियाँ अपने सम्मिलित परिश्रम से उन्नति के अन्तिम शिखरों पर पहुँचने का उद्योग कर रही हैं, हमारी भारतीय नारी एक शक्तिहीन पक्षी के समान पुरुषरूपी* बिल्लियों के भय से घरों में घुसी हुई हैं, और हमारा हैम्लेट (Hamlet) रूपी भारतीय नवयुवक "To be or not to be" के स्थान पर,

परदा उठाऊँ अथवा न उठाऊँ
और उठाऊँ तो कितना उठाऊँ

की घोर समस्या की भावना कर रहा है। और यह उचित भी है। जब अपने देश-प्रबन्ध का भार अन्य जातियों को सौंप दिया तो इन प्रश्नों के सोचने के अतिरिक्त और कुछ सोचने की आवश्यकता ही क्या रही?

देश से मुख मोड़ हमारे भारतीय नवयुवकों की एक श्रेणी अब स्त्री सुधार की ओर फिरी है। इसकी सम्मति में भारतीय शिक्षित महिलाओं ने कुमार्गों पर चलना आरम्भ कर दिया है। कोई इन्हें तितली के समान बताता है। कोई सजी-बनी गुड़िया की उपमा देता है। कोई कहता है कि यह Drawing Room और Dining Room का सबसे क़ीमती और सबसे मोहन Piece of Furniture है।

इसके अतिरिक्त स्त्री और पुरुष के पारस्परिक सम्बन्ध के घेरे को दिन-प्रतिदिन बढ़ता हुआ देख यह बेचारे अत्यन्त व्याकुल हैं। पश्चिमी तथा अमरीकन स्त्रियाँ इन्हें साक्षात् सूर्पनखा की मूर्तियाँ दिखाई पड़ती हैं, और यह भयभीत हैं कि कहीं वही भयानक वस्तु इनके देश में भी उत्पन्न न हो जाए। किन्तु हृदयों में इस भय से काँपते रहना और ज़बान से शिक्षित महिलाओं को बुरा-भला कहना, यही इनका समाज-सुधार है।

---

* पंडित ब्रजकृष्ण गुर्टू ने फरवरी के स्त्री दर्पण में एक लेख 'हमारे समाज के दोष' शीर्षक लिखा है। इसमें स्त्रियों को पुरुषों के साथ घूमने-फिरने से रोकने की घोषणा देते हुए आप कहते हैं कि "जिस समय कोई पक्षी पिंजरे में रहते-रहते उड़ना भूल जाता है तो उसको उड़ना सिखाने के लिए अकेला खोलकर नहीं छोड़ देते। बिल्ली के दबोचने का डर लगा रहता है अपने सामने उड़ना सिखाना चाहिए।" इसी लेख में एक और स्थान पर कहा है कि "मिस्टर फ़लाने मिस्टर ढिमकाने से हमारी बीस-बीस वर्ष की कन्याएँ बिना रोक-टोक मिलती हैं—भाई की तरह इनके साथ-साथ इधर-उधर घूमती हैं।" मालूम देता है कि योग्य लेखक के विचार में स्त्री एक ऐसी बच्ची है जो कभी बालिग नहीं हो सकती, या ऐसी पागल है जो कभी अच्छी नहीं हो सकती, या ऐसी अपराधी है जिसे काले पानी की सज़ा दी गई हो, क्योंकि संसार में इन हीन श्रेणियों के अतिरिक्त और किसी से बिला रोक-टोक स्वतंत्रता के साथ घूमने-फिरने का अधिकार नहीं छीना जाता। और साथ ही हमारे योग्य लेखक आचार नीति के इस सिद्धान्त से भी अपरिचित जान पड़ते हैं कि सदाचरण (Morality) का एक आन्तरिक विकाश है। जिस मनुष्य के सदाचारी (Moral) रखने के लिए बाह्य दवाओं की आवश्यकता हो, वह असदाचारी (Immoral) है।

पश्चिमीय स्त्री में जो घोर परिवर्तन हुआ है उसका कारण उसकी सामाजिक अवस्था है। जो नैतिक व आर्थिक नियम उसकी समाज संगठन के अंश हैं, वही अब हमारी समाज-संगठन के भी अंश हो गए हैं। जिन पाठशालाओं में वह तीस वर्ष पहिले शिक्षा पाती थीं, उन्हीं की बुरी-भली नक़लें अब हमारे देश में वैसी ही शिक्षा प्रदान कर रही हैं और इस शिक्षा के प्रभाव से भारतीय पुरुष पश्चिमीय पुरुष के समान होते जा रहे हैं। ऐसी दशा में यह स्वाभाविक है कि भारतीय स्त्रियों में भी पश्चिमीय सभ्यता की झलक दिखाई पड़े। यदि यह परिवर्तन अनुचित है तो इसको हमारे देश में उपस्थित होने का उत्तरदाता कौन है ? स्त्री या पुरुष ? यदि अपनी निर्बलता और अयोग्यता के कारण आप अपनी सभ्यता को विदेशी आक्रमण से न बचा सके, तो इसमें स्त्री जाति का क्या दोष है? जो सामाजिक रचना हो रही है, उसी में इसकी सृष्टि भी रची जा रही है। पश्चिमीय रंग में रंगे जाने के बाद वह पूर्वीय दिखाई पड़े, यह उसके सामर्थ्य से बाहर है या नहीं? यदि आपको यह रंग नहीं सुहाता और अपने पाठशालाओं की शिक्षा हानिकारक प्रतीत होती है, तो आपने इन पाठशालाओं को बन्द क्यों नहीं किया? समाज-सुधार इन पाठशालाओं की गढ़ी हुई मूर्तियों को बुरा-भला कहने में नहीं, बल्कि उनके रोक देने और उनके स्थान पर नई पाठशाला क़ायम करने में था। क्या हम पूछ सकती हैं कि इस सारे समय में हमारे उत्साही समाज-सुधारकों ने कै स्कूल तोड़े और यदि इनका तोड़ना इनके लिए असम्भव था, तो कै स्कूल अपने देश में ऐसे क़ायम किए जिनमें इनकी इच्छा अनुसार स्त्री जाति शिक्षा ग्रहण कर सकती? स्कूल स्थापना तो एक ओर रही, आज तक हमारे विचारपूर्ण समालोचकों ने राष्ट्रीय स्त्री शिक्षा का कोई मसविदा तक अपने देश के सम्मुख उपस्थित नहीं किया।

सम्भव है कि हमारी बातों के जवाब में हमारे समाज-सुधारक यह कहें कि हममें राष्ट्रीय शिक्षा-प्रणाली अथवा नई पाठशालाएँ खोलने की न सामर्थ्य है, न योग्यता; किन्तु हम अपनी स्त्रियों को वर्तमान पाठशालाओं में न जाने देकर और अपने घरों के पिंजरों में बन्द रखकर उन पाठशालाओं और उन पाठशालाओं के पढ़े हुए व्यक्तियों से भलीभाँति सुरक्षित रख सकते हैं। यह आपकी भूल है। जिन पाठशालाओं की हवा से आप अपनी स्त्री को बचाना चाहते हैं, उनके सारे कुप्रभाव आप ही के साथ-साथ आपके घरों में घुसते हैं। यदि आप स्वयं अपने घरों को तज दें तो सम्भव है कि कुछ लाभ हो। इसके अतिरिक्त दीवारों द्वारा विचारों की बहती हुई पवन को रोकने का प्रबन्ध रेत का महल बनाना है। इस प्रबन्ध की असफलता की कहानी टर्की और ईरान का इतिहास स्पष्ट शब्दों में सुना रहा है। इसे सुनिए और यह विचारिए कि जब स्वयं आप पश्चिमीय धारा के बहाव में हाथ-पैर छोड़ बहे जाते हैं तो आप स्त्री जाति को क्या बचाएँगे। जब आपकी नस-नस में पश्चिमीय सभ्यता का रुधिर दौड़ रहा है, तो आपका भारतीय

शिक्षित महिलाओं को दोषी ठहराना एक निर्लज्ज छलनी का सुई के नाके का उपहास करने के समान है।

एक ओर तो संसार के वर्तमान जागृति करने वाले स्वतंत्रताजनक पवनों के झोंके दूसरी ओर पश्चिमीय साँचे में ढले हुए पाठशालाओं की प्रदान की हुई शिक्षा; तीसरी ओर घरों में suited और booted चाय toast की अभिलाषी, 'वेल, तुम क्या बोलता है' करती हुई धर्म-मूर्तियों की जीती-जागती हुई उपमाएँ, चौथी और आन्तरिक स्वतंत्रता-प्रेम की उत्तेजना और अप्राकृतिक बन्धनों को तोड़ फेंकने की आकाङ्क्षा—ये सब वह स्थितियाँ हैं जिनमें एक भारतीय महिला पाली जाती है। और इन स्थितियों में पलने के पश्चात् उसके अन्नदाता उसे वह जीवन व्यतीत करने पर विवश करते हैं जो सोलहवीं शताब्दी की महिलाएँ व्यतीत किया करती थीं। स्त्री के आन्तरिक भाव कुछ भी हों, उसका दिमाग़, उसका हृदय, उसका शरीर, कुछ ही क्यों न चाहता हो, किन्तु इसके अन्नदाता को यह अधिकार प्राप्त है कि वह तोड़-मरोड़ के अपनी इच्छा अनुसार जैसा चाहें, जीवन व्यतीत करने पर उसे विवश कर सकें। और इस अधिकार को जिस क्रूरता से, जिस पाशविक निर्दयता से आए दिन बरता जाता है, उसका दर्द कुछ स्त्री जाति ही का जी जानता है।

यह तो निश्चित है कि प्रकृति ने पुरुष-स्त्री की रचना में कोई मानसिक तथा हार्दिक भेद ऐसे उत्पन्न नहीं किए हैं जिनसे स्वाभाविकत: वह दोनों संसार के व्यवहार और रहन-सहन में भिन्न-भिन्न जीवन-प्रणालियाँ ग्रहण करने पर विवश हों। और इस स्वाभाविक एकता के साथ सामाजिक प्रभाव भी दोनों पर समान पड़े तो इन जीवन-प्रणालियों की भिन्नता और असभ्यता—जो एक को श्रेष्ठ, दूसरे को हीन, एक को स्वतंत्र, दूसरे को बन्दी, एक को स्वाधीन, दूसरे को आश्रित बनाती है—स्त्री को यदि अशान्त और दु:खित न बनावे, तो क्या करे? इसी अशान्ति और दु:ख का प्रकट करना तथा अपने जीवन-प्रणालियों की ज़ंजीरों को क्षणमात्र ढीला करने की चेष्टा करना मनुष्य समाज की सरकार में राजद्रोह है जिसकी सज़ा स्त्री को मनमानी दी जा सकती है।

विवाह से पहिले ही पुरुष अपनी स्त्री के लिए एक साँचा तैयार कर लेता है। यदि वह अपने आपको मिटा इस साँचे में ढल गई तो अच्छा, नहीं तो इसका सारा जीवन केवल एक असह्य नरक-यात्रा के समान हो जाता है। इसमें सन्देह नहीं कि माता-पिता यथायोग्य अपनी पुत्रियों के व्यक्तित्व को कुचल उन्हें उन साँचों में ढल जाने के समर्थ बना देते हैं, परन्तु इस पर भी यदि किसी में सख़्ती बाक़ी रह जावे तो यह उसका प्रारब्ध है।

चारदीवारी में बन्द रहेगी या नहीं? यदि नहीं, तो कब-कब और कैसे-कैसे इसे बाहर निकलना होगा, कौन-कौन इसे देख सकेगा, कौन-कौन इससे बोल सकेगा, और किन-किन पुरुषों को उसके संग इधर-उधर जाने का अधिकार होगा?

पढ़ने-लिखने में वह अपना समय बिता सकेगी या नहीं? सामाजिक और राजनैतिक बातों में भाग लेने पावेगी या नहीं, और यदि लेने पावेगी तो कितना? इत्यादि-इत्यादि। इन सारे प्रश्नों का उत्तर इसके पतिदेव इसकी ओर से पहिले ही निश्चित कर रखते हैं। और आश्चर्य यह है कि इसे निश्चित करते समय इन्हें यह ध्यान भी नहीं आता कि इनकी स्त्री अपना एक हृदय भी अपने साथ लावेगी, जिसमें अपनी इच्छा अनुसार जीवन व्यतीत करने की आकाङ्क्षाएँ कुचली हुई अवस्था में अवश्य हैं, किन्तु फिर भी अंगारे के समान दहक रही हैं। इनके कड़े हृदयों में यह विचार भी उत्पन्न नहीं होता कि इस अभागी के नेत्र, ज़बान, शरीर तथा विचारों और अभिलाषाओं की स्वतंत्रता को छीन लेना एक घोर अत्याचार है या नहीं? यदि यह विचार आवे तो कैसे आवे? स्त्री तो इनकी दृष्टि में एक जीव नहीं, बल्कि वस्तु है। और जिस प्रकार एक माली बाग़ के हरे-भरे वृक्षों को काट-कूट किसी पक्षी या पशु या गुलदस्तों के रूप में बना लेता है, उसी प्रकार स्त्रियों के आन्तरिक भावों को तोड़-मरोड़ अपने इच्छा अनुसार बना लेना, यह एक साधारण-सी बात समझते हैं। माली यह नहीं जानता है कि उसकी कैंची वृक्षों पर क्या दु:खदाई घाव लगा रही है। किन्तु यह स्त्री की पीड़ा से परिचित होने पर भी तनिक उसका ख़्याल नहीं करते।

इन सबका उत्तर यह होगा कि सीता ने राम की, दमयन्ती ने नल की, द्रौपदी ने युधिष्ठिर की कभी शिकायत नहीं की। यह सत्य है। किन्तु उचित होता यदि हमारे पुरुष अब इन महिलाओं की उपमाएँ देना बन्द कर देते। स्त्री और पुरुष दोनों का चरित्र-संगठन इनकी शिक्षा अथवा सामाजिक अवस्था पर निर्भर है। जितना भेद वर्तमान युग और महाभारत और रामायण के युगों में है, उतना ही भेद वर्तमान और प्राचीन नर-नारियों के चरित्र-संगठन में होना आवश्यक है। यदि यह मान भी लिया जाए कि उन युगों की स्त्रियाँ आदर्शी थीं, तो भी वर्तमान समय में उनकी उत्पत्ति नहीं हो सकती। यदि आपमें शक्ति हो तो पश्चिम की उमड़ती हुई राजनैतिक और आर्थिक धारा को रोकिए। अपने सारे वर्तमान विश्वविद्यालयों, कालेजों और स्कूलों को जड़ से खोद फेंकिए। मज़हब की सूखती हुई गंगा में वह घोर तूफ़ान उठाइए कि वह फिर से सारे संसार को डुबा दे, और अपनी वर्तमान उन्नति और उद्धार से मुँह मोड़ अपनी सारी शक्ति अगले जन्म के सुधार की आशा और चेष्टा में लगाइए। जब आप यह सब कर, रामायण और महाभारत का युग संसार को फिर ला दिखावेंगे, उस समय सीता, सावित्री, दमयन्ती का भी अभाव नहीं रहेगा। किन्तु बिना यह सब किए इन स्त्रियों का स्वप्न देखना व्यर्थ है। सीता और सावित्री बनाने के लिए रामचन्द्र, कृष्ण, भरत और युधिष्ठिर की आवश्यकता होती है। कोट, पतलून और नेकटाई, कालर शरीर पर और पश्चिमीय आर्थिक आदर्शों की तरंगें दिलों में लेकर, ऐसी स्त्री जाति के उत्पन्न करने की अभिलाषा आकाशपुष्प ढूँढ़ने के समान है।

सामाजिक सुधार अपनी समाज-अवस्था से कायरता, दुर्बलता और संकुचित दृष्टि को दूर करना है; इसमें स्वतंत्रता, समता और न्याय के भाव उत्पन्न करने हैं; इसकी पद-दलित और दरिद्र श्रेणियों को उभार उनको साहसी और स्वाभिमानी (Self respecting) बनाना है। समाज सुधार उत्तम से उत्तम विद्या अधिक से अधिक संख्या को प्रदान करना है। स्वार्थलीन व्यक्तिभावों को निर्मूल कर समाज के सम्मिलित जीवन को विशाल और दृढ़ करना वास्तविक समाज-सुधार है। सारांश यह है कि संसार की गति को भलीभाँति परखते हुए अपने समाज में सुपरिवर्तन इन आधारों पर करना कि व्यक्ति-विकाश के साथ सामाजिक सम्मिलित जीवन विशाल, प्रबल और सुखदाई हो, इसी को सामाजिक सुधार कहते हैं। समाज यदि किसी विशेष प्रकार के व्यक्ति को गढ़ रहा है तो समाज-सुधार सामाजिक अवस्थाओं के बदलने में है, न कि उन व्यक्तियों के कुचलने की चेष्टा करने में।

समाज-सुधार के लिए उदार हृदय, विशाल दृष्टि और गूढ़ बुद्धि के साथ संसार की गति अनुभव करने और समझने की सामर्थ्य की आवश्यकता है। जिन आधारों पर हमारे नवयुवक समाज-सुधार के स्वप्न देखते हैं वह सामाजिक सुधार नहीं बल्कि स्त्री संहार है। अब इन बातों को छोड़िए।

ढोल गँवार शूद्र पशु नारी।
यह सब ताड़न के अधिकारी॥

का पाठ जी भर के सुना चुके। अब इसे समाप्त कीजिए, और स्त्री को भी सामाजिक विकास और सांसारिक उन्नति में स्वतंत्रता के साथ भाग लेने दीजिए। परदे की ओट में 'मिस्टर चिड़यल'* का सीता और दमयन्ती उपजाने का परिश्रम शेखचिल्ली को सुलज्जित करना है।

स्त्री दर्पण, मार्च 1918

* यह उपमेय और सुहावना नाम भी हमने पंडित ब्रजकृष्ण गुर्टू के सुयोग्य लेख से लिया है।

हमारे सामाजिक साँचे

अपनी बर्बादी से करते हैं जहाँ को शाद हम।
बाग़े आलम में हैं मिस्ले नक़्हते बर्बाद हम॥

मानवी समाज में स्त्री अपना पालन-पोषण स्वयं नहीं कर सकती। इसका अन्नदाता पुरुष होता है, इसलिए पुरुष को वे सारे अधिकार प्राप्त होते हैं जो एक अन्नदाता को अपने आश्रित पर हुआ करते हैं। इस रस्म या सामाजिक प्रबन्ध ने एक ओर तो पुरुष को देवताओं से जा मिलाया है, दूसरी ओर स्त्री के स्वभाव में एक गहरा अंश दासत्व का उत्पन्न करा दिया है। यही आर्थिक पराधीनता स्त्री जाति की हीन दशा का मूल कारण है और इसी की वजह से वह अपने आपको उन साँचों* में ढालने पर विवश हो जाती है जो पुरुष उसके लिए बनाता है।

प्राचीन भारत में एक ही साँचे में समस्त स्त्री जाति ढाली जाती थी। यह नियम इसके लिए सहज था। देश में एक ही आदर्श और लगभग एक ही रहन-सहन का ढंग होने के कारण यह सहज में अपने आपको सामाजिक साँचे में ढाल पुरुष को राज़ी रख सकती थी। परन्तु मुसलमानी और पश्चिमीय सभ्यता ने भारतीय पुरुषों के सामने नये-नये आदर्श और नये-नये रहन-सहन के ढंग उपस्थित कर दिए हैं। नतीजा यह है कि अब भारतीय स्त्री को एक साँचे के स्थान पर कई-कई साँचों में ढलना पड़ता है और तिस पर भी एक न एक श्रेणी के व्यक्तियों की आँख में वह खटकती ही रहती है।

इस समय जो अनेक साँचे हमारे देश में प्रचलित हैं, उनमें से तीन-चार मुख्य-मुख्य की गाथा हम अपने पाठकों को सुनाना चाहती हैं। जिन गम्भीर नियमों को पुरुष ने इन सारे साँचों का आधार स्तम्भ बनाया है, उनमें न्याय और सत्य कूट-कूट के भरा है। सुनिए—

1. प्रकृति ने ही पुरुष को स्त्री से श्रेष्ठ और उत्तम बनाया है।
2. पुरुष को स्त्री को अपने अधीन और आश्रित रखने का अधिकार प्राप्त है।

* साँचा वह होता है जिसमें एक कारीगर कोई नरम पदार्थ डालकर उसे अपनी इच्छित शक्लों में बना लेता है। पुरुष-रुचि को हम साँचा कहती हैं—और स्त्री का अपनी प्रकृति, स्वभाव और इच्छा के विरुद्ध जीवन व्यतीत करने पर विवश हो जाना मानो उस साँचें में ढल जाना हुआ।

3. स्त्री को गृहस्थी के सिवाय सांसारिक प्रपंच में पड़ने की न योग्यता है, न आवश्यकता। इन स्वार्थहीन पर-उपकारी न्यायपूर्ण नियमों का प्रचार इन-इन रीतियों और ऐसे उत्साह से किया कि आप तो आप, स्त्री तक को उन्हें स्वीकार करा दिया। अब जिस प्रकार मद्रास और महाराष्ट्र में एक भंगी रास्तों पर यह कहता हुआ फिरता है कि मैं नीच भंगी हूँ, मुझसे अलग रहो—इसी प्रकार स्त्री भी अपनी नीचता का बयान स्वयं बड़े गौरव से करती है। यह किसी जाति के पतन की अन्तिम दशा है।

वर्तमान अनेक साँचों में से एक साँचा वह है जिसमें स्त्री की गढ़न्त प्राचीन आधारों पर होती है। इसे प्राचीनी कहिए। इस श्रेणी के पुरुष स्वयम् समस्त प्राचीनी प्रपंचों से विमुख हो गए हैं, किन्तु स्त्री को महाभारत ही के युग में रखना उचित समझते हैं। दूसरा साँचा मुसलमान सभ्यता के अनुकरणियों का है। इसे तुरुक कहिए। इस श्रेणी के पुरुष अपनी स्त्री रत्नों को गृहरूपी डिब्बों में बन्द रख स्त्री को संसार और संसार को स्त्री से सुरक्षित रखते हैं। तीसरा साँचा पश्चिमीय मधुमत्तों का है। इस श्रेणी के पुरुषों को और पदार्थों के साथ-साथ स्त्री में भी पश्चिमीय झलक अधिक सुहावनी मालूम पड़ती है। इसे विलायती कहिए। एक श्रेणी और भी उत्पन्न हुई है जो प्राचीनी, मुसलमानी, और पश्चिमीय सारी विशेषताएँ स्त्री में उत्पन्न करने का परिश्रम करती है। इसे शेखचिल्ली कहिए।

प्राचीन साँचे की ख़ास बातें पतिपूजन, गृहस्थी और लाज है। प्राचीनियों की सम्मति में स्त्री को शिक्षित बनाना, उसका समय और अपना धन व्यर्थ गँवाना है। एक तो कम अकल होने के कारण ये विद्या पूर्ण रीति से सीख नहीं सकतीं, दूसरे गृहकार्य में विद्या बिना कोई हानि नहीं। विद्या की ज़रूरत सांसारिक व्यवहार में अवश्य होती है, किन्तु सांसारिक व्यवहार से और स्त्री से कोई सम्बन्ध नहीं। यह सारा तो पुरुष ही बड़ी सुन्दरता से सपराये हुए हैं।

जिस प्रकार एक संन्यासी संसार को तज तन-मन से ईश्वर में लीन हो जाता है, इसी प्रकार स्त्री के लिए भी जगत से मुख मोड़ अपने स्वामी में लीन हो जाना उचित है, और जैसे वह संन्यासी अपने आप पर और दूसरों पर आपत्ति पड़ते देख अपने ईश्वर से मलीन नहीं होता, इसी प्रकार पतिदेव का बर्ताव कुछ ही क्यों न हो, स्त्री को अपने कर्तव्य में दृढ़ रहना चाहिए। इस अन्तिम आत्मत्याग का अलौकिक फल यह होगा कि इस जन्म में रोटी-कपड़ा और दूसरे जन्म में फिर यही पतिदेव प्राप्त होंगे। पति-पूजन के साथ-साथ, जैसा हमने कहा, गृहकार्य में निपुण होना भी इसके लिए अति आवश्यक है। गृहकार्य-रसोई बनाना, सीना, पिरोना, घर को साफ़ रखना, घर की सामग्रियों की देखभाल करना है।

संन्यासी मंत्र और पूजन द्वारा अपने ईश्वर को प्रसन्न करने की चेष्टा करता है। स्त्री-ईश के एक शरीर भी है। इस शरीर को अधिक से अधिक सुख पहुँचाना यही

इसकी अन्तिम पूजा है। सारांश यह है कि कम से कम खर्च में अधिक से अधिक सुख अपने पति को पहुँचाना गृहस्थ आश्रम का वास्तविक उद्देश्य है।

पूजन से आत्मा की तृप्ति हुई। गृहकार्य ने शरीर को सुख पहुँचाया। रहा हृदय, सो इसके प्रसन्न, शान्त और सन्तुष्ट करने की रीति लज्जा है। जिस प्रकार गृहस्थी संसार से स्त्री को विलग कर देती है, इसी प्रकार लज्जा का उद्देश्य स्त्री में वह भाव उत्पन्न करना है, जिसमें वह संसार की अन्य स्त्री-पुरुषों से चित्त, शरीर और पारस्परिक व्यवहार में एक विचित्र मनोहर रूप से मिले रहते हुए भी सदा के लिए विलग हो जावे। यह एक अति सुन्दर ओट है जो उसके और दूसरों के बीच में उत्पन्न कर दी जाती है, और यह ओट बाहरी (material) ओटों से ज़्यादा विशाल, ज़्यादा ऊँची, और ज़्यादा प्रभावपूर्ण होती है। ख़ैर, यह जो कुछ भी हो, इस श्रेणी की आदर्श महिला वह है जो संसार से विमुख हो अपने पति में लीन रहे। अपने को मिटा अपने पति को सुखी रखे। रसोई और सीने-पिरोने के काम में निपुण और साथ ही साथ बड़ी शरमीली हो। घूँघट काढ़ना, आँखें नीची रखना, किसी की ओर न देखना, धीरे-धीरे चलना, पुरुषों के सम्मुख धरती के सिवा किसी ऊँची वस्तु पर न बैठना, जिधर पुरुष हो उधर पीठ करके रहना, अपने काम से काम रख किसी प्रकार की कोई बातचीत किसी से न करना, यदि कभी बोलना भी हो तो थोड़ा सा और वह भी बहुत धीरे-धीरे। ये सब एक प्राचीनी स्त्री के लिए विशेष भूषण हैं।

तुरुक साँचा और भी अद्भुत है। मुसलमानी मज़हब ने अपनी स्त्री जाति को वह सांसारिक स्वतंत्रता प्रदान की थी जो किसी मज़हब ने इसे नहीं दी। इस स्वतंत्रता को छीन लेने के लिए किसी घोर प्रथा की आवश्यकता थी। इसलिए मुसलमानी जाति में परदे का प्रचलित होना कोई बड़ी आश्चर्य की बात नहीं। किन्तु हमारे मज़हब में तो कोई ऐसी त्रुटि न थी। फिर इस दुःखदाई रीति को मुसलमानों से ग्रहण कर लेने की आवश्यकता ही क्या थी? दूसरे मुसलमानों ने अपनी स्त्री जाति को कारागार में अवश्य डाला, परन्तु इस कारागार को सहनीय बनाने में कोई बात उठा नहीं रखी। परन्तु इनके भारतीय अनुकरणियों ने केवल इतना किया कि गृहस्थ आश्रम के पिंजड़े पर परदे का एक विशेष घटाटोप और डाल दिया।

प्राचीनी और तुरुक आदर्श में फ़र्क़ इतना जान पड़ता है कि प्राचीनी तो अपनी स्त्रियों से एक वेदान्तिक संन्यासी का जीवन व्यतीत करवाना चाहते हैं और तुरुक श्रेणी के लोग बौद्ध मज़हब के साधू का। बौद्ध मज़हब की यह शिक्षा है कि तृष्णा सारे सांसारिक दुःख की जड़ है। सांसारिक पदार्थ मानवी हृदयों में तृष्णा उत्पन्न करते हैं। इन पदार्थों से दूर रहना दुःख दाई तृष्णा की जड़ सहज में काट देना है। हमें एक आदर्श गौतमी संन्यासी का जीवन याद है। यह महापुरुष साठ वर्ष तक गुफ़ा में विराजमान रहे, परन्तु इस सारे समय में इन्होंने आँख उठा के यह न देखा कि इस गुफ़ा की छत पर किस प्रकार की चित्रकारी है, और न यह देखा कि इनकी गुफ़ा के सामने वाला

वृक्ष किस श्रेणी का है, और इसे वसन्त किस प्रकार के फूलों से सुसज्जित करता है। तुरुक श्रेणी स्त्री के हित के लिए यही भाव उसमें उत्पन्न कर देना चाहती है, परन्तु स्त्री में आत्मिक बल कम होने के कारण इस श्रेणी को बहुत से बाहरी प्रबन्ध करने पड़ते हैं। यह उसे गृहरूपी गुफ़ा में पूर्ण रीति से बन्द रखती है। यदि बाहर लाना पड़ा तो जिस प्रकार एक बुलबुल हज़ारदास्ताँ के और अन्य-अन्य बहुमूल्य चिड़ियों के पिंजड़े पर घटाटोप चढ़ा देते हैं, इसी प्रकार इसके भी इक्के या गाड़ी या पालकी पर कपड़ा चढ़ा दिया जाता है। यदि कुछ दूर पाँव-पाँव भी जाना हो, तो यह लोग एक कपड़े का पिंजड़ा बना उसमें इसे बन्द कर इसके स्थान तक पहुँचा देते हैं।

मज़हब भी है, न्याय भी है, राजा राज भी कर रहे हैं, फिर भी स्त्री के साथ यह बर्ताव किया जाता है, और कोई पूछने वाला नहीं, और हमें अपनी सभ्यता, अपनी विद्वत्ता और अपने दयावान होने का घमंड भी है।

जिस प्रकार एक चीनी बालिका के पाँव उसके संसार में आते ही बाँध दिए जाते हैं कि वह अपना प्राकृतिक क़द और बल प्राप्त ही न कर सके, इसी प्रकार एक भारतीय अबला की उत्पत्ति की घड़ी से उसके दिल-दिमाग़ और शरीर पर रिवाज और रीतियों की पट्टियाँ चढ़ा-चढ़ा कर उसके स्वाभाविक लक्षणों को परिमित और परिवर्तित कर दिया जाता है। और जिस प्रकार जापान-निवासी एक बड़े बालों वाले कुत्ते की जाति को दबा-पिचका मोड़-तोड़ के अपनी राष्ट्रीय प्रसून कृसैन्थिमम (गुलदाउदी) का स्वरूप धारण करवा देते हैं, इसी प्रकार भारतीय स्त्री इन भिन्न-भिन्न साँचों में ढाल दी जाती है।

विलायती श्रेणी वाले अपनी स्त्रियों को अन्य-अन्य श्रेणियों से अधिक स्वतंत्रता प्रदान करते हैं, किन्तु इसलिए नहीं कि उन्होंने स्त्री के स्वत्वों और अधिकारों को ग्रहण और स्वीकार कर लिया हो। जैसे एक प्राचीनी को एक घूँघट काढ़े लजाती ठिठकती बात करने में हिचकिचाती उसकी ओर से पीठ करके बैठ जाने वाली स्त्री सुहाती है, इसी प्रकार एक विलायती के लिए मुख खोले स्वतंत्रतापूर्वक चलने-फिरने बोलने-चालने और हँसने-हँसाने वाली स्त्री में ज़्यादा आकर्षण होता है। अपनी रुचि अनुसार यह स्वतंत्र भाव स्त्री में उत्पन्न करने के लिए इस श्रेणी वाली स्त्री को शिक्षा अवश्य देते हैं, किन्तु केवल इतनी कि वे कुछ अंग्रेज़ी-वंग्रेजी बोलचाल लें, लोगों के साथ साधारणता के साथ मिल-जुल सकें और इनके खाने-पीने खेल-तमाशों में शामिल हो सकें। वे आर्थिक और नैतिक नियम जो इस समय पश्चिमीय स्त्री में एक घोर परिवर्तन कर रहे हैं, इन्होंने ग्रहण नहीं किए हैं और न वे यह देख रहे हैं कि उन नियमों की स्थापना भारत में भी इन्हीं के द्वारा भलीभाँति हो रही है। परन्तु जब तक ये जागेंगे, संसार अपना काम कर चुका होगा।

चौथी श्रेणी वह है जिसे स्त्री तो विलायती साँचे की ढली भली मालूम होती है, परन्तु प्राचीनी आश्रम के बन्धनों में इसे जकड़ के ऊपर से परदे का घटाटोप

चढ़ाकर रखना इसके हित के लिए अति आवश्यक समझती है। यह श्रेणी एक ओर तो अपनी कन्याओं को अंग्रेज़ी स्कूलों में भेज-भेज पश्चिमीय शिक्षा से सुसज्जित करती है और दूसरी ओर इस शिक्षा से उपजते हुए स्वतंत्र भावों को कुचलने की चेष्टा में निमग्न रहती है। इधर तो बालिका पढ़-लिख लड़कियों में खेल-कूद, दौड़-धूप के वापस आई, उधर इसके घरवालों ने इसे ज़रा शीघ्रता के साथ चलते हुए देख इसका पीछा कर लिया—

"क्यों जी यह कौन चाल थी? तुम जानती हो कि नहीं कि भलेमानस ऐसे नहीं चलते। कल सब बैठे हुए थे और तुम ही-ही-ही-ही हँस रही थीं। जहाँ किसी ने कुछ कहा और तुमने तड़ से जवाब दिया। ज़बान कैंची होती जाती है! अब इसकी कैंची से ही ख़बर लेनी पड़ेगी। परसों बातें करते-करते मोहन का हाथ पकड़ लिया। बहुत बेहोशी अच्छी नहीं होती। भलेमानसों की बातें सीखो, नहीं तो यह तुम्हारा स्कूल-विस्कूल जाना सब धरा रह जाएगा।" बेचारी दस-बारह वर्ष की कन्या सहम के रह जाती है। स्कूली शिक्षा एक भाव उत्पन्न करती है, घर की शिक्षा दूसरे भाव। इस अभागी के पास घुट-घुट के रह जाने के सिवा और क्या उपाय है?

स्त्री शिक्षा और घर की शिक्षा की भिन्नता का कुदरती नतीजा यह है कि न तो कन्या में प्राचीनी भाव ही उत्पन्न होता है, और न विलायती। एक ओर तो शिक्षा इसके हृदय को स्वतंत्रता और संसार की ओर खींचती है दूसरी ओर समय-समय का धिक्कार इसके दिल में अपने धिक्कारने वालों की ओर से एक घृणा का भाव उत्पन्न कर देती है।

ये सब साँचे इस समय भारत में प्रचलित हैं और विचित्र घटना यह है कि कभी-कभी एक ही कुटुम्ब के भिन्न-भिन्न भागों में ये भिन्न-भिन्न साँचे उपस्थित दिखाई पड़ते हैं। प्राचीनी, विलायती, तुरुक इत्यादि सब एक-दूसरे को मूर्ख और असभ्य कहते और भारत की वर्तमान दुर्दशा का मूल कारण समझते हैं। परन्तु एक श्रेणी की लड़की दूसरी श्रेणी में आए दिन ब्याह दी जाती है, कोई इस बेचारी के दुःख-सुख पर ध्यान भी नहीं देता।

जब कोई प्राचीनियों की लड़की विलायतियों के यहाँ आ जाती है तो उसकी दशा अकथनीय होती है। उसकी ख़ूबियों को यहाँ लोग बुराइयाँ और गँवारूपन कहते हैं। इसकी एक-एक बात इन्हें घृणित और उपहासजनक मालूम पड़ती है और इस घृणा की झलक स्पष्ट शब्दों में नहीं तो इनकी निगाह और बर्ताव में अवश्य दिखाई पड़ती है।

"हमारी नई बहूरानी भी ख़ूब आईं! इन्हें किसी बात का ढंग ही नहीं। धोती ऐसी बाँधेंगी कि जैसे किसी ने मैले कपड़ों की गठरी बाँध दी हो। चाल निराली है। वह मसल फूँक के क़दम धरेंगी कि ईश्वर न करे जैसे पाँव में छाले हों। लज्जा ऐसी है कि किसी के सामने आँख ही नहीं उठातीं। गंगा में सैकड़ों आदमियों के सामने

चाव से नहा सकती हैं। साधुओं के पैर छू उनसे बातें कर सकती हैं। लेकिन भले आदमियों के सामने न आँख उठा सकती हैं, न ज़बान खोलती हैं। औरों की कौन कहे, कल इनके ससुर और जेठ कोशिश करते-करते थक गए, मगर इन्होंने बात करना कौन कहे, उनकी ओर मुँह तक नहीं किया। जहाँ किसी को देखा, पीठ करके बैठ गईं। क्या तमीज़ है! किसी को देखेंगी या बोलेंगी तो ऐसे जैसे कोई चोरी की हो। परसों वहाँ खड़ी थीं कि कुछ लोग आ गए। आप फ़ौरन पीठ फेर के ज़मीन पर बैठ गईं। हम लोग झेंप गए। बहुत कह-सुनके कुर्सी पर बैठाया। थोड़ी देर बाद देखते क्या हैं कि अपने दोनों पाँव कुर्सी पर चढ़ा लिये हैं, जैसे यह भी कोई आसन या पटरा हो। मेरा तो हँसते-हँसते पेट फूल जाता है। झूठे-सच्चे के मारे परेशान रहती है। यहाँ तो किसी को कुछ ख़्याल नहीं। आज सब Dinning Room में खाने बैठे, इन्हें भी बुलाया, समझाया कि सबके साथ बैठ के खाने में ज़्यादा अच्छा लगता है। हरगिज़ नहीं मानीं और जब ज़्यादा कहा तो रोने लगीं। नाक में दम हो गया है। सबके सब परेशान हैं। कुछ समझ में नहीं आता कि क्या करें। अगर सुधरीं भी तो आख़िर कहाँ तक सुधरेंगी।"

इधर तो इनके नये कुटुम्बियों की यह सम्मति और दशा है, उधर इनके पतिदेव अपने मित्रों में ठंडी साँसें लेते फिरते हैं—

"यार क्या कहें! क़िस्मत फूट गई। हम तो शादी करके पछताए। पढ़ी-लिखी न थीं तो न सही, लेकिन बोलने-चालने, उठने-बैठने किसी बात का तो ढंग होता। कल किस मुश्किलों से तुम्हारे सामने आईं। किस-किस दिक़्क़तों से बोलीं, और बोलीं भी तो क्या—मुझे नींद आती है, अब आप जाइए। भाई, मैं तो तंग आ गया। किस मसख़रे का दिल घर में जाने को चाहता हो।"

इनके मित्र बड़े दुःख से गरदन हिलाकर कहते हैं कि "हाँ यार! तुम wife के मुआमले में unfortunate रहे।"

इधर सीता और सावित्रियों की तो यह दशा है। उधर जब कोई विलायती श्रेणी की स्त्री प्राचीनियों के यहाँ जाती है तो उसका और भी बुरा हाल होता है। यहाँ तो जहाँ तक हो सके उसके सामने उसकी बुराई नहीं करते और अच्छा बर्ताव रखने की कोशिश रहती है। किन्तु वहाँ तो स्पष्टता के साथ यह और इसके कुटुम्ब वाले ख़ूब पूजे जाते हैं।

स्त्रियों के समूह के समूह इसे देखने आते हैं, मानो किसी चिड़ियाघर में कोई विचित्र पशु आ गया हो। एक उनमें से कहती है—"आहा! धोती क्या अच्छी बँधी है! एजी! तुम हमें ऐसी धोती बाँधना सिखा दोगी?" दूसरी कहती है, "अरे, यह धोती है? तूने ख़ूब पहिचाना। मैं तो समझी थी कि साया है।" तीसरी उसके गाल पर हाथ लगाकर देखती है कि पाउडर छूटता है या नहीं। एक कहती है, "हमारे पास ऐसे कपड़े होते तो हम एक हाथ में छाता, एक में सिगरेट लेकर सीटी बजाती हुई

अपने पति के साथ घूमने जाती। क्यों जी, तुम हमें सीटी बजाना सिखा सकती हो?" मोहल्ले वालों का यह हाल है। कुटुम्बियों के दु:ख का तो कुछ प्रमाण ही नहीं—

"मोहन! कान खोल के सुन लो। कब से मैं अपना ख़ून पी-पी कर रह जाती हूँ पर अब मुझसे नहीं रहा जाता। यह जो तुम्हारी मेम साहब बैठी हैं, इनकी बातें सारी निराली हैं। भलेमानसों में यह बातें हमने न कभी देखी न सुनी। चलती हैं तो ऐसे जैसे कोई भूचाल आवे, जैसे उमर भर कबड्डी खेली हो। माँ-बाप को कबड्डी खेलते देखा होगा, इसी से यह चाल निकाली है। सौ दफ़े मना कर चुकी हूँ, परन्तु जहाँ कोई स्त्री-पुरुष घर में घुसा, यह उसी की ओर मुँह फेरकर बैठ गईं और बोली नहीं तो उसकी ओर टकटकी बाँध ली। उसकी आँख झुक जावे तो झुक जावे, किन्तु इनकी आँख का झुक जाना असम्भव है। जब कोई स्त्री-पुरुष घर में आता है, यह चौकी या पलंग, जहाँ कहीं बैठी हों, वहीं की वहीं धरी रह जाती हैं—इतना नहीं होता कि नीचे उतरकर बैठें। मैं धरती में गड़ जाती हूँ पर इनको लज्जा नहीं आती। आँखों का पानी मर गया है। इनकी अम्मा भी इन्हीं ढंगों की होंगी, इसी से इनमें ये गुण आए हैं। तीसों दिन सवेरे से शाम तक पल्ले-चुन्नट से दुरुस्त हाथ-गाल चुपड़ाये रहती हैं। काम भी करेंगी तो फूँक-फूँक के कि कहीं हाथ से कपड़े पर धब्बा न आ जावे, और जहाँ छुट्टी पाईं तो यह नहीं कि बहू-बेटियों की तरह हम लोगों में आकर बैठें, बातचीत सुनें। पुस्तक ली और किसी कोने में जा बैठीं, मानो बड़ी ज्ञानी पंडित हैं, जिसे मूर्खों में बैठकर समय व्यर्थ गँवाना नहीं सुहाता। एक दिन मुझे सीख देती थी कि भले-चंगे हृष्ट-पुष्ट साधुओं को कुछ देना पुण्य नहीं बल्कि पाप है। मैंने कह दिया कि सीख अपनी अम्मा को देना। यहाँ ऐसी बातें होंगी तो तुम्हारी सारी पुस्तकें-वुस्तकें जला के अलग कर दूँगी। तब से मेरे मुँह नहीं आतीं। कल घंटों छत पर टहलती रहीं। परसों वह सड़क वाली खिड़की खुली हुई थी उसमें से देर तक सड़क की सैर देखती रहीं। मैंने भी नहीं रोका कि तुम अपनी आँखों से देख लो। दिल की बड़ी नरम हैं। जहाँ कुछ कहा, टेसुये बहाने लगीं, जैसे हर शब्द के साथ ईश्वर न करे इनका कोई मर जाता हो। वह देखो रोना शुरू हो गया। टेसुये टपटप गिरने लगे। इनसे कह दो कि जाकर अपने माँ-बाप को रोवें। मुझे इन बातों से शंका होती है।"

मोहन जी भी फ़ौरन बिगड़ उठे—

"देखो जी इस रोने-धोने से काम नहीं चलेगा। तुम्हें हर्फ़-हर्फ़ इनके कहने पर चलना होगा। मैं इन झगड़ों में पड़ना नहीं चाहता, मगर इतना कहे देता हूँ कि आइन्दा से मैं तुम्हारी शिकायत न सुनूँ।"

इससे अधिक अत्याचार और क्या होगा? कोई यह नहीं सोचता कि स्त्री प्राचीनी हो या विलायती, इस अभागी ने अपने आपको स्वयं नहीं गढ़ा। यदि इसकी गढ़न्त में कुछ दोष है तो उसके उत्तरदाता उस श्रेणी के पुरुष हैं जिसमें उसका पालन-पोषण

हुआ है। उन लोगों के अपराध की इसे ताड़ना देना कहाँ का न्याय है? कोई यह भी नहीं विचारता कि अपनी प्रकृति के विरुद्ध ढाले जाने में इसे कितना दुःख हुआ है, और अब कुचल-कुचल के उस रंग को निकालने में इसका क्या हाल होगा? मनुष्य कोई गिरगिट नहीं जो हर पवन के साथ रंग बदल सके और 17-18 वर्ष की आदतों को बदल देना कोई साधारण-सी बात नहीं। इसमें इसकी समस्त सृष्टि का संघात हो जाता है।

प्रोक्रस्तस एक डाकू था। उसके पास एक पलंग था जिसमें भूले-भटके पथिकों को ला सुलाता था। किसी मुसाफ़िर का क़द यदि इससे छोटा हुआ तो वह उसे खींचकर इस पलंग के बराबर बना देता था। अगर बड़ा हुआ तो वह उतना अंग काटकर अलग कर देता था। इसी प्रकार मनुष्यों की हत्या कर वह उनका माल लूट लेता था।

हमारा भारतीय समाज स्त्री जाति के लिए प्रोक्रस्तस का निर्दय पलंग है। प्रोक्रस्तस के पास तो एक ही पलंग था—इसके पास कई पलंग हैं—जिस पर यह अन्यायी अपने बेबस शिकारों को बारम्बार खींचता और काटता है। इतना अन्तर और है कि प्रोक्रस्तस अपने मुसाफ़िरों के क़द स्वयं छोटे-बड़े नहीं बनाता था। यदि वह ऐसा करता होता तो इसका अत्याचार और भी भयंकर दीख पड़ता।

स्त्री दर्पण, अप्रैल 1918

हमारे हृदय

आए थे जो सुनने को फ़साना मेरे दिल का।
वह जाते हैं हाथों से कलेजे को सँभाले॥

मानवी समाज की अधिकांश संख्या को यह सुनकर आश्चर्य होगा कि हम स्त्रियों के भी एक हृदय है, जिसमें निर्दय प्रकृति ने आत्मिक-विकास, मानसिक उन्नति और शारीरिक सुखों की व्याकुल करने वाली आकाङ्क्षाएँ कूट-कूट कर भर दी हैं। परन्तु क्या करें—पाशविक प्रबलता के नयनविहीन पुजारी बेरहम संसार ने पुरुषों के साथ हो इस हृदय और इन आकाङ्क्षाओं का नाश कर दिया। जो इनकी उत्पत्ति का घहवारा (हिंडोला) था, वही इनकी क़ब्र बनकर रह गया। आरम्भ ही से यह आकाङ्क्षापूर्ण हृदय कुछ ऐसा मिटा कि संसार इसके अस्तित्व को ही भूल गया, और आज के दिन मानवी समाज स्त्री का सहृदय होना स्वीकार न करते हुए अपने सांसारिक व्यवहार में लीन दिखाई पड़ती है।

संसार-निवासियो! हमारे भी एक हृदय है, और यह हृदय उन सारी उमङ्गों से परिपूर्ण है जो तुम्हारे हृदयों में तरङ्गें ले रही हैं। इसमें सन्देह नहीं कि यह विचित्र वाणी तुम्हें आश्चर्यजनक और अविश्वसनीय प्रतीत होती होगी, परन्तु यह सत्य है। यह वाणी शताब्दियों के सताए हुए एक जीव की अन्तिम रोदन-ध्वनि है। इसे सुनकर क्रोध करने में कुछ लाभ नहीं। पीड़ा से व्याकुल जीव को क्रोध की आँख दिखा चुप कर देने की चेष्टा करना बड़ी कठोरता है। इसे छोड़ो। यदि इस दु:ख भरी वाणी में कोई सत्य का अंश हो तो उसे स्वीकार करना तुम्हारा मानवी कर्तव्य है। नहीं-नहीं, यह क्रूर दृष्टि, यह परम्परा पूजन और धर्म की मोहिनी लोरियाँ अब इस व्याकुल आत्मा को शान्त नहीं कर सकतीं।

हम यह नहीं कहतीं कि हमारे आश्रित हृदय को इस प्रकार पददलित कर डालने में तुमने अन्याय किया। नहीं, यह संसार गति और उसका प्रारब्ध था। और यह भी सम्भव है कि इस हृदय की चेष्टा ने—दीपक की भाँति अपना रक्त जला तुम्हें आनन्ददायिनी प्रभा में रखने की चेष्टा ने तुम्हें उसके आन्तरिक-वास्तविक दशा से परिचित न होने दिया हो। किन्तु अब तो यह कुछ नहीं—एक स्वप्न था जो हो चुका; प्राचीन आत्मत्याग की कहानी समाप्त हुई। और स्त्री स्वयं तुम्हारे सम्मुख खड़ी अपने खोये हुए अधिकार,

अपना पददलित हृदय माँग रही है। इसकी कुम्हलाई हुई आकाङ्क्षाओं को संसार की वाटिका में फलने-फूलने और हरा-भरा होने दो। इसके शताब्दियों के दुखी हृदय को, जिसे तुम जी भर के कुचल चुके हो, अब इसकी अभागी मालिका को फेर दो।

प्राचीन आत्मत्याग की कहानी समाप्त हुई—एक स्वप्न था जो हो चुका। यह बातें प्राचीन काल की निन्दनीय नहीं-नहीं, हरगिज़ नहीं। हम आत्मत्याग की निन्दा नहीं करतीं। आत्मत्याग एक स्वर्गीय भाव है। किसी आदर्श के लिए अपने आपको मिटा देने से उत्तमतर कार्य संसार में और कुछ नहीं। किन्तु इतना हम अवश्य कहती हैं कि जो आत्मत्याग अपनी आत्मा, अपने शरीर, अपने हृदय का विनाशक हो; जो दूसरों को स्वार्थी, अन्यायी और अत्याचारी बनाता हो; जो अपनी सन्तान की उन्नति के मार्ग में कंटक और विष बोता हो, जो समाज के सम्मिलित जीवन को दुर्बल और हीन बनाता हो—वह आत्मत्याग नहीं, आत्महत्या है। हम आत्मत्याग की निन्दा नहीं करतीं। हम तो आत्महत्या से बचना चाहती हैं। और यह हमारा सांसारिक कर्तव्य और आत्मिक और आध्यात्मिक धर्म है।

तुम स्वयं बोलो। जब तक आत्महत्या को यह मूर्ख और मोहित हृदय आत्मत्याग समझता रहा, इसने क्या-क्या नहीं सहा? मिट गया, परन्तु 'हाय' न की। संसार का इतिहास इसके धैर्य, इसके सन्तोष, इसके भक्ति-भाव को दख अब तक अचम्भे में है। किन्तु सब व्यर्थ-माया-मिथ्या! जिस आत्मा की तृप्ति पर इसने अपना सारा सुख वार दिया, वही इसे हीन और तुच्छ समझ बैठा। जिस शरीर को अपनाने के लिए इसने समस्त संसार को तज दिया, वही शरीर इसे अधिक से अधिक दुःख पहुँचाने लगा। जो पद पूजे, उन्होंने इसे वह निर्दय ठोकरें लगाई कि इसका सारा अस्तित्व घायल हो ख़ून के आँसू बहा रहा है। फिर यह बेचारा क्या करता? अब भी जागता या न जागता? नहीं, यह तो अपनी धुन का ऐसा धनी था कि अब भी न जागता; परन्तु स्वार्थी संसार अपनी उन्नति के लिए इसे झकझोर-झकझोर के जगा रहा है।

एक ओर संसार की झकझोर ने, दूसरी ओर तुम्हारी निर्दयता की पीड़ा ने इसकी आत्मत्यागी तरङ्ग को भङ्ग कर दिया। अब प्राचीन निद्रा के घातक झोंकों में निमग्न रहना इसकी सामर्थ्य के बाहर है। इसमें इसका दोष नहीं। यदि तुम दयावान होते, यदि इसी में संसार की उन्नति होती, तो इस तरङ्ग का भङ्ग हो जाना असम्भव था। किन्तु अब तो यह भङ्ग हो चुकी। पछताना, क्रुद्ध होना, श्राप देना, प्राचीन मंत्र पढ़-पढ़ कर इस कुनमुनाते, आँख मलते जीव को फिर बेहोश कर देने की चेष्टा करना, सब व्यर्थ है। इसे जगने दो, इसे मुक्त कर दो। संसार की गति ने इसे तुम्हारा आश्रित बनाया था। पराधीनता के क्लेश को इसने बड़े धैर्य से सहा। अब वही गति इसे मुक्त कर रही है। इसका हाथ बँटवाओ। होनहार के विरुद्ध जाना कड़ी भूल है, व्यर्थ है, दुःखदाई है। संसार के इतिहास के पन्ने इस घोर भूल और उसके भयंकर परिणामों से भरे पड़े हैं।

क्या! यह असत्य है? हम इतिहास से अपरिचित हैं? हम संसार-गति को अनुभव नहीं कर सकतीं? हम मूर्ख हैं?—यह मर्म वचन हमारी बातों के उत्तर कैसे हो सकते हैं? उत्तर दो। हमें बुरा-भला कहने में कोई लाभ नहीं। नहीं, यह क्या कहते हो? हम पुरुष नहीं स्त्री हैं? हमें विदेशी कहना, हमें अपनी जाति का द्रोही बताना असत्य और दु:खदाई है। हम विदेशी आदर्शों की नयनविहीन अनुगामी नहीं। हमारा हृदय देश-प्रेम की अग्नि से अङ्गारे के समान दहक रहा है। हम अपनी जाति के 'स्वर्गीय आनन्द' को कष्ट और दु:ख में परिवर्तित करना नहीं चाहतीं। हम उसके अन्नदाता को इस 'आनन्द' की वास्तविक दशा दर्शाना चाहती हैं। इस स्वतंत्रताजनक शंख फूँकने में हमारा उद्देश्य स्त्री जाति को 'अशान्त' करना नहीं है। हमारा उद्देश्य उसको मृत्यु-निद्रा से जगाना है। स्त्री-जागृति के बिना संसार अपने अन्तिम विकास को प्राप्त नहीं हो सकता।

नहीं, यह तुम्हारा भ्रम है। स्त्री के हृदय की गति स्त्री से अधिक पुरुष नहीं जान सकता। इसको स्वीकार न करना तुम्हारी भूल है। हम स्त्री होने के कारण स्त्री जाति के आन्तरिक भाव, उसकी हार्दिक दशा से भलीभाँति परिचित हैं, और हम तुम्हें निश्चय दिलाती हैं कि यह भाव आनन्ददायक नहीं यह दशा अकथनीय है। सृष्टि के आरम्भ से स्त्री ने अपना दु:ख अपने पीड़ित हृदय में छिपा रखा है। वह दीपक के समान धीरे-धीरे जलती है, परन्तु मुख से कुछ नहीं कहती, और संसार इसके इस विचित्र मौन को आनन्द, सुख और शान्ति का विकास समझ बैठा है।

तुम स्वयं सोचो। यदि तुम हमारे आश्रित होते, यदि तुम्हारी आत्मा, तुम्हारा शरीर, तुम्हारा हृदय हमारे अधीन होता, और हम तुम्हारी स्वतंत्रता की सारी सम्पत्ति को निर्दयता से लूट लेतीं, तो उस समय तुम्हारी क्या दशा होती? केवल राष्ट्रीय स्वतंत्रता के जाने ने तुम्हें कैसा मलिन, कैसा व्याकुल, कैसा दुखित बना दिया है? फिर स्वयं सोचो, जिसके शरीर की, जिसके आत्मा की, जिसके हृदय की सारी स्वतंत्रता लुट गई हो, उसका हार्दिक भाव आनन्दमय कैसे हो सकता है? स्त्री की आन्तरिक दशा तो उस दास की दशा के समान है जो भाग्यवश अपने को दूसरों के बस में देख मुक्ति की आशा तज, अपने अन्नदाता की सेवा में लीन हो जाता है। इस अभागी की आन्तरिक दशा उस पक्षी की अवस्था के समान है जो पिंजड़े में बन्द किए जाने पर भी अपनी मधुर वाणी सुना-सुना, अपने पालने वाले को मोहित और आनन्दमय बनाता है। इस स्वतंत्रताविहीन दास और पक्षी के स्वयं आनन्दमय होने अथवा न होने का भ्रम उस समय खुल जाता है जब इस दास की मुक्ति या इस पक्षी का अपने छूटे देश की वाणी सुन पिंजड़े में फड़क-फड़क के जान दे देने का दृश्य हमारे सामने आ जाता है।

हमारे स्वर्गीय आनन्द की गाथा बालिका संसार के इतिहास में देखो, उन अश्रुओं में देखो जो हमारे माता-पिता हमारी उत्पत्ति के समय बहाते हैं, उन रीतियों में देखो जो हमारी साहसी स्नेहलताओं को अकाल मृत्यु पर विवश कर देती हैं।

तुम क्या करो, तुम विवश हो, यह ईश्वर की रचना, यह प्राकृतिक लीला है! नहीं, यह कहना असत्य है। यह ईश्वर की रचना, यह प्रकृति की लीला नहीं। ईश्वर को दोषी ठहराना पाप है। ईश्वर ने पुरुष को श्रेष्ठ और स्त्री को नीच, पुरुष को स्वाधीन और स्त्री को आश्रित नहीं बनाया। उसकी दृष्टि में सब समान हैं। प्रकृति ऊँच और नीच, उत्तम और हीन के भेदों से अपरिचित है। यह सब तुम्हारी ही रचना, तुम्हारी ही लीला है। नहीं, हम इन अप्राकृतिक, अन्यायी भेदों को स्वीकार नहीं कर सकतीं। स्त्री-पुरुष समान हैं। यदि मान भी लें कि हमारे शरीर, हमारे हृदय अति कोमल हैं तो यह कोई अवगुण नहीं। तुमने तो इस कोमलता को ख़ूब-ख़ूब सराहा है और साथ ही साथ इसका आदर भी ख़ूब किया। यह न समझे कि सामाजिक अत्याचारों का दुःख और अप्राकृतिक बन्धनों की पीड़ा का सहन करना इस कोमल हृदय के लिए, इस कोमल शरीर के लिए कैसा कठिन, कैसा घातक होगा। डरते क्यों हो? जब सामाजिक संहार से यह कोमलता न मिटी तो सांसारिक व्यवहार इसे क्या मिटावेगा? नहीं, यह हृदय इस प्रकार का नहीं जिसे संसार के नैतिक और आर्थिक पवनों के झोंके कोई हानि पहुँचा सकें। इन पवनों के लाभपूर्ण प्रभाव से कोमलता के साथ-साथ इसमें गम्भीरता, प्रबलता और धैर्य के भाव उत्पन्न हो जावेंगे, और इस परिवर्तित दशा में यह संसार के लिए अधिकतर हितकारी होगा। यह क्या कहते हो? यह परिवर्तन स्त्री और पुरुष के पारस्परिक प्रेम पर कोई हानिकर प्रभाव कैसे डालेगा? वास्तविक प्रेम दो स्वतंत्र और समान हृदयों ही में उत्पन्न हो सकता है। दासी और स्वामी का प्रेम घृणामय, अस्थिर और अप्राकृतिक है। दासीभाव के स्थान पर मित्रभाव का उत्पन्न हो जाना स्त्री-पुरुष के पारस्परिक सम्बन्ध को अधिकतर विशाल, उच्च और पवित्र बना देगा। नहीं, तुम्हें विश्वास नहीं आता? हम विदेशी हैं, हम अज्ञानी हैं, हम अपने देश की वास्तविक दशा से परिचित नहीं? हम भारतीय स्त्री के हृदय के भाव को समझ ही नहीं सकतीं? तुम्हारा ऐसा कहना सब व्यर्थ है। यह वह भ्रमजाल है जो हर अधिकारी अपने और अपने आश्रित की आत्मा को फ़रेब देने के लिए रचा करता है।

क्रोध क्यों करते हो? हम मानती हैं कि इस समय वह हृदय तुम्हारा आश्रित है, तुम्हारी शरण में है। इसे कष्ट देना, इसके जीवन को असह्य बना देना, तुम्हारी सामर्थ्य से बाहर नहीं। परन्तु इतना याद रहे कि संसार के इतिहास में स्वतंत्रता-प्रेम की अग्नि को क्रोध और अत्याचार ने कभी नहीं बुझाया। स्वतंत्रता-प्रेमियों के रुधिर से ही स्वतंत्रता के मन्दिरों की नेव विशाल और दृढ़ होती है। हमारे स्वतंत्रता उपासक हृदयों में इस रुधिर का अभाव नहीं। इसे बहा लो, जी भर के बहा लो; किन्तु वह समय दूर नहीं जब स्त्रियाँ भी पशुओं की श्रेणी से निकल, मानवी गौरव और अधिकार प्राप्त कर लेंगी।

स्त्री दर्पण, मई 1918

हमारी सूरत-I

"Alas! That this frail disguise the body should make us blind to the light of the deathless spirit."

—Chitra.*

मनुष्य-समाज में ख़ूबसूरती स्त्री की एक अमूल्य सम्पत्ति है। यह वह जादू है जो सिमसिम के समान पुरुष के प्रेम और आदर का दरवाज़ा स्त्री के लिए सहज में खोल देता है। यह वह मोहिनी मंत्र है जो स्त्री के लिए अपने अन्नदाता की प्राप्ति सरल कर देता है।

स्त्री का अन्नदाता पुरुष होता है। संसार ने विवाह को स्त्री की जीविका निश्चय कर रखा है। और जीविका का प्रश्न हर व्यक्ति के लिए जीवन-मरण का प्रश्न होता है। फिर आश्चर्य क्या यदि ख़ूबसूरती जो हमारी जीविका के प्रश्न को सहज में हल कर देती है, हमारी ज़िन्दगी का एक अति उत्तम लक्षण मानी जाने लगी हो? फिर आश्चर्य क्या अगर हमारी दिली और दिमाग़ी उन्नति, बल्कि हमारा सर्वस्व केवल शारीरिक सौन्दर्य की भेंट कर दिया जाता हो?

आजकल स्त्री के जीवन का चौथाई हिस्सा अपने निखार में, अपने रंग-रूप-रस के सँवार में, खर्च होता है। प्रकृति की प्रदान की हुई सूरत और शरीर को वह सोलह शृंगार द्वारा अधिक मोहक और आकर्षक बनाने की चेष्टा करती रहती है। यह नहीं कि पुरुषों को अपने सौन्दर्य का ख़्याल नहीं, परन्तु उनके जीवन का यह एकमात्र उद्देश्य नहीं होता, और न रूपवान होना या न होना उनके जीवन पर कोई गहरा प्रभाव डाल सकता है।

हमारी सम्मति में पुरुष की सौन्दर्य-पूजा और स्त्री की सौन्दर्य बढ़ाने की चेष्टा—दोनों—मानवी समाज के लिए बड़े हानिकारक आदर्श हैं। हम इस लेख में अपने पाठकों को इन आदर्शों की हीनता दर्शाना चाहती हैं, और यह दिखाना चाहती हैं कि जीवन के अत्यन्त महत्त्वपूर्ण विषयों में भी पुरुष ने बुद्धिमानी से काम

* हाय! यह कैसी दु:ख भरी घटना है कि हम किसी मायारूपी शरीर के जाल में फँसकर उसकी अजर-अमर आत्मा की ज्योति को देखने से वञ्चित रह जाते हैं।

नहीं लिया। इसका स्वार्थ सदा इसके साथ रहा और इस स्वार्थ ने स्त्री का नाश कर स्वयं पुरुष के आत्मिक विकास के मार्ग में भी विघ्न डाला। विशेष दुःख की बात यह है कि परम्परा-पूजन का घटाटोप अब भी पुरुष को अपनी वास्तविक दशा से परिचित नहीं होने देता और न ही अपने सुधार की ओर फिरने देता है।

इसमें सन्देह नहीं कि ख़ूबसूरती भी एक विचित्र शक्ति है। यह देखने वाले के हृदय को प्रसन्न कर देती है, व्याकुल कर देती है, मोह लेती है। जिस किसी में उसका विकास हो, संसार-निवासी अपने हार्दिक प्रशंसा के फूल ला-ला कर उस पर चढ़ाते हैं, और उसे लालसापूर्ण नज़रों से देख-देख एक विचित्र आनन्द प्राप्त कर हर्ष से फूले नहीं समाते। किन्तु बस इतने ही में सौन्दर्य का सांसारिक उपयोग समाप्त हो जाता है।

एक बात और भी है। प्रकृति ने सौन्दर्य के प्रभाव को शक्तिशाली अवश्य बनाया है किन्तु चिरस्थायी नहीं बनाया। किसी ख़ूबसूरत पदार्थ को बारम्बार देखने से, उसे बरतने से, उसका सारा आनन्दमय आकर्षण समाप्त हो जाता है। इसलिए इस मन्दिर के पुजारियों को अपने देवालय में नित नई मूर्तियों की स्थापना करने की आवश्यकता प्रतीत होती है। और इसी कारण वह मनोहर मूर्तियाँ जिनके सामने इन्होंने पिछले दिनों सिर नवाया हो, कुछ समय बाद अनादर और तिरस्कार के अँधेरे कोनों में पड़ी दिखाई देती हैं।

Use lessons marvel* का मसला तो एक ओर रहा, मानवी शरीर का सौन्दर्य स्वयं एक अति अस्थिर वस्तु है। युवा अवस्था, जिसे इसकी पूर्णिमा कहना उचित है, मानवी अवस्था का एक अति परिमित भाग है, और पूर्णिमा के पश्चात् तो अन्धकार ही अन्धकार शेष रह जाता है। दूसरे, शरीर के रोग, हृदय के दुःख, संसार की आपत्तियाँ, ये सब वह भयंकर राहु हैं जो मानवी सौन्दर्य के चन्द्रमा को बहुधा प्रकाशपूर्ण होने से पहिले ही ग्रस लेते हैं।

इन विचारों की रोशनी में जब हम मानवी समाज पर दृष्टि डालती हैं तो हमें कुछ घटनाएँ विचित्र दिखाई पड़ती हैं। हम देखती हैं कि हमारी समाज ने इस कोमल और कुम्हला जाने वाले शरीर के सौन्दर्य को स्त्री-पुरुष सम्बन्धी विषयों में एक विशेष स्थान दे रखा है। हम देखती हैं कि इस सौन्दर्य के नाशवान होने का, इसके लाभ-शून्य होने का, किसी को ख़्याल भी नहीं आता? यह भूल नहीं तो और क्या है? यह अज्ञान नहीं तो अज्ञान और किसे कहते हैं? यदि मानव-जगत् ने यह देख लिया होता कि हमारा सौन्दर्य केवल खाल ही तक परिमित** है तो वह कदापि हमारे हृदय, हमारी आत्मा, हमारे दिमाग़ की उन्नति को इस व्यर्थ वस्तु पर न्योछावर

* परिचय और प्रयोग विचित्रता और सौन्दर्य के घातक हैं। अंग्रेज़ी में इसी से मिलता-जुलता मसला एक और है—Familiarity breeds contempt.

** Beauty is Skin deep.

न करते। यदि वह यह जानते होते कि सौन्दर्य भी बादलों को सुसज्जित करने वाले इन्द्रधनुष के समान क्षण मात्र में लोप हो जाने वाली वस्तु है तो वह स्त्री-पुरुष के जीवन सम्बन्ध को ऐसी मायारूपी वस्तु पर क़ायम करने की कभी चेष्टा न करते। वह यह भी नहीं जानते कि एक कोमल पुष्प से हमें आनन्द अवश्य प्राप्त हो सकता है, परन्तु उसे हाथ में लेना, उसे बरतने की चेष्टा करना, उसका आदर नहीं बल्कि उसे सांसारिक मृत्यु को प्राप्त करा देना है।

सौन्दर्य का लाभ-शून्य होना, उसका मायारूपी होना, उसका नाशवान होना तो एक ओर रहा, संसार-निवासी उसके आनन्दमय प्रभाव से ऐसे मुग्ध हैं कि वह उसके वास्तविक उद्देश्य की ओर दृष्टि ही नहीं डालते। किसी वस्तु का आनन्ददायिनी होना यह साबित नहीं करता कि वह अच्छी और हितकर भी है। संसार की बहुत सी सामग्रियाँ आनन्ददायिनी होने के साथ-साथ अत्यन्त हानिकारिणी भी होती हैं। यह निश्चय करने के लिए कि कोई आनन्ददायिनी वस्तु अच्छी और लाभकारी भी है या नहीं, हमें उसके वास्तविक उद्देश्य, उससे उत्पन्न होने वाले नतीजों की ओर दृष्टि डालनी पड़ती है। यह निश्चय करने के लिए कि शारीरिक सौन्दर्य लाभपूर्ण है या नहीं, हमें उसके उद्देश्य और उसके नतीजों की ओर देखना चाहिए।

शारीरिक सौन्दर्य के आदर्श का वास्तविक उद्देश्य क्या है? हमारी राय में यह उद्देश्य सराहनीय नहीं निन्दनीय है। हमारी सम्मति में यह विषमय उद्देश्य केवल संसार-निवासियों को काममधु से मधुमत्त बनाना है। यह उद्देश्य मानवजनों के स्वभाव में उन वृत्तियों को मुख्य और उच्च कर देना है जो सदा से अधम समझी गई हैं; उस अग्नि को उत्तेजित और विशाल कर देना है जिसका शान्त और परिमित रखना हर सभ्यता का सदा से कर्तव्य रहा है। अजब तमाशा है। एक ओर 'पर त्रिया मात समान'* का पाठ बड़े उत्साह से हो रहा है, जिसका स्पष्ट अर्थ यह है कि अपनी पाशविक वृत्तियों को दबाना—उनको अति परिमित रखना—सामाजिक सम्मिलित जीवन के विकास के लिए ज़रूरी है। दूसरी ओर इन्हीं वृत्तियों को जगाने वाली, इसी अग्नि को भड़काने वाली वस्तु यानी शारीरिक सौन्दर्य स्त्री जाति की विशेषता बनाई जा रही है। परन्तु यह कोई आश्चर्य की बात नहीं। मनुष्य-जन सदा ऐसी ही अद्भुत भूलभुलैया रचा करते हैं और उन्हीं में घूमते-फिरते हुए उन्नति के स्वप्न देखते रहते हैं।

यह कहना कि यह आदर्श पुरुष का प्रचलित किया हुआ नहीं, यह कहना कि पुरुष स्त्री को इसका अनुगामी होने पर विवश नहीं करता, सत्य नहीं। आदर्शों की रचना पुरुष की ही की हुई है। क्योंकि वही सदा से समाज का मस्तक बना रहा है और साथ ही स्त्री को रोटी-कपड़े के लिए अपना आश्रित बनाकर और समाज

---

* मातृवत् परदारेषु,...

में कोई स्वतंत्र आधार जीविका का उसके लिए न छोड़कर समाज की रचना भी पुरुष ने इस प्रकार की कर ली है कि वह स्वयं अपने सौन्दर्य-पूजन की लालसा को ख़ूब जी भरके पूरा करे, परन्तु स्त्री इस आनन्द से विमुख रहे। ख़ूबसूरती से पेट नहीं पलता और स्त्री यह देखकर कि ख़ूबसूरती को रोटी का स्थान देना बड़ी भूल होगी, अपनी सौन्दर्य-पूजन की आकाङ्क्षा को कुचलकर केवल अपने पालन-पोषण का सहारा ढूँढ़ने लगती है। इसी आर्थिक पराधीनता ने जो स्त्री के पतन का मूल कारण है, उसे पुरुष की मनमानी गुड़िया बन जाने पर विवश कर दीन-दुनिया कहीं का भी न रखा।

नहीं, यह सौन्दर्य-उपार्जन की विशेषता स्त्री के लिए आनन्ददायिनी नहीं। इसे स्त्री के लिए आनन्ददायिनी कहना उपहासजनक है। शारीरिक सौन्दर्य स्त्री को आनन्द नहीं पहुँचा सकता। यह तो केवल दूसरों को आनन्द पहुँचाने वाली वस्तु है। कोई स्वरूपवान अपने सौन्दर्य से स्वयं वह आनन्द प्राप्त नहीं कर सकता जो इसका दृश्य दूसरों के हृदय में उत्पन्न करता है। इसलिए किसी जाति की विशेषता शारीरिक सौन्दर्य को बनाना उस जाति के आनन्द लाभ के लिए नहीं होता, बल्कि यह वास्तव में उस जाति को दूसरों का सुखपात्र बना देता है।

यदि यह विषमय आदर्श स्त्री के हित और आनन्द के लिए होता तो निश्चय था कि स्त्री को भी अधिकार प्राप्त होता कि वह पुरुष को केवल शारीरिक सौन्दर्य और शृंगार पर विवश कर अपना मनमाना सुखपात्र बना लेवे। यह भी निश्चय था कि उसकी सौन्दर्य-पूजन की उमंगों की पूर्ति पुरुष से ज़्यादा प्राकृतिक और आवश्यक समझी जाती। स्त्री को यह अधिकार प्राप्त न होना, उसकी सौन्दर्य-पूजन की इच्छा का पेटपालन की चेष्टा पर वार दिया जाना, यह दिखाता है कि यह घातक आदर्श स्त्री के आनन्द के लिए नहीं, पुरुष के आनन्द के लिए रचा गया है। यह स्त्री को स्त्री नहीं बनाता, केवल पुरुष का एक हीन सुखपात्र बना देता है।

सौन्दर्य को स्त्री की विशेषता बना, पुरुष की विशेषता दिली और दिमाग़ी उन्नति और संसार में उभरने की शक्ति को ठहराना, न्याय नहीं अन्याय है। सोचने की बात है कि शारीरिक सौन्दर्य जो स्त्री विशेषता है, पुरुष की विशेषता नहीं है, और आत्मिक विकास जो पुरुष की विशेषता है, उसे समझने की, उसमें भाग लेने की, स्त्री में योग्यता नहीं। नतीजा यह है कि इस न्यायहीन प्रबन्ध ने स्त्री के सारे सुख, सारी उन्नति का नाश कर दिया। इस बेचारी के लिए न सौन्दर्य-पूजन का आनन्द रहा, न संसार अपनाने का सुख।

यह पुरुष को अधम बनाने वाला सौन्दर्य-पूजन, यह स्त्री को मिटा देने वाला सौन्दर्य-सम्पादन सामाजिक सम्मिलित जीवन के लिए लाभकारी नहीं। जिस समाज की आधी जनसंख्या की दिली और दिमाग़ी उन्नति शरीर के बनाव-चुनाव और रंग-रूप पर वार दी गई हो, उस समाज की जो दुर्दशा न हो वह थोड़ी है।

इस दुरादर्श के इन भयंकर पहलुओं पर दृष्टि न डालते हुए संसार-निवासी शारीरिक सौन्दर्य की भूलभुलैयों में बड़े चाव से भ्रमण कर रहे हैं। जिस ओर सुनो सूरत-सूरत की ही गुहार सुनाई पड़ रही है। कुशिक्षा और कुरीतियों के मिटाए हुए नवयुवक और उनके माता-पिता यह पुकार-पुकार कह रहे हैं कि "हमें विचारपूर्ण विदुषी और स्वतंत्रता-उपासक स्त्री की आवश्यकता नहीं। हमें तो एक चञ्चला चपला चाल वाली सुन्दरी की अभिलाषा है।" साथ ही साथ जैसी वस्तु की माँग है, हमारी सामाजिक मशीन अन्धाधुन्ध वैसी ही वस्तु बना-बना हमारे सम्मुख उपस्थित कर रही है।

यह वस्तु देखने योग्य है—रूपवान, मनोरम, अति कोमल, परन्तु धैर्यहीन, शक्तिहीन, बुद्धिहीन, आँखों में मोहिनी, मुख में एक विचित्र आकर्षण, शरीर लालसाजनक। किन्तु सांसारिक घटनाओं को भली प्रकार समझने की, उनका मुक़ाबिला करने की, उन पर विजय प्राप्त करने की उसमें न योग्यता है, न सामर्थ्य, चलना-बोलना-देखना सब इस प्रकार का कि देखने वाले का चित्त व्याकुल हो जावे, परन्तु सांसारिक उन्नति तो एक ओर रही, अपने पेट पालने तक का गुण पास नहीं, अपनी सूरत और शरीर को किसी ग्राहक के हाथ सदा के लिए बेच उसकी आश्रित बनकर रहने पर विवश।

इस शारीरिक सौन्दर्य के विषमय कटार का घाव और भी बढ़ जाता है जब हम यह देखती हैं कि स्त्री का स्वार्थी ग्राहक इस 'कोमल प्रसूनवत् मोहिनी' को केवल प्रेम और पूजन के लिए नहीं सजाता। इसका आदर यह निर्दयी इस विचित्र रूप से करता है कि इस 'अलौकिक आनन्ददायिनी' को एक हीन से हीन दासी के सारे कर्तव्य पालन करने पर विवश कर देता है। स्त्री को विदुषी, शक्तिशालिनी, स्वतंत्र नहीं होना चाहिए। दिली और दिमाग़ी उन्नति, संसार में उभरने की योग्यता, यह सब स्त्री की कोमलता को, उसके रंग-रूप को, उसकी नम्रता को हानि पहुँचाने वाले होने के कारण उसके लिए उचित नहीं। परन्तु इस 'मृगनयनी', 'कोकिलावयनी', 'चन्द्रप्रभा', 'प्रेमलता', 'मरालगामिनी', 'विचित्र दामिनी' की कोमलता पर चक्की पीसना, धान कूटना, चूल्हा फूँकना, झाड़ू देना, कूड़ा फेंकना, बरतन माँजना, कपड़े छाँटना, गोबरी फेरना अर्थात् जितने 'गन्दे से गन्दे', 'हीन से हीन', 'शूद्रों' के काम हैं सब करना कोई हानिकर प्रभाव नहीं डालता। क्या करें, विवश हैं। यदि सम्भव होता तो कुछ समय के लिए हम भी पुरुष का इसी प्रकार का 'पूजन' कर-जैसा वह हम 'लक्ष्मियों' का किया करता है—उसे इस पूजन की वास्तविक दशा दर्शा देतीं।

स्त्री दर्पण, जुलाई 1918

हमारी सूरत-II
(पूर्व प्रकाशित से आगे)

गुंचए गुल में धरा क्या है बता, ऐ, बुलबुल।*
*जमा हैं चन्द वरक़** सो भी बिखरने वाले॥*

आदर्श किसे कहते हैं? आदर्श वह ख़्याल है जो किसी व्यक्ति या समाज या जाति का पथ-प्रदर्शक बनकर उसे वर्तमान जीवन की त्रुटियों के झाड़-झंखाड़ से निकालकर सत्य, शान्ति और आनन्द की ओर ले जाता है। यह वह दीपक है जिसके उजाले में मानवजन अपने-अपने जीवन के उद्देशों की रचना करते हैं, जिसकी प्रभा की सहायता से यह उन उद्देशों की प्राप्ति में सफल होकर अपनी मनोकामना पाते हैं।

परन्तु संसार सदा एक सा नहीं रहता और सांसारिक परिवर्तन के साथ-साथ हमारे जीवनों के उद्देश सदा परिवर्तित होते रहते हैं। ऐसी दशा में यह स्वाभाविक है कि हमारे आदर्श जो हमारे जीवनों के उद्देशों के जान व प्राण हैं, उन जीवनों और उन उद्देशों के साथ-साथ स्वयं भी परिवर्तित होते रहते हैं। जो व्यक्ति, या समाज, या जाति संसार के इस अटल नियम का ख़्याल न करते हुए अपनी पुरानी तरङ्गों में लीन रह जाती है, उसका विकास और उन्नति के मार्ग में अन्य-अन्य सजीव जातियों से पीछे रह जाना कोई अचम्भे की बात नहीं।

शारीरिक सौन्दर्य-पूजन का आदर्श भी उन्हीं आदर्शों में है, जिन्हें संसार पीछे छोड़ चुका। पश्चिम अपनी गहरी निद्रा से चौंक आँख मल-मल, इस आदर्श के भयंकर परिणामों को देख-देख भयभीत हो रहा है। और वह समय दूर नहीं कि संसार की झकझोर हमें भी अपनी आँखें खोल, अपनी वास्तविक दशा देखने पर विवश कर देगी। परन्तु जब तक इस निद्रा के मनमोहन स्वप्न हमें अपनाए हुए हैं, हम अपने जगाने वालों को व्याकुल करने वाली चेष्टा को बुरा-भला कहने और उन अभागों को अपना द्रोही समझने के अतिरिक्त और क्या कर सकती हैं?

---

* फूलों की कलियाँ
** पंखड़ियाँ

हमने इस लेख के प्रथम भाग में अपने पाठकों को यह दिखाने की चेष्टा की है कि संसार ने शरीर की ख़ूबसूरती को वह सिंहासन दे रखा है जिसके वह योग्य नहीं। हमने बताया है कि इस ख़ूबसूरती का आदर और पूजन न्यायशून्य है, धर्मविरुद्ध है और हानिकर है। और जो आदर्श ऐसी घोर त्रुटियों से परिपूर्ण हो वह कभी किसी व्यक्ति या समाज या जाति के विकास और उन्नति का कारण नहीं बन सकता।

संसार में दस फ़ी सैकड़े से ज़्यादा स्त्री या पुरुष ऐसे नहीं होते जिनकी सूरत आदर्श कही जा सकती हो। साठ या पैंसठ फ़ी सैकड़ा ऐसे होते हैं जो शारीरिक सौन्दर्य के ख़्याल से न अच्छे कहे जा सकते हैं न बुरे। और लगभग पच्चीस-तीस फ़ीसदी सूरतें ऐसी होती हैं जिन्हें लोग बुरा कहते हैं।

आदर्श सूरतों का सारा संसार अभिलाषी होता है। परन्तु किसी ज्ञानी ने अपने इस कथन में कि 'भार्य्या रूपवती शत्रुः' इस अभिलाषा की वास्तविक दशा ख़ूब दर्शायी है। कारण यह है कि पति के लिए तो कुछ समय पश्चात् अपनी स्त्री के सौन्दर्य में कोई आकर्षण शेष नहीं रह जाता, परन्तु अन्य-अन्य लोगों के लिए वह सदा चित्त को व्याकुल करने वाली वस्तु बनी रहती है। फिर ऐसी स्त्री शत्रु नहीं हुई तो और क्या हुई!

रहीं वे स्त्रियाँ जिनकी सूरतें बुरी होती हैं न भली। इन साधारण मूर्तियों की ओर से सौन्दर्य-पूजन की त्रिष्णा पुरुषों के चित्त को उदासीन कर, आदर्श सूरतों की ओर ले जाती है। नतीजा यह होता है कि न आदर्श सूरतें हस्तगत होती हैं, न साधारण सूरतों से आत्मा सन्तुष्ट होती है।

अब रहीं वे अभागिनियाँ जिन्हें संसार-निवासी बदसूरत कहते हैं। इनका सिवाय ईश्वर के और कौन है।

फिर जब किसी श्रेणी की भी स्त्रियों पर इस आदर्श का प्रभाव अच्छा नहीं पड़ता तो यह आदर्श पददलित कर डालने योग्य हैं या नहीं। आदर्श वही उत्तम और श्रेष्ठ होता है जिसका अनुकरण किसी समाज और जाति की अधिकतर संख्या को आनन्दमय बनाने वाला हो। जो आदर्श इस नियम के विरुद्ध है वह कभी अच्छा नहीं कहा जा सकता।

हमारी रचना कुछ इस प्रकार की हुई है कि कुछ समय तक किसी रीति या नियम का अनुगमन, उस रीति या नियम को हमारी सृष्टि का एक अंश बना देता है। हम उसके प्रभाव में ऐसे लिप्त रहते हैं कि हमारा मस्तक उसकी बुराई-भलाई देखने के अयोग्य हो जाता है। यही नहीं बहुधा हमारा हृदय उसके, अहितकर प्रभाव को, उसकी त्रुटियों को देखते हुए भी उससे विमुख हो जाने की शक्ति आप में नहीं पाता। वह उलझता है, पछताता है, दुखी होता है, परन्तु अपनी लकीर का फ़क़ीर बना रहता है।

ऐसी दशा में यदि हम सौन्दर्य-पूजन की हीनता व हानि को अनुभव न कर सकें, या अनुभव करते हुए भी उससे विमुख होते हुए हमारा हृदय दुखी होता हो, तो कोई आश्चर्य की बात नहीं। बुरी रीतियों और बुरे नियमों की उत्पन्न की हुई

संस्थाएँ सहज में नहीं मिटतीं। परन्तु साथ ही साथ उनके मिटाने की सदा चेष्टा करते रहने को हम हर व्यक्ति का धार्मिक कर्तव्य समझती हैं।

सम्भव है कि हमारे बहुत से पाठक और पाठिकाएँ यह कहें कि हमारे समाज में सौन्दर्य-पूजन का आदर्श प्रचलित नहीं। यदि यह कथन सत्य भी हो तो भी हमारे सौन्दर्य-पूजन के खंडन पर कोई असर नहीं डालता। परन्तु हम तो जिधर देखती हैं हमें सौन्दर्य-पूजन की ही लीला दिखाई पड़ती है। जहाँ किसी लड़की का ज़िक्र आया वहीं उसके शारीरिक गुण बखाने जाने लगते हैं।

"अभी मैं स्त्री महामंडल सभा से आ रही हूँ। वहाँ स्वरूपवती और उनकी दोनों नई बहुएँ भी आई थीं। इन दोनों की तारीफ़ सुनते-सुनते हम सबके कान पक गए। परन्तु दूर के ढोल सुहावने। मुझे तो इनमें कुछ विशेष ख़ूबी दिखाई नहीं पड़ी। रंग फीका, चेहरे में ज़रा नमक नहीं, आँखें नीरस! पर हाँ, पहिन-ओढ़ कर कौन अच्छा नहीं मालूम देता है? बम्बई की हैं न! बात करने के ढंग में वह ढिठाई है कि सुनकर घृणा होने लगती है। अस्तु इन्हें तो जाने दो। हमने इस सभा में एक ऐसी स्त्री को देखा जिसे सौन्दर्य की देवी कहना उचित है। कैसे कोमल हाथ, कैसा भोला चेहरा, कितना विचित्र शरीर के देखने से चित्त प्रसन्न हो जाता था। यही जी चाहता था कि इसे अपने पास बैठा लें। जिसने देखा वह उसी का हो रहा। पतले-पतले ओठ, सुतवाँ नाक, आँखें कुछ बड़ी नहीं परन्तु ऐसी रसीली कि यही जी चाहता है कि हमारी ओर देखती रहें। इसके अतिरिक्त उठना, बैठना, चलना, फिरना, देखना, हँसना सब मनोहर, सब विचित्र मानो सौन्दर्य ने ये सब उसे स्वयं ही सिखाया हो। भाई, मैं तो ऐसी मोहित हुई कि उसे ज़रा देर को भी मैंने अपने पास से हटने नहीं दिया। कुछ ज़्यादा पढ़ी-लिखी नहीं है। बातें भी मामूली करती है। परन्तु जब तक वह हमारी सभा में रही, सारी सभा का खिलौना बनी रही। मैं तो उसे अपने यहाँ आने का वचन ले आई।"

सभाओं में कपड़े, ज़ेवर और घरों के दुःखड़े से जो समय बचता है वह सौन्दर्य-पूजन के निछावर किया जाता है। परन्तु सभाएँ होती ही कै हैं? अब घरों की दशा देखिए।

"हाँ बहिन, बात तो कई जगहों से आई है, परन्तु अभी मैंने निश्चय नहीं किया। चमेली अच्छी होगी, पर उसकी पकौड़ा-सी नाक मुझे भली नहीं मालूम होती। नाक तो एक ओर रही-रंग भी तो तवे का सा है। जिस घर में जावेगी उजाला ही उजाला कर देगी। चूल्हे का चाँद तुम्हीं को भाता होगा। मनमोहिनी की सूरत अच्छी है तो क्या करूँ, रंग साफ़ लेकर कोई क्या करेगा? उसका शरीर तो ऐसा बेडौल, गुपचैया सा है कि मानो अपनी गर्दन और कमर बेंच खाई हो। फिर इस पर वह चीयाँ-सी आँखें कि दिया लेकर ढूँढ़ो तो कहीं दिखाई पड़े। नहीं-नहीं, चम्पा का क्या नाम लेती हो? जो कुछ थोड़ी-बहुत सूरत थी भी, वह माता महारानी ने नाश कर दी।

दूसरे उसके ऊँट के से मोटे-मोटे लटकते हुए ओठ हैं, और आवाज़ का तो कुछ कहना ही नहीं। फटा हुआ ढोल भी उसकी तुलना में सुहावना जान पड़ता है। मेरा मोटी आवाज़ से बड़ा जी उलझता है। हर समय कौए की काँव-काँव कौन सुनेगा?

और जो किसी ने कह दिया कि फलानी की सूरत अच्छी नहीं तो क्या हुआ, पढ़ी-लिखी तो है—तो और भी आफत आ गई।

"पढ़ी-लिखी है तो अपने माँ-बाप को सबक़ दे। मैं अपने और अपने लड़के के लिए गुरु नहीं ढूँढ़ती, स्त्री ढूँढ़ती हूँ। पढ़ी-लिखी है तो उसे विवाह की क्या आवश्यकता है? जाए, किसी दफ़्तर में नौकरी कर ले। मैं तो अपने लाल के लिए ऐसी लाऊँगी कि घर चमक उठे, देखने वाले ख़ुश हो जावें। पद्मिनी, कामिनी-सी, पतले-पतले ओठ, छोटा-सा दहाना, कमल-सी आँखें, सारा शरीर साँचे में ढला हुआ, और रंग ऐसा कि पान की पीक गले में चमके। जो मुझे पढ़ी-लिखी करनी होती तो मैं लीला को क्यों न कर लेती जो पढ़ी-लिखी भी है और सूरत में भी सैकड़ों से अच्छी है। पर पढ़ी-लिखी एक तो मुझे पसन्द नहीं, दूसरे मेरा बच्चा भी घबराता है। वह कहता है कि पढ़ी-लिखी स्त्रियों का दिमाग़ आसमान पर पहुँच जाता है। वे किसी काम की नहीं रहतीं। स्त्री का वास्तविक शृंगार तो उसकी कोमलता, सौन्दर्य और सुलज्जिता है।"

इसमें क्या सन्देह है! इससे कुछ मतलब नहीं कि जिन लाल के लिए लड़की ढूँढ़ी जा रही है उसकी स्वयं क्या दशा है। उनकी आँखें कमल की सी हैं या नहीं? उनकी नाक पकौड़ा-सी तो नहीं है? उनका रंग घर को उजाला करने वाला है या देखने वालों के दिलों पर अँधियारा डालने वाला? किसी रोग ने उनके चन्द्रमा रूपी मुख पर कोई चिरस्थायी चित्रकारी तो नहीं कर दी है? और यदि ये सब गुण उनमें मौजूद हैं तो उनकी अम्मा किसी विवश मनोरमा को लाकर इन अपने जगन्नाथ जी की भेंट क्यों चढ़ाया चाहती हैं? यदि कुरूप होना घृणामय है तो वह लड़की-लड़के दोनों के लिए है। फिर लड़के को एक घृणामय वस्तु से क्यों बचाया जाता है, और लड़की को क्यों नहीं बचाया जाता? यह अन्याय है या नहीं? परन्तु हाँ, न्याय तो दो समान व्यक्तियों के पारस्परिक सम्बन्ध का एक मुख्य लक्षण होता है। स्वाधीन और पराधीन में न्याय इसी प्रकार का होता है।

हम जानती हैं कि दिल और दिमाग़ की उन्नति तो बहुत कुछ एक व्यक्ति के परिश्रम और उद्योग पर निर्भर होती है। परन्तु शारीरिक सौन्दर्य एक प्राकृतिक घटना है। किसी कुरूप व्यक्ति का अपने आपको अति सुन्दर बना लेना असम्भव है। फिर यदि हम किसी ऐसे को जो भाग्यवश स्वरूपवान नहीं, केवल बदसूरती के अपराध पर हीन और घृणित समझें तो यह हमारी भूल है या नहीं? अपने आसपास देखिए, इस शारीरिक सौन्दर्य के दुरादर्श ने क्या घोर अत्याचार मचा रखा है। जिस प्रकार कौए किसी शक्तिहीन घायल पक्षी का मांस नोच-नोच कर उसे प्राण त्यागने

पर विवश कर देते हैं, उसी प्रकार हमारे मानव-पशु उन अभागी स्त्रियों को सताते हैं जिन्हें प्रकृति ने स्वरूपवती नहीं बनाया।

"इस चम्पा से ईश्वर ही समझेगा। कलमुँही ने मेरे सारे अरमान राख में मिला दिए। यह बहूरानी जी बैठी हैं। इनके वह-वह गुण कि मैं समझी कि पूनो के चन्द्रमा ने इन्हीं के मायके में जन्म ले लिया होगा। ब्याह लाई, अब न उठाते बनता है, न धरते। बेटा एक ओर मुँह फुलाए फिरता है। कहता है कि अम्मा, तुमने मुझसे कब की दुश्मनी निकाली? कुनबे वालियाँ अलग बातें बनाती हैं कि बड़ा बोल आगे आया। एक कहती है, 'चाँद-सी बहू मुबारक! यह अँधेरे घर का उजाला है।' दूसरी कहती है कि 'अहा, इस पर ज़ेवर कैसा खिलता है! क्या छवि है! कोई कपड़े पहना दो वही खिल जाते हैं।' तीसरी कहती है कि 'देखो, बदन कैसा सुडौल है! ऊपर से नीचे तक बिलकुल एक सा!' मैं कट-कट कर रह जाती हूँ। किसे उढ़ाऊँ किसे पहनाऊँ, किसे ज़ेवर से सजाऊँ? सूरत न शक्ल, भाड़ में से निकल। इन काली माई को मेरे ही गले का हार होना था! क्या कहूँ कट-कट के रह जाती हूँ। बेटे की दशा देख और भी जी कुढ़ता है। जी करता है कि आप कहीं जाकर डूब मरूँ। या इन्हें संखिया दे दूँ। सारा पाप कटे।"

जब यह प्रेमवती सास और इनके इनसे भी अधिक प्रेमी कुनबे वाले चले जाते हैं तो अकेले में यह बहू अभागी अपनी मित्रों को अपना घायल जी खोल-खोल कर दिखाती है।

"मनोरमा! मेरी आँख मत पोंछो। कब तक पोंछोगी? यह तो अब जीवन का रोना है। यह बातें जो तुमने सुनी, आए दिन की हैं। उठते-बैठते यह तीर मेरे हृदय पर आ-आ कर लगते हैं, और मैं हाय भी नहीं कर सकती। तुम क्या जानो? मेरी जो दशा है वह मैं ही जानती हूँ। क्या कहूँ, तुझे दुःख होगा, इसी से मैंने अपनी दशा आज तक किसी से नहीं कही। आज नहीं रहा जाता। दिल भर आता है। सम्भव है कि तुझसे कहने में मेरे कलेजे की जलन कुछ कम हो जावे।

"मनोरमा! मैं बदसूरत हूँ, परन्तु इसमें मेरा क्या अपराध है? मुझ अभागी ने अपने शरीर को स्वयं तो नहीं बनाया, फिर इसकी बुराई या भलाई की सज़ा मुझे देते हुए किसी का दिल क्यों नहीं दुःखता? प्यारी सखी! तू क्या जाने कि मुझे इसका दंड किस-किस प्रकार से दिया जाता है। मैंने किसी से नहीं कहा, आज तुझसे कहती हूँ।

"जब से मैं इस घर में आई हूँ, मेरे पति मुझसे मुँह से नहीं बोलते, और यदि मैं अपनी ओर से कुछ कहती भी हूँ तो ऐसा जवाब देते हैं कि दिल टूट जाता है। दूसरों के साथ ख़ूब हँसते-बोलते हैं, परन्तु जहाँ मैं कमरे में आई चुप हो जाते हैं। यदि मैं चली गई तो अच्छा, नहीं तो स्वयं उठकर चले जाते हैं। मैंने विनती की, मैंने हाथ जोड़े, मैं पाँवों पड़ी कि यदि मैंने कोई अपराध किया हो तो क्षमा करो।

परन्तु सब व्यर्थ। उन पर कोई असर नहीं होता। मालूम देता है कि उन्होंने ठान ली है कि इसी प्रकार कुढ़ा-कुढ़ा कर मेरी जान ले लेंगे। अच्छा है, ले लें। मैं इनके कष्ट को बढ़ाना नहीं चाहती।

"मनोरमा! सच बता क्या यह विवाह मैंने किया था? मेरे पति कहते हैं कि उन्होंने भी नहीं किया। फिर यह क्या हुआ? मेरे इस दु:ख का, मेरी इस बरबादी का—न्याय कहीं चुक सकता है या नहीं? सच कहती है। कहीं नहीं चुक सकता। अब चिता ही इसका न्याय चुकावेगी।

"मैं भी क्या भाग भरी थी। जन्म के समय माता-पिता ख़ूब फूट-फूट कर रोये। जब तक उनके पास रही तो ऐसी रही जैसे किसी की छाती पर पत्थर हो। अवसर पाते ही उन्होंने इस काल पत्थर को उतार फेंका यह भी न देखा कि यह अभागा साबित रहेगा या चूर-चूर हो जाएगा।

"प्रारब्ध फिर यहाँ लाई। यहाँ बदसूरत होने के कारण, शरीर मोटा और बेडौल होने के कारण, लोगों की आँखों से ऐसी गिरी कि जीने के लाले पड़ गए। क्यों मनोरमा, क्या बुरी सूरत वाली, क्या भद्दे बदन वाली स्त्री के हृदय नहीं होता? आत्मा नहीं होती? क्या यह हृदय, क्या यह आत्मा रूपवती स्त्रियों के किसी दूसरे प्रकार के होते हैं? यदि नहीं तो क्या इस आत्मा को तुच्छ समझना, इस हृदय को निरपराध घायल करना ईश्वर की दृष्टि में पाप न होता होगा? यदि है तो संसार निवासी इस पाप से क्यों नहीं डरते। मैं बहुधा यह सोचती हूँ कि 'कहीं ऐसा तो नहीं है कि ईश्वर ही ने गोरे रंग और अच्छी सूरत को श्रेष्ठ और काले रंग और बुरी सूरत को अधम बनाया हो' किन्तु मुझे विश्वास नहीं आता। मानव-समाज से दया और न्याय लोप हो जावे तो हो जावे, परन्तु ईश्वर के यहाँ इनका अभाव होना असम्भव है।

"अब क्या हो? मैं अपनी सूरत को, अपने शरीर को, कैसे बदल दूँ? नहीं बदल सकती तो इस सूरत और इस शरीर को लेकर अपना जीवन कैसे व्यतीत करूँ? मैं सच कहती हूँ कि मैं इनके सुख में बाधा डालना नहीं चाहती। पर मेरी समझ में नहीं आता कि मैं इन्हें और अपने आपको इस आपत्ति से कैसे बचाऊँ?

"इनकी माता कहती थीं कि मैं इनका दूसरा विवाह कर दूँगी। मेरे जीते-जी या मेरे बाद इनका विवाह तो हो ही जावेगा। और यदि न भी हुआ तो, मनोरमा, पुरुष की असली धर्मपत्नी तो संसार है, जिसमें इसका सर्वस्व लीन रहता है। हम लोग तो इसके जी बहलाऊ वस्तु हैं, जिनसे खेलकर यह कुछ समय के लिए अपना चित्त प्रसन्न कर लेता है। हम सेविका हैं जिनकी सेवा से यह अपने सांसारिक परिश्रम की थकावट को मिटा लिया करता है।

"परन्तु यह तो बता मैं क्या करूँ? इनका जीना मेरे लिए मृत्यु है। इनका मरना मृत्यु से ज़्यादा। यहाँ ठिकाना नहीं, समाज में ठिकाना नहीं, संसार में ठिकाना

नहीं, तो अब मैं कहाँ जाऊँ? बस, एक ही स्थान बाक़ी है और अब मैं वहीं जाने की तैयारी कर रही हूँ।

"क्यों रोती है? स्वार्थ पर पुरुष ने हमारी यह गति बनाई है। यह अवश्य बदलेगी। परन्तु तब तक मेरा और मेरी सहस्त्रों भगिनियों का नाश हो चुकेगा। क्यों रोती है? विवाह न करने की प्रतिज्ञा क्यों करती है? मनोरमा, बिन ब्याही लड़की के लिए माता-पिता का घर स्वर्गीय नहीं होता। जो निर्दयी रिवाज और रीतियाँ पति और उसके कुटुम्बियों को ऐसा निर्मोही बना देती हैं, वही इसके माता-पिता का भी दया-धर्म सब लूट लेती हैं। नहीं-नहीं, माता-पिता के यहाँ मैं अपना जीवन व्यतीत नहीं कर सकती। यदि कर सकती होती तो तू मुझे यहाँ क्यों देखती? अपनी बालिका का बोझ सिर से उतार फेंकना इस बालिका के जन्मदाता अपना कर्तव्य समझते हैं, और उतारे हुए बोझ का फिर सिर पर रख लेना किसी को नहीं भाता। नहीं मनोरमा, नहीं, न अब हम यहाँ रह सकती हैं न अपने पिता के यहाँ। हमारा जीवन समाप्त हुआ। ख़ूब जी भर के जी चुकी। बस, अब एक बात बाक़ी है—अपने कुरूपा होने, अपने स्त्री होने के कलङ्क को मिटाना। रोती क्यों हो? मनोरमा जाओ, यहाँ से जाओ। तुम्हारे कोमल हृदय को मैंने व्यर्थ दुखी किया। दुःख-असह्य दुःख हमें स्वार्थी बना देता है। मुझे क्षमा करो। अपना दुःख किसी से कहने का मेरा यह पहला और अन्तिम अवसर था। अब अक्षरों में नहीं, कार्यों में अपना दुःख संसार पर प्रकट करूँगी।"

स्त्री दर्पण, सितम्बर 1918

स्त्रियों के अधिकार

मर्यादा के विशेष अंक में प्रकाशित होने वाले विषयों के कई सूची पत्र हमने देखे, परन्तु इनमें से किसी में भी ऐसे विषय नहीं दिखाई पड़े जिनका स्त्री जाति से विशेष सम्बन्ध हो। रोम-निवासी केटो (Cato) अपनी हर वक्तृता को, वह किसी ही सम्बन्ध में क्यों न होती, सदा कार्थेज मस्ट फाल (Carthage must fall) कहकर समाप्त किया करता था। हमने भी सोचा है कि हम हर पत्र और पत्रिका को, उसमें कुछ ही विशेषता क्यों न हो, स्त्री सम्बन्धी लेखों से बिना सुसज्जित किए न रहेंगी।

इस अंक की विशेषता यह जान पड़ती है कि इसमें वर्तमान विशाल विप्लव के भिन्न-भिन्न पहलुओं पर लेख होंगे। आगामी भारतीय शासन-सुधार भी इसी घोर विप्लव का एक परिणाम है। इन सुधारों में दो परिवर्तनों के होने की बहुत आशा है। एक तो यह कि नवीन कौंसिलों के मेम्बरों की संख्या बढ़ाई जाएगी और दूसरे यह कि इन मेम्बरों के चुनने वालों की संख्या भी वर्तमान काल की अपेक्षा बहुत अधिक हो जाएगी।

हम जिस प्रश्न पर इस लेख में विचार करना चाहती हैं वह यह है कि स्त्रियों को इस कौंसिलों के मेम्बरों को चुनने का और इन कौंसिलों के मेम्बर बनने का अधिकार देना उचित है या नहीं।

पश्चिम इस प्रश्न का उत्तर दे चुका। वर्तमान महायुद्ध ने पश्चिमीय संसार को तो सदा के लिए दो प्रश्नों का उत्तर दे दिया है। उससे यह सिद्ध कर दिया कि एक तो हर देश के निवासी अपने देश के वास्तविक राजा हैं और उन्हें अपने देश-प्रबन्ध का पूर्ण अधिकार प्राप्त है। दूसरे यह कि स्त्री-पुरुष की जीवन प्रणाली अथवा अधिकारों में किसी प्रकार का भेद करना समाज और जाति को हानि पहुँचाता है। पश्चिम इन प्रश्नों का उत्तर दे चुका और ख़ूब दे चुका, अब भारत को इनका उत्तर देना बाक़ी है। इसके इस उत्तर पर स्त्रियों ही की नहीं वरन् समस्त भारतीय समाज की उन्नति निर्भर है।

कुछ समय हुआ कि स्त्री जाति के सामाजिक और राजनैतिक अधिकारों का विरोध धार्मिक और नैतिक नियमों के आधार पर किया जाता था। परन्तु हमारे

समाज में भी एक श्रेणी ऐसे सज्जनों की उत्पन्न हो गई है जो इन नियमों को निरर्थक और हानिकर समझती है। इनको छोड़कर जो पुराने विचारों के लोग हैं वह भी अब सभाओं में और साधारण अवसरों पर स्त्री को पुरुष से हीन और नीच कहते शरमाते हैं। किन्तु अभी स्त्रियों के अधिकारों का विरोध बन्द नहीं हुआ है। धार्मिक और नैतिक नियमों पर नहीं, अब यह विरोध सामाजिक और राजनैतिक कारणों पर निर्भर है। इस लेख में हम उन एतराज़ों का उत्तर देना चाहती हैं जो भारतीय स्त्रियों के कौंसिलों के मेम्बरों को चुनने और कौंसिलों के मेम्बर बनने में किए जाते हैं।

सबसे पहली वजह यह बताई जाती है कि हमारा समाज इस परिवर्तन के लिए तैयार नहीं है। देश के न तैयार होने की निरर्थक कहानी एक वह अटकाव है जो सुधार के विरोधी हर सुधार के मार्ग में डालने की चेष्टा किया करते हैं। हमारी सम्मति में हर देश, हर समाज, उन सुधारों के लिए सदा तैयार होते हैं जो उनकी उन्नति और विकास के लिए अति आवश्यक हों, और किसी देश के लिए यह कहना कि वह ऐसे सुधारों के लिए तैयार नहीं, उस देश का अपमान करना है। दूसरे हमारी समझ में नहीं आता कि स्त्री जाति को अधिकार दिए जाने या न दिए जाने के सम्बन्ध में देश के तैयार होने या न होने का प्रश्न ही कैसे उठता है। जब नैतिक और धार्मिक नियमों का आश्रय आपने छोड़ दिया और यह स्वीकार कर लिया कि स्त्री को अपने अधिकारों से विमुख रखना अन्याय के सिवा और कुछ नहीं तो फिर अन्याय को दूर करने के लिए किसी विशेष मुहूर्त या घड़ी की प्रतीक्षा करना कहाँ तक उचित और न्यायसंगत है। हमारी सम्मति में किसी अन्याय को निर्मूल करने के लिए हर समाज हर समय तैयार होता है और जो लोग किसी अन्याय को यह कहकर कि समाज तैयार नहीं है जीवित रखना चाहते हैं वे समाज को, केवल अपने संकुचित विचार छिपाने के लिए एक ओट बना लेते हैं।

दूसरा एतराज़ जो इन अधिकारों के सम्बन्ध में किया जाता है वह यह है कि भारतीय महिलाएँ अशिक्षित हैं, उनमें पर्दा है और उन्हें राजनैतिक अधिकारों के बरतने का ज्ञान नहीं है। कौंसिलों के सभासदों के वास्तविक चुनाव का अनुभव तो भारतीय पुरुषों को भी नहीं है, यदि यह ज्ञान उन्हें म्यूनिसिपैलिटी के चुनावों के द्वारा प्राप्त हुआ हो तो म्यूनिसिपैलिटी के चुनावों में भाग लेने का अधिकार कम से कम हमारे प्रान्त में तो स्त्रियों को भी है। ऐसी दशा में यदि पुरुष इन अधिकारों को बरतने के योग्य हैं जो स्त्रियाँ भी अवश्य उन्हें सफलतापूर्वक बरत सकती हैं। रहा अशिक्षित होने का प्रश्न, सो संसार के किसी देश में कौंसिलों के सभासद बनने या चुनने का अधिकार लोगों के शिक्षित अथवा अशिक्षित होने पर कभी निर्भर नहीं किया जाता। हम पूछती हैं कि क्या आगामी सुधारों में

भारत के केवल उन्हीं सपूतों को यह अधिकार दिया जावेगा जो शिक्षित होंगे। यदि नहीं तो भारतीय स्त्रियों के लिए ही यह प्रश्न क्यों उठाया जाता है। ऐसा ही निरर्थक एतराज़ पर्दे का है। क्योंकि एक तो पर्दा हमारे देश में बहुत कम है दूसरे यह कि यदि हो तो भी तो यही कोई काफ़ी वजह हमें अपने अधिकारों से विमुख रखने की नहीं हो सकती थी। मद्रास, महाराष्ट्र, गुजरात, मध्यप्रान्त, पंजाब में पर्दे का चलन केवल नाममात्र है। जहाँ कहीं यह चलन प्रचलित भी है वहाँ केवल नगर निवासियों ही तक परिमित है। यदि यह हिसाब लगाया जाए कि भारत में कितनी स्त्रियाँ पर्दे के कारण कहीं आ-जा नहीं सकतीं तो उनकी संख्या 5 या 7 फ़ी सैकड़े से अधिक कदापि नहीं हो सकती। दूसरे यदि मान लिया जावे कि भारत की कुछ स्त्रियाँ पर्दे के कारण वोट देने नहीं जावेंगी, तो इसका एक साधारण इलाज यह हो सकता है कि उन स्त्रियों के वोट देने के लिए कोई विशेष प्रबन्ध कर दिया जावे। तीसरे यदि भारत के महिलाओं की एक अधिक संख्या वोट देने न भी जावे तो उनके न जाने का उनके वोट देने के अधिकार से कोई सम्बन्ध नहीं है। स्वयं इंगलिस्तान और एमेरिका में, जहाँ वोट देने का अधिकार प्राणों से भी प्रिय समझा जाता है, आधे से ज़्यादा वोटर्स वोट देने नहीं जाते। हमारी भारतीय म्यूनिसिपैलिटियों में तो तिहाई, चौथाई संख्या तक पहुँच जाना भी बहुत कठिन होता है। फिर स्त्रियों का वोट देने न जाना कौन सा पाप होगा। जब वोट देने को न जाने के अपराध में पुरुषों के वोट देने के अधिकार ले नहीं लिये जाते, तो स्त्रियाँ ही क्यों इस कृपा की विशेष भागिनी ठहराई जाती हैं।

तीसरा एतराज़, जो उपर्युक्त दोनों एतराज़ों से भी विचित्र है, यह है कि यदि भारतीय स्त्रियों को वोट देने और सभासद बनने का अधिकार दे दिया गया तो वे पश्चिमीय स्त्रियों के समान मर्दानी हो जावेंगी। इसका साधारण उत्तर यह है कि किसी देश की स्त्रियाँ केवल राजनैतिक अधिकार दिए जाने के कारण स्त्रीत्वहीन नहीं हो जातीं। पश्चिमीय फेमिनिस्ट (Faminist) आन्दोलन का इतिहास यह बताता है कि पश्चिमीय स्त्रियों में वे विशेष लक्षण जिन्हें पुरुष मर्दाना कहते हैं, केवल इस कारण उत्पन्न हो गए हैं कि इन स्त्रियों को अपने सामाजिक और राजनैतिक अधिकारों के निमित्त पुरुषों से लड़ना पड़ा। उनके मर्दाना बनने का वास्तविक कारण यह अधिकार न थे वरन् इन अधिकारों का न दिया जाना था।

भारत में अभी वह दु:खदाई समय नहीं आया है जब स्त्रियों को अपने अधिकार प्राप्त करने के लिए मर्दों का मर्दों ही की नाईं सामना करना पड़े। यदि पश्चिमीय देशों की शिक्षा को ध्यान में न लाकर भारतीय पुरुष भी उन्हीं पश्चिमीय पुरुषों का अनुगमन करके स्त्री जाति को उसके अधिकारों से विमुख

रखेंगे तो उन सारी आपत्तियों का, जो ऐसी दशा में अवश्य भारत में आवेंगी, उत्तरदायित्व इन्हीं पर होगा। स्त्री को स्त्रीत्वहीन बनने से सुरक्षित रखने का केवल एकमात्र उपाय उसको उसके अधिकार दे देना है।

चौथा एतराज़ इस सम्बन्ध में यह किया जाता है कि जब भारतीय स्त्रियाँ स्वयं कुछ नहीं कहतीं और अधिकार लेना नहीं चाहतीं तो यह अधिकार देकर उनका हृदय पीड़ित करने से क्या प्रयोजन है। इसका एक उत्तर तो यह है कि जब भारत की राष्ट्रीय सभा (Indian National Congress) और इसकी प्रान्तीय कमेटियों ने स्त्रियों को पुरुषों के समान अधिकार दिए जाने के प्रस्ताव पास कर दिए तो किसी विशेष स्त्री जातीय आन्दोलन की आवश्यकता ही क्या रही। यह सत्य है कि भारतीय स्त्रियाँ पश्चिमीय स्त्रियों के आधारों पर अभी अपने अधिकारों को प्राप्त करने का उद्योग नहीं कर रही हैं; परन्तु इसका कारण केवल यह है कि अभी उन्हें आशा है कि भारतीय पुरुष सब उनके साथ न्याय करेंगे। हमारी समझ में नहीं आता कि यदि स्त्रियाँ अपने अधिकार लेने के लिए कोई आन्दोलन करें, तो उन्हें मर्दाना कहने लगना और यदि वे चुप रहें तो यह कहना कि वे अपने अधिकार नहीं माँगतीं, कहाँ का न्याय है।

यदि यह मान भी लिया जावे कि कुछ भारतीय स्त्रियाँ स्वयं स्त्रियों के अधिकार दिए जाने की विरोधिनी हैं तो इससे क्या सिद्ध होता है। इंगलिस्तान में जब पार्लामेंट में जाने और उसके लिए मेम्बर चुनने का अधिकार वहाँ के पुरुषों को पहिले-पहिल दिया जा रहा था तो उस समय सैकड़ों पुरुषों ने ये अर्जियाँ दी थीं कि हम यह अधिकार नहीं चाहते। जब एमेरिका में यह क़ानून पास हुआ कि उस देश के सारे ग़ुलाम मुक्त कर दिए जावें तो इन्हीं ग़ुलामों ने स्वयं सभाएँ करके यह प्रस्ताव पास किए थे कि हमें स्वतंत्रता नहीं चाहिए, हम ग़ुलाम ही बने रहना चाहते हैं। इसके अतिरिक्त हम पर एतराज़ करने वालों को क्या उन सैकड़ों भारतीय पुरुषों की ख़बर नहीं है जो इन दिनों सरकार की हाँ में हाँ मिलाकर यह कह रहे हैं कि भारत अभी स्वराज्य के लिए तैयार नहीं है। बात यह है कि हर देश में, हर समाज में ऐसे लोग होते हैं जो दूसरों के भय से या अपने अज्ञान के कारण अपने हित के विरुद्ध स्वयं ही बातें करने पर विवश हो जाते हैं। परन्तु उनकी बातों पर ध्यान देना स्वयं उन्हें और समाज को हानि पहुँचाना है।

तब हम सब मुख्य-मुख्य एतराज़ों का उत्तर दे चुकीं। सारांश यह है कि स्त्रियों को अधिकार दिए जाने के विरोधियों के पास कोई विवेकपूर्ण दलील नहीं है, जिससे वे उन्हें अधिकार दिए जाने को अनुचित सिद्ध कर सकें। जो कारण बताए जाते हैं वह केवल न्यायहीन बहाने हैं।

अन्त में भारतीय स्त्री-पुरुषों से हमारी यह प्रार्थना है कि यह समय भूतकाल के आनन्दमय स्वप्नों में मग्न रहने का नहीं है। यह समय वह है जब हमें आगामी

सुपरिवर्तनों का हर्षपूर्वक स्वागत करना चाहिए। मि. लायड जार्ज ने अपनी एक वक्तृता में कहा था कि कभी तो यह संसार उन्नति के मार्ग में ऐसे धीरे-धीरे चलता है कि घंटों की राह सैकड़ों वर्षों में तय कर पाता है और कभी सैकड़ों वर्षों की राह घंटों में तय करके रख देता है। इन दिनों यह संसार चक्र इस तेज़ी से घूम रहा है कि मानव-इतिहास ने अपने आरम्भ से कभी इसे इस तेज़ी से घूमते नहीं देखा। ऐसे ही समय उन्नति और उत्कृष्टता के होते हैं और इन्हीं में समाजों और राष्ट्रों को अपने भविष्य भाग्य के निर्माण का पूर्ण अवसर प्राप्त होता है। अपने संकुचित विचारों के अन्धकार में फँसकर इस अवसर को हाथ से खो बैठना शताब्दियों के लिए निराश हो जाना है।

मर्यादा, जनवरी 1919

हमारे ज़ेवर-I

[हमने स्त्री दर्पण में एक लेखमाला लिखनी शुरू की थी, जिसके कुछ लेख मसलन 'हमारे समाज सुधारक', 'हमारे सामाजिक साँचे', 'हमारा हृदय' इत्यादि मार्च, अप्रैल, मई, सन् 1918 के अंकों में प्रकाशित हुए हैं। उन्हीं दिनों अगस्त मास के दर्पण में एक ऐसी टिप्पणी 'देशी और विलायती नारी शिक्षा' शीर्षक निकली जिसमें हमें अपनी लेखमाला में प्रकट किए हुए विचारों के विरोध की झलक दिखाई पड़ती थी। इस टिप्पणी के उत्तर में हमने एक लेख 'दर्पण' में भेजा जो कुछ विशेष कारणों से उसमें प्रकाशित नहीं हुआ। हमने यह समझकर कि हमारे विचार 'दर्पण' की सम्मति में समाज के लिए अनुपयोगी हैं, अपनी लेखमाला लिखनी बन्द कर दी।

आख़िरी कुछ मास से दर्पण की अवस्था में एक विशेष परिवर्तन दिखाई पड़ता है, मानो इसने एक नया जन्म लिया हो। इसके लेखों में, इसकी दृष्टि में, इसके...एक प्रकार की विशालता और इसकी नीति में स्थिरता दिखाई देती है। इसलिए इस नवीन परिवर्तन पर 'दर्पण' को हार्दिक बधाई देते हुए हम अपनी पुरानी लेखमाला की एक लड़ी दर्पण की सेवा में उपस्थित करती हैं।]

इसमें सन्देह नहीं कि हमारे पूर्वज ज़ेवर पहना करते थे और दूर न जाकर यदि हम रामायण ही में देख लें तो इस मर्यादा का प्रचलित होना सिद्ध हो जाता है। महर्षि वाल्मीकि जी ने अपनी रामायण में भगवान विष्णु को भी बाजुओं से विभूषित किया है देखिए—

इतने में ही भगवान कमलापति वहाँ आए। उनके अंग की शोभा-शोभा को मात फेरती थी। शंख-चक्र-गदा-पद्म धारण किए हुए वह पीताम्बर पहरे हुए थे, गरुड़ पर चढ़े हुए थे। बादल के ऊपर सूर्यनारायण की जैसी शोभा होती है इसी भाँति रमापति शोभित थे। अंग में तपाए हुए सुवर्ण के बाज़ू पहरे थे। देखते ही सुरगण उनकी स्तुति करने लगे। (वाल्मीकीय रामायण, बालकांड सर्ग 15, श्लोक 16 व 17)*

---

* इस लेख में जितने हवाले रामायण के हैं सब में खेमराज श्रीकृष्ण दास के बेंकटेश्वर छापेखाने की छपी हुई वाल्मीकीय रामायण के हिन्दी अनुवाद और गृफिथ साहेब के अंग्रेज़ी अनुवाद का अनुसरण किया गया है।

अन्य स्थानों पर भी लक्ष्मण जी अपनी भुजाओं के बल की प्रशंसा करते समय कहते हैं—

"आज महाराज की प्रभुता मिटाने और आपकी प्रभुता ज़माने में मेरा बाहुबल और अस्त्रबल प्रकट हो जावेगा। आज चन्दन लगी हुई मेरी बाँहें व अंगद पहरी हुई, सदा दान की देने वाली सुहृदयों की पालने वाली, सुख करने वाली भुजाएँ राम का कार्य करेंगी। (वा. रा., अयोध्या कांड, सर्ग 23, श्लोक 38 व 39) इसके अतिरिक्त वन जाते समय रामचन्द्र ने अपने गुरु वशिष्ठ जी के बेटे सुयज्ञ जी को अपना ज़ेवर और उनकी स्त्री के लिए सीता का ज़ेवर दान किया है, जिसका वर्णन महर्षि वाल्मीकि जी ने इन शब्दों में किया है—

"सब वेद-वेदान्त के जानने वाले, जलती हुई अग्नि के समान दिपते हुए सुयज्ञ जी को आए हुए देख जानकी जी के सहित जानकीनाथ हाथ जोड़कर खड़े हो गए और जो भूषण मणिजटित सुवर्ण के बाज़ू, कुंडल, ज़ंजीर, मोतियों की माला कंठा, कंकण आदि जो कुछ आप पहने हुए थे, सब सुयज्ञ जी को पहरा दिया। इनके सिवाय और भी बहुत रत्नादिक रामचन्द्र जी ने दिए। तब जानकी जी ने रामचन्द्र जी से कहा कि आपने तो अपने भूषण सुयज्ञ जी को दे दिए; मैं भी इनकी स्त्री को, जो कि मेरी सखी है, अपने भूषण दिया चाहती हूँ। यह सुन रामचन्द्र जी सुयज्ञ जी से बोले, हे सौम्य! तुम अपनी सहधर्मिणी के लिए यह हार, यह माला लेते जाओ। मेरे साथ वन को जाने वाली यह तुम्हारी स्त्री को देना चाहती है। इनके अतिरिक्त यह चन्द्रहार, यह विचित्र बाज़ू और बहुत अच्छा केयूर, मेखला यह सब अपनी सखी तुम्हारी स्त्री को देकर मेरे साथ जाना चाहती है। सो तुम इन सबको लेते जाओ। (वा. रा. अयोध्या कांड, सर्ग 32, श्लोक 4, 5, 6, 7)

इन मिसालों से साबित होता है कि प्राचीनतम काल से अर्थात् रामायण के युग से पहले ही, भारत में ज़ेवर पहनने की रीति प्रचलित थी।

परन्तु साथ ही साथ यह प्रमाण कुछ और भी सिद्ध करते हैं। इनसे वह भी साबित होता है कि रामायण के युग तक इस मर्यादा का प्रभाव स्त्री-पुरुष दोनों ही पर था। सीता ही नहीं, वरन् रामचन्द्र और लक्ष्मण भी, रामचन्द्र और लक्ष्मण ही नहीं, वरन् विष्णु भगवान भी, रामायण के युग में ज़ेवर पहना करते थे। परन्तु अब तो यह सब बदल गया। अब ज़ेवर केवल स्त्री जाति की विशेषता है। मालूम नहीं कि श्रीविष्णु भगवान ने अभी बाज़ू में पहनने छोड़े या नहीं। परन्तु हमारे पुरुषों ने तो अपने पूर्वजों को मूर्ख समझकर, या संसारगति से प्रभावित होकर, अपनी इस प्राचीन मर्यादा को सर्वथा त्याग दिया। और अब इसके स्थान पर हमारी समाज में पुरुषों के ज़ेवर न पहनने की मर्यादा ऐसी क़ायम हो गई है कि पुरुषों के हाथ में कड़े, गले में हार, और बाँहों पर बाज़ूबन्द पहनना हमें बड़ा अनुचित, असभ्य, और उपहासजनक मालूम होता है। अब प्रश्न यह है कि यह हमारे विचार, यह हमारे

पुरुषों की मर्यादा कैसे बदल गई। अर्थात् मर्दों ने क्यों ज़ेवर पहनना छोड़ दिया? स्त्रियाँ क्यों आज तक अपनी मर्यादा पर क़ायम हैं?

कारण यह है कि प्रत्येक मर्यादा का जीवन-मरण हमारी समाज की ज़रूरतों और आदर्शों पर निर्भर होता है। जैसे-जैसे वह ज़रूरतें और आदर्श बदलते जाते हैं, वैसे ही वैसे हमारे रिवाज और रीतियों में भी परिवर्तन होता जाता है। ज़ेवर पहनने की रस्म शरीर के सौन्दर्य को अधिक मनोहर बनाने के आदर्श पर क़ायम थी। इसलिए ज़ाहिरी ख़ूबसूरती के महत्त्व के कम होने के साथ-साथ शरीर के श्रृंगार की रीति में भी परिवर्तन होना आवश्यक था। परन्तु कारण क्या जो यह परिवर्तन स्त्री को एक ओर और पुरुष को दूसरी ओर ले गया। इसका कारण यह है कि समाज के आदर्श और रीति-नीति के बदलने का काम सदा से पुरुषों के हाथ में रहा। स्त्री, शिक्षा-वर्जित और पराधीन होने के कारण इस कार्य में कोई भाग न ले सकी, इसीलिए इन परिवर्तनों से लाभ की जगह इसे अक्सर हानि ही पहुँचती रही। इन सामाजिक परिवर्तनों द्वारा एक ओर तो पुरुष आरम्भ ही से धीरे-धीरे अपने आपको शारीरिक सौन्दर्य और श्रृंगार के बन्धनों से मुक्त करता रहा और अपना सारा ध्यान अपने आन्तरिक विकास अर्थात् अपने दिमाग़ और हृदय की उन्नति, अपने पुरुषार्थ और बल की समृद्धि में लगाता रहा, और दूसरी ओर यह निश्चित करके कि स्त्री को बुद्धि, हिम्मत, ताक़त, स्वाधीनता, इत्यादि की कोई आवश्यकता नहीं, उसने संसार के साम्राज्य के बदले में इस अभागी जाति को केवल इसका शरीर सिपुर्द कर दिया कि इस शरीर के रंग-रूप का विशेष ध्यान रखकर और इसे नाना प्रकार की चमकदार वस्तुओं से सजा-सजा कर वह जाति अपने 'जगदीश्वर' का चित्त प्रसन्न किया करे।

महर्षि वाल्मीकि के समय में ही स्त्री-पुरुष के विकास में यह अन्तर पराकाष्ठा को पहुँच चुका था। स्वयं रामायण के नायक और नायिका रामचन्द्र और सीता का चरित्र हमारे इस कथन का एक प्रज्वलित प्रमाण है। परन्तु इस स्थान पर राम अथवा सीता के चरित्र से कोई सम्बन्ध न रखते हुए हम केवल अपने विचारों का अर्थ स्पष्ट कर देने के लिए वाल्मीकि जी की वर्णन की हुई दो घटनाएँ उपस्थित करते हैं। एक तो वह जहाँ ताड़का राक्षसी के मार डालने पर अति प्रसन्न हो ऋषि विश्वामित्र जी ने श्रीरामचन्द्र को एक भेंट दी है। और दूसरी वह जहाँ सीता जी से प्रसन्न हो अनसूया जी ने उन्हें एक वर प्रदान किया है। इसमें से पहली घटना का वर्णन महर्षि वाल्मीकि ने इस प्रकार किया है—

"रजनी प्रभात होने पर महायशस्वी महर्षि विश्वामित्र जी कुछ हँसते हुए मधुर वाक्य से यह बोले, हे राजपुत्र! मैं तुमसे बहुत प्रसन्न हुआ हूँ। तुम्हारा मंगल हो। मैं तुम्हें सब अस्त्र दूँगा इन सब अस्त्रों का प्रभाव ऐसा है कि देवता, असुर, गन्धर्व तक तुम्हारे सामने लड़ने को आवें तो तुम उनको भी इन अस्त्रों के प्रभाव से परास्त कर दोगे।" (वा. रा., बालकांड, सर्ग 27, श्लो. 1, 2, 3)

इसके बाद उन्होंने श्रीरामचन्द्र को अनेक चक्र, अस्त्र, शूल, गदाएँ, पाश, वज्र इत्यादि-इत्यादि हथियार प्रदान किए। दूसरी घटना को, अर्थात् जहाँ अनसूया जी ने सीता जी की बातों से प्रसन्न हो उन्हें भेट दी है, महर्षि वाल्मीकि यों बयान करते हैं—

"धर्म की जानने वाली अनसूया जी सीता जी के यह वचन सुन और भी प्रसन्न होकर कहने लगीं कि हे जानकी! तुमको देखकर जो हमें बहुत ही हर्ष हुआ, उससे हम अवश्य ही उसके उचित दान करके वह हर्ष सफल करेंगी। इससे, हे जनकनन्दिनी, यह दिव्य माया, श्रेष्ठ वस्त्राभूषण, केशर मिला और कपूर मिला चन्दन, और बड़े मोल का उपटन, हम तुम्हें देती हैं। इन सब वस्तुओं के व्यवहार करने से तुम्हारे शरीर की शोभा होगी इसमें कुछ सन्देह नहीं। इन सब वस्तुओं का व्यवहार नित्य प्रति करने से भी यह कभी मैली नहीं होंगी। हे जानकी! यह दिव्य केशर आदि मिलाया अङ्गराग है। इसको लगाने से लक्ष्मी जी जिस प्रकार विष्णु की शोभा को बढ़ाती है, वैसे ही तुम अपने स्वामी की शोभा को बढ़ाओगी।" (वा. रा. अयो. का., सर्ग 118, श्लो. 17, 18, 19, 20)

इन दोनों घटनाओं के मनन करने से हमारे उपर्युक्त विचारों का अर्थ स्पष्ट हो जाता है। हम देख लेते हैं कि स्त्री और पुरुष के विकास में रामायण के युग में ही कितना अन्तर हो गया था। महर्षि विश्वामित्र ने रामचन्द्र को भेंट में अपनी रक्षा करने की सामर्थ्य, अपने शत्रुओं के पददलन का बल और संसार पर साम्राज्य ज़माने की शक्ति प्रदान की। अनसूया जी ने सीता को अपने शारीरिक सौन्दर्य और आकर्षण द्वारा केवल एक व्यक्ति को प्रसन्न और मोहित बना लेने का मंत्र बताया। रामचन्द्र ने विश्वामित्र के प्रदान किए हुए शस्त्रों द्वारा अपनी और संसार की रक्षा की, अपने और संसार के शत्रुओं का पददलन करके संसार पर अपना साम्राज्य जमाया। अभागी सीता अनसूया की भेंट पाकर भी अपना समस्त शेष जीवन रावण की क़ैद और अपने इष्टदेव के वियोग ही में व्यतीत करने पर विवश रही। इस राम और सीता के उदाहरण में स्त्री और पुरुष के विकास के अन्तर का सम्पूर्ण रहस्य दिखाई पड़ता है। शरीर के सौन्दर्य के और आभूषण के निरर्थक होने का इससे अधिक शिक्षाप्रद उदाहरण मिलना कठिन है।

जिन आदर्शों और सामाजिक प्रबन्धों ने स्त्री-पुरुष के विकास में रामायण के युग में ही ऐसा घोर अन्तर उत्पन्न कर दिया था, वे इस युग के बाद भी अपना विनाशक कार्य करते रहे और धीरे-धीरे पुरुष को ज़ेवर पहनने की मर्यादा से सर्वथा मुक्त करके उन्होंने स्त्री को और भी इस मर्यादा के बन्धनों में जकड़ दिया। रामायण में जिन ज़ेवरों के नाम महर्षि वाल्मीकि ने लिखे हैं, वे केवल बाँधने और पहनने के ज़ेवर हैं। हमें इन ज़ेवरों में बालियों, पत्तों, नथनी, लौंग इत्यादि के नाम कहीं नहीं मिलते, जिससे मालूम होता है कि नाक-कान छिदवाने की मर्यादा उस समय तक नहीं हुई थी। परन्तु जैसे-जैसे पुरुष ज़ेवर पहनना त्याग करता गया, वैसे ही

वैसे स्त्री की ज़ेवर पहनने की अभिलाषा और भी उत्तेजित होती गई यहाँ तक कि पहनने और बाँधने के ज़ेवरों से सन्तुष्ट न होकर उस अभागी ने अपने नाक-कान तक का खतना करना आरम्भ कर दिया।

यह स्वाभाविक भी था। जिस प्रकार एक...का विनाशक प्रभाव बराबर बढ़ता जाता है—यहाँ तक कि हमारे शरीर के अंग-अंग में पहुँचकर हमारी मृत्यु का कारण बन जाता है—इसी प्रकार हर ग़लत प्रबन्ध का विषमय प्रभाव उस समय तक बढ़ता जाता है जब तक कि उसके अंग-अंग का विनाश न कर ले। इतिहास बताता है कि एक जाति का दूसरी जाति के अधीन बना दिया जाना एक ग़लत और...स्त्री जाति का पुरुष जाति के अधीन और आश्रित बना। ...फिर यह असम्भव था कि इसका विषमय प्रभाव स्त्री के अंग-अंग का विनाश किए बिना रुक जाता। सबसे पहिले इस प्रबन्ध ने स्त्री के दिमाग़ का विनाश किया। संसार के कार-बार में भाग न लेने के कारण शिक्षा-दीक्षा स्त्री के लिए एक निरर्थक वस्तु समझी जाने लगी। दिमाग़ ही आत्मा का प्रतिपालक होता है। दिमाग़ के विनाश के पश्चात् आत्मा का विनाश हो जाना ज़रूरी था। दिमाग़ और आत्मा के संहार के बाद केवल शरीर बाक़ी रहा। इसकी भी पूरी दुर्गति होनी ज़रूरी थी। कोमल, दुर्बल अपनी रक्षा को असमर्थ, दूसरों की सहायता के अयोग्य बनाकर इस शरीर को भी घरों की चारदीवारियों में बन्द कर दिया गया। घर के बाहर आने-जाने का अधिकार अवश्य रहा, परन्तु वैसे ही जैसे पालतू पक्षी को होता है, इजाज़त और देखभाल के साथ।

यहीं पर हमारे पतन का अन्त नहीं हुआ। इस दुर्बल शरीर का अभी छिदना-गुदना बाक़ी था। इसके घूमने-फिरने का क्षेत्र तो यों परिमित हो गया था, परन्तु इसके प्रत्येक अंग की हिलने-डुलने की स्वतंत्रता बाक़ी थी। हाथ की स्वतंत्रता हथकड़ियाँ और पैरों की स्वतंत्रता बेड़ियाँ ले लेती हैं। परन्तु फिर भी हाथ और पैरों में उनके तोड़ फेंकने की आकाङ्क्षा और उनसे मुक्त होते ही अपनी स्वाभाविक स्वतंत्रता फिर प्राप्त कर लेने की सामर्थ्य बाक़ी रहती है। इसलिए काँच और सोने की चूड़ियों का प्रेम और उनकी रक्षा का अमिट ख़्याल हमारे हाथों के हिलने-डुलने की स्वतंत्रता ले लेने के लिए उचित और उत्तमतर था। जब हमें "कंकण, किंकिणी, नूपुर" की मोहिनी ध्वनि सम्पूर्ण रीति से श्रृंखलाबद्ध कर सकती थी, तो हथकड़ियों, बेड़ियों की ज़रूरत ही क्या थी? हाथ-पाँव के बाद सिर की बारी आई। नाक-कान छेदकर उनमें वह लटकन लटकाए गए जिन्होंने हमारे शिर और सारे शरीर की स्वतंत्रता को बिलकुल मिटाकर हमारे शारीरिक पतन को अन्तिम सीमा तक पहुँचा दिया।

बचपन ही से हमें इस मर्यादा की सुनहरी ज़ंजीरों में जकड़कर हमारे अंग-अंग के हिलने-डुलने की स्वतंत्रता सीमित कर दी जाती है। स्वतंत्रतापूर्वक हिल-डुल न सकने के कारण उस पक्षी के पंखों के समान, जिसका लालन-पालन पिंजड़े

में हुआ हो, हमारा शरीर और हाथ-पैर दुर्बल रह जाता है। हम अपना स्वाभाविक बल और स्वत्व प्राप्त नहीं कर पाते। परन्तु साथ ही साथ हमारे यह अप्राकृतिक बनावटी ज़ेवर हमारी स्वतंत्रता को परिमित करके हमारे चलने-फिरने उठने-बैठने हिलने-डुलने में, ...विचित्र बनावटी भाव उत्पन्न कर देते हैं। यह भाव हमारे रसिकों को व्याकुल और कवियों को प्रोत्साहित तो अवश्य करता है, परन्तु स्त्री को पुरुष का खिलौना बना देने के अतिरिक्त संसार में किसी अर्थ का नहीं रखता। इसलिए ज़ेवर पहनने की मर्यादा को स्त्री के शारीरिक पतन की अन्तिम सीमा कहना अनुचित नहीं। परन्तु इस मर्यादा की सुनहरी ज़ंजीरों ने हमारी स्वतंत्रता अपहरण को भी सुवर्णमय बना दिया है।

स्त्री दर्पण, जनवरी 1920

नोट : इस लेख के दो पैराग्राफ में जर्जर पृष्ठों के क्षतिग्रस्त होने के कारण कुछ अधूरापन है जो...के साथ छोड़ दिया गया है।

हमारे ज़ेवर-II

कमला बिना हाथों में चूड़ियाँ या कानों में कोई ज़ेवर पहने दावत में गई। इसके हाथ और कान नंगे देख पहिले तो इसकी बिरादरी की स्त्रियों में सन्नाटा-सा हो गया। फिर कुछ मुस्कराईं, कुछ ने त्योरियाँ चढ़ा लीं, कुछ जो उसके पीछे खड़ी थीं, उसके नंगे कानों और नंगे हाथों की ओर इशारा करके शोक और आश्चर्य प्रकट करने के लिए अपने हाथ सीने पर रखकर धीरे-धीरे 'है-है-है-है' करने लगीं। फिर चारों ओर कुछ खुस-फुस खुस-फुस शुरू हुई। ज्यों-ज्यों इन स्त्रियों को निश्चय होता गया कि कमला कोई भयंकर पशु नहीं, केवल एक साधारण इनसान है, वे इसके पास आ-आ कर बड़े ग़ौर से इसके अंग-अंग की परीक्षा करने लगीं। इस पर भी जब उन्हें कोई हानि नहीं पहुँची तो, उन्होंने चुपके-चुपके आपस में कुछ सलाह की, और इनमें से एक युवती जाकर दूर से एक प्राचीन काल की वृद्धा को ले आई और कमला को दिखाकर कहने लगी कि "लुद्दो माजी, तुमने इन्हें भी देखा?"

"है-है! यह तो वही कौलवालों की बहू है न? यह इसे क्या बथराई?* न हाथों में चूड़ियाँ, न कानों में दिजैहरू अटहरू?** क्यों जी, ईश्वर न करे तुम्हारा मालिक तो ज़िन्दा है न? फिर यह सियापा क्यों रचा है? तुम्हें अगर नंगे-बुच्चे रहने का शौक़ है तो अपने घर में रहा करो। यह डंडे से हाथ, यह सूप से कान बिरादरी में नचाने की क्या ज़रूरत है? नाम तुम्हारा बहुत सुना था, दर्शन आज हुए। क्या जी ख़ुश हुआ! ऐसा ही तुम्हारे पूर्वजों का जी तुम्हें देखकर ख़ुश होता होगा। मगर हाँ, तुम्हें अपने पूर्वजों से क्या काम? वह तो सब मूर्ख थे। और सच भी है, उन्होंने अंग्रेज़ी कहाँ पढ़ी थी जो अक़्ल आती। इसी से मैं कहती हूँ कि लड़कियों को कभी पढ़ाना-लिखाना नहीं चाहिए। इन्होंने जहाँ दो हर्फ़ पढ़े और इनकी सत्या मारी गई। क्यों बेटी! तुम तो बहुत पढ़ी-लिखी हो; यह तो बताओ कि हज़ारों वर्ष की मर्यादा भी कोई बच्चों का खेल है कि आज बनाई कल बिगाड़ डाली।" कमला ने हँसकर कहा, "नहीं, लुद्दो माजी, हज़ारों वर्ष की मर्यादा सहज में नहीं टूटती। इसके तोड़ने में बड़े दुःख उठाने पड़ते हैं।" "तो तुम अपने बुजुर्गों की मर्यादा तोड़ने को पैदा हुई

* क्या बन आई।

** एक काशमीरी ज़ेवर जो काशमीरी ब्राह्मणों में सुहाग का चिह्न समझा जाता है।

हो? हाँ बेटा, सपूत सन्तान ऐसी ही होती है। शाबाश! ईश्वर तुम्हारे इस शुभ कार्य को सफल करे। ...अरी छोड़...चल हट। तू मुझे किसके पास ले आई? ऐसों की सूरत देखने से पाप होता है।" यह कहकर लुद्दो माजी अपना हाथ छुड़ा बड़-बड़ करती दूसरी ओर को चली गईं।

लुद्दो माजी को ज़ेवर पहनने की मर्यादा की असलियत दर्शाना, या उन्हें इसकी बुराइयों से परिचित करने की चेष्टा करना अन्धे के आगे रोकर स्वयं अपनी आँखें खोने के समान होता। शायद इसीलिए कमला ने उन्हें हँसकर टाल दिया। अज्ञान हमारी कुरीतियों को दीर्घजीवी बना देता है और इनके देर तक जीवित रहने के कारण हमारे दिलों में उनकी एक ऐसी मोहब्बत हो जाती है जो उनकी बुराइयों को स्वर्णमय बना उन्हें कल्पनाजनित गुणों से सुशोभित कर देती है। और हम उनके ऐसे अनुरागी हो जाते हैं कि किसी को किञ्चित्मात्र भी उनके विरोधी होते देख हमें आश्चर्य और दुःख होता है। यही कारण था कि कमला को लुद्दो माजी से भोग (सख़्त बातें) सुनवाकर भी उसकी बिरादरी की स्त्रियाँ सन्तुष्ट न हुईं, और लुद्दो माजी के जाते ही उन्होंने स्वयं उसकी पुष्प-पूजा आरम्भ कर दी। एक बोली कि "क्या कहें, यहाँ कोई ईंट नहीं, नहीं तो हम भी अपनी चूड़ियाँ तोड़-फोड़ कर सहज ही में मेम बन जाती।" दूसरी बोली, "यह तो सदा से पश्चिम की अनुरागी हैं। मालूम नहीं ईश्वर ने इन्हें भारत जैसे असभ्य देश में क्यों जन्म दिया।" तीसरी बोली कि "हम स्त्रियों में यह बड़ा ऐब है कि जहाँ हमने दो हर्फ़ पढ़े और हमारा सर फिर गया।" चौथी ने बड़े दुःख से कहा कि "इन्हीं बातों से तो हमारी समाज की यह दुर्दशा हो गई है। नहीं मालूम अब आगे और क्या-क्या होने वाला है।"

केवल तानों-तिश्नों से सन्तुष्ट न होकर इन स्त्रियों में से किसी-किसी ने कमला को समझाना भी शुरू किया। "अरी सुन तो, क्या मेमें ज़ेवर नहीं पहनतीं ? यह तो एक शोभा की चीज़ है। जैसे मर्दों का सिंगार शस्त्र है, औरतों का सिंगार ज़ेवर है। इससे चेहरे पर एक रौनक-सी आ जाती है। सूरत अच्छी न भी हो तो भी एक बार चमक उठती है। और बिना ज़ेवर तो अच्छा-भला चेहरा भी सूना मालूम होने लगता है। इस बहूरानी को देख, कानों में दिजैहरू है, अटहरू हैं, कनवाजियाँ हैं, पत्ते हैं, नाक में लौंग है, गले में तुलसी है, चन्दनहार है, हाथों में चूड़ियाँ हैं, लच्छे हैं। देख तो सही कैसा सुन्दर भाल सूरज-सी चमक रही है। देखे से जी ख़ुश होता है। फिर तू अपनी सूरत देख। ईश्वर का दिया सब कुछ है मगर कैसी बना रखी है। संड-मुसंड, ईश्वर न करे जैसे चेहरे पर फिटकार बरसती हो।" कमला हँसकर कहती है, "चम्पो दिद्दा, मुझे तो अपनी सूरत भी भली मालूम होती है।" "भली क्यों नहीं मालूम होगी? जैसी आदत डालोगी वैसी ही पड़ेगी। अभी तो अपनी ही सूरत भली मालूम होती है, थोड़े दिन ज़ेवर और न पहनो तो जो ज़ेवर पहनते हैं उनकी सूरत बुरी मालूम होने लगेगी। फिर इनसानों को छोड़कर जानवरों में जा बसना। वहीं तुम्हारा ठीक भी रहेगा।"

वास्तव में चम्पो दिद्दा ने सच कहा। हमारे ख़ूबसूरती-बदसूरती के विचार बहुत कुछ हमारे रीति-रिवाज पर निर्भर होते हैं। जिस प्रकार जो हम करते हैं, करते-करते वही मर्यादा का रूप धारण कर लेता है। उसी तरह जो हम देखते हैं, देखते-देखते हमें वही अच्छा और ठीक प्रतीत होने लगता है। यही कारण है कि भिन्न-भिन्न समाजों में तरह-तरह के सौन्दर्य के आदर्श और शृंगार के ढंग प्रचलित दिखाई पड़ते हैं। हबशियों के एक समूह की स्त्रियाँ अपने ओठों को चीरकर उनमें काठ के टुकड़े पहन लेती हैं। जितना यह लकड़ी का टुकड़ा बड़ा हो, उतना ही उनका शृंगार अधिक ललित समझा जाता है। दूसरा समूह अपनी स्त्रियों की गर्दनों में बालपन ही से एक लोहे का कमानी लगा देता है, जिसका नतीजा यह होता है कि युवावस्था तक पहुँचते-पहुँचते इस समूह की स्त्रियों की गर्दनें खिंच-खिंच कर हाथ-हाथ भर लम्बी हो जाती हैं। यदि इन गर्दनों में से कमानी निकाल ली जावे तो सर नीचे ढलक पड़ता है, क्योंकि इनमें उसे सीधा रखने की शक्ति बाक़ी नहीं रहती। फिर भी इस समूह के लोगों को स्त्री की 'सुराहीदार' गर्दन पसन्द है और इनके यहाँ वही स्त्री अति मनोहर समझी जाती है जिसकी गर्दन अधिक से अधिक लम्बी हो। चीन में स्त्री के छोटे-छोटे पैर अति सुन्दर और सभ्य समझे जाते हैं। इसीलिए पुत्री की जन्म-घड़ी से उन्हें ऐसा कुचला जाता है कि युवावस्था तक पहुँचते-पहुँचते वह दो फोड़े बनकर रह जाते हैं। यह 'सभ्य' और 'मनोहर' पैरों वाली स्त्रियाँ अपने घर तक में एक ओर से दूसरी ओर केवल तारों के सहारे जा सकती हैं। जो इनमें से बिना तारों की सहायता के चल भी सकती हैं, उन्हें बड़े छोटे-छोटे पग धरकर कुछ थिरक-थिरक के चलना पड़ता है। परन्तु इनकी इस दुःखभरी अप्राकृतिक चाल में चीन के पुरुषों और शायद स्वयं वहाँ की स्त्रियों को समस्त संसार के शृंगार का सार दिखाई पड़ता है। जापान की स्त्रियाँ किसी मसाले से अपने सारे दाँत बिलकुल कोयले से काले कर लेती हैं जो कालक उम्र भर निकाले नहीं निकलती। शायद उन्हें 'मोती से दाँत' नहीं सुहाते। पश्चिम की स्त्रियाँ बचपन ही से कौरसेट (Corset) अर्थात् लोहे की पटरियाँ लगी हुई चौड़ी-चौड़ी पेटियाँ बाँधकर अपनी कमर ऐसी 'पतली' बना लेती हैं कि जिस्म की कौन कहे, उनके सीने के नीचे की पसलियाँ तक स्थायी तौर पर कुचलकर रह जाती हैं। हबशियों की लम्बी गर्दन के समान इन स्त्रियों के सौन्दर्य के आदर्श का पतली कमर एक विशेष अंग है। बहुत सी पश्चिमी स्वरूपवतियों के लिए दाँतों का असमान होना इतना असहनीय हो जाता है कि जवानी अथवा बालपन ही में वे अपने सारे दाँत निकलवाकर इनके स्थान पर मनमाने बनावटी दाँत लगवा लेती हैं।

इन सब मिसालों में एक विशेष ध्यान देने योग्य बात यह है कि यह ओठों में चार-चार अंगुल चौड़े काठ के टुकड़े पहनने वाली स्त्री, यह फ़ुट-फ़ुट भर लम्बी कमानीदार गर्दन वाली महिला, यह पैर कुचली हुई चीनी सुन्दरी, यह कमर ज़ख़्मी,

सीने और पीठ की हड्डियाँ टेढ़ी की हुई बनावटी, दाँतोंवाली पश्चिमी रूपवती, यह सबकी सब अपनी-अपनी समाज की रमणी रत्न हैं। इन रमणी रत्नों ने सामाजिक सौन्दर्य में निपुणता प्राप्त करने की उमंग में दु:ख-सुख का ख़्याल न करके अपने अभागे शरीर को सामाजिक सौन्दर्य के साँचे में सर्वथा ढाल दिया है। इसलिए इन सारी दु:खभरी घटनाओं की ज़िम्मेदारी इन अभागिनियों पर नहीं हो सकती, बल्कि समाज पर है और उन पर है जो समाज की रीति-नीति निश्चित करते हैं।

दूसरी बात जो इसमें भी अधिक महत्त्व की है, यह है कि इन स्त्रियों में से हर स्त्री को निपुणता प्राप्त अवश्य है, परन्तु केवल अपनी ही समाज में। इन समाजों में से हर समाज की दृष्टि में दूसरी समाज वाली सुन्दरियों की शृंगार की रीति सर्वथा असभ्य और घृणामय प्रतीत होती है। इस अन्तर का विशेष कारण क्या है? कारण यह है कि प्रत्येक समाज में स्त्री-पुरुष का आपस का सम्बन्ध ग़लत आधारों पर क़ायम होने की वजह से स्त्री हर समाज में एक असहनीय दुर्दशा को प्राप्त हो गई है। और साथ ही साथ हर समाज की प्रचलित मर्यादा ने उस समाज के लोगों की आँखों पर परदा डाल उन्हें स्वयं अपने अवगुण देखने के असमर्थ बना दिया है। परन्तु दूसरी समाजों की मर्यादा से कोई सम्बन्ध न होने के कारण एक समाज के लोग दूसरे समाज वालों के अवगुण सहज में देख सकते हैं। इन बातों की रोशनी में जब हम चम्पो दिद्दा की बहस को देखते हैं, तो हमें उसमें केवल एक विनाशक मर्यादा को अन्धा कर देने वाले प्रभाव के अतिरिक्त और कुछ भी नहीं दिखाई देता। उपर्युक्त हबशी, चीनी, जापानी, पश्चिमी महिलाओं के समान इनकी 'बहूरानी' भी एक आदर्श महिला हैं जिन्होंने अपने कान-नाक में बीसों छेद कर इनमें रंग-बिरंगे लटकन लटका अपने आपको सामाजिक शृंगार के साँचे में ढाल दिया है। परन्तु जब हम इनके शृंगार को मर्यादा की ऐनक उतार के देखते हैं, तो सूरज के समान चमकने के स्थान पर हमें इनके चेहरे पर एक विचित्र पतन—एक अनन्त दासत्व—की फिटकार बरसती दिखाई देती है।

चम्पो दिद्दा के तानों और दलीलों का उत्तर कमला अभी कुछ देने भी न पाई थी कि लाडो बीच में बोल उठी—"भाई चम्पो दिद्दा, तुम भी ख़ूब हो। बहस करने बैठी तो वह भी उलटी। यह सँवार फिटकार का क्या दुखड़ा ले बैठीं! अगर ज़ेवर पहनना केवल चेहरे की शोभा बढ़ाता है, तो अपने ऊपर सबको इख़्तियार है जिसका जी चाहे शोभा बढ़ाए, जिसका न जी चाहे न बढ़ाए। इसमें किसी का क्या इजारा है? मगर हाँ, यह कहो कि ज़ेवर से ही हमारे यहाँ कुमारी, सधवा और बेवा की पहचान की जाती है। इसलिए इसका पहनना आवश्यक है।" "आहा, क्या बात निकाली है! यह लो यह बूझ बुझक्कड़ बोली। क्यों बहनी, अगर हमें पहचान ही करवानी है तो हम एक काली, लाल या हरी तख़्ती ही न गले में लटका लें और समाज से कह दें कि वह लाल से कुमारी, हरी से सधवा और काली से

विधवा समझ लिया करें। कान-नाक का ख़ून करके उनमें बीसों लटकन लटकाने की क्या ज़रूरत है? दूसरे किसी को यह जानने से क्या मतलब कि हम क्या हैं? हम जो कुछ भी हैं अपने लिए हैं। उसका ढिंढोरा क्यों पीटें? मैं बहस उलटी करती हूँ। वह आई वहाँ से मेरा मुँह काट के सीधी बहस करने। क्यों बी लाल बुझक्कड़, अगर यह ढिंढोरा समाज के हित के लिए ज़रूरी था तो पहले तो यह मर्दों को पीटना चाहिए था, क्योंकि वह तमाम दुनिया में घूमते-फिरते हैं। औरत बिचारी तो इने-गिने लोगों से मिलती है, इने-गिने घरों में जाती है! ...ऐ है! चीख़-चीख़ कर मेरे कान खा गई। ...आती हूँ...अरी आती हूँ कमला, ज़रा मैं इसकी सुन आऊँ। ठहरी रहना। आज मैं तुझे क़ायल करके रहूँगी।"

स्त्रियाँ तो कमला जैसी समाज के अपराधियों के पीछे पड़ी ही रहती हैं, परन्तु इन पर पुरुषों की भी एक विशेष कृपादृष्टि रहती है। "सुनिए, कमला जी! यह चम्पो दिद्दा तो वाही-तवाही बकती है, मगर आपको देखकर हमें यक़ीन हो गया कि औरत को कभी अक़्ल नहीं आ सकती। भला आप ही बताइए कि जो अपने पाँव में ख़ुद ही कुल्हाड़ी मारे उसे कौन अक़्लमन्द कह सकता है? आप ज़ेवर नहीं पहनतीं, औरों को मना करती हैं। इसमें किसका नुकसान है? औरतों का कि मर्दों का? औरतों के पास यही एक पूँजी होती है। घर का फ़ालतू रुपया इसी शक्ल में उनके पास पहुँच जाता है। अगर औरतें ज़ेवर पहनना छोड़ दें तो मर्द तो बहुत ख़ुश हों। उनके सर से एक मुसीबत हटे। मगर औरत तो कहीं की भी नहीं रहेगी। यही एक तरीक़ा है जिससे उसके पास कुछ रुपया जमा हो जाता है, जो वक़्त पर उसके काम आ सकता है। अब बताइए कि ज़ेवर छोड़कर आप यह साबित कर रही हैं या नहीं कि औरत को पढ़-लिख करके भी अक़्ल नहीं आ सकती।" "देखिए, हुदशू भाई साहब, आप बोलेंगे तो मैं भी बोलूँगा। मैं इस बात पर ख़ास ग़ौर कर चुका हूँ। मेरी राय में जो तरीक़ा मर्दों ने स्त्रियों को पूँजी देने का प्रचलित किया है, वह बड़ी मूर्खता का है। इसमें स्त्री-पुरुष, समाज सब ही का नुकसान है। यों देखिए, फ़र्ज़ कीजिए कि कोई दो सौ रुपये अपनी पुत्री या स्त्री को ज़ेवर की सूरत में देता है तो पहिले इसमें से बनवाई कम हो जाती है, फिर कुछ खोट-वोट की सूरत में कम होता है, फिर ज्यों-ज्यों वह पहना जाता है बराबर उसकी क़ीमत कम ही होती जाती है, यहाँ तक कि दस वर्ष के बाद यह फ़र्क़ कहीं का कहीं पहुँच जाता है। अब अगर यही दो सौ रुपया यह पुत्री या स्त्री बैंक में या किसी कोठी में जमा कर देती, या इसकी ओर से जमा किए जाते, तो दस वर्ष में यह कम होने के स्थान पर डेवढ़े या दुगुने हो जाते। इसी तरह आप अन्दाज़ा कर सकते हैं कि इस समय स्त्रियों का कितना रुपया इसी तरह अटका पड़ा है और उन ग़रीबों को कितने लाख रुपये साल का नुकसान हो रहा है।" "क्या ख़ूब! यों कहिए तो अगर वही दो सौ रुपया इधर-उधर छोटे-मोटे फ़ायदे की

बातों में लगाया जावे तो दस वर्ष में डेवढ़े की जगह दस गुना हो जा सकता है। मगर सवाल तो यह है कि कै औरतें अभी बैंकों में रुपया जमा करना जानती हैं और कै औरत-मर्द यह जानते हैं कि किस तरह छोटी-मोटी बातों में रुपया बढ़ाया जा सकता है। फिर जब वह यह तो जानती नहीं और ज़ेवर छोड़ बैठें तो उनका फ़ायदा होगा या नुकसान?" "ख़ूब-ख़ूब, यह ज़ेवर छोड़ बैठने की आपने ख़ूब कही! आपकी दानिस्त में कमला जी ने ज़ेवर पहिनना छोड़ा और तमाम भारत की स्त्रियाँ ज़ेवर पहनना छोड़कर बैठ गईं। अरे साहब, यह तो एक आदर्श है। अगर फैला तो पहले समझदार पढ़ी-लिखी स्त्रियों में फैलेगा। फिर उनके ज़रिये औरों तक पहुँचेगा। धीरे-धीरे इसके अनुगामियों की संख्या बढ़ती जावेगी। और ज्यों-ज्यों यह संख्या बढ़ेगी वैसे-वैसे ही स्त्रियों का ध्यान अपने रुपये को बैंकों में रखने की तरफ़ या उससे और फ़ायदा उठाने की तरफ़ आकर्षित होता जावेगा। असल बात यह है कि औरतें तो अब भी राज़ी हो जावें, मगर अक़्ल की कमी तो मर्दों में है जो न अपने को सुधारते हैं न स्त्रियों को।" "ख़ैर, मैं आपसे बहस करना नहीं चाहता। मैं तो कमला जी से अपनी बात का जवाब चाहता हूँ।" कमला ने उत्तर दिया कि "ज़ेवर पहनने से रुपये का फ़ायदा होता है या नुकसान, मुझे इस प्रश्न से कोई सम्बन्ध नहीं। मैं ज़ेवर को स्त्री की वास्तविक उन्नति में बाधा डालने वाली वस्तु समझती हूँ। इसलिए मैं इसके पहिनने से इनकार करती हूँ।"

हाँ-हाँ, ले मैं लौट आई। मैंने सुन लिया कि तू ज़ेवर पहिनने से इनकार करती है। मगर बेटा, सुन तो सही। तू ज़ेवर नहीं पहनती तो न पहिन, मगर हाथ-कान में सुहाग की चीज़ें तो डाल लिया कर। क्या! ...मैं, तुझे सुहाग के मानी समझाऊँ? ठीक है!! ...बेटी तेरे बाप-दादा भी इसी देश के थे, तू भी यहीं की मिट्टी की है। फिर तुझे किस विलायत की घुट्टी पिलाई गई थी जो तू अपनी रस्म-रीति सब भूल गई? तू सुहाग नहीं जानती किसे कहते हैं? सुहाग कहते हैं—दिजैहरू-अटहरू को। हाथों की चूड़ियों को। किसी का सुहाग नथ होता है, किसी की कंठी, और किसी का सुहाग बिछुये होते हैं। ...क्या? ...क्या? यह सब वह चीज़ें हैं जिनसे सुहाग ज़ाहिर किया जाता है? फिर क्या चीज़ें नहीं तो सुहाग क्या कोई काली-पीली चिड़िया होती है...? मैं नहीं समझती तू कहती क्या है...अब समझी! तू यह जानना चाहती है कि यह चीज़ें क्यों पहनी जाती हैं। यह साफ़-साफ़ क्यों नहीं कहती जो घंटे भर से मानी और मतलब और यह और वह बक रही है। सुन, यह इसलिए पहनी जाती हैं जिसमें दुनिया को मालूम हो कि तेरा मालिक ज़िन्दा है। तू सौभाग्य-भरी है ईश्वर की तुझ पर कृपा है "वाह, चम्पो दिद्दा जी, वाह! यह अब आप ख़ुद लाल बुझक्कड़ बन गईं। मैंने जब यही कहा था तो आपने मेरा गला घोंट डाला था। या तो कहती थीं कि कोई अपने क्वारेपन का, अपने बेवा होने का, अपने सधवा होने का ढिंढोरा क्यों पीटे? दुनिया से क्या मतलब कि हम

सधवा हैं या विधवा हैं। और अगर दुनिया से मतलब है तो मर्द क्यों नहीं अपनी स्त्री के ज़िन्दा होने या मरने का ढिंढोरा पीटते। या अब आप ख़ुद ही घूम-फिर के वहीं पहुँच गईं। यह आप ज़ेवर की उपयोगिता साबित कर रही हैं या दुनिया का गोल होना।" "अरी चुप रह। फिर तूने मेरा मुँह काटा। न समझे न बूझे, जो जी में आया बक दिया। कहाँ की बात कहाँ पहुँचाई। तुझसे कौन बोलता है जो तू बात-बात में टाँग अड़ाती है। मैंने तो कमला से पूछा है। वह मेरा जवाब देगी।" कमला ने उत्तर दिया कि "यदि सुहाग की चीज़ें केवल स्त्री का सपति होना दिखाती हैं तो वह अनावश्यक है। अगर इनका अर्थ सौभाग्य प्रकट करना है तो मेरी सम्मति में अपने सौभाग्य को कान, नाक, गर्दन, पाँव, इत्यादि में पहनने की चेष्टा करना अनावश्यक होने के साथ-साथ विचित्र भी है।" तो बेटी तू जाने तेरा काम जाने। मैं तो इससे कहती थी कि तेरा कच्चा साथ है। अभी दो-दो बेटियाँ तेरे सामने हैं। जब तेरे यह ढंग होंगे तो बिरादरी में इन्हें कौन लेगा? आदमी को आगा-पीछा देखकर काम करना चाहिए। न सर ऊँचा करे न टक्कर खाए...हाँ! ...हाँ! ...अरी आती हूँ...आती हूँ...कम्बख़्त तू तो मेरा कलेजा खा गई।"

चम्पो दिद्दा ने चलते-चलते सुहाग और बिरादरी, दो बड़े महत्त्व के प्रश्न उठाए। बिरादरी की ख़ुशी-ख़फगी के सम्बन्ध में हम इस स्थान पर केवल इतना कहेंगे कि यही समाज की कुरीतियों को अनन्त जीवन प्रदान कर देने वाला मूल मंत्र है। रहा सुहाग का आदर्श, सो वह हमारी सम्मति में स्त्री की आत्मा पर वैसा ही प्रभाव डालता है जैसा ज़ेवर की मर्यादा स्त्री के शरीर, स्वास्थ्य और स्वतंत्रता पर डालती है। हम इस लेख के पहले अंक में दिखला चुके हैं कि ज़ेवर की मर्यादा ने किस प्रकार स्त्री के स्वास्थ्य और शारीरिक स्वतंत्रता का सर्वथा अन्त कर दिया है। हम यह भी कह चुके हैं कि समाज के किसी कुप्रबन्ध का विषमय प्रभाव उस समय तक नहीं रुकता जब तक वह समाज के अंग-अंग का विनाश न कर ले। शरीर के विनाश के बाद आत्मा सुरक्षित नहीं रह सकती थी। ज़ेवर की मर्यादा को सुहाग के आदर्श पर क़ायम करना मानो इस मर्यादा के विषमय प्रभाव को स्त्री के शरीर से उसकी आत्मा तक पहुँचा देना था। सुहाग के आदर्श को ध्यानपूर्वक देखने से हमें इस प्रश्न की सत्यता का निश्चय हो जाता है।

मानव-समाज में स्त्री सदा से पुरुष के अधीन और आश्रित रही है। आत्मनिर्णय का अधिकार इसे कभी प्राप्त नहीं हुआ। इसलिए सधवा होना प्रत्येक स्त्री के जीवन की ऐसी महत्त्वपूर्ण घटना है कि जिसका स्मरण एक क्षण के लिए भी भुला देना मानो स्त्री का अपने अन्नदाता का अपमान करना है। इस स्मृति को सदा समाज और स्त्री के सन्मुख रखने के लिए सुहाग का आदर्श रचा गया है। इस आदर्श का मर्म यह है कि एक ओर तो पुरुष का ऐश्वर्य, दूसरी ओर स्त्री का दासत्व सम्पूर्ण रीति से स्त्री की आत्मा पर चित्रित हो जावे। अपने हाथ, कान, नाक, अथवा पाँव

में पति के जीवित होने के चिह्न पहनकर यह अभागी स्वयं अपनी आत्मा अथवा संसार को यह निश्चित कराती रहे कि "इस धनहीना का धन, इस बलहीना का बल, इस अबोध का पथ-प्रदर्शक अभी जीवित है।" जिस प्रकार ज़ेवर पहनने की मर्यादा हमारे शरीर की स्वतंत्रता लेकर उसे अपना प्राकृतिक बल और क़द प्राप्त करने के असमर्थ बना देती है, उसी प्रकार अपने 'बलहीना', 'धनहीना' और 'अबोध' होने का अमिट ख़्याल हमारी आत्मा की वास्तविक उन्नति का विनाश कर देता है। हममें स्वाभिमान, स्वावलम्बन और स्वाधीनता के भाव ही उत्पन्न नहीं हो पाते। किसी बड़े वृक्ष की छाया में उगने वाले पौधे अपनी शुष्क और नीरस डालियों द्वारा अपनी दुःख-गाथा संसार को सुनाते हैं। इसी प्रकार पुरुष के बल, धन और ज्ञान की छाया स्त्री के लिए घातक सिद्ध हो जाती है। सुहाग इस छाया का प्रत्यक्ष रूप है। इसलिए जो लोग स्त्री को समाज का केवल एक शुष्क अंग रखकर भावी उन्नति और विकास में बाधा डालना नहीं चाहते उन्हें इस आदर्श का अवश्य परित्याग करना होगा।

स्त्री दर्पण, मार्च 1920

स्त्रियों में स्वदेशी प्रचार

शायद ही संसार में कोई ऐसी अभागी क़ौम होगी जो अपने बसन की समस्त सामग्री रखते हुए और उस सामग्री से वस्त्र बना लेने की शक्ति रखते हुए अपने बसन के लिए हमारी भाँति दूसरे देशों के आधीन हो। हम प्रति वर्ष लगभग साठ करोड़ रुपया केवल विदेशी वस्त्रों के मूल्य के रूप में अन्य-अन्य देशों को दे देते हैं। फिर हम दरिद्र हैं और हम सदा ताऊन हैज़े इनफ्लूएंज़ा इत्यादि नित्य नई बलाओं में फँसे रहते हैं इसमें कोई आश्चर्य नहीं है। जिस प्रकार हमारे शरीर के बढ़ने और आरोग्य रहने के लिए ख़ून की आवश्यकता होती है, वैसे ही एक देश की उन्नति, शक्ति और स्वास्थ्य के लिए दौलत आवश्यक है। जिस देश के रहने वाले अपने देश की दौलत के बढ़ाने का प्रबन्ध नहीं करते और उसे अन्य जातियों की लूट से नहीं बचाते, वे दरिद्रता की आपत्तियों में और अन्य जातियों के अत्याचारों में सदा फँसे रहते हैं।

इस समय साठ करोड़ रुपयों को देश के बाहर न जाने देना, जो प्रति वर्ष विदेशी वस्त्र के मूल्य के रूप में अन्य देशों को चले जाते हैं भारतीय पुरुषों से अधिक भारतीय स्त्रियों के आधीन है। एक ओर तो यह स्त्रियाँ पुरुषों के साथ-साथ विदेशी वस्त्रों का परित्याग कर विदेशी कपड़ों का देश में आना बन्द कर सकती हैं, दूसरी ओर अपनी पुरानी सभ्यता और दौलत के प्राचीनतम कारण अथवा चरखे को पुनर्जीवित कर वे इतना सूत तैयार कर सकती हैं कि उनकी मातृभूमि सूत के लिए अन्य जातियों की अथवा मिलों की आशा न करे। यह एक महान कार्य है। इसे सिद्ध कर लेना मानो भारत के सबसे बड़े बन्धन को तोड़कर उसे मुक्त कर देना है।

हम यह नहीं कहतीं कि समस्त भारतीय स्त्रियाँ सूत कातने को अपना पेशा बना लें। यह तो असम्भव है। परन्तु हम इतना अवश्य कहती हैं कि भारत की प्रत्येक स्त्री अपने अन्य कार्यों के साथ चरखा कातने को एक अमूल्य कार्य बना सकती है। हमने देखा है कि थोड़े परिश्रम में अपने गृह कार्य के साथ-साथ एक स्त्री एक छटाँक सूत प्रतिदिन कात लेती है। एक वर्ष में तीन सौ पैंसठ दिन होते हैं इनमें से पैंसठ दिन छुट्टी और नागा के निकालकर भी एक स्त्री वर्ष में तीन सौ छटाँक सूत कात सकती है। तीन सौ छटाँक सूत में बारह से पन्द्रह थान तक चौदह-पन्द्रह

नाप के तैयार हो सकते हैं। इतना कपड़ा एक छोटे कुटुम्ब के वर्ष भर पहनने को काफ़ी है। अधिकतर घरों में एक से ज़्यादा स्त्रियाँ होती हैं और यदि यह स्त्रियाँ यह देख लें कि बात करते-करते अपनी छुट्टी के समय में घर बैठे-बैठे वे अपने सारे कुटुम्ब को कपड़ा पहनाने का प्रबन्ध कर सकती हैं तो असम्भव है कि वे आगे के समान चरखे को एक प्रिय वस्तु न समझने लगें। साथ ही साथ जब वह यह जानने लगेंगी कि चरखा कातकर वे अपने कुटुम्ब को ही लाभ नहीं पहुँचातीं बल्कि अपने देश को अन्य जातियों के विनाशक प्रभाव और लूट से बचाती हैं तो चरखा कातना उनका एक धार्मिक कर्तव्य बन जावेगा।

अब प्रश्न यह है कि यह विचार स्त्रियों में कैसे फैलाए जावें और चरखा कातने की मर्यादा पुनर्जीवित कैसे हो। प्रत्येक आन्दोलन की सफलता के लिए एक संगठन की आवश्यकता होती है। हमारी सम्मति में स्त्रियों में चरखा प्रचलित करने और स्वदेशी भाव उत्पन्न करने के लिए एक विशेष संगठन की आवश्यकता है। इस समय हमारे प्रान्त के प्रत्येक भाग में कांग्रेस कमेटियाँ मौजूद हैं, और हमारे देश के अधिकतर स्त्री-पुरुषों के हृदयों में राष्ट्रीय भाव लहरा रहे हैं। हमें सम्पूर्ण विश्वास है कि देश की ऐसी अवस्था में कोई संगठन जो एक ऐसे महान उद्देश्य की पूर्ति के लिए रचा जावे कभी असफल नहीं रह सकता। इन्हीं भावों से उत्साहित हो हमें निम्नलिखित योजना उपस्थित करनी है। और हमें आशा है कि प्रान्त की समस्त कांग्रेस कमेटियाँ तथा समस्त प्रान्त निवासी जिन्हें कांग्रेस के कार्य अथवा अपने देश से सहानुभूति हो यथा योग्य इसे कार्यरूप प्रदान करने की चेष्टा करेंगे।

इस संगठन के बनाने में कांग्रेस कमेटियों को या जो कोई भी इसे अपने नगर, क़स्बे अथवा गाँव में बनावेगा सबसे पहले एक बड़ी संख्या में चरखे बनवाने और रुई ख़रीदने और धुनकवाने का प्रबन्ध करना होगा। सस्ते से सस्ते चरखे अच्छे से अच्छा काम देते हैं, और कातने के लिए मिल की दबाई हुई रुई से खुली हुई रुई ज़्यादा अच्छी और सस्ती होती है।

चरखा बनवाने और रुई ख़रीदने और धुनकवाने का प्रबन्ध कर लेने पर जिस हलके में काम करना हो उसे इस प्रकार संगठित किया जा सकता है।

1. जिस प्रकार कस्बे या गाँव को संगठित करना हो उसे छोटे-छोटे हिस्सों में तक़सीम कर लेना चाहिए। मोहल्लेवार तक़सीम आसान और उचित होगी। इन मोहल्ले में से एक को हाथ में लेना चाहिए।
2. इसमें यह दरियाफ़्त करना चाहिए कि कौन सा घर लेना है जिसमें स्त्रियाँ अन्य घरों के मुक़ाबिले में ज़्यादा उत्साही हैं और जिसका स्त्रियों से और मोहल्ले वालों से ज़्यादा रब्त-ज़ब्त है।
3. ऐसा घर मिल जाने पर उस मोहल्ले में उस घर को अपने काम का 'मुख्य स्थान' करार देना चाहिए। अगर कोई छोटा मोहल्ला है तो एक ही ऐसा

स्थान काफ़ी होगा। अगर मोहल्ला बड़ा है तो तीन या चार तक मुख्य स्थान बनाने की ज़रूरत पड़ेगी।

4. बाक़ी केन्द्र जहाँ तक हो सके हमें अपने मुख्य स्थान की सलाह और रज़ामन्दी से बनाने चाहिए जिसमें यह सब स्थान मिल-जुल कर ख़ुशी से काम कर सकें। इन स्थान के बनाने में मोहल्ले में रहने वालों का भी ख़्याल रखना चाहिए। अगर किसी मोहल्ले में कई बिरादरियों के लोग बड़ी संख्या में रहते हैं, जैसे—ब्राह्मण, बनिये, कायस्थ, मुसलमान, तो हर बिरादरी में एक मुख्य स्थान का होना काम को बहुत आसान कर देगा।
5. इन स्थानों का कार्य कांग्रेस कमेटी या जो कोई कमेटी हलक़े में यह संगठन स्थापित कर रही हो उसकी दी हुई रुई और चरखों को अपने हलक़े में लाना, जो सूत तैयार हो उसे ख़रीदना और इन सबका हिसाब रखना होगा। जो स्त्रियाँ चरखे नकद नहीं ख़रीद सकतीं या नहीं ख़रीदना चाहतीं उन्हें चरखा ऐसी शर्तों से दे देना चाहिए कि धीरे-धीरे चरखों की क़ीमत वसूल हो जावे और मोल लेने वालियों को बोझ न मालूम हो। इलाहाबाद कमेटी चरखा इस शर्त पर दे देती है कि फ़ी सेर सूत की क़ीमत में से चार आना करके काट लिया जावेगा।
6. हर मुख्य स्थान में दस सेर रुई और कम से कम पाँच चरखे हर समय बाँटने के लिए मौजूद रहना चाहिए। या जिसकी जितनी आवश्यकता हो वही मुख्य स्थान अपने मोहल्ले में स्वयं और दूसरे स्थानों के ज़रिये से रुई और चरखे बाँटेगा और उस रुई और चरखे का हिसाब रखेगा। और अपनी सारी कार्रवाई के लिए संगठन स्थापित करने वाली कमेटी के आधीन रहेगा।
7. रुई की क़ीमत और सूत की क़ीमत कमेटी तय करके इन सब स्थानों को बतला देगी क्योंकि सूत मुख़्तलिफ़ क़िस्मों के कते होते हैं, कोई महीन, कोई मोटा, कोई बहुत महीन, कोई बहुत मोटा। इसलिए कमेटी तीन-चार तरह के सूतों के नमूने मय उनकी क़ीमतों के इन स्थानों में रखवा देगी जिनसे मिलाकर मुख्य स्थान वाले सूत क़ी क़ीमत क़ायम कर सकें और उसी क़ीमत पर सूत ख़रीद कर सकें।
8. हर एक मुख्य स्थान को हिदायत होनी चाहिए कि वह बिना लच्छा बना हुआ सूत न ख़रीदें और यह मुकर्रर कर दें कि हर लच्छे का वज़न एक छटाँक से कम या ज़्यादा न हो। इस तरीक़े से थोड़े अरसे में सूत की ख़रीद-फ़रोख़्त में बराबरी पैदा हो जावेगी।
9. हर एक मुख्य स्थान में 'स्वराज्य' पत्र और अन्य राष्ट्रीय पत्रों की एक कॉपी मुफ़्त या क़ीमत से जैसा मुमकिन हो भिजवाना चाहिए। कांग्रेस की

तरफ़ से निकले हुए पैम्फ़लेट और हर प्रकार की कांग्रेस की किताब वहाँ बराबर मुफ़्त पहुँचना चाहिए। इससे इन मुख्य स्थानों के काम में ज़्यादा दिल लगेगा। और कांग्रेस के ख़्यालात इन मुख्य स्थान के ज़रिये नीचे वाली श्रेणियों में पहुँचेंगे।

10. अपने हिस्से में मुख्य केन्द्र अपने मातहत मुख्य स्थानों से चरखे, सूत इत्यादि का हिसाब लिया करेगा। और हर महीने के पन्द्रहवें दिन वह स्वयं अपनी कमेटी को अपना हिसाब देने का ज़िम्मेदार रहेगा।
11. इन मुख्य स्थानों के बनाने में काम करने वालों को मोहल्लों की पूरी हालत मालूम हो जावेगी कि किस मोहल्ले में कौन स्त्री किस काम के लिए मुनासिब है। इस प्रकार कुछ ही अरसे में एक अच्छी मण्डली ऐसी स्त्रियों की तैयार हो जावेगी जो दूसरे काम को भली प्रकार देखभाल सके और उसे तरक़्क़ी दे सके।

यह काम करने की रीति अत्यन्त सरल और साधारण है। प्रत्येक नगर, गाँव और क़स्बे में इसे प्रचलित किया जा सकता है। सूत के ग्राहकों की इस समय कमी नहीं और न सूत बुनने वालों का हमारे प्रान्त में अभाव है। फिर कोई कारण नहीं कि हमारे प्रान्त निवासी विदेशी वस्त्र को सर्वथा त्याग और शुद्ध स्वदेशी वस्त्र को धारण कर महात्मा गांधी के महान स्वराज्य यज्ञ में शुद्ध हृदय और शुद्ध शरीर से क्यों न भाग ले सकें।

महात्मा गांधी बारम्बार चितावनी दे रहे हैं कि भारतीय स्त्री-पुरुष बिना विदेशी वस्त्र त्यागे और स्वदेशी वस्त्र धारण किए उनके स्वराज यज्ञ में सम्पूर्ण भाग नहीं ले सकते। स्वराज का यज्ञ एक महान यज्ञ है। इस यज्ञ की पूर्ति के लिए शुद्ध शरीर, शुद्ध हृदय और शुद्ध विचारों की आवश्यकता है, और यह भी आवश्यक है कि इसमें देश की समस्त संतान स्त्री-पुरुष, बालक-वृद्ध सब ही भाग लें। भारत की स्त्रियाँ अपनी वर्तमान दुर्दशा के कारण इस महान यज्ञ में कोई विशेष भाग नहीं ले सकतीं। परन्तु एक बात उनके हाथ में है। वे विदेशी वस्त्र त्याग और स्वदेशी वस्त्र धारण कर अपनी जन्मभूमि को अशुद्ध होने से अवश्य बचा सकती हैं। यदि उन्होंने इतना भी न किया और उनके अशुद्ध रहने के कारण हवन पूर्ति में बाधा पड़ी तो निस्सन्देह यह खंडन का पाप उन्हीं के सर पड़ेगा। और यदि पुरुषों ने उन्हें शुद्ध बनाने में सम्पूर्ण सहायता न दी तो वे भी इस घोर पाप के भागी होंगे।

(उमा नेहरू, मेम्बर कार्यकारिणी सभा, प्रान्तीय कांग्रेस कमेटी, इलाहाबाद)

स्त्री दर्पण, नवम्बर 1921

सामाजिक विवाह में स्त्रियों का स्थान

आज बीसवीं शताब्दी में जब संसार चारों ओर राष्ट्रीय व सामाजिक उलटफेर में लगा है—हमारा देश अभी इसी प्रश्न को हल नहीं कर चुका कि समाज व राष्ट्र के लिए अन्तर व अन्य-जातीय विवाह लाभदायक है या नहीं?

हमारे देश व समाज के लिए यह ऐसा ज़बरदस्त परिवर्तन है कि आज दिन तक इसके लिए हम तैयार नहीं, और जहाँ देश में इस परिवर्तन का ज़िक्र आया, मानो समुद्र में आँधी-सी चलने लगती है।

परिवर्तन सांसारिक जीवन का एक अति महान अंश है। उन्नति केवल सुपरिवर्तन का नाम है। परिवर्तन से विमुख होना, मानो उन्नति का द्वार बन्द कर देना है। जिस व्यक्ति में, समाज या राष्ट्र के जीवन में सुपरिवर्तन अथवा उन्नति की शक्ति नहीं, वह सजीव नहीं कहा जा सकता, और न वह संसार में मान और गौरव के साथ अपना अस्तित्व क़ायम रख सकता है। ऐसी दशा में परिवर्तन से भयभीत होना मानो अपने वास्तविक जीवन और उन्नति से भयभीत होना है। हर व्यक्ति को, समाज और राष्ट्र को अपने जीवन के प्रत्येक भाग में सुपरिवर्तन करने का अधिकार प्राप्त है। नहीं, बल्कि यह उसका धार्मिक कर्तव्य है।

परिवर्तन से डरने का वास्तविक कारण क्या है? परम्परा-पूजन अर्थात् अपने रीति-रिवाजों तथा संस्थाओं का अनुगमन, उनके भले-बुरे होने का विचार न करते हुए केवल इसलिए करना कि वे पुरानी हैं—इस विनाशक नियम की पुष्टि में दो बातें कही जाती हैं। एक तो यह कि हमारे बाप-दादा कुछ मूर्ख न थे, जो कुछ कर गए हैं, ठीक ही कर गए हैं। दूसरे यह कि मर्यादा से किञ्चित् मात्र हट जाना हिन्दू जाति के व्यक्तित्व को खो बैठना है।

हमारे बाप-दादा मूर्ख न थे। परन्तु जो समझते हैं कि उनमें संसार की गति को अनुभव करने की और उसके साथ-साथ उन्नति करने की शक्ति न थी, वह उन्हें अवश्य मूर्ख ठहराते हैं। हमारे पूर्वजों ने अपने-अपने समय में जो प्रबन्ध किए, ख़ूब किए, और यदि वे लोग आज उपस्थित होते तो संसार गति को देख, फिर ऐसे प्रबन्ध करते कि हमारी अभागिनी जाति एक जीवित राष्ट्र बन जाती। परन्तु वे यह नहीं जानते थे कि हम अभागों के पास अपनी गाँठ की कुछ भी बुद्धि न होगी। रही

व्यक्तित्व की बात, सो परिवर्तन का द्वार बन्द कर देने से, हिन्दू जाति का अस्तित्व ही मिट गया और मिट रहा है। व्यक्तित्व की कौन कहे!

किसी रीति या प्रथा को (यदि वह बुरी है तो) केवल पुराना होना भला नहीं बना सकता। हर स्थिति की बुराई या भलाई उसके परिणामों पर निर्भर होती है। किसी व्यक्ति का 125 वर्ष का होना यह नहीं बताता कि वह आदर्श व्यक्ति है। उसे आदर्श सिद्ध करने के लिए हमें उसके जीवन-चरित्र पर दृष्टि डालनी होगी—किसी वृक्ष का सहस्त्रों वर्ष का होना यह नहीं बताता कि उसके फल ज़हरीले और उसकी छाया मानव स्वास्थ्य के ख़्याल से हानिकर नहीं है? उसके हानिकर प्रभावों के विदित हो जाने पर भी अगर हम लोगों को उसके विषमय फलों, उसकी विनाशक छाया से बचने का अवसर न दें तो हम मूर्ख कहलाने के अवश्य अधिकारी हैं। हमारा समस्त जीवन इसी मूर्खता की लीला का एक विचित्र दृश्य है। हम अपनी रीतियों और रिवाजों के सम्बन्ध में केवल व्यवस्था-पूजक हैं। हम यह नहीं सोचते कि यह रीति अच्छी है या बुरी? हम केवल यही सोचते हैं कि यह कितनी पुरानी है। और उसके विनाशक परिणामों का निश्चय हो जाने पर भी उसके अनुकरण को हम अपना धर्म समझते हैं।

रहा हमारे देश के तैयार न होने का प्रश्न। इस सम्बन्ध में पहले तो हम इस बात को मानने को तैयार नहीं कि भारत अथवा हमारी जाति उन परिवर्तनों के लिए तैयार नहीं जो उसके विकास, उसकी उन्नति के लिए आवश्यक हों। हमारे देश-निवासियों का यह कहना कि भारत सामाजिक परिवर्तनों के लिए तैयार नहीं—हमारी सम्मति में देश व समाज के साथ विद्रोह करना है।

वास्तव में जो प्रश्न इस समय देश व समाज के सामने है, वह यह कि अन्तर्जातीय-विवाह, व अन्य जातीय विवाह हमारे समाज व देश के लिए हितकर है या नहीं? हर सामाजिक प्रबन्ध का बुरा या भला होना उसके परिणामों पर निर्भर होता है। अन्तर्जातीय व अन्य जातीय विवाह का विरोध करने वालों को यह सिद्ध करना चाहिए कि ऐसे विवाहों का परिणाम देश व समाज के लिए हानिकर होगा। यह लोग तो केवल देश के तैयार न होने की गाथा गाने के सिवा कुछ भी नहीं करते। यदि कहते भी हैं तो यही कहते हैं कि जो बात होती चली आई है वह बुरी ही सही, परन्तु उसे बदलने की हम अपने में सामर्थ्य नहीं पाते। इस भयंकर नैतिक भीरुता का मूल कारण भी अवश्य यही विनाशक रीतियाँ हैं, जिन्होंने हमारी जाति को एक से चार और चार से सहस्त्रों टुकड़ों में तोड़कर फेंक दिया है।

अन्तर्जातीय व अन्य जातीय विवाह हमारे देश के लिए कोई नई प्रथा नहीं। वैदिक युग में तो जातीय भेद ही न थे तब अन्तर्जातीय व अन्य जातीय विवाह का प्रश्न ही क्या उठता? हम प्रायः सोचते हैं कि वैदिक युग की

भारतीय जाति आर्य्य थी या कुछ और थी? और हम उसी जाति की सन्तान हैं तो हमने अपने बाप-दादा की रीतियों को कैसे छोड़ा? और उनको छोड़ने के बाद आर्य्य कहलाने के अधिकारी कैसे रहे? और यदि रहे तो विशेषकर फिर उन्हीं छोड़ी हुई रीतियों को ग्रहण करने की चेष्टा करने में हम हिन्दू जाति से कैसे पतित हो जावेंगे?

मर्यादा के प्रश्न को छोड़कर अन्तर्जातीय विवाह के पहलू पर दृष्टि डालने से एक बात निश्चित हो जाती है कि वैदिक समय से लेकर आज तक हमारे शास्त्रों ने अन्तर्जातीय विवाह को कितना ही निरुत्साहित क्यों न किया हो, किन्तु नाजायज़ कभी नहीं कहा। अब रही हमारी विनाशक मर्यादा की बात, सो हम केवल यह चाहते हैं कि हमारी समाज व अदालतों को यह अधिकार रहे कि वह उस संस्था को जिसे हमारे शास्त्र जायज़ कहते हैं, मर्यादा की बिना पर नाजायज़ न बना सकें। यह हिन्दू जाति का विरोध नहीं—यह हिन्दू जाति को एक राष्ट्र बनाने की चेष्टा करना है।

अब अन्तर्जातीय विवाह के राजनैतिक पहलू को देखिए। हमारे देश में बहुत कम विचारवान ऐसे होंगे जिनके हृदय जातीय भेद की उत्पन्न की हुई घटनाओं को देखकर काँप न उठते हों।

मानव-धर्म का एकमात्र उद्‌देश्य जगत में एकता, समानता और पारस्परिक प्रेम फैलाना होता है। जातीय नियम के प्रचार ने हमारी एकता, समानता और पारस्परिक प्रेम का नाश कर दिया। मानव-धर्म का एकमात्र उद्‌देश जाति को प्रबल बनाना है, परन्तु जातीय भेद पालन ने हमें अपने चौके की रक्षा में, एक-दूसरे की रक्षा में ऐसा सर्व स्वलीन कर दिया कि देश के शासन और देश की रक्षा का कार्य हमें अन्य-अन्य जातियों को सौंपना पड़ा शताब्दियाँ नहीं, बल्कि युग हमें ठोकरें खाते हो चुके, परन्तु अब भी हमारी आँखें नहीं खुलतीं।

वैदिक युग में जो एक क्षत्री जाति थी वह अब पाँच सौ नब्बे टुकड़ों में विभाजित हो गई; वह ब्राह्मण जाति जो एकता की मर्यादा और हिन्दू-समाज का मस्तक थी, अब एक हज़ार आठ सौ पच्चासी हिस्सों में विभाजित है। और इन भिन्न-भिन्न टुकड़ों में एक-दूसरे की ओर से उससे अधिक द्वेष, घृणा और शत्रुता है, जितनी दो ग़ैर मज़हब वालों में आजकल पाई जाती है। दो ब्राह्मण पारस्परिक व्यवहार में एक-दूसरे से उतने ही अधिक विलग दिखाई पड़ते हैं, जितना एक मुसलमान ईसाई से। फिर किसी एक जाति का इतने टुकड़ों में टूट जाना उसकी जातीय एकता का मिट जाना है या नहीं? राजनैतिक क्षेत्र में उससे घोर आपत्ति किसी देश पर और क्या पड़ सकती है।

जातीय भेद ने हमारे समाज के सैकड़ों टुकड़े कर दिए हैं। ये टुकड़े एक-दूसरे से वञ्चित रहने से आदर्श की अँधेरी गुफ़ा में ऐसे बन्द हैं कि जातीयता के

सूर्य की प्रभा इन तक पहुँच ही नहीं पाती। हमारा तो अजब हाल है। जहाँ कोई देशभक्त इन गुफ़ाओं को विशाल करने की ओर इनमें जातीयता की प्रभा पहुँचाने की चेष्टा करता है; हम उसे अधर्मी और पश्चिमीय समझ बैठते हैं। हम तो यह समझते हैं कि अधर्मी वह है जो देश विनाशक रीतियों का पालन करे, जो इन्हें जीवित रखने की धुन में अपने देश की सुध बिसार दे, और जो आर्य्य जाति को अपनी प्राचीन एकता और गौरव प्राप्त करने में समर्थ न बनने दे। इस जातीय भेद ने हमारा राजनैतिक अस्तित्व मिटाने के अतिरिक्त, हमारे समाज में एक घोर अत्याचार मचा रखा है। समस्त संसार में इस समय समता और व्यक्तित्व की प्रबल धारा बह रही है। छोटी-मोटी मण्डलियाँ इस धारा में पड़कर अपना परिमित जीवन विशाल जातीय जीवन के अर्पण कर रही हैं। पारस्परिक व्यवहार का बढ़ना भिन्न-भिन्न मण्डलियों के व्यक्तियों में मित्र भाव उत्पन्न कर रहा है। व्यक्तित्व और स्वतंत्रता की धैर्यजनक तरङ्गें इन व्यक्तियों को अपनी अन्तरात्मा के अनुसार काम करने पर विवश कर रही हैं। नतीजा यह है कि ये व्यक्ति केवल अपनी बिरादरी को ही अपना समस्त संसार न समझकर समस्त संसार को अपनी बिरादरी समझने लगते हैं।

हिन्दू जाति में इतनी शक्ति न थी कि वह इस परिवर्तन को रोक सकती, और न इतनी बुद्धि है कि इस परिवर्तन को संसार-गति का एक प्राकृतिक परिणाम समझ इसका सहर्ष स्वागत करे। जिस परिवर्तन को अन्य देश अपना सौभाग्य समझते हैं, वह इस अभागी जाति को साक्षात् काल-रूप दिखाई पड़ता है। और उन स्वतंत्र, धैर्यशील व्यक्तियों को, जिन्हें संसार पूजनीय समझता है, वह अपनी निर्दयता से अपनी शरण छोड़ देने पर विवश कर देती है। इस समय हमारी सारी समाज एक घोर आपत्ति में पड़ी है। यदि अन्त:करण का साथ दिया जाए तो हिन्दू धर्म छूटता है। यदि अन्त:करण का साथ न दिया जाए तो धर्म ही निरर्थक हो जाता है। नतीजा यह है कि कुछ अन्तरात्मा का साथ छोड़ आत्म-संहार कर जाति में मिल जाते हैं; और कुछ अपनी अन्तरात्मा पर क़ायम रहकर हिन्दू जाति की गोद से सदा के लिए निर्वासित कर दिए जाते हैं।

अन्त में हम यह दिखाना चाहते हैं कि राष्ट्र, समाज और व्यक्ति के अलावा अन्तर्विवाह का स्त्री जाति के साथ एक विशेष सम्बन्ध है। मानव समाज में विवाह स्त्री की जीविका है। संसार का सुख तो एक ओर रहा, केवल जीवित रहने के लिए इसे वैवाहिक अवस्था ग्रहण करना आवश्यक है। ऐसी दशा में उस क्षेत्र का परिमित होना, जिसमें इसके लिए पति चुना जाता है, मानो इसकी जीविका के क्षेत्र का परिमित होना है। यों देखिए कि यदि एक क्षत्री जाति हो, जिसमें एक करोड़ व्यक्ति हों, तो हर बालिका के माता-पिता के सामने लगभग बीस लाख पुरुष होंगे जिनमें से ये अपनी पुत्री के लिए इच्छानुसार वर चुन

सकेंगे। यदि इस जाति को छः सौ हिस्सों में विभाजित कर दिया जावे तो उसी हिसाब से वैवाहिक क्षेत्र में लगभग केवल चार हज़ार ही पुरुष रह जावेंगे। इससे भी घोर आपत्ति तब होगी जब इस जाति को विभाजित करते समय हम यह विचार न रखें कि इसके हर भाग में स्त्री-पुरुष की संख्या समान रहे। संख्या के समान न होने की आपत्ति अधिकतर स्त्री ही के सिर पड़ेगी। यदि इसकी संख्या कम हुई तो यह ग़ुलामों की तरह अधिक से अधिक मूल्य देने वाले के हाथ बिकने लगेगी और यदि इसकी संख्या ज़्यादा हुई तो इसे दो-दो, तीन-तीन, अभागी सौतिनों को अपनी जीविका का साथी बनाना पड़ेगा।

जिस समय किसी जाति के धार्मिक मतभेद के कारण टुकड़े होने लगते हैं, तो वे टुकड़े वैज्ञानिक नियमों के अनुसार नहीं किए जाते, न उन टुकड़ों में स्त्री-पुरुष की संख्या की समानता का ख़्याल रखा जाता है। इस अद्‌भुत घटना का जीवित प्रमाण स्वयं हमारी वर्तमान सामाजिक दशा है। हमारी हिन्दू-जाति हज़ारों छोटे-छोटे टुकड़ों में बँट गई है। इन टुकड़ों में से किसी में स्त्री की संख्या पुरुषों से अधिक है, किसी में कम। इस बहुतायत और न्यूनता के दुःख उन माता-पिता और पुत्रियों से पूछिए जो इस सामाजिक अत्याचार के भँवर में फँसकर हमेशा के लिए मिट चुके हों। दूर क्यों जाइए, अपने प्रान्त के कान्यकुब्ज ब्राह्मणों की व बङ्गाल के कुलीन ब्राह्मणों की वैवाहिक अवस्था देख लीजिए। कुलीन ब्राह्मणों में स्त्रियों की संख्या पुरुषों से अधिक है। नतीजा यह है कि दस से लेकर सौ-सौ तक अभागी पुत्रियाँ एक-एक पुरुष के साथ ब्याह दी जाती हैं। इनके दुःखों का, इनके माता-पिता के दुःखों का उत्तरदाई कौन है? इस प्रकार का अन्धेर चारों ओर मचा हुआ है। परन्तु कोई पूछने वाला नहीं। और जहाँ किसी ने इस अन्धेर को कम करने की कोई रीति निकाली वहीं समस्त हिन्दू जाति का दिल दुःखने लगता है। इस सामाजिक अत्याचार से तंग आकर यदि कोई माता-पिता अपनी पुत्री को अन्य जातियों में ब्याह देते हैं तो भी इस पुत्री की जीविका का ठिकाना नहीं लगता। हमारे शास्त्र तो ऐसे विवाह को जायज़ बनाकर स्त्री की रक्षा करते थे; परन्तु आज रिवाज की बिना पर इन विवाहों को नाजायज़ करार दिया जाता है। इसका नतीजा यह है कि बहुधा कोई स्त्री बीस-पच्चीस वर्ष तक वैवाहिक जीवन व्यतीत करने के पश्चात् घर से अपने चार-चार बच्चों के साथ निकाल बाहर की जाती है और पति के इस अत्याचार के विरुद्ध क़ानून उसकी अथवा उसके बच्चों की कोई रक्षा नहीं करता।

इन्हीं सारी दुर्घटनाओं को मिटाने के लिए केवल अन्तर्जातीय विवाह ही नहीं, बल्कि भारतीय हर जाति में एक-दूसरे से विवाह का होना बहुत ज़रूरी है। यह बार-बार कहना कि हमारा देश इन सुधारों के लिए तैयार नहीं—वह अपनी

मर्यादा से किञ्चित् मात्र हटना नहीं जानता, किसी सुधार की चर्चा सुनकर उसे अत्यन्त दु:ख होता है, ठीक व सत्य हो—लेकिन हमारी भूल व अज्ञानता है।

हम अपने बुज़ुर्गों से केवल यह पूछते हैं कि वह जानते हैं या नहीं कि अस्त्र-शस्त्र बाँधने की मर्यादा जो भारतीय जाति में इतिहास के आरम्भ से प्रचलित थी, इन हमारे बुज़ुर्गों ने एक बार ही कैसे त्याग दी? हम यह भी पूछते हैं कि आख़िर इतने वर्ष से अस्त्र-शस्त्र न बाँधने की मर्यादा हमारे समाज में प्रचलित हो गई है या नहीं? हमारी हिन्दू-जाति ने अपना यह धार्मिक कर्तव्य पालन करने का क्या प्रबन्ध किया?

चाँद, नवम्बर 1935

परिशिष्ट

अन्य (सम्पादकीय टिप्पणी, पत्र इत्यादि)

कुमारी सभा

(सभा के अवसर पर श्रीमती उमा नेहरू ने लिखा)

ए—बहिनो आओ, आज करें मिलके सब दुआ।
परमेश्वर के सामने इस सर को दें झुका॥
हो उन्नति सभा की, वह हो सबकी इलतिजा।
मेहनत सुफल हो, क़ौम के बच्चों का हो भला॥
दुनिया में बाड़ा देश का, जब तक हरा रहे।
पौदा सभा का क़ौम में फूला फला रहे॥
प्यारी कुमारियों को सभा ने सँभाला है।
अज्ञानता के अन्ध से इसने निकाला है॥
हाँ, वह हर एक कुमारी के घर का उजाला है।
हमने बड़ी मुसीबतों से इसको पाला है॥
तुम भी हमारी तरह से अब इसका साथ दो।
जो तुमको चाहते हैं उन्हें हाथों हाथ लो॥
इसने तुम्हारे वास्ते क्या कुछ नहीं किया।
इल्मो हुनर का दान तुम्हें मुफ़्त में दिया॥
इसने तुम्हारे वास्ते दुनिया का दु:ख सहा।
तब जाके इन कुमारियों के दिल में घर हुआ॥
बीड़ा उठाया इसने तुम्हारी भलाई का।
जौहर दिया दिलों को तुम्हारे सफ़ाई का॥
जारी रही तो देखना, क्या-क्या दिखावेगी।
एक रोज़ ज्ञान की वही गंगा बहावेगी॥
ग़फलत का आँख से कहीं परदा उठावेगी।
जाहिल नज़र न एक कुमारी भी आवेगी॥
दुनिया की रस्म बद को वही खोने वाली है।
और नेकियों का बीज वही बोने वाली है॥

परमेश्वर वह क़ौम को हिम्मत अता करे।
हर साल, जश्न, सालगिरह, का हुआ करे॥
सतसंग हो, प्रेम की नद्दी बहा करे।
चरचा सभा के धर्म का सब में रहा करे॥
दिल का कमल ख़ुशी की हवा में खिला रहे।
साया सभा का सर पे हमारे सदा रहे॥
दिल में कुमारियों के, सभा का बोखार हो।
बरषा में जैसे बाग़ पे कोयल निसार हो॥
हो ताज सर का-और गर्दन का हार हो।
इसकी जुदाई दिल को बहुत नागवार हो॥
प्रीत, इस सभा की दिल का सहारा बनी रहे।
छोटे, बड़ों की आँखों का तारा बनी रहे॥
परमात्मा सभा को मोहब्बत का ज्ञान दे।
बहिनों पे अपनी प्यार से हर एक जान दे॥
दिल पर असर हो जिसका, इन्हें वह ज़बान दे।
यह हर एक का धर्म हो कि विद्या का दान दे॥
ग़ैरों के काम आवे, वह हिम्मत बनी रहे।
मुफ़लिस भी हों तो धर्म की दौलत बनी रहे॥
है यह दुआ के नेक रहो, बा वफ़ा रहो।
दुनिया की जो बदी है तुम इससे रिहा रहो॥
फूलो फलो ज़माने में, ज़िन्दा सदा रहो।
ख़िदमत में अपनी बहिनों की दिल से फ़िदा रहो॥
खेती रहे सभा की हमेशा हरी-भरी।
चमके नसीब, शुभ कुमारी हो मंत्री॥

अगस्त 1919, कुमारी दर्पण (स्त्री दर्पण पत्रिका में 'कुमारी दर्पण' के नाम से एक भाग बालिकाओं के लिए छपा करता था)

निवेदन-I

ख़ेद से कहना है कि इस विशेष संख्या के निकालने में अधिक देर हो गई। कारण यह है कि प्रथम तो लेख विलम्ब से आए, दूसरे उनके अंग्रेज़ी, उर्दू, गुजराती, बंगला, मराठी आदि भाषाओं में होने के कारण से अनुवाद कराने पड़े। अनुवाद कराने में बहुत समय लगा। आशा है कि इस देर के लिए पाठक तथा पाठिका महोदया हमें क्षमा प्रदान करेंगी। इस विशेष संख्या में अनेक बातों का विशेष ध्यान रखा गया है। इसमें हमने औरतों की कहानी औरतों की ज़बानी कहलवाई है, इसलिए कि प्रथम तो औरतों को इसका अवसर मिलेगा और इच्छा पैदा होगी दूसरे यह कि औरतों की कही हुई बातों का स्वभावत: औरतों पर अधिक प्रभाव पड़ेगा और अन्तिम कारण, जो कि वास्तव में भी अन्तिम नहीं है, यह है कि इससे हमारे मर्दों को हमारी भीतरी हालत से जानकारी होगी।

सामयिक राजनैतिक बातें विशेष रीति से नहीं रखी गई हैं क्योंकि वे साधारणत: 'मर्यादा' में रहती हैं और हम इस संख्या को एक स्थायी महत्त्व की चीज़ बनाना चाहती थीं।

इस संख्या में हमने जानकर ऐसे लेख नहीं प्रकाशित किए जिनमें औरतों-औरतों में, और औरतों-मरदों में मतभेद हो सकता है। उदाहरणत: 'स्त्रियों के स्वत्व', 'स्त्रियों का वोट,' 'स्त्रियों की आर्थिक स्वतंत्रता', 'विवाह समस्या' आदि। यूरोप के समाज में इन विषयों के वाद-विवाद ने एक बड़ी और भयानक हलचल पैदा कर दी है। वहाँ मतभेद से बढ़ते-बढ़ते मनमोटाव तक की नौबत पहुँच गई है। मतभेद को हम बुरा नहीं समझती हैं और न हम इस क़िस्म के मनमोटाव से डरती ही हैं। हम तो इनको जागृति और जीवन का चिह्न समझती हैं। अगर हमारा इरादा कुछ अरसे बाद एक दूसरी विशेष संख्या इन रोचक और वादग्रस्त विषयों के सम्बन्ध में निकालने का न होता, हमने किसी न किसी तरह कुछ जगह उनको इस ही अंक में दे दी होती।

वर्तमान संख्या में बहुत-सी ग़लतियाँ और त्रुटियाँ रह गई हैं। हम आशा करती हैं कि हमारे पाठक-पाठिका उनके लिए हमें क्षमा करेंगी।

—उमा नेहरू

मर्यादा, फरवरी 1914 का सम्पादकीय।

(मर्यादा पत्रिका का यह अंक स्त्री केन्द्रित था तथा इसकी सम्पादिका उमा नेहरू थीं।)

निवेदन-II

पिछली विशेष संख्या को प्रकाशित करते समय हमने लिखा था कि 'स्त्रियों के स्वत्व', 'स्त्रियों की आर्थिक स्वतंत्रता' आदि रोचक और वादग्रस्त विषयों को हम दूसरी विशेष संख्या में प्रकाशित करेंगी। इच्छा रहते भी कई एक कारणों से ख़ेद है हम आज से पहिले इस संख्या को न प्रकाशित कर सकीं। स्त्रियों के स्वत्व, उन्हें पूर्ण स्वतंत्रता क्यों होनी चाहिए, उनकी आर्थिक स्वतंत्रता क्यों आवश्यक है इन सब विषयों को भली प्रकार समझने के लिए यह आवश्यक था कि पहिले हम लोग यह जानें कि पुरुष और स्त्री का सम्बन्ध क्या है, क्यों है और वह कैसा होना चाहिए? इस उद्‌देश्य की पूर्ति के लिए इस संख्या में अधिकतर लेखों में स्त्री-पुरुषों के सम्बन्धों पर विचार किया गया है। जो विचार प्रकट किए गए हैं वे उचित हैं या अनुचित, ठीक हैं या ग़लत इन बातों का निश्चय हम अपने विज्ञ पाठक और पाठिकाओं पर छोड़ती हैं। हम अपनी ओर से इतना ही कह देना पर्याप्त समझती हैं कि बातें जो कही गई हैं वे विवेकयुक्त और न्यायोचित हैं।

इस संख्या में हमने जानकर 'विवाह समस्या' तथा 'स्त्रियों की आर्थिक स्वतंत्रता' सम्बन्धी लेख नहीं निकाले। ज्यों-ज्यों हमारी बहिनों में विद्या का प्रचार होगा, ज्यों-ज्यों उनकी आँखें खुलेंगी और अपनी हीन दशा से वो परिचित होंगी त्यों-त्यों आप ही आप ये प्रश्न इस देश में उठ खड़े होंगे। इस शताब्दी की यह देन है और आज नहीं तो कल भारत भी इस देन से वंचित न रहेगा। उसके लिए तैयार होना, जिसमें लहर आने पर हम अचेत ही न पड़ी रह जाएँ, हम अपना कर्तव्य समझती हैं। इस उद्‌देश्य की पूर्ति के लिए दूसरी विशेष संख्या निकाली जाएगी। संख्या विशेष बड़ी हो जाने के कारण ख़ेद है हम कई एक लेख नहीं प्रकाशित कर सकीं और इस कारण हम श्रीमती कुमारी कृष्णबाई ठाकुर एम.ए., श्रीमती हेमन्त कुमारी देवी, गुजराती महिला तथा अन्य महानुभावों से क्षमा माँगना अपना कर्तव्य समझती हैं। धीरे-धीरे वह सब लेख मर्यादा में प्रकाशित कर दिए जाएँगे।

उदार लेखक तथा लेखिका महोदय गणों को जिनकी सहायता से हम इस संख्या को प्रकाशित करने में समर्थ हुई हैं हम अनेक धन्यवाद देती हैं और आशा करती हैं, नहीं हमारा यह विश्वास है कि पाठक तथा पाठिका महोदया भी बिना

उन्हें धन्यवाद दिए न रहेंगी। पिछली बार की भाँति इस संख्या में भी अनेक कारणों से त्रुटियाँ रह गई हैं और कहीं-कहीं विशेषकर अन्तिम फर्मों में प्रूफ संशोधन की भीषण भूलें रह गई हैं। कहीं-कहीं पर जहाँ 'महत्त्व' शब्द का प्रयोग होना चाहिए 'प्रसिद्धि' छप गया है, पं माधव शुक्ल की कविता में 'शक्ति' की उक्ति में पाँचवें छन्द की अन्तिम लाइन में 'सेवक तेरा' के स्थान पर 'सेवक मेरा' छप गया है इत्यादि। इसका हमें दु:ख है और हम आशा करती हैं कि पाठक तथा पाठिका अवगुणों को न देखकर गुणों की ही ओर अधिक ध्यान देंगी और इस प्रकार से त्रुटियों के लिए हमें क्षमा करेंगी।

—उमा नेहरू

जून 1916 में 'मर्यादा' पत्रिका का स्त्री केन्द्रित विशेष अंक निकला था जिसका सम्पादन उमा नेहरू ने किया था। यह निवेदन उसी विशेष अंक का सम्पादकीय है।

श्रीमती उमा नेहरू की चिट्ठी

भारतीय राजनैतिक क्षेत्र में प्रयाग की श्रीमती उमा नेहरू एक अमूल्य रत्न हैं। आप खद्दर पहनती हैं और चर्खे का प्रचार जी-जान से चाहती हैं। स्त्रियों ने खद्दर और चर्खे को बहुत कम अपनाया है, इससे आप दुखी हैं। आप अपने धुन की पक्की हैं। नीचे आपका एक पत्र दिया जाता है। आशा है पाठिकाएँ इसे पढ़कर अपने उत्तरदायित्व को समझेंगी।

प्रिय सम्पादिका जी,

बहुत दिनों से आपने अपने पत्र के लिए चर्खे पर एक लेख माँगा हुआ है। इस सारे समय में मैंने बारम्बार कोशिश की कि कुछ इस विषय पर लिखकर आप के पास भेजूँ। लेकिन सफल न हुई। विषय ऐसा है कि जिस पर लिखते हुए दिल दुःखता है। जो विपरीती हम स्त्रियों की चर्खे की ओर रही है उसे देखते हुए मुझे इस विषय में कुछ लिखने की हिम्मत नहीं पड़ती। और वास्तव में अब कहने-सुनने का समय भी नहीं। बहुत कहा जा चुका। अब तो समय यह है कि हममें जितनी शक्ति और श्रद्धा हो उसके अनुसार काम करके दिखावें। कहानियाँ, लेक्चर और लेख सुनते-सुनते उनका रस भी जाता रहा और हमारे काम करने की शक्ति भी। अब तो जो कुछ हो सके आदमी करके दिखावे वरना ख़ामोश रहे।

—उमा नेहरू

जुलाई 1925, गृहलक्ष्मी

आबादी बानू अबदुल अली बेगम की चिट्ठी
श्रीमती उमा नेहरू के नाम

मैं आपको यह पत्र लिख रही हूँ, इसलिए मुझे क्षमा कीजिएगा। पर बात यह है कि मैं सोच रही थी कि किसको लिखूँ। अन्त में मैंने सोचा कि आप ही को लिखना सबसे अच्छा होगा, क्योंकि हम लोगों से, जो कि देश के एक निराले कोने में पड़ी हैं, आप सब बातों को भली प्रकार जानती होंगी।

समाचार-पत्रों से मुझको मालूम हुआ कि सारे हिन्दोस्तान की महिलाओं की ओर से जो डेपुटेशन भारतमंत्री से मिलने के लिए 18 तारीख़ को मदरास जाने वाला है; उसमें मुझको भी आपके और उस बहादुर प्यारी लड़की निशात बेगम (बेगम हसरत मोहिनी) के साथ संयुक्त प्रान्त की स्त्रियों की प्रतिनिधि बनकर जाना है। अब तक नियमित या अनियमित रूप से मुझको स्वयं इस बात का समाचार नहीं मिला है। पर मैं समझती हूँ कि यह बात सच ही होगी, क्योंकि इस बारे में मेरे पास मदरास से कई चिट्ठियाँ आई हैं कि मैं मुसलिम लीग और वहाँ के मुसलमानों की मेहमान बनूँ। इसी बात पर भरोसा करके मैं आपको सूचना देती हूँ कि इतनी दूर की यात्रा मैं अपने वर्तमान स्वास्थ्य और मन की दशा देखते हुए नहीं कर सकूँगी और अभी मुझको इसी महीने में एक दूसरी लम्बी यात्रा करनी होगी।

इसके सिवाय दो-एक और भी विचार हैं जिनको मैं आपसे जी खोलकर कह सकती हूँ, और मैं अच्छी तरह जानती हूँ कि उनका मतलब उलटा न समझा जावेगा। बाहर वाले जो हमारे देश को भली प्रकार नहीं जानते, या (उसमें गहरा डूबना तो दूर रहा) उसके ऊपरी तह को भी नहीं समझते, और जो हमको "भारत की ग़रीब दुखिया परदे वाली औरत" ही जानते हैं—हमारे बारे में चाहे जो कुछ कहा करें आप जानती हैं और मैं भी जानती हूँ कि हम अपने छोटे-छोटे राज्यों की कैसी रानियाँ हैं, और अपने घरों में कैसी भारी शक्ति और अधिकार रखती हैं। समय ने अलबत्ता पलटा खा लिया है, और हम जो चाहती हैं उन्हें पाने के लिए हमको नये ढंगों से काम करने की ज़रूरत होने लगी है, और अपरिचित मनुष्यों के सामने भी हमारा पहुँच जाना बुरा नहीं समझा जाएगा। यद्यपि इससे हमको अपनी आशाएँ

पूरी होने की भी चाहे सम्भावना कम ही हो। पर क्या मैं यह नहीं पूछ सकती कि दूसरों के सामने—चाहे वे कितने ही बड़े क्यों न हों—भीख माँगने के लिए जाने के बदले क्या यह अधिकतर अच्छा न होगा कि हम लोग सब अपनी सम्मिलित इच्छा का दबाव अपने ही पतियों, पिताओं, भाइयों और बेटों पर डालें? मेरे विचार में यह बात बड़े महत्त्व की है और आप भी मेरे साथ—जो प्राचीन हिन्दोस्तानी संसार की होने पर भी नये के साथ ही मिलकर चलना चाहती हैं—अवश्य सहमत होंगी।

हमारा इस प्रकार का डेपुटेशन यदि भारत के किसी पुराने समय के नरेश के सामने पहुँचा होता—वह नरेश चाहे हिन्दू होता चाहे मुसलमान—तो सौ में नब्बे बार सम्भव है कि 'अपनी प्रजा के पिता' से वह डेपुटेशन अपनी सारी माँग पाकर ही लौटता—चाहे वहाँ मर्दों की प्रार्थना सौ बार भी नामंजूर कर दी जाती। बड़ी बात यह होती कि राजा (या बादशाह स्त्रियों के ऐसे डेपुटेशन) को अपने लिए एक अपूर्व सम्मान समझता और उसकी सभा के कविराय इस सम्बन्ध में गीत रचकर गाने लगते और प्रजापुंज की गीतें भी इस घटना को अमर बना देतीं। इस डेपुटेशन का क्या फल होगा, मैं नहीं कह सकती। परन्तु हमारी साहसी बहिन एनी बेसेन्ट को ब्रिटिश साम्राज्य की रक्षा करने के उद्योग में जैसा बर्ताव मिला था, उसके देखते हुए हम भी अन्दाज़ कर सकती हैं कि भद्रस्वभाव हिन्दोस्तानी—अंग्रेज़ों के समाचार-पत्रों से क्या मिल सकता है। हिन्दुस्तानी स्त्री जाति की मर्यादा के लिए—नहीं-नहीं, हिन्दोस्तानी पुरुष जाति की मर्यादा के लिए भी—मैं तो यही पसन्द करती कि कोई डेपुटेशन मंत्री और बड़े लाट के पास न जाता, वरन् वह कांग्रेस और मुसलिम लीग में जाता, और खुल्लमखुल्ला और साफ़-साफ़ कह देता कि हिन्दोस्तान की स्त्रियाँ अपने मर्दों से क्या माँगती हैं मुझको विश्वास है कि स्त्रियाँ जो कुछ भी माँगतीं, मर्द उसे देर से देता या तुरन्त ही दे देते। सारी पृथ्वी भर का इतिहास यही शिक्षा दे रहा है।

इन साधारण विचारों के सिवाय, एक दूसरा और मेरा अपना ही एक कारण है जिससे मैं आप सबके साथ मदरास में सम्मिलित नहीं हो सकती। मंत्री महाशय एक स्वाधीन देश से आ रहे हैं, और यह स्वाभाविक बात है कि स्वाधीन मनुष्य की तरह वह जहाँ और जब चाहते वहीं और तभी जाते, और उन लोगों से बातचीत कर सकते जो जानते हैं कि हमारे देश को क्या-क्या चाहिए जिनको पाकर वह स्वतंत्र, सुखी और बड़ा बन जावे। परन्तु पराक्रमी योरोपियन कर्मचारियों को तो किसी प्रकार की सच्ची खोज और जाँच-पड़ताल से सब कुछ खोना है, पाना कुछ भी नहीं है, चाहे वह जाँच-पूछ उन्हीं के स्वदेश वाले ही क्यों न करें। जिनको स्वाधीनता और प्रजा के अधिकारों की आदत पड़ी हुई है। इन अधिकारियों ने तो यही तय कर लिया है कि भारतमंत्री जब तक इस देश में रहें, हमारी तरह पर्दानशीन बने रहें, और ऐसे लोगों से न मिलने पावें जो उनको सब बातें ठीक-ठीक समझा सकें।

ऐसे लोगों में मेरे भी नज़रबन्द बेटे हैं जिनकी मंत्री जी से मिलने-पाने की प्रार्थना नामंजूर कर दी गई है। यह बड़ी ही अद्‌भुत बात होगी कि मंत्री महाशय, जो जन्म से स्वाधीनता और पश्चिम की खुली हुई हवा में रहने वाले पुरुष होकर भी पूर्वी देश की आवश्यकता को पूरी करने के लिए पर्दे में बन्द कर दिए जावें, और मैं, जो कि सारी उम्र पर्दानशीनी में रहती आई हूँ पर्दा तोड़कर बाहर निकल पड़ूँ! पर यदि मैं अपने जन्म भर की रीति-रस्म को तोड़ डालने के लिए राज़ी भी हो जाऊँ तो मुझको शक है कि कोई न कोई रीति या नियम भारतमंत्री के लिए ठीक समय पर न बना दी जावेगी जिससे मैं अपने मन की बात किसी अति आवश्यकीय विषय पर कहने से रोक दी जाऊँगी—जैसे अपने धर्म विश्वास का सम्मान, हमारे जीवन और अधिकार, या हमारी पुरुष जाति या स्त्री जाति का सम्मान, इत्यादि—यद्यपि मैं आपको यक़ीन दिलाती हूँ कि अपने निज के सम्बन्ध में कोई प्रार्थना करने की बात कभी मेरे ध्यान में न आवेगी। इन सबको मैंने किसी दूसरे और अधिकतर बड़े अधिकारी के लिए बचा रखा है, जिसके सामने कभी कोई प्रार्थी निष्फल नहीं हुआ, और जो ऐसी प्रार्थनाओं से अपनी जान छिपाने के बदले स्वयं उनको माँगता है और उनको पूरा कर देने के लिए पहले से ही वचन दे दिया करता है।

अस्तु, जबकि यह पक्की तरह से निश्चित हो चुका है कि यह डेपुटेशन जावेगा ही, और भारत की स्त्रियाँ भी अपनी मातृभूमि के लिए इस अपूर्व स्वार्थ त्याग करने को राज़ी हो गई हैं, तो मैं यही कर सकती हूँ कि सब चीज़ों के देने वाले से यही प्रार्थना करूँ कि आप सबको वह सफलता दें। मेरी जगह एक दूसरी प्रतिनिधि चुनने के लिए कोई दिक़्क़त न होगी, और मुझको सन्देह नहीं है कि वह मुझसे कहीं ज़्यादा योग्य पाई जावेंगी।

प्यारी बहिन, पिछले अक्टूबर में मैंने आप सबसे इलाहाबाद में भेंट करने की आशा की थी, जहाँ श्रीयुत मोतीलाल नेहरू ने, जो मेरे बेटों के दोस्त हैं, मुझको जाने के लिए निमंत्रण भेजा था। परन्तु भगवान की इच्छा कुछ और ही थी और वह इच्छा अच्छे ही के लिए हुई होगी। हम उन्हीं पर अपना विश्वास रखतीं और उन्हीं की इच्छा और प्रीति का आसरा देख रही हैं। सो जब तक फिर अच्छे दिन आवें और हम आपसे भेंट करने योग्य हो सकें, तब तक के लिए सलाम।

ता. 13.12.1917

स्त्री दर्पण, जनवरी 1918

संसद संवाद

Reproduced from the Lok Sabha Debates with the permission of the Hon'ble Speaker, Lok Sabha.

श्रीमती उमा नेहरू (सीतापुर)

March 28, 1955, Demands for Grants

जनाब, चेयरमैन साहब, पेशतर इसके कि मैं कुछ भी इस बारे में कहूँ, मैं डिफेंस मिनिस्ट्री और डिफेंस मिनिस्टर को मुबारकबाद करती हूँ और साथ ही श्री त्यागी को भी मुबारकबाद करती हूँ। मुझे यह ख़ुशी होती है जब मैं मि. त्यागी को देखती हूँ कि आप उनको किसी भी महकमे में रख दें, वह हर महकमे में किफ़ायत दिखाने लगते हैं, और मुझे यक़ीन है कि इस समय मैं जो सुझाव रखूँगी, और जो मैं अपनी माँगें रखूँगी, हमारे मिनिस्टर साहब और श्री त्यागी मुझसे सहमत होंगे और वह उन बातों को पूरा करेंगे।

पहली बात यह है कि मैंने यहाँ पर बहुत-सी बातें सुनी, यहाँ पर फ़ौजों का ज़िक्र हुआ, पश्चिमी फ़ौजों का ज़िक्र हुआ, लेकिन मैं तो यह समझती हूँ कि सबसे पहले जब हम देश में कोई काम शुरू करते हैं तो अपने घर को देखें, अपने घर को सँभाल लें उसके बाद आगे बढ़ें। इस वक़्त अंग्रेज़ हमारे मुल्क से हट गए हैं, जब अंग्रेज़ यहाँ थे उस वक़्त तक उन्होंने हमारी आर्मी और फ़ौज को एक बिलकुल मर्सिनरी फ़ौज बना रखा था। अब जब हम आज़ाद हैं, हम एक नया नक़्शा देश में क़ायम करने जा रहे हैं। इस नये नक़्शे में हमें कौन-कौन सी चीज़ें रखनी हैं, इस पर ग़ौर करते वक़्त हमें इस बात पर भी ग़ौर करना चाहिए कि इस नक़्शे में आर्मी का क्या हिस्सा हो, फ़ौज कौन से हिस्से में दिखाई जाए। मैंने जितने व्याख्यान यहाँ पर सुने, मुझे तो बहुत अच्छे लगे और जो व्याख्यान पटनायक साहब ने दिया मैं उसके लिए उन्हें मुबारकबाद देती हूँ। भाई पटनायक ने जो बातें इस बार कहीं वे वह हर साल कहते हैं। मुझे पूरी आशा है कि इन सब पर नेशनल डिफेंस के वास्ते हमारे मिनिस्टर साहब ग़ौर करेंगे और जो सुझाव उन्होंने दिए हैं उन पर पूरी तरह से ग़ौर करके उनको मंजूर करेंगे।

अब दो-चार बातें मैं आपके सामने रखना चाहती हूँ। प्राइम मिनिस्टर साहब यहाँ आए और उन्होंने ख़ुशख़बरी दी कि वे काउंसल्स बनाने जा रहे हैं और हर काउंसल्स का जो हेड होगा वह एक चीफ़ होगा। मुझे यह सुनकर बहुत ख़ुशी हुई

लेकिन मैं कहना चाहती हूँ कि यह काउंसल्स जो आज बन रही हैं शुरू से ही बन जानी चाहिए थीं क्योंकि ऐसा करने से काम साफ़ तौर से और ठीक तरह से चलने लगता है। इससे भी ज़्यादा ख़ुशी जो हुई वह यह सुनकर हुई कि हर कमांड जो है, जो कि फ़ौजियों को दिया जाता है वह हिन्दी में दिया जाएगा। मैंने ख़ुद आर्मी में कमांड हिन्दी में सुने हैं और मुझे यह देखकर बहुत ख़ुशी हुई। इन कमांड्स को हिन्दी में उनको सिखाने के साथ-साथ अगर उनको हिन्दी भी सिखाई जाए तो यह कोई मुश्किल बात नहीं होगी।

जब हम यह सब कुछ देखते हैं कि हिन्दी में हम कमांड कर रहे हैं और काउंसल्स बनाने जा रहे हैं तो फिर हमको और नीचे का नक़्शा भी देखना है। कैन्टोनमेंट्स की जो हालत है उसको आप सँभाल रहे हैं लेकिन मैं कहती हूँ कि वह इस समय सन्तोषजनक नहीं है। जैसे अभी मेरे किसी भाई ने कहा कि वहाँ जो फ़ेमिली क्वार्टर्स आर्म्ड फोर्सिस के लिए हैं वे बहुत ही कम हैं और इस कमी को पूरा करने की हमें कोशिश करनी चाहिए। मकानों की कमी के साथ ही साथ हम यह भी देखते हैं कि आर्म्ड फोर्सिस के जो बच्चे होते हैं उनकी पढ़ाई का इन्तज़ाम बहुत ख़राब है। जो भी स्कूल वहाँ होते हैं ऐसा मालूम होता है कि वे हैं ही नहीं। इसके साथ ही साथ वहाँ मेडिकल एड की भी कमी है जिसको पूरा किया जाना चाहिए। कैन्टोनमेंट्स की हालत को देखकर एक बहुत अजीब चीज़ नज़र आती है और वह यह है कि कैन्टोनमेंट्स बोर्ड के साथ ही साथ वहाँ पर एक एडहाक कमिटी भी होती है। मैंने ख़ुद कैन्टोनमेंट्स में जाकर चुनाव होते देखे हैं और मुझे यह देखकर बहुत दुःख हुआ कि इन चुनावों में भी वही गन्दी बातें होती हैं जो कि दूसरे चुनावों में होती हैं। यहाँ पर भी कम्युनल स्लोगन्स या जात-पाँत का सहारा लिया जाता है जो कि दूसरे चुनावों में लिया जाता है और यहाँ पर भी वैसी ही गन्दी बातें देखने में आती हैं जो कि दूसरे चुनावों में होती हैं। मैं समझती हूँ कि यह गन्दगी जो है और यह कम्युनल और जात-पाँत की जो बात है यहाँ पर नहीं होनी चाहिए। जो नक़्शा हम खींचने जा रहे हैं उसमें हमें यह भी देखना है कि क्या उसमें हमें कैन्टोनमेंट बोर्ड और एडहाक कमिटी इन दोनों को रखना चाहिए या इनमें एक-एक को। मेरी राय तो यह है कि जब तक आप कैन्टोनमेंट की हुकूमत कैन्टोनमेंट बोर्ड के हाथ में नहीं दे देते तब तक गन्दगी दूर नहीं हो सकती। इसके साथ ही साथ मैं कहना चाहती हूँ कि जो भी कोई पेचीदा बात होती है तो वह कैन्टोनमेंट बोर्ड के हाथ में नहीं रहती, आप अपने हाथ में रख लेते हैं। यह भी ठीक नहीं है। कैन्टोनमेंट बोड्र्स को ही हुकूमत करनी चाहिए। जब हम यह नक़्शा खींचते हैं तो हमें यह भी देखना होता है कि हम अपनी आर्मी को हिन्दी पढ़ाने के साथ-साथ इनको अपने देश की बातें बतलाएँ, अपने देश का इतिहास बताएँ और अपने देश के ज्योग्राफी का अध्ययन कराएँ। यह भी बहुत

ज़रूरी है कि हमारी आर्मी देश का कल्चर जाने। इन सब बातों की शिक्षा देने का उचित प्रबन्ध होना चाहिए।

जो यूनिफार्म्स आर्मी को दी जाती है मुझे एक-दो लफ़्ज़ उसके बारे में भी कहने हैं। जहाँ हम उनको हिन्दी सिखाने जा रहे हैं, उनको देश की बातें बताने जा रहे हैं, उनको अपने देश के इतिहास से वाक़फ़ियत कराने जा रहे हैं और जो हमारी कल्चर है उसकी शिक्षा देने जा रहे हैं तो उसके साथ ही साथ यह भी ज़रूरी हो जाता है कि जो पोशाक वे पहनें वह खादी की होनी चाहिए और किसी दूसरे कपड़े की नहीं।

अब मुझे आर्मी का जो काम है उसके बारे में थोड़ा सा अर्ज करना है। इसमें कोई शक नहीं और जैसा कि हमारे कई भाइयों ने कहा, हमारी आर्मी इस वक़्त देश की रक्षा कर रही है और चारों तरफ़ से हमारे बोर्ड्स हैं वहाँ पर हमारी आर्मी काम कर रही है लेकिन इसके अलावा मेरी एक तजवीज़ है, मैं नहीं कहती कि यह सही है या ग़लत, लेकिन मेरी राय है कि हमारी आर्मी को चाहिए कि वह रिहैबिलिटेशन जैसे कामों में हमारी मदद करे। हम कई कंस्ट्रक्टिव काम कर रहे हैं, जितनी इमारतें हम बना रहे हैं और जो फैक्ट्रियाँ हम खोल रहे हैं, उनमें भी हमें अपनी आर्मी का इस्तेमाल करना चाहिए। हम कई कैनाल्स खोद रहे हैं, कई डैम्स बना रहे हैं इन सब में भी हमें अपने सिपाहियों को लगाना चाहिए। मेरा ख़्याल तो यह है कि जो भी श्रमदान हम करते हैं उस श्रमदान में हमारे सिपाहियों को भी हिस्सा लेना चाहिए। आज कैन्टोनमेंट्स में हमारी जो फ़ौजें हैं वह बिलकुल बन्द हैं या उनको क़वायद करने से समय नहीं है। मैं कहती हूँ कि हमारी नेशनल आर्मी के लिए यह क़वायद ज़्यादा ज़रूरी है कि वह ऐसी क़वायद श्रमदान के जो काम हैं उनमें हिस्सा लिया करें।

मैंने सुना है कि आर्मी में रेजिमेंट्स होती हैं और उनकी यूनिट्स होती हैं और उन यूनिट्स में आपके बुवायज बैटेलियंज होती हैं। उन बैटेलियंज में सिपाहियों के बच्चे लिये जाते हैं और उनको ट्रेनिंग दी जाती और जब वे बच्चे बड़े होते हैं तो सिपाही हो जाते हैं। मैं कहना चाहती हूँ कि जैसे आपके रिकरूटमेंट डायरेक्टोरेट हैं वह यह देखें कि यह बच्चे सिर्फ़ सिपाही ही न बनें बल्कि अफ़सर भी बनें। इनको मौक़ा मिलना चाहिए कि ये इम्तिहान में बैठें और दूसरों के साथ कम्पीट करें। इसके साथ ही साथ अगर वे फ़ौज में भरती न होना चाहें तो उनको इख़्तियार होना चाहिए कि जिधर वे जाना चाहें जाएँ।

यहाँ पर लैंड हायरिंग एंड डिसपोजल सर्विस का भी ज़िक्र आया है। इसके बारे में आपने अपनी रिपोर्ट में कहा है कि आपने एक एडहाक कमेटी बनाई जिससे आपको फ़ायदा भी हुआ है और अब आप स्टैंडिंग कमेटी बनाने जा रहे हैं और उस स्टैंडिंग कमेटी में आपने डिफेंस के, लैंड हायरिंग के और फ़ाइनेंस

के अलग-अलग रिप्रेज़ेंटेटिव रखे हैं। लेकिन मेरी राय यह है कि जब तक आप इस कमेटी में स्पेशलिस्ट्स नहीं रखेंगे यह काम अच्छी तरह से नहीं होगा और आपको शिकायतें बराबर आती रहेंगी क्योंकि यह काम स्पेशलिस्ट्स से ही ठीक होता है।

कैंपिंग ग्राउंड्स के बारे में सवाल हुआ था और आपने कहा था कि आप बेच रहे हैं, इस वास्ते मुझे इसके बारे में कुछ नहीं कहना। स्टोर्स के बारे में भी मुझे इतना ही कहना है कि आगे से इतने ज़्यादा स्टोर्स नहीं होने चाहिए कि जो इस्तेमाल भी न हो सकें।

एक बात मुझे आपके महकमों में जो क्लर्क्स हैं और जिनकी हालत बहुत अच्छी नहीं है उनके बारे में कहनी है। वे आप तक पहुँच नहीं सकते हैं और अगर आपसे वे मिलना चाहते हैं और आपको मेमोरैंडम भेजते हैं तो साल-साल भर उनके मेमोरैंडम आपके यहाँ पड़े रहते हैं और आप उनका कोई जवाब भी नहीं देते हैं। मेरा तो अपनी कांग्रेस की सरकार से कामों में हमारी मदद करें। हम कई कंस्ट्र हैं और वही कामयाब होता है और वही पब्लिक इंटरेस्ट के वास्ते भी बेहतर होता है कि जहाँ छोटे से छोटे सिपाही और ग़रीब से ग़रीब क्लर्क की सुनवाई हो मुगल पीरियड में यह होता था। आप आज भी आगरे के क़िले में देख सकते हैं कि एक दरबारे आम है और एक दरबारे ख़ास है। दरबारे आम में ग़रीब से ग़रीब आदमी आता था और अपना दुःख कहता था। हमारी कांग्रेस गवर्नमेंट सोशलिस्ट पैटर्न की सोसाइटी बना रही है। मैं समझती हूँ कि उसके यहाँ हर एक सुनवाई होगी और आप यह देखेंगे कि उनके मेमोरैंडम आप तक क्यों नहीं पहुँचते हैं और कहाँ अटक जाते हैं। आपको यह देखना चाहिए और उन ग़रीबों को बुलाकर उनकी बात सुननी चाहिए।

साथ ही मैं यह भी कहूँगी कि आपके यहाँ टेम्पोरेरी पोस्ट बहुत ज़्यादा होती हैं। इनको भी आपको अलग करना चाहिए।

इतना सब कहने के बाद अन्त में मैं आपसे यह कहती हूँ, जैसा कि अभी मेरे भाई ने कहा है कि आज़ाद फ़ौज के बारे में भी कुछ किया जाना चाहिए। मैं समझती हूँ कि उन बेचारों को बड़ी तकलीफ़ें हैं। मैं जानती हूँ कि उन्होंने कितनी बहादुरी से अपने वतन के वास्ते लड़ाई लड़ी थी। मैं चाहती हूँ कि उनके एरियर्स ऑफ़ पे देने के सवाल पर आप विचार करें। मैं यह इसलिए चाहती हूँ कि उनका पैसा आपके ख़ज़ाने में है। जो भूखी बेवाएँ हैं उनका भी आपको बन्दोबस्त करना चाहिए। यह कहना कि हम नहीं कर सकते यह मेरी समझ में नहीं आता है।

सबसे आख़िर में मैं यह कहना चाहती हूँ कि आपके यहाँ कैन्टोनमेंट्स में जितनी सरविसेज़ हैं वह सब औरतों के लिए खुली हों। आप हमसे यह कहेंगे कि

स्त्रियाँ यह काम नहीं कर सकतीं, वे तो साफ़्ट काम करती हैं, सख़्त काम वे नहीं कर सकती हैं। मैं अभी चीन से होकर आई हूँ और वहाँ पर मैंने देखा कि हमसे छोटे-छोटे हाथ-पैर वाली औरतें बराबर स्टील और लोहे से काम कर रही हैं। इसी तरह से मैं आपसे यह कहूँगी कि बन्दूक चलाना कोई मुश्किल चीज़ नहीं है। निशाना लेना भी मुश्किल चीज़ नहीं है। मैं फिर आपसे कहूँगी कि आपके कैन्टोनमेंट्स में जितनी सरविसेज़ हैं, एग्जीक्यूटिव आफ़िसर्स की, चाहे वे एम.ई. ओज की जगहें हों, या असिस्टेंट डाइरेक्टर, डिप्टी डाइरेक्टर या डाइरेक्टर की जगहें हों, सब औरतों के लिए खुली होनी चाहिए। जब तक आप यह नहीं करेंगे, जब तक आप ग़रीबों की सुनवाई नहीं करेंगे और जब तक आप स्त्रियों की सुनवाई नहीं करेंगे, आप बढ़ भी नहीं सकते।

September 11, 1957, Explosions in Railway Wagons and Sheds

श्रीमान जी आज हाउस में चारों तरफ़ से निहायत ही क़ाबिल व्याख्यान हुए हैं। मेरा इरादा क़तई नहीं था कि मैं इस बारे में कुछ कहूँ, लेकिन कुछ आनरेबल मेम्बर्ज ने इस क़िस्म की बातें कही हैं, जिनका जवाब देना बहुत ज़रूरी है। यहाँ पर इस मामले पर इतनी बहस हो रही है, लेकिन अभी तक इसके मुताल्लिक जाँच नहीं हुई है और कोई रिपोर्ट नहीं आई है। बग़ैर रिपोर्ट को देखे हम लोग अपने-अपने अन्दाज़ से यहाँ पर व्याख्यान दे रहे हैं। कुछ भाइयों ने कहा कि रूल्ज़ में या एडमिनिस्ट्रेशन में क्या नुक्स हैं, किस तरह से हमको चलना है, डिसिप्लिन है या नहीं। कुछ लोगों ने श्री लालबहादुर शास्त्री की मिसाल देकर यह सलाह दी कि चूँकि इस तरह के ऐक्सिडेंट्स हो रहे हैं, इसलिए हम नाकारा हैं और हम काम ठीक तरीक़े से नहीं कर सकते हैं, हमारे मिनिस्टर्ज प्रायश्चित्त करें और फास्ट करें। यह भी कहा गया कि अगर वे फास्ट करते हैं, तो वे न जेल जाएँगे और न उनको कोई सज़ा ही होगी। यह बात मेरी समझ में नहीं आई। मैं बहुत देर से सोच रही थी कि यह क्या बात है। अगर मैं प्रायश्चित्त करती हूँ, तो अपनी शुद्धि के लिए करती हूँ, लेकिन अगर कोई मुझे समझाए कि अगर मैं प्रायश्चित्त करूँगी और फास्ट रखूँ तो न मुझे जेल जाना पड़ेगा और न कोई मारपीट होगी, तो यह बात मेरी समझ में नहीं आती है। मेरे जैसे आदमी के लिए तो सबसे बड़ा ऐक्सिडेंट यह है कि मैं पार्लियामेंट में देखती हूँ कि तरह-तरह के लोग हैं और तरह-तरह के ख़्यालात हैं, लेकिन जो ठीक बात है, उसको देखने की कोशिश नहीं की जाती है। रेलवेज के ऐक्सिडेंट हों या कोई और ऐक्सिडेंट हों या जलजले हों, तो उनका ताल्लुक़ किसी एक ख़ास पार्टी से नहीं होता है, उनका ताल्लुक़ सारे देश से है। दूसरी तरफ़ जो हमारे भाई बैठे हुए हैं, वे भी साथ हैं, हमसे अलग नहीं हैं।

यहाँ पर तरह-तरह के पटाखों के नाम लिये जा रहे हैं। मैं समझती हूँ कि पटाखों का होना ज़रूरी है। मैं उन लोगों में से हूँ, जो यह समझते हैं कि हमारे त्योहारों में बग़ैर इन केकर्ज कें हमें मज़ा नहीं आता है। यहाँ पर यह भी कहा गया कि पिस्टल कैसी होती है, कैप्स कैसी होती है, कौन सी ठीक हैं, कौन सी ठीक नहीं हैं। इससे

मुझे वह कहानी याद आती है कि अन्धों के सामने एक हाथी खड़ा है और कोई उसकी दुम को हाथी कहता और कोई कान को पकड़कर कहता है कि वह हाथी है। जब हमको इन बातों का इल्म नहीं है, ज्ञान नहीं है, तो हमको ये बातें ज़रा सोचकर कहनी चाहिए। मैं कहना चाहती हूँ कि हमको रिपोर्ट का इन्तज़ार करना चाहिए कि उसमें क्या है। इस बात में भी कोई शक नहीं है कि इनडिसिप्लिन सारे मुल्क में मौजूद है। पढ़े-लिखे लोगों में, विद्यार्थियों में, टीचर्स में जहाँ आप देखते हैं वहाँ निजाम व क़ायदा बिलकुल ग़ायब हो गया है। ऐसी हालत में तरह-तरह के लोग, रंग-बिरंगे लोग तरह-तरह के विचार फैलाते हैं। चारों तरफ़ लोगों को उलट-सीधा समझाते हैं। आप सोचिए कि आज हमें आज़ाद हुए थोड़ा ही अर्सा हुआ है। हम सभी को मिलकर दाएँ और बाएँ तरफ़ वालों को मिलकर अपने मुल्क को सुधारना है और जहाँ कमियाँ हों उनको दूर करना है न कि हम एक-दूसरे की टाँगें खींचें और कहें कि यह ग़लत है, वह ग़लत है। इसलिए मेरी राय तो यह है कि इन विषयों को हमें गम्भीरता से देखना चाहिए। जो ऐक्सिडेंट होते हैं वे तकलीफ़देह और नुकसानदेह होते हैं। हमारे लोग उनमें मरते हैं। मैं मिनिस्टर साहब से प्रार्थना करूँगी कि वह इसको देखें और हाउस में से जिसकी मदद की उनको ज़रूरत हो उसे लें। यह ऐक्सिडेंट केवल मिनिस्टर साहब का नहीं, यह हम सबका है। इसलिए मैं आपसे यह कहना चाहती हूँ कि यह कहना ठीक नहीं है कि रेलवे बोर्ड के लोग कैसे हैं, हमारे अफ़सरान अपनी ड्यूटी को निगलेक्ट करते हैं। मेरा यह तो कहना है कि इस वक़्त सारे देश की हालत उलट-पुलट हो रही है, कहीं भी डिसिप्लिन नहीं दिखाई देता। हमारे भाई आज हमको नेक सलाह देते हैं मगर मैं उनसे माँ की हैसियत से कहूँगी कि नेक सलाह ऐसी नहीं होती। भूख हड़तालें खेलकूद की बातों में नहीं होनी चाहिए, उसमें तो एक गम्भीरता होती है। हमको इस बात पर गम्भीरता से विचार करना है। मैं ज़्यादा न कहकर इतना ही कहूँगी कि रिपोर्ट का इन्तिज़ार कीजिए। देश के कामों में इतनी उजलत नहीं होनी चाहिए। रिपोर्ट आएगी, उसे देखिए और फिर कहिए कि दोष किसका है।

मैं चाहती हूँ कि पटाखे बनाने वालों पर पाबन्दी न लगाई जाए जब तक कि रिपोर्ट न आ जाए। मैं कहूँगी कि पटाखे बनाना बन्द न किया जाए क्योंकि जो ग़रीब आदमी इस काम में लगे हुए हैं उनको हमें ज़िन्दा रखना है, ख़त्म नहीं करना है। हमें अपने मुल्क में रोशनी और पटाखों की ज़रूरत है। हम मुहर्रमी मुल्क नहीं बनाना चाहते। हमको हर तरफ़ रोना-पीटना पसन्द नहीं है। इसलिए मैं मिनिस्टर साहब से कहूँगी कि जब जाँच हो जाए तो वह उसके बारे में हाउस को बतलाएँ और मैं यह भी कहूँगी कि जो आज ये बातें हो रही हैं उन पर सरकार ध्यान न दे और भूख हड़ताल की तरफ़ ख़्याल भी न करे।

November 29, 1957, Resolution Regarding Safeguards for Buddhist Converts

डिप्टी स्पीकर साहब, मुझे आज बहुत ख़ुशी है यह देखकर कि हमारी तवज्जह आज बुद्धिज्म की तरफ़ जा रही है। मैं समझती हूँ कि अगर देश इसको समझे तो हमारे यहाँ कास्ट, बिरादरी वग़ैरह के झगड़ों में भी बहुत कमी हो जावेगी। आज जिस भाई ने यहाँ पर यह प्रस्ताव रखा है उनको भी मुबारकबाद देती हूँ, इसलिए कि आज हमारा देश बुद्धिज्म की तरफ़ जा रहा है और जिन लोगों को हमने शेड्यूल्ड कास्ट और अछूत करके रखा था आज वही देश में लीड ले रहे हैं। आज वह देश में सामने आए हैं और देश को दिखा रहे हैं कि बुद्धिज्म से ही देश का कल्याण हो सकता है।

मैं बहुत देर से उनका व्याख्यान सुन रही थी। लेकिन उसको सुनने के बाद मैं समझ नहीं सकी कि वह इस त्याग और सच्चे धर्म को कहाँ तक ग्रहण कर सके हैं। आज जो वह यह कहते हैं, इस हाउस के अन्दर कि अपने कांस्टिट्यूशन को बदलो, तो वह तो इस धर्म के आगे कोई भी चीज़ नहीं है। उन्होंने तरह-तरह की बातें अमेंडमेंट लाने के लिए कहीं। उन्होंने प्राइम मिनिस्टर और दूसरे मिनिस्टरों की पूजा भी की और बताया कि कैसी-कैसी चीज़ें ख़ुद प्राइम मिनिस्टर ने रखीं और क्या-क्या बातें हुईं। जब मैंने उनकी बातों को सुना तभी मुझे शंका हुई और मैंने सोचा कि खड़ी होकर यहाँ बोलूँ। जो भी आदमी बुद्धिज्म को मंजूर करता है या जो सच्चा बुद्धिस्ट होता है उसकी ज़बान, उसके विचार, उसकी हर चीज़ पवित्र होती है। लेकिन कोई बुद्धिज्म का झंडा लेकर फिर पॉलिटिक्स में पड़े तो यह मेरी समझ में नहीं आता है कि वह बुद्धिज्म को कितना लाभ पहुँचा सकता है।

मुझे अपने भाई से कहना है कि अगर उन्होंने दिल से बुद्धिज्म को मंजूर किया है, तो आख़िर क्यों उन्होंने ऐसा किया है? इसमें कोई शक नहीं कि जो कास्ट हिन्दू कहलाते थे उन्होंने उन पर बहुत अत्याचार किया, उनको अपवित्र समझा। और इसीलिए आज उन्होंने अपनी शुद्धि की है। जो शेड्यूल्ड कास्ट्स के भाई-बहनें हैं, वह जब बुद्धिस्ट हो जाते हैं तो कास्ट हिन्दू उनको गले से लगा लेते हैं। वह उनको गले से लगाने के बाद कहते हैं कि जैसे हम हैं वैसे ही तुम हो। ऐसी हालत में मैं

नहीं समझती कि क्यों उनके दिलों में यह शंका होती है और वह यह कहते हैं कि हम बुद्धिस्ट तो हुए हैं, लेकिन ब्रैकेट्स में लिखो कि यह लोग पहले शेड्यूल्ड कास्ट के थे। इसको मंजूर करो और यह भी लिखो कि इनको अधिकार ज़्यादा मिलेंगे। मैं इन भाइयों से कहती हूँ, अगर वह बुद्धिस्ट हुए और उनको वही अधिकार मिलते हैं जो हम सबको मिलते हैं तो कोई फ़र्क़ नहीं होगा। वह क्यों ख़ास तौर पर कोई भी अधिकार माँगे।

मुझे सरकार से भी कहना है कि सरकार तो सेकुलर स्टेट है, उसका कोई रिलीजन नहीं, कोई धर्म नहीं है। उसको हर एक धर्म की इज़्ज़त करना है। हम तो चाहते हैं कि जो देश के बच्चे हैं, शेड्यूल्ड कास्ट्स के ही नहीं, ग़रीब-अमीर सबके लिए फ्री एजुकेशन हो। लेकिन जो ग़रीब बच्चे हों, किसी भी कास्ट के हों, किसी भी धर्म के हों, हमारा फ़र्ज़ है कि हम उन सबको पढ़ाई की फ़ैसिलिटीज़ दें। हमारी सरकार को भी यह करना है, बम्बई की सरकार को भी करना है। मैं अपने भाई से यह कहने खड़ी हुई हूँ कि उनको इस तरह का ख़्याल नहीं करना चाहिए कि चूँकि वह शेड्यूल्ड कास्ट के थे और अब उनकी शुद्धि हुई है तो अब फिर उनको शेड्यूल्ड कास्ट का लिखा जाए।

दूसरी बात मुझे यह कहनी है कि अगर हम बुद्धिस्ट होते हैं और बुद्धिस्ट होने के बाद इस धर्म को हम मंजूर करते हैं और उस धर्म को समझते हुए फिर हम संसार में कहें कि हमें सेफगाड्र्स दो तो यह यहाँ तक ठीक है? हमारे भाई ने पश्चिमी मुल्कों की चर्चा की। हमें बताया कि क्या-क्या चीज़ें वहाँ हैं। वहाँ पर कैसे-कैसे एजुकेशन वग़ैरह होती है। मैं उनको बतलाऊँ कि पश्चिमी मुल्कों में और हमारे मुल्क में बहुत भेद है। हमारा समाज अभी तंग ख़्याली का है अभी हम उसमें से निकल रहे हैं। हमें पूरा विश्वास है कि हम जितनी उन्नति करेंगे हममें भी वही ख़ूबियाँ आ जाएँगी। जब तक तंग ख़्यालात हैं तब तक ऐसे ही हमारा गुज़ारा हो सकता है। पश्चिमी मुल्कों से हमें मिलाना एक फ़ुज़ूल-सी बात है। लेकिन साथ-साथ मैं यह भी कह दूँ कि अभी उन्होंने गवर्नमेंट के बारे में ज़िक्र किया। 'फ़िलासफ़ी ऑफ़ कंसेप्शन' की बातें कहीं। क्यों यह सब बातें हुई गवर्नमेंट की इस फ़िलासफ़ी को समझना है। मैं आज साफ़ कर दूँ कि हमारी जो गवर्नमेंट है वह सेकुलर स्टेट की है उसका किसी तरह का धर्म नहीं है। वह फ़िलासफ़ी को ख़ूब समझती है मगर उसकी इनसानियत की फ़िलासफ़ी है यानी हर एक को इनसान समझना और इनसानियत के साथ बर्ताव करना।

हमारे भाई श्री इन्दुलाल जी भी बोले। उन्होंने भी कई बातें कहीं। बम्बई गवर्नमेंट के बारे में भी उन्होंने कुछ चर्चा की। उन्होंने यह कहा कि बिहाइंड दि स्क्रीन की बहुत-सी बातें जानते हैं। वह जानते होंगे मैं तो नहीं जानती कि अपनी सरकार बिहाइंड दि स्क्रीन क्या बातें करती हैं। अगर मैं सी.आई.डी. का काम करूँ तो शायद

जान सकूँ लेकिन यह कहना कि हमारी सरकार जो है वह पता नहीं क्या सलाह देती है और बम्बई की सरकार क्या करती है यह हमारे भाई श्री इन्दुलाल जी के लिए कहना ज़रा ठीक नहीं है। वे बुज़ुर्ग भी हैं और ऐसी बातों में उन्हें नहीं पड़ना चाहिए। शेड्यूल्ड कास्ट्स के लिए हम दिलो-जान से सब कुछ कर रहे हैं लेकिन जो शेड्यूल्ड कास्ट्स के हमारे भाई हमारे पास बुद्धिस्ट होकर आते हैं उनको मैं विश्वास दिलाती हूँ कि हम और शेड्यूल्ड कास्ट्स के लोग बिलकुल एक हैं कोई फ़र्क़ नहीं है। शेड्यूल्ड कास्ट्स का होना न होना, हम इनसानों का बनाया हुआ क़ायदा है, यह भगवान् की बनाई हुई चीज़ नहीं है। भगवान् ने किसी भी जीव को जात-पाँत लेकर नहीं भेजा है, हमने ही उसे बनाया है और हम ही उसे ख़त्म करेंगे।

अगर आज हमारे भाई बुद्धिस्ट होते हैं तो बुद्धिस्ट फ़िलासफ़ी पर अमल करें। हम भी उसे जानते हैं। मेहरबानी करके उसके आइडियल्स को देखें जो कि इतने पवित्र हैं। उनको मंजूर करें और गन्दी पॉलिटिक्स में बुद्धिज्म को लाकर न फेंकें।

ज़्यादा न कहकर मैं इतना ही कहना चाहती हूँ कि अब आपको हमारा विचार मालूम हो गया है। आप मेहरबानी करके अपने प्रस्ताव को वापस ले लें।

December 14, 1957, Demands for Supplementary Grants

उपाध्यक्ष महोदय, अभी थोड़ी देर हुई जब मैंने माननीय सदस्य श्री बरुआ की स्पीच सुनी। उनकी स्पीच को सुनकर मुझे बहुत तकलीफ़ हुई—जो तस्वीर उन्होंने नागाओं की खींची थी वह हमारे लिए बहुत तकलीफ़देह तस्वीर थी। मैं अपनी सरकार से यह ज़रूर कहना चाहती हूँ कि मैं उसकी बहुत मशकूर हूँ कि सरकार ने नागाओं के लिए बहुत कुछ किया और कर भी रही है लेकिन इस सम्बन्ध में मेरा इतना ही कहना है कि अगर हमको वहाँ पर सोशल आर्डर पैदा करना है तो यह हमारा धर्म और कर्तव्य है कि हम उनके एजुकेशन और हेल्थ पर ज़्यादा ग़ौर करें। यह दो चीज़ें हैं जो कि इस नक़्शे को बदल सकती हैं वहाँ पर पुलिस का होना कोई बुरी बात नहीं है और वहाँ पुलिस का रखा जाना बहुत ज़रूरी भी है लेकिन पुलिस के सम्बन्ध में मैं इतना ज़रूर कहना चाहूँगी कि आज जो हमारी पुलिस है और जैसे हमारा ऐडमिनिस्ट्रेशन चलता है और जैसे मैं सरकारी कर्मचारियों को देखती हूँ, तो ऐसा मालूम पड़ता है कि जैसे उनको यह पता नहीं है कि वेलफ़ेयर स्टेट में किस तरह से बरताव करना चाहिए और किस तरह से काम करना चाहिए। पुलिस बज़ात कोई बुरी चीज़ नहीं है और पुलिस अच्छी और उपयोगी होती है लेकिन आज की पुलिस को यह पता ही नहीं कि एक वेलफ़ेयर स्टेट में उसका क्या काम होता है? आज की पुलिस को अभी तक कोई वेलफ़ेयर स्टेट की शिक्षा नहीं मिली है और जो पुरानी शिक्षा उनको पकड़-धकड़ करने की और बेइंसाफ़ी करने की मिली हुई है, वह उसी पर चल रही है। इसलिए ज़रूरत इस बात की है कि पुलिस को और ऐडमिनिस्ट्रेशन को हम एक वेलफ़ेयर स्टेट के हिसाब से ट्रेंड करें और शिक्षा दें।

मैं अपने मिनिस्टर साहब से कहना चाहती हूँ कि मुझे हमेशा से नागा लोगों से बड़ी दिलचस्पी रही है। नागा एक बड़ी बहादुर रेस है और जैसा मैंने सुना है बग़ैर किसी क़ानून के वह अपनी खेती-बाड़ी बहुत क़ायदे से करते हैं। उन्होंने अपने क़ानून बड़े आर्डर से बनाए हुए हैं। ऐसे लोगों को हम चाहते हैं कि वे हमसे मिलें—और

पुलिस को हमें वहाँ पर रखना भी है तो पुलिस को उसी तरीक़े से, समझदारी से उनके साथ बर्ताव करना चाहिए।

इस सम्बन्ध में हमारे मंत्री महोदय जो कर रहे हैं वह बिलकुल ठीक कर रहे हैं लेकिन मेहरबानी करके इतना ध्यान ज़रूर रखें कि जो भी ऐडमिनिस्ट्रेशन वहाँ पर आपका हो और जो भी अफ़सरान और पुलिस वग़ैरह जाए, उनके सामने एक वेलफ़ेयर स्टेट का नक़्शा होना चाहिए न कि एक पुलिस राज्य का।

December 20, 1957, Punishment for Molestation of Women Bill

श्रीमान जी इस बिल को मैंने कई बार पढ़ा है। इस बिल में जो भी यह लिखा हुआ है कि "Molestation includes indecent behavior" वग़ैरह, उसके लिए तो हमारे यहाँ क़ानून है, जिसमें ये सब बातें आ जाती हैं। इस पर मैंने सोचा कि आख़िर इस बिल को लाने की ज़रूरत क्या थी। जब मैंने अपने भाई श्री राधारमण की तकरीर सुनी, तो मुझे पता लगा कि जो चीज़ें इधर-उधर ख़ुफ़िया तौर से होती रहती हैं, वे इस बिल में नहीं हैं और न हो सकती हैं, क्योंकि उसकी चर्चा भी नहीं है और बयान देने के लिए भी कोई तैयार नहीं होता है। अगर कोई स्त्री ऐसी मुसीबत में पड़े और बाहर आकर कहे, तो हमारे समाज की हालत ऐसी है कि ग़ालिबन दोषी स्त्री ही कहलाएगी। इन दिक़्क़त को हमारे भाई श्री राधारमण मिटाना चाहते हैं। लेकिन इसको देखकर एक और भी बात मेरे ख़्याल में आई है और वह यह है कि पुरुष ही हमारे समाज सुधारक हैं और आज जो चर्चा यहाँ पर हो रही है, उसमें मुजरिम भी पुरुष ही हैं यानी समाज का सुधार भी पुरुष ही करेंगे और मुजरिम भी वही होंगे।

यह बात मेरी समझ में नहीं आती है। इस बिल को देखकर मैं नहीं समझ सकती कि किसी सख़्त से सख़्त क़ानून से भी समाज में उन्नति या सुधार होने वाला है। मेरे ख़्याल में यह सुधार और उन्नति तभी होंगे, जब हमारी स्त्रियाँ मज़बूत होंगी और वे समझेंगी कि समाज का सुधार हमें करना है, हम यहाँ पर एक माता की हैसियत से हैं, जो पुरुष यह पाप या बुरा काम करते हैं, वे हमारे बच्चे हैं, उनको हमने ही सुधारना है। अगर यह भाव लेकर एक स्त्री चले और यह अपनी निगाह बदले, तो मैं समझती हूँ कि कोई कितना भी गुनहगार आदमी हो, बदमाश आदमी हो, वह उस स्त्री के क़रीब नहीं आ सकता है। उस स्त्री में इतनी शक्ति पैदा हो जाती है। आज हमको इस वेलफ़ेयर स्टेट को बनाने के लिए अपनी बहिनों से और स्त्रियों से प्रार्थना करनी है, बल्कि उनको इस बात की शिक्षा देनी है कि वे इतनी मज़बूत हों कि वे सारे समाज की शक्ल को बदल दें। हमको अपने समाज में परिवर्तन करना है और उन भाइयों को सुधारना है, जिनमें कमज़ोरियाँ आ गई हैं।

मेरे पास बहुत से नक़्शे भी हैं और मैं कई सच्ची कहानियाँ भी जानती हूँ, जो कि मैं इस हाउस में बयान नहीं करना चाहती, लेकिन मैं इतना ज़रूर कर दूँ कि मैं केवल ग़रीब क्लर्कों या मज़दूरों को इन गुनाहों की सजावार नहीं समझती हूँ। मैंने देखा है, मैंने सुना है, मैं जानती हूँ कि जो लोग आज जेंटलमैन कहलाते हैं, जो ऊँचे से ऊँचे समाज और सोसायटी में जाते हैं, जो बड़ी-बड़ी मजलिसों में जाते हैं, बड़े-बड़े दफ़्तरों में काम करते हैं, वे क्या-क्या गुनाह—उनको गुनाह कहिए या जो कहिए—करते हैं। जब मैं दिल्ली में आई, तो मेरे पास एक दिन तीन औरतें आईं, जो कि रो रही थीं। एक बूढ़ी माँ थी और दो उसकी लड़कियाँ थीं। वे रिफ़्यूजी लड़कियाँ, जो कि पंजाब की थीं, कुछ शकील और ख़ूबसूरत थीं। उन्होंने मुझे बताया कि वे दफ़्तरों में मुलाजिम हैं और उन दफ़्तरों के बड़े-बड़े अफ़सर उनके साथ किस तरह का बर्ताव करते हैं। एक लड़की ने कहा कि मैंने तो छुट्टी ले ली है, मैं घर में बैठी हूँ। उसकी माँ ने कहा कि हम प्याला लेकर भीख माँगेंगे, लेकिन हम यह नहीं देख सकती हैं। मैं नाम नहीं लेना चाहती हूँ, लेकिन हमारे समाज के एक बड़े से बड़े अफ़सर थे, जिनकी यह हरकत थी।

जैसा कि मेरे भाई श्री सरजू पांडे ने कहा है अगर आज क़ानून लाते हैं, तो उसके ज़रिये आप पुलिस के हाथ में और हथियार देते हैं। हमारे सामने जो इस तरह की कहानियाँ बयान की जाती हैं, उनमें ज़्यादातर पुलिस का ही हाथ होता है, जो कि अनपढ़ औरतों को इधर-उधर ले जाती हैं और वे थानों में पहुँचा दी जाती हैं। मेरा कहना यह है कि यह सुधार क़ानून के ज़रिये से नहीं हो सकता है, यह सुधार तो सोशल वर्कर्ज़ के ज़रिये होना चाहिए। मैंने चीन में देखा कि रात के ग्यारह-बारह बजे तक लड़के और लड़कियाँ आज़ादी के साथ घूमते हैं और उनका भाव बिलकुल भाई-बहिन का मैंने देखा है। लड़कियाँ जाती हैं और मजाल नहीं कि कोई भी इस तरह की गन्दी छेड़छाड़ हो। वहाँ पर आख़िर क्या बात है? कोई कह सकता है कि वहाँ पर क़ानून इतने सख़्त हैं और इतनी सख़्त सज़ा है कि उससे डरकर कोई ऐसी हरकत करने की हिम्मत नहीं करता है। मैं यह कहना चाहती हूँ कि वहाँ की स्त्रियों ने बड़ी मेहनत की हैं। वहाँ की विमेन्ज़ फ़ेडरेशन को मैंने ख़ुद देखा है। उन्होंने इतनी मेहनत की है कि आज चीन की स्त्री अकेली घूमती है और चीन का पुरुष उसकी इज़्ज़त करता है।

हम यहाँ के सोशल स्ट्रक्चर को, यहाँ के समाज को बदलना चाहते हैं। हम रोज़ सुनते हैं कि हमको सोशलिस्टिक पैटर्न बनाना है, बल्कि सोशलिज़्म लाना है। मैं यह कहना चाहती हूँ कि सोशलिज़्म लाने के लिए औरतों और मरदों का बराबर होना ज़रूरी है। हमारे विधान में भी यह लिखा है कि औरत और मरद बराबर हैं और हम अक्सर यह बात सुनते हैं, लेकिन अगर कोई हम स्त्रियों से पूछे तो हम तो यही कहेंगी कि इस वक़्त हमारी अपनी कोई नेशनैलिटी नहीं है। यदि कोई स्त्री

चाहे कि उसकी शादी किसी अमेरिकन से हो जाए और वह हिन्दुस्तानी रहे, तो ऐसा नहीं हो सकता है औरत की नेशनैलिटी को आप नहीं मानते हैं। इसलिए विधान के मुताबिक़ स्त्री चाहे मरद के कितनी ही बराबर हो, लेकिन इंडिपेंडेंट नेशनैलिटी उसकी नहीं है।

इसके अलावा औरत आपकी कई सर्विसेज़ में—जैसे पुलिस में—नहीं जा सकती। उसके लिए रुकावटें हैं। आप भले ही कहें कि हम रुकावटें नहीं रखते, लेकिन मुझे मालूम है कि आप उनको लेते नहीं हैं। एक लड़की आई.ए.एस. में पास हुई और उसने पुलिस सर्विस में जाना चाहा, तो उसको लिया नहीं गया। क्योंकि लड़कियाँ पुलिस में नहीं जा सकती हैं। ये दिक़्क़त और कमियाँ हमारे समाज में हैं। मैं तो यही कहूँगी कि जब तक समाज की कमज़ोरियों को आप दूर नहीं करेंगे, जब तक स्त्री ख़ुद अपने पैरों पर खड़ी नहीं होगी, जब तक वह ख़ुद यह नहीं समझेगी कि यह बात बुरी और ग़लत है, और जब तक स्त्री यह निश्चय नहीं कर लेगी कि मर्द उसके साथ खेल और छेड़छाड़ नहीं कर सकता और अपने दिल में मज़बूत नहीं होगी तब तक मैं समझती हूँ कि क़ानून से कोई सुधार होने वाला भी नहीं है।

February 27, 1958, Railway Budget General Discussion

श्रीमान स्पीकर जी, रेलवे मिनिस्ट्री ने ज़रूर पहले से ज़्यादा तरक़्क़ी की है, लेकिन उसके साथ यह भी वाक़या है कि अभी तक उतनी तरक़्क़ी नहीं हुई है, जितनी कि हमें उम्मीद थी और जो कि हमें इत्मीनान दे सके। रेलवे मिनिस्ट्री ने थर्ड क्लास कोचिज की सूरत बिलकुल बदल दी है और कोशिश भी यही है कि वह थर्ड क्लास पैसेंजर्स को हर तरह की सहूलियतें दे, लेकिन इसके साथ ही साथ कोचिज का नम्बर इतना कम है कि थर्ड क्लास के डिब्बों में लोग भेड़-बकरियों की तरह भरे रहते हैं और एक-दूसरे पर चढ़े जाते हैं मेरी समझ में नहीं आता कि किस तरह से इसका इलाज होगा।

हम देखते हैं कि जो मुसाफ़िर बग़ैर टिकट के हर एक ट्रेन में सफ़र करते हैं, उनके लिए भी बन्दोबस्त अभी तक पूरी तरह से नहीं हुआ है। मुमकिन है कि मिनिस्ट्री यह कहे कि हमने टिकटलेस ट्रैवलिंग बहुत कुछ कम कर दिया है, लेकिन फिर भी इस सिलसिले में हमको जो उम्मीद थी, वह पूरी नहीं हुई है।

इसके अलावा कोचिज में—चाहे वे फ़र्स्ट क्लास की हों, सेकेंड क्लास की हों, या थर्ड क्लास की हों—गन्दगी पहले से बहुत ज़्यादा बढ़ गई है। अगर आप लैट्रिन्ज के ग़ुसलखानों में घुसें, तो आपको मालूम होगा कि यहाँ पर निहायत गन्दी हालत होने के अलावा हर एक चीज़ टूटी-फूटी होती है। मैं चाहती हूँ कि मिनिस्टर साहब इस तरफ़ ध्यान दें। जब मैं उन गाड़ियों को देखती हूँ, तो मुझे ऐसा लगता है कि रेलवे यार्ड से कुछ कनडेम्ड गाड़ियाँ लाकर यहाँ लगा दी गई हैं। कहीं बल्ब्ज़ ही नहीं और अगर बल्ब्ज़ हैं, तो स्विच ख़राब हैं। कहने का मतलब यह है कि हर मामले में हालत पहले से ख़राब है। कोई भी चीज़ हमें परफ़ेक्ट नहीं दिखाई देती है। जब एम.पीज किसी गाड़ी में सवार होते हैं, तो स्टेशन वाले फ़ौरन ही मिस्त्रियों को लेकर आते हैं और वे लोग ठोंक-पीट करना शुरू कर देते हैं। इस तरह भी अगर कोई नतीजा निकले तो अच्छा है, लेकिन कोई नतीजा नहीं निकलता है। वे आते हैं, देखते हैं और कहते हैं कि साहब, यह हम बना नहीं सकते।

इन बातों के अलावा जो नई बीमारी सबसे ज़्यादा फैल रही है, वह यह है कि अब इस बात का कोई भरोसा नहीं है कि हम अपने घर या जहाँ हमें जाना है, वहाँ पहुँच भी सकेंगे या नहीं और अगर पहुँचे भी, तो ख़ैरियत से पहुँच सकेंगे या नहीं। ऐक्सिडेंट्स रोज़मर्रा की बात हो गए हैं। ऐक्सिडेंट्स के अलावा रेलवे में चोरियाँ और मर्डर भी बीमारी सी हो गई हैं। इस तरफ़ ज़रा हमारी सरकार ग़ौर करे।

मीटरगेज की मैं क्या हालत बताऊँ। सीतापुर जहाँ से मैं आई हूँ, मीटरगेज पर है। वहाँ की हालत यह है कि ट्रेन कभी वक़्त पर पहुँचती ही नहीं है और अगर कोई स्टेशन बीच में है और वहाँ ट्रेन रुकती है, तो भिखमंगे आसानी से ट्रेन पर चढ़ जाते हैं और उनके साथ ही मंजन और सुरमा बेचने वाले भी बराबर दिखाई देते हैं। स्टेशन पर कोई ऐसा शख़्स नहीं होता, जो उनको रोक सके। मैं उम्मीद करती हूँ कि इस तरफ़ ध्यान दिया जाएगा। मैं समझती हूँ कि रेलवे मिनिस्ट्री के लोग और रेलवे बोर्ड के अफ़सरान का यह फ़र्ज़ है कि वे मिनिस्टर की हैसियत से नहीं या बोर्ड के मेम्बर की हैसियत से नहीं बल्कि एक मामूली इनसान की हैसियत से बराबर रेलवे पर सफ़र करें, ताकि वे ख़ुद इस बीमारी को देखें और उसका इलाज करें।

मैं कल से बराबर यहाँ दिए जा रहे व्याख्यान सुनती आ रही हूँ। श्री एन्थोनी ने जो बातें बताईं, मैं समझती हूँ कि जो कुछ मैंने सुना और जो रिपोर्ट्स मैंने देखी हैं और इस बारे में जो मेरा तजुर्बा है, उसकी बिना पर मैं कह सकती हूँ कि उन्होंने बहुत कुछ बातें सही कही हैं।

मकानों के बारे में मैं मिनिस्टर साहब से यह कहना चाहती हूँ कि जब हम रेलवे एम्प्लाइज के मकानों के इन्तज़ाम को देखते हैं, तो हमें महा-तकलीफ़ होती है। उनके लिए मकानों की बहुत कमी है। मैं चाहती हूँ कि इस पर मिनिस्टर साहब ज़्यादा ग़ौर करें। क्यों ग़ौर करें, इसकी वजह यह है कि हम इनसान को कितनी ही नेमतें दें, कितना ही आराम पहुँचाएँ, उनको पंखा दें, सब कुछ दें, लेकिन जब तक उसके पास ज़िन्दगी की ज़रूरतें, मकान, कपड़ा और रोटी, नहीं है, तो वे सब बेकार हो जाते हैं। मैं मिनिस्टर साहब से यह कहना चाहती हूँ कि हमारा भी बहुत जी चाहता है कि पश्चिमी मुल्कों की तरह हम भी तेज़ी से आगे जाएँ, लेकिन हालत यह है कि अभी हमें खाना पूरी तरह से नहीं मिलता है, कपड़ा हमारे पास नहीं है, मकान का तो कहना ही क्या। अगर आप पहले नैसेसिटीज ऑफ़ लाइफ़ मुहैया करने की कोशिश करें, तो आपकी मुश्किलें बहुत कुछ कम हो जाएँगी।

आज हालत यह है कि वैगन्ज की बहुत कमी है। मीटरगेज की हालत की तरफ़ बहुत जोर से ध्यान देना चाहिए।

मैं आपको बतलाना चाहती हूँ कि सीतापुर जो कि एक गेहूँ की मंडी है, मूँगफली की मंडी है, गुड़ की मंडी है, वहाँ पर माल बराबर बनता जाता है लेकिन उस माल के बाहर जाने का कोई आउटलेट नहीं है। वहाँ पर वैगन्स की कमी है, गाड़ियों की कमी है, हर चीज़ की कमी है। इन सब बातों को मैं इसलिए कह रही हूँ कि जो हमारा पाँच साला प्लान है वह बहुत हद तक ट्रांसपोर्ट पर निर्भर करता है, इसके बग़ैर वह सफल नहीं हो सकता है। जब लालबहादुर जी रेलवे के मिनिस्टर थे, उस वक़्त वह वहाँ गए थे और उन्होंने यह सब हालत अपनी आँखों से देखी थी। इसके साथ ही साथ मैं यह भी कहना चाहती हूँ कि लहरपुर में आज दिन तक भी स्टेशन नहीं बना है, वह बिलकुल सफाचट मैदान है। वहाँ पर कई चीज़ें पैदा होती हैं और वह एक तिजारती केन्द्र भी है। इतना होने पर भी वहाँ कोई स्टेशन नहीं बनाया गया। हम लोगों को हर साल अपनी बात को यहाँ पर दोहराना पड़ता है। मैं इसको ज़्यादा पसन्द करती कि हमारे मंत्री महोदय ख़ुद ही अपनी ज़िम्मेदारी को महसूस करते और इन सब चीज़ों को देखने के बाद इनको दूर करने की कोशिश करते ताकि मेम्बर्स पार्लियामेंट को इन बातों पर बोलना न पड़ता।

हम लोगों को ट्रांसपोर्ट पर ज़्यादा खर्च करना है और इसलिए करना है कि हमको एग्रीकल्चरल प्रोड्यूस को तथा इंडस्ट्रियल प्रोड्यूस को ले जाने के लिए ट्रांसपोर्ट की आवश्यकता है। आपको वे साइड स्टेशन का, दूसरे स्टेशनों का, रेलवे लाइनों का, इंजिन्स का, लोकोमोटिव्स का, मीटरगेज का, ब्राड गेज का, ध्यान रखना होगा और जो मुश्किलात यहाँ पेश आती हैं उनको दूर करना होगा।

मैंने देखा है कि बड़े स्टेशनों पर आपने लाउडस्पीकर लगा रखे हैं जहाँ से रात-दिन और हर वक़्त इस तरह की एनाउंसमेंट होती रहती हैं कि फ़लाँ समय पर फ़लाँ गाड़ी आने वाली है, फ़लाँ समय पर फ़लाँ गाड़ी छूटने वाली है। लेकिन हमने देखा है प्लेटफार्म्स पर बहुत ज़्यादा गन्दगी पड़ी रहती है। मैं चाहती हूँ कि मंत्री महोदय इस बात पर विचार करें कि उन लाउडस्पीकर्स का टाइमिंग्स बताने के अलावा सोशल सर्विसेज़ करने के लिए भी उपयोग किया जाए। उनके द्वारा लोगों को यह बताया जाना चाहिए कि किस तरह से प्लेटफार्म्स पर सफ़ाई रखी जानी चाहिए। जो खाने-पीने की चीज़ें स्टेशनों पर बिकती हैं, उनको मक्खियों से कैसे बचाना चाहिए। उनको यह भी बतलाना चाहिए कि मक्खियों को ख़त्म करने का क्या इलाज होता है। इस तरह से अगर उन लाउडस्पीकर्स का सोशल सर्विसेज़ के वास्ते भी उपयोग किया जाए तो भारत की सूरत और भारत का नक़्शा ही बदल जाएगा।

मुझे अधिक न कहते हुए इतना ही कहना है कि जिस तरह से और भाइयों ने ज़िक्र किया है मैं भी चाहती हूँ कि रेलवे सर्विसेज़ जो हैं स्टेशन मास्टर्स से लेकर नीचे पोर्टर तक, उनमें कोई ज़्यादा भेदभाव नहीं होना चाहिए। क्लासिफ़िकेशन तो

मुझे ज़रा भी पसन्द नहीं है। इस सम्बन्ध में आपको कुछ न कुछ परिवर्तन करना होगा। रेल कर्मचारियों के लिए मकानों का इंतिज़ाम, जैसा कि एन्थनी साहब ने कहा, आपको करना चाहिए जिसका इंतिज़ाम आपने अभी तक कोई ज़्यादा नहीं किया है। रेल कर्मचारियों के जो बच्चे हैं उनकी शिक्षा की ओर भी आपको आज से और अधिक ध्यान देना चाहिए। उनके लिए तथा उनके ख़ानदान वालों के लिए पूरे तौर से आपको मेडिकल फ़ैसिलिटीज़ सुलभ करनी चाहिए। यदि आप देश को ख़ुशहाल बनाना चाहते हैं और देश को ज़िन्दा रखना चाहते हैं तथा पंचवर्षीय योजना को सफल बनाना चाहते हैं तो देश के ग़रीब मज़दूरों को आपको ज़िन्दा रखना होगा।

March 21, 1958, Indian Penal Code (Amendment) Bill

उपाध्यक्ष महोदय, भाई रघुनाथ सिंह ने जिस बिल को यहाँ पर पेश किया है उसको मैंने कई बार पढ़ा है। जब उन्होंने इस बिल को यहाँ पेश किया था उस समय ख़ुद उनके पास इस बिल को सपोर्ट करने के लिए कोई दलीलें न थीं और केवल एक-दो बातें कहकर वह बैठ गए।

मेरे दूसरे भाइयों ने इस पर काफ़ी रोशनी डाली है। मुझे श्री रघुनाथ सिंह जी से इतना अवश्य कहना है कि ऐसा मालूम होता है कि वह किसी दूसरी ही दुनिया में रह रहे हैं और हमारा जो सामाजिक ढाँचा है, हमारी जो सामाजिक परिस्थितियाँ हैं, उनसे वह बिलकुल बेख़बर हैं।

यह तो ठीक है लेकिन चराग़ तले अँधेरा होता है। मैं यह कह रही थी कि वह हमारी जो समाज है उससे बेख़बर हैं और यहाँ क्या हो रहा है, उससे वह बिलकुल बेख़बर हैं। जब ऐसी बात है तो मेरी समझ में नहीं आता है कि इस पार्लियामेंट में वह क्या काम कर सकते हैं।

हमारी समाज में बहुत-सी त्रुटियाँ हैं, बहुत-सी कमियाँ हैं, जिनको हमें दूर करना है। थोड़ा अर्सा हुआ डौरी बिल यहाँ पेश हुआ था। दहेज की जो प्रथा है, यह समाज की उन बुराइयों में से, उन कमियों में से एक है। जिसको हम आज तक मिटा नहीं पाए हैं। दहेज के बराबर कोई भी जलील चीज़ दुनिया में नहीं हो सकती है। लेकिन आज भी हमारी कांग्रेस सरकार इसको मिटा नहीं सकी है। इसमें कोई शक नहीं कि डौरी बिल को मैं ही इस हाउस में लाई थी। मेरे इस बिल पर मंत्री महोदय ने तरह-तरह के आश्वासन मुझे तथा इस हाउस को दिए और कहा कि मैं इसको वापिस ले लूँ। जो क़ायदा होता है उसी पर मैंने अमल किया और इस बिल को वापिस ले लिया।

आज समाज की यह हालत है कि हमारा ज़िन्दा रहना मुश्किल हो गया है। जिस घर में ज़्यादा लड़कियाँ पैदा हो जाती हैं वह घर तबाह हो जाता है। कई ग़रीब लोग इस तरह से तबाह हो चुके हैं। यह सब दहेज के कारण हुआ है। बिल में जो नक़्शा भाई रघुनाथ सिंह जी ने खींचा है मैं चाहती हूँ उसके साथ-साथ वह

भारत के नक़्शे को भी सामने रखते। आज स्त्रियाँ उठ नहीं पा रही हैं। आपने ज़िक्र किया है विधान का। विधान में आपने स्त्रियों और पुरुषों को बराबर के अधिकारी दिए हैं। उनको बराबर का स्थान दिया है, बराबर का हिस्सा दिया है। मैं मानती हूँ कि कांस्टिट्यूशन में स्त्रियों के बारे में लिखा तो बहुत कुछ है लेकिन लिखने से ही काम नहीं चल सकता है, आपको देखना होगा कि प्रैक्टिकल लाइफ़ में क्या रहा है। मैं अपने भाई को बतलाना चाहती हूँ कि अगर स्त्री चाहे तो वह अपनी अलग से नेशनैलिटी क़ायम रख ले तो विधान उसको इसकी इजाज़त नहीं देता है और वह कहता है कि जो तुम्हारे पति की नेशनैलिटी है वही तुम्हारी नेशनैलिटी है। यह भी कहा गया है कि स्त्री की जो इंडिविजुएलिटी है वह अलग नहीं हो सकती है। यह तो भारतीय स्त्री की हालत है। जब उसकी ऐसी हालत है तो इस तरह के बिल को पेश करने की बात समझ में नहीं आती है। पता नहीं किस सूझ का यह नतीजा है, जिस तरह से उनके दिल और दिमाग़ में यह बात आई कि इस बिल को उन्होंने यहाँ पेश किया। उनको चाहिए था कि वह सामाजिक ढाँचे को देखते और यह भी देखते कि स्त्री कितनी आगे बढ़ी है और अभी उसको आगे लाने के लिए कितने परिश्रम की आवश्यकता है।

यह ठीक है कि पश्चिमी ख़्याल हममें आते गए हैं। लेकिन आप देखें कि एनलाइटेंड से एनलाइटेंड फ़ेमिलीज़ भी जो हैं, उनकी हालत यह है कि अगर लड़की पैदा होती है तो ख़ुशी तो होती है लेकिन कम ही। हर इनसान यह चाहता है कि लड़का हो। यह हालत यहाँ भारत में ही नहीं है, दूसरे जगहों पर भी है। आप देखें कि ईरान के शाह ने भी अपनी रानी को इसलिए अलग किया है कि उसके लड़का नहीं हुआ है। ऐसी हालत में इस बिल को लाना और यह कहना कि स्त्री अगर मर्द के साथ कोई गुनाह करती है तो उसको भी सज़ा होनी चाहिए, बेख़बरी और अज्ञानता की बात है।

जहाँ तक पैट्रियाकिल सिस्टम का ताल्लुक़ है जो कि दक्षिण के कुछ हिस्सों में है। वह दूसरी बात है। वहाँ पर भी अब यह सिस्टम बदल रहा है। स्त्रियों के बारे में विचार करते हुए, भारत के नक़्शे को आपको सामने रखना होगा, भारत की आइडियोलॉजी को सामने रखना होगा, सामाजिक परिस्थितियों को आँखों से ओझल नहीं होने देना है।

भारतीय स्त्री पूजनीय समझी जाती थी। आज समझी जाती है या नहीं, मैं नहीं जानती। भारतीय स्त्री को हमें बहन और माता के रूप में देखना होगा। भारत को अगर किसी ने आज़ाद कराया है और आज दिन तक अगर किसी ने भारत को क़ायम रखा है, तो भारत की स्त्री ने रखा है। मैं यह इसलिए कहती हूँ कि भारतीय स्त्री आज जितना भी फ़ैशन क्यों न करे उसने अपनी साड़ी नहीं छोड़ी है भले ही मर्दों ने कोट-पतलून और टाई लगानी शुरू कर दी हो। भारत आज़ाद हुआ है और

उसकी आज़ादी क़ायम है। यह सब इस वजह से है कि स्त्रियाँ डिवोटिड हैं, वे प्रेम करती हैं, अपने देश से, वे उनका जो स्थान है, उसको समझती हैं। आज़ाद भारत की नींव आज भी पक्की है।

श्री रघुनाथ सिंह जी ने भी एक बिल पेश किया है। तरह-तरह के पुरुष आते हैं जो इस क़िस्म के...

वह मेरे पड़ोसी हैं, और उनकी सहायता मैं अवश्य करती। लेकिन इस समय मुझे उन्हें समझाना है। यह सही वक़्त है जब मैं उनको समझा सकती हूँ। मुझे अफ़सोस तो इस बात का है कि वकालत भी उन्होंने पास की है और सब कुछ किया है लेकिन फिर भी आज उनको मुझे फिर से पढ़ाना पड़ रहा है।

आज हालत अच्छी नहीं है। मैं ज़्यादा नहीं कहना चाहती। मैं उनसे कहूँगी कि मेहरबानी करके वे समाज के प्रति अपना रुख करें, समाज को अगर वह समझते नहीं हैं तो समझने की कोशिश करें, समाज की अवस्था को देखें और समाज में जो स्थिति स्त्रियों की है न केवल भारत में बल्कि सारे संसार में, उसको पहचानें। मैं केवल इतना ही कह सकती हूँ कि आज स्त्रियों की पुरुषों के मुक़ाबले में कुछ भी हैसियत नहीं है।

जैसे अभी हमारे एक भाई ने कहा कि जब कोई बच्चा पैदा होता है तो यह कोई नहीं कहता कि यह अमुक माता का पुत्र है बल्कि पुरुष का ही नाम चलता है। पैट्रियाकिल सिस्टम में पुरुष का ही नाम चलता है स्त्री का कोई नाम नहीं लेता। ऐसी हालत में स्त्री का नाम लेना बेकार है और मैं चाहती हूँ कि सारा हाउस एक राय से इसको हरा दे और नामंजूर कर दे।

April 7, 1958, Demands of Grants

श्रीमान जी, मैं आपकी मशकूर हूँ कि आपने मुझे इस महकमे के बारे में अपने थोड़े से ख़्यालात आपके सामने रखने का मौक़ा दिया।

मैं मान्यवर माननीय सदस्यों की दलीलें सुन रही थी और मैं समझती हूँ कि हमारे मिनिस्टर साहब बहुत ख़ुशक़िस्मत हैं कि जितना हम समझते हैं उन पर अपोजिशन की तरफ़ से हमला होगा वह नहीं हुआ।

वह तो मैं कैसे कर सकती हूँ क्योंकि मैं भी तो इस सरकार का एक हिस्सा हूँ। लेकिन अगर ज़्यादा अपोजिशन होता तो ज़्यादा अच्छी स्पीचें होतीं।

शुरू में एक भाई ने उधर से कहा कि उन्हें ब्राडकास्टिंग स्टेशन से यह शिकायत है कि वहाँ ज़्यादातर कांग्रेस पार्टी का प्रोपगैंडा होता है। वह न जाने कौन-कौन रेडियो स्टेशन सुनते हैं और कांग्रेस वालों को तो बराबर यह शिकायत है कि हमको रेडियो स्टेशन नोटिस ही नहीं करता और उधर से यह शिकायत है कि उनका ख़्याल नहीं किया जाता। तो मुश्किल तो यह है कि हमारी भी उनसे यही शिकायत है कि वे कांग्रेस पार्टी का ज़रा भी विचार नहीं करते और न रेडियो से कांग्रेस पार्टी का प्रोपगैंडा होता है। इसलिए मैं उनसे...

दूसरी बात यह कही गई है कि हिन्दी में ज़्यादा प्रोपगैंडा होता है। तो यह तो भारत के सारे लोगों को अच्छी तरह से मालूम है कि इस देश की जो राष्ट्रभाषा है वह हिन्दुस्तानी है तो जब मुल्क ने हिन्दुस्तानी को राष्ट्रभाषा मंजूर किया है तो रोज़-रोज़ यह शिकायत क्यों की जानी चाहिए कि साहब सब कुछ हिन्दी में हो रहा है। लेकिन मैं कहती हूँ कि जो रीज़नल लैंग्वेज़ेज़ हैं वे ज़िन्दा रहेंगी और फूलेंगी-फलेंगी क्योंकि इसको हम लोग अच्छी तरह समझते हैं और अपोजिशन वाले भी ख़ुद समझते हैं कि कोई मुल्क ज़िन्दा नहीं रह सकता अगर उस मुल्क की रीज़नल लैंग्वेज़ेज़ ख़त्म हो जाएँ तो रीज़नल लैंग्वेज़ेज़ तो हमारे सिर पर हैं लेकिन हिन्दुस्तानी जो है वह तो हमारी राष्ट्रभाषा है। इसको हमें नहीं भूलना चाहिए और न इसकी शिकायत करनी चाहिए।

एक बात हमारे भाई त्यागी जी ने कही। वह मैं नहीं समझ सकी। उन्होंने न मालूम क्या कहा। बहरहाल मेरी समझ में आया कि उन्होंने यह कहा कि हमारी जो

सारी मिनिस्ट्रीज़ हैं। उन सबका बोझा इन्फ़ार्मेशन और ब्राडकास्टिंग मिनिस्ट्री पर पड़ता है। यानी जो सारे मिनिस्ट्रीज़ के अख़बार हैं, पत्रिकाएँ हैं उनका काम हमारी इन्फ़ार्मेशन और ब्राडकास्टिंग महकमे को करना होता है तो यह तो मैं ज़रूरी समझती हूँ कि हमारा जो इन्फ़ार्मेशन और ब्राडकास्टिंग का महकमा उसको ऊँची जगह और पदवी मिलनी चाहिए। यह ज़रूरी भी है। यह महकमा सब कुछ कर सकता है। इसके हाथ में बड़ी शक्ति है। मैं समझती हूँ कि हर महकमे में कोऑर्डिनेशन होना चाहिए और जब ऐसा होगा तो हर महकमे की सारी बातें इस महकमे से साझा होंगी क्योंकि इन्फ़ार्मेशन और ब्राडकास्टिंग का महकमा ही सरकार का माउथ पीस है। जो त्यागी जी कह रहे थे मैं नहीं समझ सकी।

किसी ने यह भी कहा था कि हर महकमे में आई.सी.एस. आफ़िसर रख दिया जाता है। यह शिकायत और गिला तो मुझे भी है। अंग्रेज़ों के वक़्त में तो आई.सी.एस. का राज था। अंग्रेज़ यह समझते थे कि अगर उनको हुकूमत करनी है तो आई.सी. एस. वालों को उन्हें अव्वल रखना चाहिए। लेकिन इस वक़्त तो भारतीय राज्य है। मैं ब्राडकास्टिंग महकमे के बारे में ज़्यादा नहीं जानती लेकिन मैंने ग़ज़ब तो यह देखा कि डिफेंस डिपार्टमेंट में यह होता है कि वहाँ पर कैन्टोनमेंट बोर्ड है और कैन्टोनमेंट सर्विस है कैन्टोनमेंट वालों की। वे लोग डिप्टी डाइरेक्टर तक तो हो सकते हैं लेकिन अगर डाइरेक्टर की जगह होती है तो वहाँ आई.सी.एस. आफ़िसर रखा जाता है। अब ज़्यादा आई.सी.एस. वाले तो रहे नहीं इसलिए डाइरेक्टर की जगह होने पर आई.ए.एस. आफ़िसर रखा जाता है। तो यह चीज़ ठीक नहीं है क्योंकि जो भी लड़के किसी सर्विस में जाते हैं वे यह नहीं चाहते कि आसमान पर टँगे रह जावें। अगर वह डिप्टी डाइरेक्टर हो सकते हैं तो वह डाइरेक्टर भी होने चाहिए। लेकिन उन्हें डाइरेक्टर नहीं बनाया जाता और ऊपर से लाकर एक आदमी उस जगह पर रख दिया जाता है। मैं समझती हूँ कि सरकार को इस पर ग़ौर करना चाहिए और इसको अलग करना चाहिए।

अब इन सब बातों के बाद मैं यह कहना चाहती हूँ कि सब लोग इस बात से वाक़िफ़ हैं कि यह जो इन्फ़ार्मेशन और ब्राडकास्टिंग महकमा है यह कितना ज़रूरी और महत्त्व का महकमा है। लेकिन इसके साथ ही जो लोग अख़बार पढ़ते हैं, ख़बरें सुनते हैं और रिपोर्ट वग़ैरह देखते हैं, उनको यह अच्छी तरह से मालूम है कि 1947 से आज तक इस महकमे में कितनी तरक़्क़ी, कितनी उन्नति हुई है। मैंने सोचा था कि मैं आपको तरक़्क़ी के बारे में सिलसिलेवार बताऊँ कि कितने ब्राडकास्टिंग स्टेशन खोले गए हैं, कितने नए ट्रांसमीटर लगाए गए, वग़ैरह, लेकिन मुझे बोलने का मौक़ा देर से मिला और मुझसे पहले मेरे भाई श्री सहगल ने आपके सामने पूरी हालत बयान कर दी है।

मैं इस महकमे के काम को देखती हूँ, स्टेशनों से गानों, फोक-सांग्ज़ और मौसमी गानों को सुनती हूँ लेकिन मेरे सामने यह ख़्याल ख़ास तौर से है कि इस

महकमे के जो लोग मिलते रहते हैं और इसका ज़िक्र करते रहते हैं, वे सब जो भी मित्र आते हैं गिला और शिकायत करते हैं, जैसे कि अभी मेरी बहन वेद कुमारी ने की। वह शिकायत नहीं होनी चाहिए। इतना सुन्दर महकमा है और उसमें यह शिकायत नहीं रहनी चाहिए। जिन लोगों ने, जिन कारीगरों और वर्कर्ज़ ने इस महकमे को मुझे इतना बड़ा और शानदार बनाया, आज वे अपनी सर्विस की सिक्योरिटी का प्रश्न हमारे सामने लाते हैं। आज वे हमसे कहते हैं कि हम सालों से काम करते हैं और हम अब भी टेम्परेरी हैं। 3 अप्रैल को जब यह प्रश्न आया, तो मिनिस्टर साहब ने बताया कि होम मिनिस्ट्री और पब्लिक सर्विस की दिक़्क़तें हैं। इस बात का इरादा है कि इस सिलसिले में एक कैडर बने, लेकिन वह आज तक पूरा नहीं हुआ। मैं उम्मीद करती हूँ कि मिनिस्टर साहब बताएँगे कि उन्होंने सर्विसेज़ के बारे में क्या किया है।

जहाँ तक सर्विसेज़ का ताल्लुक़ है, चाहे होम मिनिस्ट्री हो, चाहे कोई मिनिस्ट्री हो, हमारा यह फ़र्ज़ है कि हम अपने वर्कर्ज़ को सिक्योरिटी ऑफ़ सर्विस दें और उनको तरक़्क़ी का मौक़ा दें। मैं अच्छी तरह से जानती हूँ कि टेम्परेरी तौर पर रखना फ़ायदे की चीज़ होती है कि जब चाहा अलग कर दिया, लेकिन मैं समझती हूँ कि यह ग़लत बात है और इसे हमको बन्द करना है। मिनिस्टर साहब इसके बारे में बताएँगे। मैं बताना चाहती हूँ कि पिछली दफ़ा मिनिस्टर साहब ने ख़ुद कहा था कि इस बारे में फ़िक्र करने की बात नहीं है, कोई डिफ़िकल्टीज़ इसमें नहीं आने वाली है और सब चीज़ें तय हैं। उन्होंने यह भी कहा है कि Financial regulations came in the way, All these have been smoothened out ad in future there will be no difficulty.

यह आपने बताया हमको था और हम समझते थे कि सब चीज़ें स्मूदन आउट हुई होंगी और आपके कारीगर ख़ुश होंगे। मैं इस बारे में ज़्यादा न कहकर मिनिस्टर साहब से कहूँगी कि वह इस मामले को देखें और अगर होम मिनिस्ट्री या पब्लिक सर्विस कमीशन बीच में आते हैं, तो उनको उनसे लड़ना होगा, क्योंकि भारत के आज़ाद होने के बाद हम यह गवारा नहीं कर सकते कि भारत के ग़रीब, वर्कर्ज़, पैज़ेन्ट्स, और किसान परेशान हाल हों। भारत तभी ख़ुशहाल हो सकता है, जब यहाँ के पैज़ेन्ट्स और वर्कर्ज़ ख़ुशहाल होंगे, जब हम उन लोगों की मदद करेंगे और उनको खाने को रोटी मिलेगी।

आख़िर में मैं फिर मिनिस्टर साहब से प्रार्थना करूँगी कि वह सर्विस वालों की तरफ़ ज़रा ध्यान दें। मैं यह भी पसन्द करूँगी कि हमारे रेडियो स्टेशन्ज़ के जो भी प्रोग्राम हों, वह वर्कर्ज़, और पैज़ेन्ट्स के ख़्याल से बनाए जाएँ।

April 11, 1958, Reorientation Regarding Reorientation of the System of Examinations

डिप्टी स्पीकर साहब, आनरेबल मूवर ने स्कीम ऑफ़ एजुकेशन के बारे में रेजोल्यूशन रखा है और उस पर जो कुछ भी कहा है, वह इतने थोड़े समय में बहुत ही कम लोगों को स्कीम को समझा पाए हैं। और न ही इतने थोड़े समय में स्कीम को समझाना मुमकिन हो सकता है। उनकी ख़ास शिकायत यह थी कि आजकल के विद्यार्थी ज़्यादा मेहनत नहीं करते हैं, उनमें निजाम यानी डिसिप्लिन या क़ायदा नहीं रह गया है। इसके साथ ही साथ उन्होंने यह भी कहा है कि हमारे जो टीचर हैं या जो यूनिवर्सिटी के प्रोफ़ेसर वग़ैरह हैं उनमें भी कोई निजाम या डिसिप्लिन नहीं है।

हमें पहली चीज़ जिस पर विचार करना चाहिए वह यह है कि आख़िर यह क्या बात है? समाज को क्या हो गया है? विद्यार्थियों को क्या हो गया है, क्या वजह है कि उनमें क़ायदों का, निजाम का या ज़िम्मेदारी का या पढ़ाई का अभाव देखा जाता है और इन सबमें क्यों यह खलल पड़ रहा है। आज आप अक्सर सुनते हैं कि वे मारपीट में, डिसार्डर में तथा इसी तरह की दूसरी बातों में लगे रहते हैं। इन सबका कारण क्या है? इसका कारण जब मैं ढूँढ़ती हूँ तो मुझे यह पता चलता है कि कालेजों और स्कूलों को हमें दोषी नहीं ठहराना चाहिए। दरअसल बात यह है कि सारी समाज की ऐसी हालत इस वक़्त है कि कोई घर ऐसा नहीं है, कोई होम ऐसा नहीं है, जहाँ पर कुछ भी डिसिप्लिन रह गया हो, कहीं भी कुछ भी डिसिप्लिन नहीं रह गया है। माँ-बाप तक में डिसिप्लिन नहीं है। जब घरवालों में डिसिप्लिन का अभाव होता है तो हम बच्चों से कैसे उम्मीद कर सकते हैं कि वे डिसिप्लिन का पालन करें, यह कहाँ की अक़्लमन्दी है, यह समझ में नहीं आता। जिस तरफ़ आज दुनिया चल रही है, उसको देखने के बाद मेरी यह राय है कि पहले तो घरों में डिसिप्लिन होना चाहिए और घरों की जो सूरत बनी हुई है...न वे इधर के हैं और न उधर के...उसको हमें ठीक करना चाहिए।

दूसरी बात यह है कि बच्चों में जो डिसिप्लिन है वह शुरू से ही आता है, घर से ही बच्चा डिसिप्लिन सीखता है, स्कूल में तथा कालेज में टीचर या प्रोफ़ेसर से दुनिया भर में कहीं भी कोई बच्चा या लड़का डिसिप्लिन नहीं सीखता है और न

वहाँ डिसिप्लिन सिखाया जाता है। बच्चे आते हैं और मैकनिकली काम करते हैं, पढ़ते हैं, खेलते हैं और चले जाते हैं। घर में ही क़ायदा और क़ानून होना चाहिए। बच्चे माँ की गोद से ही डिसिप्लिन सीखते हैं, टीचर से डिसिप्लिन नहीं सीखते हैं। इस वास्ते इस तरफ़ हमें ख़ास तौर से ध्यान देने की ज़रूरत है।

दूसरी बात यह है कि आप चाहे प्रोफ़ेसर्स को रखें, चाहे टीचर्स को रखें, लेकिन शुरू-शुरू में जब बच्चा प्राइमरी सेक्शन में जाता है, स्कूल में दाख़िल होता है, उस वक़्त मेरी राय में उसको पढ़ाए जाने के लिए औरतों को रखा जाना चाहिए मर्दों को नहीं। जब तक औरत बच्चे को हैंडल नहीं करेगी, वह डिसिप्लिन नहीं सीख पाएगा पुरुषों से वह कभी डिसिप्लिन नहीं सीख सकता है और न ही पुरुष उसको डिसिप्लिन सिखा ही सकते हैं, यह मेरी क़तई राय है। वह चाहे मानटेसरी में जाए, चाहे बेसिक में जो आप इंट्रोड्यूस कर रहे हैं, बेसिक सिस्टम उसके बारे में हमारे शिक्षा मंत्रालयों को यह ख़्याल करना है कि क्या यह अच्छा नहीं होगा कि उस स्टेज पर उसकी शिक्षा देने के लिए हम स्त्रियों को, औरतों को, नियुक्त करें? चौदह-पन्द्रह बरस तक बच्चे को औरतों की देखरेख में ही तालीम पानी चाहिए। जब यहाँ पर वह औरतों के पास पढ़ चुकता है तो उसमें डिसिप्लिन आ जाता है और आगे चलकर निजाम और क़ायदों का वह पालन करता है। जो मैंने घरों में डिसिप्लिन की बात कही है, वह मैंने अपने अनुभव के आधार पर कही है। आज दिन भी जबकि मेरी इतनी उम्र हो गई है मैं वक़्त से उठती हूँ, दिन भर काम करती हूँ, वक़्त पर काम करती हूँ। यह जो डिसिप्लिन है वह मैंने स्कूल और कालेज में नहीं सीखा है, यह मुझे घर में ही सिखाया गया है। इस वास्ते पहले तो बच्चों को घर में ही डिसिप्लिन सिखाया जाना चाहिए और उसके बाद जो हम बेसिक एजुकेशन की स्कीम चला रहे हैं, उसमें हमको ज़्यादातर स्त्रियों को रखना चाहिए, पुरुषों को नहीं। जब बच्चा चौदह या पन्द्रह वर्ष का हो जाए तो फिर वह पुरुषों के हाथ में जाए, तब कोई हरज की बात नहीं है।

इसमें कोई शक की बात नहीं है कि जो एजुकेशनल सिस्टम आज हमारे सामने है इसको बिलकुल स्ट्राइक आउट कर दिया जाना चाहिए, इसको बदलना चाहिए। यह जो सिस्टम चला आ रहा है यह अंग्रेज़ों के वक़्त से चला आ रहा है और इसको उन्होंने इस वास्ते चलाया था कि उनको क्लर्कों की ज़रूरत थी, मुलाजिमों की ज़रूरत थी। लेकिन आज जो एजुकेशन हम देना चाहते हैं वह सिर्फ़ इस वास्ते नहीं देना चाहते कि उनको जाब्स मिलें बल्कि इसलिए भी देना चाहते हैं कि आने वाली सोशलिस्टिक पैटर्न ऑफ़ सोसाइटी में उनके जो दिल व दिमाग़ हैं वे विशाल बनें। उनके दिल और दिमाग़ विशाल बनाने के लिए हमको उन्हें जो एजुकेशन देनी है उसकी तरफ़ हमारा ध्यान जाना चाहिए। इस वास्ते इस सिस्टम को हमें बदलना होगा। गवर्नमेंट इस सिस्टम को बदल भी रही है। इसके लिए आपको बहुत-सी बातें करनी होंगी।

हमको चाइल्ड साइकोलोजी को भी समझने की कोशिश करनी होगी। चाइल्ड साइकोलोजी को औरतें ही ज़्यादा समझ सकती हैं, पुरुष नहीं समझ सकते हैं। इस वास्ते ट्रेंड टीचर चाइल्ड साइकोलोजी के होने चाहिए। जब ये सब बातें हो जाएँगी, जब सिस्टम बदल जाएगा, जब औरतें ज़्यादा पढ़ाने के लिए हो जाएँगी तो मुझे पूरा यक़ीन है कि जो आज शक्ल है वह बिलकुल बदल जाएगी और वह दूसरी ही हो जाएगी।

अब सिनेमाज़ के जो बुरे असर पड़ते हैं उनका ज़िकर मैं करना चाहती हूँ। बच्चों के लिए मैं चाहती हूँ चिल्ड्रेंस फ़िल्म्स आपको बनवानी चाहिए और बच्चों को दिखलानी चाहिए। बच्चों को ऐसी चीज़ें दिखलाई जानी चाहिए जिससे उनकी हेल्थ बने, जिससे वे अच्छी बातों की तरफ़ झुकें बुरी की तरफ़ नहीं। यूनिवर्सिटी स्टूडेंट्स के लिए भी यही बात कहती हूँ। उनको भी इस तरह की फ़िल्में बनाकर दिखाई जानी चाहिए। आजकल जो फ़िल्में बनती हैं और जिनको वह देखते हैं, देखने के बाद वे उनकी उसी तरह से नकल करते हैं। एंग्लो इंडियन गर्ल्स को लेकर घूमते हैं और वैसी ही बातें करते हैं जिस तरह की फ़िल्मों में दिखाई जाती हैं। यह ज़रूरी है कि ऐसी फ़िल्में आवें कि जिससे हमारे जो भारतीय बच्चे हैं उनके दिल और दिमाग़ पक्के और मज़बूत हों और ठीक रास्ते पर वे चलें।

इसलिए मुझे इतना ही कहना है कि पहले घरों को सुधारना है जिसका मैं पहले ज़िक्र कर चुकी हूँ उस पर ध्यान दिया जाना चाहिए। आप कितनी भी स्कीमें बनाएँ आप मंथली एक्ज़ैमिनेशन जितने भी लें फोर्टनाइटली एक्ज़ैमिनेशन जितने भी रखें इनसे कुछ नहीं होगा जब तक कि घरों में बच्चों को डिसिप्लिन नहीं सिखाया जाएगा, जब तक घर पर ही बच्चों को शिक्षा नहीं दी जाएगी और उसके बाद बेसिक एजुकेशन या मानटेसरी एजुकेशन देने के लिए आप औरतों को नहीं रखेंगे और उनके हाथ में इस काम को नहीं सौंपेंगे। चौदह-पन्द्रह वर्ष तक औरतों के हाथों में शिक्षा पाकर जब बच्चे आगे जाएँगे और उसके बाद पढ़कर निकलेंगे तो आप बिलकुल ही बदला हुआ नक़्शा पाएँगे। मैं समझती हूँ इस तरह काफ़ी जो समस्याएँ हैं वे हल हो जाएँगी। आज आप जो यह राउडीज़्म देखते हैं और यह देखते हैं कि बच्चे टीचर के साथ मिल कर मारपीट करते हैं और जिसको देखकर दुःख होता है, तकलीफ़ होती है यह सब समाप्त हो जाएगा। अगर आप निजाम व डिसिप्लिन देश में देखना चाहते हैं तब आपको फ़र्ज़ यह है कि इस एजुकेशन को आप मिटा दें, दूसरा सिस्टम रायज करें और औरतों को नौकरियाँ दें ताकि लड़कों और लड़कियों को 14-15 बरस तक औरतों के हाथ से शिक्षा मिले जो एक माता के समान उनके साथ बर्ताव करेंगी और वही इनको अच्छी तरह से हाथ में रख भी सकती हैं।

May 09, 1958, Resolution Regarding Creation of National Library Fund

उपाध्यक्ष महोदय, श्री नारायणदास ने जो प्रस्ताव रखा है, मैं उसका समर्थन करती हूँ। मैं समझती हूँ लाइब्रेरी के होने के पहिले अगर शिक्षा की तरफ़ ज़्यादा ध्यान दिया जाए, कम्पलसरी शिक्षा देने की व्यवस्था की जाए, बेसिक एजुकेशन देने की व्यवस्था की जाए, गाँव-गाँव में शिक्षा देने की व्यवस्था की जाए, शहरों में शिक्षा देने का प्रबन्ध किया जाए, स्त्रियों को शिक्षा दी जाए, बैकवर्ड क्लासिस की शिक्षा दी जाए तथा इन सब चीज़ों पर अगर पहले ज़्यादा ध्यान दिया जाए तो हमारी कामयाब लाइब्रेरियाँ बनाने की जो योजना है उसमें हमें सफलता मिल सकती है। लाइब्रेरी बहुत बड़ी चीज़ होती है और उसका होना एक आज़ाद मुल्क के लिए बहुत ज़रूरी होता है। जो-जो मुल्क आज़ाद हुए उनकी लाइब्रेरियाँ देखने के क़ाबिल थीं। लाइब्रेरी एक ऐसी चीज़ है जिससे सारे मुल्क की कल्चर की झलक मिलती है। लेकिन जब-जब लड़ाइयाँ हुईं इतिहास गवाह है कि दुश्मन ने किसी देश की सबसे पहली चीज़ का जो नाश किया वह उसकी लाइब्रेरी का किया है। उसको उसने जला दिया है, उसको ख़त्म कर दिया है और यह सब इसलिए कि उसके कल्चर का पता न चल सके।

लाइब्रेरी एक बड़ी भारी चीज़ है और उसका होना बहुत ज़रूरी है। मैं यह ज़रूर चाहती थी कि हमारी सरकार लाइब्रेरी तैयार करे, और वह करेगी, लेकिन अभी भी हमारे देश में ऐसे धनी लोग हैं जिनका विचार और चीज़ों की तरफ़ कम होकर मुल्क की तरफ़ ज़्यादा हो जाए तो वे बड़ी अच्छी लाइब्रेरी तैयार कर सकते हैं। अगर लाइब्रेरी अच्छी और उसके अन्दर हर एक कल्चर की किताबें हों, केवल किसी ख़ास जाति या देश के कल्चर की नहीं, सारे संसार के अलग-अलग कल्चर की पुस्तकें हों, तो देश को बहुत आगे ले जाया जा सकता है। सब के कल्चर को देखते रहना हमारे लिए बहुत ज़रूरी है। हमारी हालत इस वक़्त ऐसी है कि मेरी समझ में नहीं आता कि हम कहाँ जा रहे हैं अगर हम लैंग्वेज़ेज़ की तरफ़ नज़र करते हैं तो कभी तो हम हिन्दी से लड़ने लगते हैं, कभी उर्दू से उलझने लगते हैं और कभी तमिल से लड़ने लगते हैं। तरह-तरह की ज़बानों से

लड़ने लग जाते हैं। अगर हम इसी तरह लड़ते रहे तो हमारी कोई ख़ैर नहीं होगी। इसलिए हम आज समझें कि कल्चर क्या है, हम समझें कि लिटरेचर क्या है, लोग एक-दूसरे के क़रीब इस कल्चर के ही ज़रिये आ सकते हैं, एक-दूसरे के कल्चर को इज़्ज़त देने से, एक-दूसरे के कल्चर को आगे बढ़ाने से ही हम तरक़्क़ी कर सकते हैं। अभी तक मेरी समझ में नहीं आता है कि लोग ज़बानों से क्यों लड़ते हैं। कल्चर की लड़ाई तो हो ही सकती है, हालाँकि वह भी मेरी समझ में नहीं आता है, लेकिन जो लिटरेरी लोग होते हैं, पढ़े-लिखे लोग होते हैं, समझदार लोग होते हैं, उनमें लैंग्वेज़ेज़ के पीछे लड़ाई होती है। यह जो नई चीज़ें हो रही हैं, उनको दूर करने के लिए हमें लाइब्रेरी की ज़रूरत है, ताकि लोगों को शिक्षा हो। लेकिन इस वक़्त जो हमारी हालत है अगर उसकी तरफ़ हम ध्यान नहीं देते हैं तो लाइब्रेरी का क्या होगा? म्यूज़ियम्स होंगे, किताबें रखी होंगी, उन पर धूल पड़ी होगी, बैठने का कोई ठिकाना नहीं होगा क्योंकि इस तरफ़ किसी का चित्त नहीं होगा। इसलिए हमारा फ़र्ज़ है कि लाइब्रेरी के साथ-साथ हम तालीम की तरफ़, शिक्षा की तरफ़ ज़्यादा ध्यान दें, और शहरों में तो आजकल कुछ शिक्षित लोग हैं भी देहातों की हालत इस वक़्त बहुत ख़राब है। देहातों में शिक्षा बिलकुल नहीं है। वे लोग जानते नहीं हैं कि शिक्षा किसको कहते हैं। आज शहर और देहात दोनों की ओर हम ध्यान दे रहे हैं और कोशिश कर रहे हैं कि जो शिक्षा हम लोगों को यहाँ दे रहे हैं, जो सहूलियत शहरों में लोगों को मिल रही हैं, वही हमारे देहात के भाइयों को भी मिले और यह बहुत ज़रूरी है।

जो लाइब्रेरी हो, मैं तो चाहती हूँ कि उसमें अच्छी पुस्तकें आएँ। जब सरकार उसमें पुस्तकें लाए तो उसको देखना चाहिए कि ज़माने की हालत को देखते हुए उसमें साइंटिफ़िक पुस्तकें ज़्यादा आएँ। आज हमारे देश में शिक्षा की बहुत कमी है, स्त्री शिक्षा जो है उसकी बहुत कमी है, अंग्रेज़ों के वक़्त में हम औरतों को शिक्षा नहीं मिली। अभी तो हम जो हैं वह टाडलर्स हैं। अभी हमको केवल दस वर्ष हुए हैं आज़ादी मिले हुए। इसलिए आपको आज ऐसे कार्य करने हैं जिससे भारत की स्त्रियों को शिक्षा मिले। साथ ही साथ हमको लाइब्रेरी में ऐसी किताबें रखनी हैं जिनकी हमें बच्चों की शिक्षा के लिए बहुत ज़्यादा ज़रूरत है। हमारे देश में अगर लाइब्रेरियाँ तैयार हों तो वह इस तरह से होनी चाहिए।

मैंने सुना कि हमारे भाई ने जो प्रस्ताव रखा है उसमें वह कुछ टैक्स भी लगाना चाहते हैं। उसमें एक सेस का भी ज़िक्र है।

इसके बहुत ख़िलाफ़ हूँ क्योंकि हम लोगों पर बहुत काफ़ी टैक्स किए गए हैं। आज हमारे मुल्क के अन्दर ज़रा सी जगह नहीं है जहाँ टैक्स लिये जाने का ज़िक्र किया जा सकता हो। इसलिए हम शिक्षा में आगे सेस लगाएँ। मुझे कोई एतराज़ नहीं है, लेकिन मैं इस वक़्त किसी भी सेस के बहुत ख़िलाफ़ हूँ।

इन सब चीज़ों को देखने के बाद, मेरी राय यह है कि मुल्क जैसे डिवेलप हो रहा है उसमें लाइब्रेरी का होना बहुत ज़रूरी है। मैं ज़्यादा समय न लेकर इतना ही कहूँगी कि लाइब्रेरी के पहले हमारे मिनिस्टर साहब इस बात का ख़्याल करें कि लाइब्रेरी में जो पुस्तकें आवें उनमें जो बातें मैंने कही हैं उनकी ओर ध्यान दिया जाए। मैं चाहती हूँ कि आज शिक्षा पर ज़्यादा ध्यान दिया जाए। और अगर लाइब्रेरी को डिवेलप करना है तो उसके पहले आपको राइटर्स को, लेखकों को भी डिवेलप करना है, जो पोएट्स हैं आजकल उनकी हालत यह है, राइटर्स की हालत यह है कि वे बेचारे लिखते तो हैं लेकिन उनको कोई अपनाता नहीं है। इसलिए मैं ज़्यादा न कहकर यही कहूँगी कि मैं उससे सहमत हूँ जो मेरे भाई ने लाइब्रेरी के बारे में कहा है, लेकिन लाइब्रेरी के साथ-साथ आप शिक्षा की ओर भी ज़्यादा ख़्याल करें।

September 01, 1958, Banaras Hindu University (Amendment) Bill

अध्यक्ष महोदय, बनारस हिन्दू यूनिवर्सिटी मेरे वास्ते कोई नई चीज़ नहीं है। हिन्दू यूनिवर्सिटी को अर्से से मैं जानती हूँ और हिन्दू यूनिवर्सिटी की तरफ़ कुछ हमारा झुकाव भी है। आज हिन्दू यूनिवर्सिटी की जो हालत हमने देखी और एक अर्से से हम सुनते हैं और देखते भी हैं और जो बातें हम सुनते हैं वह बहुत तकलीफ़देह बातें हैं लेकिन हमारी नौबत यह आई और बात इतनी बढ़ी कि हमारे सामने और सरकार के सामने सिवाय आर्डिनेंस लगाने के और कोई अन्य इलाज नहीं था। मेरी ख़ुद की राय तो यह है कि कितनी भी मुसीबत क्यों न पड़े इनसान को उसका सामना करना चाहिए, लेकिन आर्डिनेंस नहीं लगाना चाहिए।

आर्डिनेंस लगाना एक तकलीफ़देह और कमज़ोरी की बात मालूम होती है। इसलिए आर्डिनेंस के तो मैं बहुत ख़िलाफ़ हूँ, हाँ, लेकिन यूनिवर्सिटी की जो हालत है मैं भी बराबर सुनती आती हूँ वह वाकई में बहुत अफ़सोसनाक है। वाइस चांसलर की मैं पुरानी बातें नहीं कहूँगी क्योंकि वे सब बातें हाउस में कही जा चुकी हैं कि किस तरह से एक-एक वाइस चांसलर वहाँ आए और निकले। उन सबसे मैं वाक़िफ़ हूँ और ख़ासतौर पर अमरनाथ झा के बारे में तो मैं बखूबी वाक़िफ़ हूँ। उन्होंने ख़ुद मुझसे इस यूनिवर्सिटी के बारे में चर्चा की थी और इस यूनिवर्सिटी की हालत मुझे बताई थी और मैं समझती हूँ कि सब इसको जानते हैं, इसका और ज़िक्र करना बेकार है लेकिन यह सब सामने आते हुए भी इस यूनिवर्सिटी को देखकर और हमारे भारत में जितनी यूनिवर्सिटीज़ हैं उनकी हालत देखकर, विद्यार्थियों की दशा देखकर, टीचर्स और प्रोफ़ेसर की इनडिसिप्लिन देखकर इनसान सोचने लगता है कि आख़िर किया क्या जाए। एक दफ़ा तो हम उसकी शुद्धि और दुरुस्ती करें ही। केवल हिन्दू यूनिवर्सिटी का ज़िक्र इस समय नहीं है। हमारे सामने सारी यूनिवर्सिटीज़ का सवाल है। लखनऊ यूनिवर्सिटी में मैंने ख़ुद देखा है कि आए दिन ज़रा-ज़रा सी बात पर लड़के हड़ताल कर देते हैं। एक दफ़ा तो लखनऊ यूनिवर्सिटी के लड़कों ने बसों को जलाना और सड़कों पर लगे बल्बों को तोड़ना शुरू कर दिया, मैं ख़ुद उनके पास गई और उनसे कहा

कि देखो भाई अगर तुम्हें गवर्नमेंट से नाराज़गी है और तुम्हें यह सरकार पसन्द नहीं है तो तुम लोग जाकर गवर्नमेंट से बातचीत करो लेकिन यह जो तुम बसें और बल्ब जला और तोड़ रहे हो तो यह तो तुम अपना नुकसान कर रहे हो क्योंकि आख़िर यह बसें और बल्ब तो तुम्हारे ही हैं। आज उनको इतना भी ज्ञान नहीं है कि इस तरह वे अपना ही नुकसान कर रहे हैं और वे ऐसा समझते हैं कि अगर उन्होंने एक बस जला दी तो गोया उन्होंने उत्तर प्रदेश के चीफ़ मिनिस्टर साहब की कोई ख़ास बस जला दी। उनको यह इल्म नहीं है और समझ नहीं है कि हर चीज़ जो यहाँ की है उसमें उतना ही उनका हक़ है जितना कि मिनिस्टरी का है। उनको इस चीज़ का ज्ञान कराना और सिखाना हमारा फ़र्ज़ है।

यहाँ इस अवसर पर जितने व्याख्यान हुए हैं उनमें सब में पहला जो श्री अशोक मेहता का व्याख्यान हुआ और जो बात उन्होंने कही वह बिलकुल दुरुस्त कही और मैं उनसे बिलकुल सहमत हूँ। हमारे शिक्षा मंत्री महोदय को यह सोचना है कि इस प्रश्न को कैसे हल किया जाए। हिन्दू यूनिवर्सिटी के बारे में जो ज़िक्र मैं बराबर सुनती आई हूँ इसमें कोई शक नहीं कि मुदालियर कमेटी की रिपोर्ट को पढ़ने से इनसान के रोंगटे खड़े हो जाते हैं। मैं समझ ही नहीं सकती थी इतनी निचाई तक हमारी हालत हो गई है और जिन बातों और वाक़ियात का उसमें ज़िक्र किया गया है अगर वे सब सही हों तो इसमें कोई शक नहीं है कि उसकी पूरी तरह से शुद्धि करनी है और ऐसे करने में कोई हर्ज भी नहीं है क्योंकि इनसान के बदन में अगर कोई फोड़ा-फुंसी अथवा नासूर हो जाता है तो उसका इलाज करने के लिए सख़्त आपरेशन करना होता है आपरेशन के अलावा और कोई दूसरा इलाज हो भी नहीं सकता है। मेरी राय में मिनिस्टर महोदय को बड़े ग़ौर से इस पर विचार करना चाहिए। सबसे बड़ी बात जो मैं समझती हूँ वह यह है कि जितने भी पालिटिशियन हैं, जितने भी कांग्रेस वाले हैं, जनसंघी हैं, पी.एस.पी. के हैं, सोशलिस्ट्स हैं, किसी भी पार्टी के हों, उनको मेरी राय में यूनिवर्सिटीज़ और विद्यार्थियों से दूर रहना चाहिए और हमारे विद्यार्थियों को, हमारे बच्चों को, और लड़कों की जिसको हमने वहाँ शिक्षा प्राप्त करने के लिए भेजा है, सियासी पार्टियों को उन बच्चों को उनकी तालीम हासिल करने की राह से इधर-उधर भटकाना और हटाना नहीं चाहिए और आज मुझे दुःख के साथ कहना पड़ता है कि इसके कारण हमारे बच्चों की ज़िन्दगी बिलकुल तबाह हो रही है। इस सम्बन्ध में यहाँ पर जितनी स्पीचेज़ हुईं और जिनको मैंने सुना, मैंने देखा कि श्री अशोक मेहता की एक स्पीच थी जिसमें उन्होंने इस सवाल का हल सुझाया और साधन बताया कि इस तरीक़े से अगर हम चलें तो सारी यूनिवर्सिटीज़ को हम कवर कर सकते हैं, उनके अलावा बाक़ी जो भी हमारे भाई बोले मैंने देखा कि कितनों की स्पीचेज़ में ग़ुस्सा था और कितनों की स्पीचेज़ में शान्ति भी थी। लेकिन जितनी भी स्पीचेज़

थी उनका बैक ग्राउंड पालिटिकल था जो कि बच्चों एवं स्टूडेंट्स के लिए एक नुकसानदेह चीज़ होती है। इसलिए मैं उनसे यह कहूँगी कि वे यूनिवर्सिटी स्टूडेंट से दूर रहें तो ज़्यादा अच्छा हो।

बनारस यूनिवर्सिटी के वाइस चांसलर का ज़िक्र मैं यहाँ बराबर सुनती हूँ मैं तो हैरान हूँ क्योंकि मैं समझती हूँ कि कोई भी वाइस चांसलर क्यों न हो हमको चाहिए कि वाइस चांसलर की जो पोज़िशन है, इज़्ज़त है उसको हम क़ायम रखें। आज अगर हम वाइस चांसलर कोई घसियारा बनाकर उसका ज़िक्र करें तो मेरी समझ में नहीं आता है कि आप क़ायदे निजाम और डिसिप्लिन को किस तरह यूनिवर्सिटी में क़ायम रख सकेंगे।

इतना कहकर मैं मिनिस्टर साहब को मुबारकबाद कहती हूँ कि उन्होंने हिम्मत के साथ इस सवाल का सामना किया और हमारे सामने यह बिल रखा लेकिन मैं साथ ही जैसा श्री अशोक मेहता ने कहा उनसे कहूँगी कि हमारा इलाज केवल नश्तर चलाने का ही नहीं होना चाहिए। हमारा फ़र्ज़ है कि हिन्दू यूनिवर्सिटी के एफ़ेअर्स को ठीक करने के साथ-साथ तमाम यूनिवर्सिटीज़ के हालात को ठीक करें। मैं यूनिवर्सिटीज़ स्टूडेंट से बराबर मिलती रहती हूँ और मैं उनके हालात से बख़ूबी वाक़िफ़ हूँ। हमको अपने स्टूडेंट्स को ठीक तौर पर रखना है और उनको सही रास्ते से भटकने नहीं देना है। यूनिवर्सिटीज़ के तालिबइल्मों की तो हालत ख़राब ही है लेकिन हमारे स्कूलों में जो दस-दस और बारह-बारह वर्ष के बच्चे पढ़ रहे हैं वे पढ़ाई की ओर ध्यान न देकर बाहर सड़कों पर गालियाँ देते हुए निकलते हैं और अगर यही एजुकेशन होनी है तो इससे तो ज़्यादा अच्छा है कि कोई एजुकेशन न हो। आजकल जो एजुकेशन में गड़बड़ी चल रही है और जो ख़राब हालत है वह बहुत अफ़सोसनाक है और वह हमारे तालिबइल्मों के लिए और राष्ट्र के लिए घातक और नुकसानदेह है। बस और अधिक न कहकर मंत्री महोदय ने जो बिल रखा है उसका मैं सपोर्ट करती हूँ।

November 20, 1958, Discussion Regarding Closure of Banaras Hindu University

श्रीमान जी, बनारस हिन्दू यूनिवर्सिटी की दशा बहुत तकलीफ़देह है और चाहे जितना भी इस सवाल पर सोचा जाए, बहुत मुश्किल से समझ में आता है कि इसका उपाय क्या किया जाए। अब हमारे सामने सिर्फ़ एक प्रश्न है और वह यह कि हम इस समस्या को किस तरह हल कर सकते हैं, हम इस यूनिवर्सिटी का क्या इलाज करें, इसको किस तरह से खोलें। मेरे नज़दीक एक ही सवाल है और वह यह है कि यह यूनिवर्सिटी किस तरह से फिर से चालू हो। मैं पिछली बातों की चर्चा नहीं करना चाहती और इस हाउस का भी यह फ़र्ज़ है कि वह पिछली सब बातों को भूल जाए। इस वक़्त तो हमें अगले क़दम के बारे में सोचना है और वह क़दम है यूनिवर्सिटी को फिर से खोलना। हमें यह भी देखना है कि यूनिवर्सिटी में क्या-क्या कमियाँ हैं, जिनकी वजह से वहाँ इस क़िस्म के वाक़ियात हुए। मैं एजुकेशन मिनिस्टर, सारी कैबिनेट और इस हाउस से कहूँगी कि हमारा यह फ़र्ज़ है कि हम देखें कि हमारे विद्यार्थी, जो कि हमारी ज़िन्दगी की जान हैं, मरने न पाएँ और वे ज़िन्दा रहें और कैसे हम उनकी शुद्धि करें। जब मैं इस यूनिवर्सिटी के बारे में सोचती हूँ, तो मुझे इस यूनिवर्सिटी और उसके साथ ही शान्तिनिकेतन यूनिवर्सिटी का ख़्याल आता है। ये दोनों रेज़िडेंशियल इंस्टीट्यूशन्ज हैं और वाइस चांसलर वहाँ रहते हैं। जहाँ तक मैं समझती हूँ ऐसी संस्थानों में वाइस चांसलर पिता की हैसियत से रहता है, वह एक तरह से फादर ऑफ़ दी इंस्टीट्यूशन होता है। वह बच्चों को ख़ाली तालीम ही नहीं देता है, वह उनको तरबियत भी देता है, वह उनका कैरक्टर भी बिल्ड करता है। मैं यह भी कहना चाहती हूँ कि केवल पढ़ने से ही आदमी आगे नहीं बढ़ता है। उसके अलावा उसको अपने कैरक्टर को ऊँचा उठाना है और उसके मुताबिक़ अपनी ज़िन्दगी को सुधारना है। रेज़िडेंशियल यूनिवर्सिटी में वाइस चांसलर का यह धर्म होता है कि वह हर लिहाज़ से स्टूडेंट्स का ख़्याल रखे, वह बात आज नहीं है। जहाँ तक बनारस हिन्दू यूनिवर्सिटी और दूसरी यूनिवर्सिटियों का ताल्लुक़ है, हालत यह है कि वाइस चांसलर मीटिंग में आते हैं, प्रीजाइड करते हैं और वापस चले

जाते हैं। मैं यह कहना चाहती हूँ कि उसका काम सिर्फ़ इतना ही नहीं होता है।

इन सब बातों पर सोचने के बाद मैं तो मिनिस्टर साहब को एक ही सुझाव दूँगी और वह यह है कि विद्यार्थी चाहे कितनी ग़लतियाँ करें, वे कुछ भी करें, उनको हमें नुकसान नहीं पहुँचाना है। अगर आज आप यूनिवर्सिटी को साल-दो साल के लिए बन्द कर देते हैं—अभी एक बहन ने उनको तीन साल के लिए बन्द कर देने के लिए कहा तो मैं समझती हूँ कि हम अपने हाथों से सारी शिक्षा को तबाह करके उन बच्चों की तबाही करेंगे। मेरी राय यह है कि चाहे कुछ भी हो हमें यूनिवर्सिटी को फिर से जल्दी से जल्दी खोलना है। यह कोई ऐसी मुश्किल बात नहीं है। मेरी समझ में नहीं आता है कि क्या यूनिवर्सिटी को खोलना कोई बड़ी मुश्किल बात है। उसको आप बहुत आसानी से खोल सकते हैं। आप यूनिवर्सिटी को खोलें और पुलिस को तो एकदम वहाँ से हटा दें। मैं इस बात को बिलकुल बर्दाश्त नहीं कर सकती कि विद्यार्थियों के लिए पुलिस हो। यह तो हमारी अपनी कमज़ोरी है कि विद्यार्थियों के लिए हम पुलिस को बुलाते हैं कि हमारी मदद करो। बहुमत में विद्यार्थी चाहते हैं कि उनकी शिक्षा ठीक तौर पर आगे चले। दिल्ली में दो विद्यार्थी मुझे मिले जो कि दिल्ली के रहने वाले हैं। उन्होंने मुझे सारी बातें बताईं। उनके माँ-बाप भी मुझे मिले। वे मुझसे कहने लगे कि इनका तो जन्म ही ख़त्म हो गया है, इन लोगों ने परीक्षा देनी है, ये परीक्षा दे पाएँगे या नहीं, इनका क्या होगा, वग़ैरह। मैं यह अर्ज करना चाहती हूँ कि अगर ये विद्यार्थी अपनी परीक्षा देने से महरूम रहे, तो इसकी ज़िम्मेदारी मिनिस्ट्री और इस हाउस पर होगी। हमारे बच्चे चाहे ग़लत रास्ते पर चले हों, हमने देखना है कि उनके हितों को किसी क़िस्म का नुकसान न पहुँचे। इस वक़्त इस बात का मौक़ा नहीं है कि हम छानबीन करें कि वे क्यों चले, कौन उनको चलाने वाले थे, उन पर क्या-क्या असर हुआ। इन सब बातों पर कैबिनेट विचार करे। लेकिन आज हमारा फ़र्ज़ यह है कि यूनिवर्सिटी को फिर से खोला जाए और उसके बाद अगर कोई प्रिंसिपल, या कोई प्रोफ़ेसर, लेक्चरर या स्टूडेंट इस क़िस्म के हों जो कि आपकी राय में वहाँ के लिए मुनासिब नहीं हैं, तो आप उनको अलग क्यों नहीं करते आपमें अगर हिम्मत हो, तो आप शरीफ लड़कों को अलग कर दें।

जो शरीफ लड़के हैं उनको आप सज़ा दे सकते हैं। लेकिन अगर चन्द आदमी शरीफ हैं और चन्द आदमी नुकसान पहुँचाते हैं या चन्द आदमियों में पार्टीबाज़ी हो गई है तो हिन्दुस्तान की सारी एजुकेशन को तबाह करने की बात समझ में नहीं आती है। मैं मिनिस्टर महोदय से प्रार्थना करूँगी कि वह इस प्रश्न पर गम्भीरता से और ठंडे दिल से विचार करें, जोश को भूल जाएँ, हज़ारों लोगों ने जो गालियाँ दी हैं, उनको भूल जाएँ, उनको पी जाएँ। मैं उनको याद दिलाना

चाहती हूँ कि हम कांग्रेसी हैं और हमने बड़ी-बड़ी गालियाँ सही हैं। हम ब्रिटिश राज से लड़े हैं और उन लोगों ने हमको मारा भी है और गालियाँ भी बहुत दी हैं, लेकिन हम अपने मकसद को नहीं भूले, अपने आदर्श को नहीं भूले और न ही जोश में आए। अब भी वह इस पर ठंडे दिल से ग़ौर करें और इस यूनिवर्सिटी को खोलें और अगर बच्चों से कोई कसूर हो गया है या उनमें कोई कमज़ोरी आ गई है तो उनको माफ़ कर दें। आप ख़ुद ही कहते हैं कि यंग पीपल आर अवर होप्स। ये हमारे होप्स हैं। हमारी आशाएँ हैं, आप इन आशाओं को न टूटने दें। यही मुझे आपसे कहना है।

February 26, 1959, Railway Budget General Discussion

श्रीमान जी, मैं समझती हूँ कि रेलवे बजट का नक़्शा इतना बुरा नहीं है जितना कि बताया गया है। लेकिन हाँ, फ्रेंक एन्थनी साहब की स्पीच जब मैंने सुनी और जब मैंने अपने अफ़सरों की शहंशाहियत की चर्चा सुनी तो मुझे बहुत दुःख हुआ और मुझे रंज हुआ। जब अंग्रेज़ यहाँ थे तब तो यहाँ पर शहंशाही हुकूमत थी और जो मुलाज़िम उस वक़्त थे वही आज सारी मशीनरी के पुर्जे हैं। लेकिन वे पुर्जे जो हैं, आज भी अगर वे यह करें कि नीचे से नीचे दर्जे के मुलाज़िम के लिए यह हुक्म दें कि तुम अन्दर क्या कह सकते हो, बाहर क्या कह सकते हो, तुम इस मीटिंग में जा सकते हो, इस यूनियन में शिरकत कर सकते हो और इसमें नहीं कर सकते हो यह ठीक नहीं है। इस तरह की शाहंशाही हुकूमत के ख़िलाफ़ हम ख़ुद लड़े हैं और इस तरह की चीज़ हमने तोड़ी है जो कि अंग्रेज़ों द्वारा बनाई गई थी। मैं समझती हूँ कि अगर आज हमारी मिनिस्ट्री के अन्दर ऐसा कोई घुन लग गया है या ऐसी कोई बातें होने लग गई हैं तो हमें उनको ख़त्म करना होगा, हमें उनसे ऐडमिनिस्ट्रेशन को साफ़ करना होगा। यह बात फ्रेंक एन्थनी साहब की ज़ुबानी सुनकर कि आज हमारा जो राज है उसमें छोटे से छोटे दर्जे के मुलाज़िमों को इस तरह से सताया जा रहा है, बहुत दुःख हुआ है और मैं चाहती हूँ कि इस तरह की चीज़ नहीं होने दी जानी चाहिए।

आज हमारे देश के सामने पंचवर्षीय योजना है और आप जानते ही हैं कि पंचवर्षीय योजना की जान और हाथ-पैर जो होते हैं, वे ट्रांसपोर्ट ही होते हैं अगर ट्रांसपोर्ट ठीक नहीं होता है, चाहे वह रेल का हो, रोड का हो, बस का हो, किसी भी तरह का हो, तो योजना ठीक प्रकार नहीं चल सकती है और जो प्रोडक्शन देश के अन्दर होता है वह चारों तरफ़ नहीं आ-जा सकता है। इस बात को सामने रखकर हमें देखना है कि इस सम्बन्ध में हम क्या कर रहे हैं और क्या करने की गुंजाइश है। रेलवे बजट और जो रिपोर्ट दी गई है उसको देखने के बाद पता चलता है कि एफ़िसिएन्सी की अभी भी कमी है। रेलवे देश के लिए बहुत ही महत्त्व रखती है, बहुत ही ज़रूरी चीज़ है, इस वास्ते इसमें एफ़िसिएन्सी का आना बहुत ज़रूरी है।

मैं मानती हूँ कि हमारे मिनिस्टर साहब ने कोशिश तो बहुत की है एफ़िसिएन्सी लाने की लेकिन अब भी हालत यह है कि इसमें एफ़िसिएन्सी की कमी है।

अब जो हालत हमारी गाड़ियों की है, उसकी तरफ़ मैं आती हूँ। तीसरे दर्जे की जो गाड़ियाँ हैं, उनको देख करके ज़रूर हमें ख़ुशी होती है। मैं मानती हूँ कि तीसरे दर्जे की तरफ़ हमारे रेल वालों का ध्यान गया है और इस ओर उन्होंने अपना पूरा ध्यान दिया है और कोशिश की है कि उसमें सफ़र करने वाले मुसाफ़िरों को सहूलियतें दी जाएँ, उनकी तादाद बढ़ाई जाए। लेकिन आज हालत यह हो गई है कि तीसरे दर्जे की तरफ़ तो ध्यान दे दिया गया है लेकिन फ़र्स्ट और सेकेंड क्लास की आपने गत बना दी है। इन दो क्लासों की आज हालत यह है कि न उन पर रंग किया जाता है, न रोगन किया जाता है, न उसमें कोई चीज़ साबूत मिलती है और देखा जा रहा है कि हर तरफ़ से चीज़ें झड़ती जा रही हैं। आप फ़र्स्ट और सेकेंड क्लास नहीं रखना चाहते तो न रखें लेकिन अगर आपको इनको रखना है तो आपको चाहिए कि आप ठीक तरह से इनको रखें। आज भी यह होता है कि जब हम थर्ड क्लास में जाते हैं तो तबीयत हमारी घबराती है गोकि आपने सहूलियतें दी हैं, लेकिन फिर भी तबीयत घबराती है और घबराती इसलिए नहीं है कि वह थर्ड क्लास है, घबराती इसलिए है कि हम देखते हैं कि जो फुटबोर्ड होते हैं, जो पटरियाँ होती हैं उनमें लोग टँग जाते हैं। मैं आपको यह भी बतलाना चाहती हूँ कि थर्ड क्लास की सारी ख़ूबसूरती इस वास्ते चली गई है क्योंकि फुटबोड्र्स के ऊपर मुसाफ़िर टँगे जाते हैं। कुछ दिन हुए आपने यहाँ पर एक बिल पास करवाया है और आपने सज़ाएँ भी रखी हैं उनके लिए जो फुटबोड्र्स पर सफ़र करेंगे, लेकिन मैं समझती हूँ कि यह सज़ाएँ और यह जुर्माने और यह जेलख़ाने दे देने से आपका जो मकसद है वह पूरा नहीं हो सकता है। आपको इसका कोई और ही इलाज करना होगा। मैं समझती हूँ कि जब तक आप गाड़ियों की तादाद, रेलों की तादाद नहीं बढ़ाएँगे, तब तक इस तरह की चीज़ को रोका नहीं जा सकता है।

जब हम रेलवे प्लेटफार्म पर नज़र करते हैं तो वहाँ पर भी हमें एक अजीब ही चीज़ दिखाई देती है। काग़ज़ों के टुकड़े इधर-उधर बिखरे पड़े दिखाई देते हैं, फलों के छिलके गिरे हुए दिखाई देते हैं, मूँगफली के छिलके ख़ूब अच्छी तादाद में दिखाई देते हैं। ख़ैर, इन सब चीज़ों से अगर हम बच-बच कर चलें तो भी स्टेशनों पर हाकरों की इतनी भरमार हो गई है, इतना वे चीख़ते और चिल्लाते हैं कि कुछ कहने की बात नहीं और रास्ता मुसाफ़िरों के गुज़रने के लिए नहीं छोड़ते हैं। आपको मुसाफ़िरों के लिए चलने-फिरने के लिए जगह रहे इसका भी बन्दोबस्त करना है। शोर इतना होता है कि अगर हम कोशिश करें भी कि लाउडस्पीकर को सुन सकें, तो वह भी नहीं सुन सकते हैं। उस गुल में लाउडस्पीकर भी चीख़ने लगता है। मैं एक सुझाव आपको देना चाहती हूँ, वह

यह है कि आपने लाउडस्पीकर लगा तो दिए हैं जो कि यह बताते हैं कि फ़लाँ प्लेटफार्म से फ़लाँ गाड़ी जाती है और फ़लाँ टाइम पर जाती है, लेकिन आप बड़े-बड़े स्टेशनों पर रेडियो भी लगा दें और अगर आपने रेडियो लगा दिए और उन रेडियोज़ से तरह-तरह के गाने बजवाएँ तो मुमकिन है कि लोग ख़ामोशी से आपके गानों को सुनें। मैं चीन में गई थी और वहाँ पर स्टेशनों पर मैंने रेडियो बजते हुए सुने थे और देखा था कि लोग ख़ामोशी से सुन रहे हैं। वैसे चीन के लोग कुछ स्वभाव से भी ख़ामोश होते हैं।

आपकी रिपोर्ट देखने से पता चलता है कि आपने रेलवे एम्प्लाइज़ के लिए मकान भी बहुत कुछ तैयार किए हैं, मैटर्निटी सेंटर भी बनाए हैं, शिक्षा की फ़ैसिलिटीज़ भी बढ़ाई हैं, लेकिन जितनी ये सब चीज़ें बढ़ाई जानी चाहिए थीं, उतनी नहीं बढ़ाई गई हैं।

अब मैं मीटरगेज के बारे में कुछ कहना चाहती हूँ। मेरी कांस्टिट्यूएंसी जो है वह मीटरगेज पर ही है। शुरू-शुरू में जब मैं मीटरगेज की ट्रेन में गई तो मैंने देखा कि अगर किसी स्टेशन पर वह गाड़ी अटक गई तो अटक ही गई और तीन-तीन घंटे तक या इससे भी ज़्यादा लेट अपने डेस्टिनेशन पर पहुँची। जब इस तरह से मैं लेट पहुँची तो मैंने रोडवेज का इस्तेमाल करना शुरू कर दिया। जो बसें हमारे यहाँ चल रही हैं उनमें सफ़र करके मैंने देखा है कि वे तीन घंटे और दो घंटे पहले पहुँचती हैं रेलवे से और इसका नतीजा यह हो रहा है कि आपकी ज़्यादातर जो मीटरगेज की ट्रेन्स हैं वो ख़ाली ही जाती हैं लोग पसन्द करते हैं कि बसों में सफ़र करें। बसों में किराया चाहे रेलवे से कुछ अधिक देना पड़ता है लेकिन वह हमें मंजूर है क्योंकि हम समय पर जहाँ हमें जाना होता है वहाँ पहुँच सकते हैं। ब्रॉडगेज की जो ट्रेन्स हैं उनकी जो एवरेज स्पीड होती है वह मैंने देख ली है और वह 27 से 30 मील फ़ी घंटा से ज़्यादा नहीं होती है। आप अन्दाज़ा लगा सकते हैं कि जब ब्रॉडगेज की यह हालत है कि 27 से 30 मील फ़ी घंटा से ज़्यादा वे ट्रेन्स नहीं चलती हैं तो मीटरगेज में हालत क्या होती।

अब मैं केटरिंग के बारे में कुछ कहना चाहती हूँ। यहाँ पर मैंने देखा है कि क्वालिटी और क्वांटिटी दोनों ही गिर गई हैं, क्वांटिटी भी गिरी है और क्वालिटी भी गिरी है। मुमकिन है क्वालिटी इस वास्ते गिरी हो कि वहाँ पर प्रापर सुपरविज़न नहीं है, क्वांटिटी क्यों गिरी यह मैं नहीं कह सकती हूँ शायद इसलिए गिरी है कि चीज़ें महँगी हो गई हैं या कोई और समस्या है, इसलिए गिरी है, मैं नहीं कह सकती।

मैं चाहती हूँ इस पर भी आप ग़ौर करें।

असली चीज़ जो है वह प्लान की है और उस पर मैं आती हूँ। मेरी कांस्टिट्यूएंसी, जो सीतापुर है, में ग्रेन मार्केट है। वहाँ मूँगफली, दालें, गुड़, गेहूँ इत्यादि सभी चीज़ें पैदा होती हैं। मैंने देखा है कि वहाँ के मर्चेंट्स जो हैं वे बराबर

परेशान रहते हैं और उनकी शिकायत रहती है कि उनको वैगन्स नहीं मिलती हैं, वैगन्स की कमी है। यह शिकायत उनकी बहुत पुरानी है। जिस वक़्त लालबहादुर शास्त्री जी रेलवे मिनिस्टर थे, उस वक़्त भी मैंने इस शिकायत को उनके सामने रखा था और बताया था कि वहाँ मार्केट की यह हालत है और उन्होंने मुझसे यह कहा था कि जब द्वितीय योजना आएगी उसमें हम इसका बन्दोबस्त करेंगे। बात यह है कि लहरपुर शहर जो है, जहाँ से बहुत कुछ माल आता है, कच्चा माल आदि, उसके आसपास तो स्टेशन हैं लेकिन लहरपुर ख़ास जहाँ पर पैदावार ज़्यादा होती है वहाँ पर कोई प्लेटफार्म नहीं है, कोई स्टेशन नहीं है। इस विभाग के वास्ते वहाँ पर स्टेशन बनाना क़तई मुश्किल बात भी नहीं है। यह मैं इसलिए नहीं कहती हूँ कि पार्लियामेंट के एक मेम्बर की वहाँ कांस्टिट्यूएंसी है बल्कि इसलिए कहती हूँ कि आपका यह धर्म है, आपका यह फ़र्ज़ है कि आप प्रोडक्शन को सारे देश में फैलाएँ, देश के जिस-जिस भाग में जिस-जिस कोने में प्रोडक्शन होती है, वहाँ-वहाँ आपको बन्दोबस्त करना है। इस नाते से आपको देखना है, ख़ास तौर से बैकवर्ड एरियाज़ को।

आप कहते हैं कि अब वैगन्स बहुत मिलते हैं तो मुझे बहुत ख़ुशी है।

रेलवे की रिपोर्ट को पढ़ने से और यहाँ पर हुए व्याख्यानों से मालूम होता है कि जो रेलवे के मुलाज़िम रखे जाते हैं वे काफ़ी ट्रेंड नहीं होते हैं। मेरी तो यही ख़्वाहिश है कि जो लोग रेलवे में या किसी भी महकमे में आएँ वे ट्रेंड ज़रूर होने चाहिए। ट्रेंड आदमियों को रखना ज़्यादा अच्छा होता है लेकिन अगर ट्रेंड आदमी नहीं रखना चाहते हैं तो उस तरह से करें जैसे कि चीन में होता है। वे ऐसे आदमियों को रखते हैं जो ट्रेंड तो नहीं होते लेकिन उनका एक्सपीरियंस होता है। एक्सपीरियंस्ड आदमियों को रखकर वे उनको ट्रेनिंग देते हैं। आपको भी ऐसा ही करना चाहिए।

अब मैं सबसे बड़ी चीज़ पर आती हूँ। अभी मैंने मिनिस्टर साहब की जो स्पीच राज्य सभा में हुई थी, उसको पढ़ा। मैंने देखा कि जो भी हमारे प्रोडक्शन की चीज़ें ले जाई जाती हैं वे रेलों से भी ले जाई जाती हैं और प्राइवेट बसेज से भी। मेरी राय में यह झगड़ा कि ट्रांसपोर्ट के लिए रेल ठीक है या रोड, यह अच्छा है या वह अच्छा है, यह दूर होना चाहिए। दोनों में को-आर्डिनेंस होना चाहिए। आपने जो प्राइवेट एन्टरप्राइज को ख़त्म नहीं करना है, उसको ज़िन्दा रखना है, लेकिन दोनों में आपको को-आर्डिनेशन करना चाहिए ताकि चारों तरफ़ जनता को हर तरह की सहूलियतें मिल सकें।

आज स्टेशनों पर स्त्रियों को टिकट कलेक्टर की जगह रखा जाता है। लेकिन मैं मिनिस्टर साहब से यह कहना चाहती हूँ कि स्त्रियों को ट्रेवलिंग टिकट एग्जामिनर्स की जगह पर भी रखा जाए ताकि वे सफ़र भी कर सकें।

मैं यहाँ पर अक्सर रेलवे बोर्ड की पंचायत सुनती हूँ। पार्लियामेंट में अक्सर उनका हवाला दिया जाता है। मेरी ख़ुद राय यह है कि आजकल का जो ज़माना है उसमें औरत और मर्द में काम करने में कोई ज़्यादा भेद नहीं है।

इसलिए मैं कहना चाहती हूँ, हालाँकि मैं जानती हूँ कि यहाँ पर लोग इसके ख़िलाफ़ बहुत शोर मचाएँगे कि अगर आपको रेलवे बोर्ड की शुद्धि करनी है तो औरतों को उसका मेम्बर बनाएँ। तभी यह ठीक से काम कर सकेगा।

अन्त में मुझे यही कहना है कि जब तक रेलवे बोर्ड के मेम्बर्स और रेलवे के आफ़िसर्स देश की तीसरी पंचवर्षीय योजना को नहीं समझेंगे और नहीं अपनाएँगे, तब तक उसका काम तेज़ी से नहीं चल सकेगा, बल्कि सुस्त चलेगा।

March 28, 1959, Demands for Grants

अध्यक्ष महोदय, इन्फ़ार्मेशन और ब्राडकास्टिंग का महकमा बहुत ज़िम्मेदारी का महकमा है। इस महकमे की शक्ति से आप देश को बना व बिगाड़ सकते हैं। और वही वजह है कि इस महकमे के मुलाज़िमों की ज़िम्मेदारी बहुत ज़्यादा है। लेकिन ताज्जुब की बात तो यह है कि इतने ज़्यादा ज़रूरी महकमे के लिए केवल चार घंटे रखे गए हैं और उसमें से भी कुछ वक़्त तो आनरेबल मिनिस्टर साहब ले जाएँगे और बाक़ी बहुत ही कम समय माननीय सदस्यों को बोलने के लिए रह जाएगा। जो वक़्त माननीय मंत्री महोदय लेंगे उसका उपयोग वह हमें समझाने में करेंगे। इस वास्ते मैं चाहती थी कि इसके लिए अधिक समय रखा जाता।

इस महकमे ने जो उन्नति की है, उसके लिए मैं माननीय मंत्री महोदय को बधाई देती हूँ। जो रिपोर्ट छपी है उसको देखने से पता चलता है कि हर दिशा में इस महकमे ने उन्नति की है और उन्नति करता चला जा रहा है।

चन्द बातें हैं जो मैं मिनिस्टर साहब से पूछना चाहती हूँ या उनके सामने रखना चाहती हूँ। पहली बात जो मैं पूछना चाहती हूँ वह यह है कि जो लो पेड आर्टिस्ट्स हैं, उनकी जो शिकायतें हैं, वे रफ़ा हुई हैं या नहीं हुई हैं; दूसरी बात यह है कि बराबर यह कहा जाता है कि सिक्योरिटी ऑफ़ सर्विस इस महकमे में नहीं है, यह कहाँ तक सच है और अगर सच है तो इन-सिक्योरिटी को दूर करने के लिए क्या क़दम उठाए गए हैं।

तीसरी बात जो पूछना चाहती हूँ वह यह है कि टेम्परेरी सर्विस की बीमारी इस महकमे में ज़्यादा है, वह कुछ कम हुई है या नहीं हुई है। मैं जानना चाहूँगी कि परमानेंट बेसिस पर लोग रखे जा रहे हैं या नहीं रखे जा रहे हैं।

मैं यह भी जानना चाहती हूँ कि जो नया कैडर सर्विसेज़ का निकला है उसके अन्दर जो लोग लिये जाते हैं वे कौन लोग लिये जाते हैं। क्या जो टेम्परेरी हैंड्स हैं और जो योग्य हैं, जो क़ाबिल हैं, उनको इस कैडर के ज़रिये से परमानेंट बेसिस पर लिया जाता है या नहीं लिया जाता है या लिये जा सकते हैं या नहीं लिये जा सकते हैं या इस कैडर को केवल इसलिए खोला गया है कि बाहर के लोगों को ही केवल उसके अन्दर दाख़िल किया जा सके।

अक्सर यह सुनाई देता है और पता नहीं कहाँ तक सत्य है कि जब कोई ऊँची या बड़ी सर्विस ख़ाली होती है या जब आप कोई नई सर्विस पैदा करते हैं तो जो आपके रेडियो में बहुत दिनों से और बहुत बरसों से लोग काम कर रहे हैं और जो अभी भी टेम्परेरी और परमानेंट न करने की कोई वजह होगी जो कि मुझे मालूम नहीं है, उनको मौक़ा न देकर, उनको तरक़्क़ी न दे करके, उनको आगे बढ़ने का अवसर प्रदान न करके, बाहर सें अक्सर लोगों को ले लिया जाता है और यह कहकर रख लिया जाता है कि ये इंटरनेशनल फिगर हैं या इन्होंने बहुत ज़्यादा ट्रेवल किया है, पश्चिम के मुल्कों में बहुत घूमे हैं, इसलिए इनको ज़्यादा मुनासिब समझा गया कि रखा जाए। अगर ऐसा होता है तो मैं समझती हूँ कि वे हमारे काम के लिए बिलकुल कोरे होते हैं। हिन्दुस्तान की जो परिस्थितियाँ हैं, हिन्दुस्तान के रेडियो के जो काम हैं, जो प्रचार हैं, उसके लिए वे बिलकुल कोरे होते हैं। यह मुमकिन हो सकता है कि इंटरनेशनल फील्ड में उन्होंने बड़ी इज़्ज़त पाई हो या बड़े उस्ताद हों और बहुत से मुल्कों में घूमे हों लेकिन उनको हिन्दुस्तान को बढ़ाना है, हिन्दुस्तान में काम करना है और इस काम की उनको कितनी वाक़िफ़ीयत है यह देखा जाना बहुत ज़रूरी है। जो बातें मैंने कही हैं अगर ये सब ग़लतफ़हमियाँ हैं, तो मैं चाहती हूँ कि मिनिस्टर महोदय मेरी इन ग़लतफ़हमियों को रफ़ा कर दें।

अब मैं दो-तीन सुझाव मिनिस्टर साहब के सामने रखना चाहती हूँ। पहली बात तो यह है कि जो सेंसर बोर्ड है यह किस तरह से काम कर रहा है यह मैं जानना चाहती हूँ। मैं देख रही हूँ कि कुछ भी तरक़्क़ी नहीं हो पा रही है आज भी मैं देख रही हूँ कि हॉरर फ़िल्म्स बहुत ज़्यादा आती हैं, हॉरर लिटरेचर बहुत ज़्यादा मार्केट में दिखाई देता है। इसका नतीजा यह है कि जो हमारे बच्चे हैं जो 16-17 बरस की उम्र के हैं, जिनको टीनएजर्स कहते हैं, उनकी हालत यह है कि रात-दिन इसी को पढ़ते रहते हैं, ऐसी फ़िल्म्स देखते रहते हैं। अगर इम्तिहान देने भी जाते हैं तो उनके एक हाथ में इम्तिहान की किताब होती है और दूसरे हाथ में हॉरर पिक्चर का मैगजीन। मैं जानना चाहती हूँ कि यह चीज़ क्यों नहीं बन्द होती है। मैं यह इसलिए कहती हूँ कि मैं समझती हूँ कि यह हॉरर पिक्चर्स और यह हॉरर सिनेमाज़ जब तक अलग नहीं होंगे तब तक हम उन्नति नहीं कर सकते हैं। आप तरक़्क़ी की हज़ारों योजनाएँ बना लें हज़ारों प्लान बना डालें लेकिन जब तक यह जो कीड़ा लगा हुआ है, यह दूर नहीं होता है, समाज को आप नहीं बदलते हैं, तब तक नामुमकिन है कि हम ठीक तरह से आगे बढ़ सकें। सेंसर बोर्ड को ज़रा आप कसिए, सेंसर बोर्ड से आप ज़रा कहें कि इस तरह की फ़िज़ूल चीज़ें न निकलने दें। अभी एक मेरे भाई ने कहा और मैंने भी सुना है कि सीलोन रेडियो से इस तरह के गाने आते हैं। अभी मेरे भाई ने "लाल लाल, सी.ए.टी. कैट-कैट मानी बिल्ली" जैसे कुछ गानों का ज़िक्र किया है। ये सब सीलोन से आते हैं और इसमें कोई शक नहीं है कि

वे तकलीफ़देह होते हैं। मैं समझती हूँ बेमानी चीज़ों का कहना बेकार होता है। मैं चाहती हूँ कि इस ओर भी आपका ध्यान जाना चाहिए।

बच्चों की फ़िल्म्स जिन्हें चिल्ड्रेंस फ़िल्म्स भी कहा जाता है वे सन्तोषजनक नहीं हैं और उनके बारे में और ज़्यादा मेहनत करने की ज़रूरत है। मैं समझती हूँ कि इन फ़िल्म्स को वे लोग तैयार कर सकते हैं जो चाइल्ड साइकोलोजी को समझ सकते हैं, वे लोग तैयार कर सकते हैं जिनमें कुछ इमेजिनेशन ज़्यादा हो, जो कि बच्चों के प्रश्नों को समझते हैं, जो कि जानते हैं कि बच्चों के लिए प्लाट्स कैसे होने चाहिए, कहानियाँ कैसी होनी चाहिए, कास्ट्यूम्स कैसे होने चाहिए, सेटिंग भी कैसी होनी चाहिए। जब तक जो लोग इन फ़िल्मों को बनाते हैं, वे इन चीज़ों से वाक़िफ़ नहीं होंगे, तब तक मैं समझती हूँ कि जो भी फ़िल्म्स तैयार करेंगे वे थर्ड क्लास फ़िल्म्स कहलाई जायेंगी।

आप योजना का प्रचार भी बराबर करते रहे हैं और करते रहेंगे। लेकिन इस प्रचार के साथ-साथ मैं चाहती हूँ कि आप शिक्षा का प्रचार और स्वास्थ्य का प्रचार भी करें। ये दोनों चीज़ें इस वक़्त समाज के वास्ते बहुत ज़रूरी हैं।

मैं ख़ास तौर पर टेम्परेरी सर्विसेज़ के बारे में कहना चाहती हूँ। आपके पास जितनी भी टेम्परेरी सर्विसेज़ हैं, उनका जब मैं विचार करती हूँ या जब मुझसे लोग मिलने आते हैं और इसका ज़िक्र करते हैं, मुझे बड़ी शर्म-सी महसूस होती है और मैं समझती हूँ कि इन बेचारों को आपने ऐसे ही इस तरह से टाँग रखा है। यह कहकर कि आप मजबूर हैं यह समस्या हल नहीं हो सकती है। सरकार लाखों रुपये ऐसे ही खर्च कर रही है और मैं समझती हूँ कि ये सर्विसेज़ ऐसे हैं कि इन पर कुछ खर्च करना या इनके लिए, इनकी भलाई के लिए कुछ करना सरकार के लिए कोई बड़ी बात नहीं है। यह महकमा बहुत ज़रूरी महकमा है। इस वास्ते इन ग़रीब लोगों को आगे न बढ़ाकर, इनको सहूलियतें न देकर, मैं समझती हूँ महकमा आगे नहीं बढ़ाया जा सकता है। मैं आशा करती हूँ कि मिनिस्टर साहब इस पर ज़रूर विचार करेंगे। मैं यह भी चाहती हूँ कि जो हमारे यहाँ इस महकमे में सर्विस में हैं, इनको ज़रूर मौक़ा मिलना चाहिए ये फर्दर स्टडी के लिए विदेशों में जा सकें, पश्चिमी मुल्कों में जा सकें और मैं यह भी चाहती हूँ कि इनको इसके लिए स्कालरशिप मिले। वहाँ पर लोग जाकर यह देख सकते हैं कि उन मुल्कों ने कितनी तरक़्क़ी की है, किस तरह से वहाँ का काम होता है और कौन-कौन से सुधार यहाँ पर किए जा सकते हैं और इस काम के लिए मैं चाहती हूँ कि जो हमारी सर्विसेज़ के लोग हैं उन्हीं को भेजा जाए। मैं यह हरगिज़ नहीं चाहती कि हमारी अपनी सर्विस वाले लोगों को न लेकर बाहर वालों को इस काम के लिए ले लिया जाए। मैं आपकी सर्विस वालों से वाक़िफ़ हूँ और मैं समझती हूँ कि वे काफ़ी क़ाबिल हैं, काफ़ी अच्छे लोग हैं, काफ़ी दिलचस्पी काम में लेते हैं।

अन्त में मैं मिनिस्टर साहब को यही समझाना चाहती हूँ कि याद रखिए कि अगर आपने अपनों का साथ न दिया, अपनों को न बढ़ाया तो जो गाड़ी है और जो कि अपनों से ही चल सकती है, बाहर वालों से नहीं चल सकती है वह अच्छी तरह से नहीं चल पाएगी।

इन शब्दों के साथ इस महकमे ने जो कि तरक़्क़ी की है, उसके लिए मैं इसको बधाई देती हूँ और जो डिमांड्स पेश की गई हैं, उनका समर्थन करती हूँ।

April 14, 1959, Demands for Grants

उपाध्यक्ष महोदय, मैं मिनिस्ट्री ऑफ़ कम्युनिटी डिवलपमेंट एंड को-आपरेशन को जो उन्होंने काम किया है उसके लिए मुबारकबाद देती हूँ। मंत्रालय की रिपोर्ट को मैंने देखा है और मैं समझती हूँ कि जितना काम इस थोड़े अर्से में इस मिनिस्ट्री ने किया है उतना अधिक काम कोई दूसरी मिनिस्ट्री करके नहीं दिखा सकी है। मैं डे साहब को इसके लिए ख़ास तौर से मुबारकबाद देना चाहती थी पर मुझे दुःख है कि वे इस अवसर पर आज मौजूद नहीं हैं लेकिन मैं आशा करती हूँ कि वे बहुत जल्दी अच्छे होकर यहाँ पर आ जाएँगे। डे साहब इस मिनिस्ट्री की जान हैं...।

जी हाँ, मैं डिप्टी साहब को भी इसके लिए मुबारकबाद देती हूँ और वह मुबारकबाद मैं इसलिए देती हूँ कि जब मैं देहातों में घूमती हूँ तो मुझे देहातियों के चेहरों पर औरतों और मर्दों के चेहरों पर एक रौनक-सी दिखाई पड़ती है। यह रौनक हमारे कम्युनिटी डिवलपमेंट की रौनक है। मुझे उनके चेहरों पर वह रौनक देखकर बड़ी ख़ुशी होती है। मैं यहाँ पर यह भी बतला दूँ कि हालाँकि मैं यहाँ पार्लियामेंट में आ गई हूँ लेकिन रचनात्मक कार्यों में मेरी बड़ी दिलचस्पी है और मेरी काफ़ी ज़िन्दगी देहातों में काम करते बीती है। जितनी मुझे ग्रामीणों को देखकर और उनके बीच रहकर ख़ुशी होती है उतनी ख़ुशी मुझे शहरियों को देखकर नहीं होती है। ख़ाली रौनक ही गाँव वालों के चेहरों पर नहीं आई है बल्कि जब मैं पिछली दफ़ा पार्लियामेंट का सेशन ख़त्म होने पर अपने निर्वाचन क्षेत्र के देहातों में गई तो मैंने उस रौनक के साथ उनको अपनी जगह पर श्रमदान करते हुए पाया। श्रमदान केवल दिखावटी श्रमदान ही नहीं था बल्कि मैंने देखा कि ग्रामीणों ने श्रमदान करके मीलों लम्बी सड़कें बना डाली हैं और दोनों तरफ़ ड्रेनेज की व्यवस्था रखी है। अब मुझे केन्द्रीय सरकार से और स्टेट गवर्नमेंट से कहना है कि हमारे पास सड़कों को पक्का बनाने के साधन नहीं हैं, कंकड़ आदि नहीं हैं जिनसे कि सड़क पक्की बनाएँ। इसलिए मेरा निवेदन है कि सरकार, जहाँ-जहाँ श्रमदान से इस तरह की कच्ची सड़कें बनी हैं, वहाँ कंकड़ आदि डालकर उन सड़कों को पक्की करे ताकि वर्षा में उनकी मेहनत बह न जाए और यह काम वर्षा के पहले-पहले हो जाना चाहिए।

अब मैं अपने कांस्टिट्यूएंसी में जहाँ कि मैं काम करती हूँ वहाँ पर एक गांजर गाँव जो कि बहुत बैकवर्ड एरिया है वहाँ पर मैंने देखा कि बहुत से सेल्फलेस वर्कर्स ने कितनी मेहनत से काम किया और वहाँ पर हमने किसी से एक पैसा भी नहीं माँगा और ख़ुद अपने बूते पर काम किया। हमने श्रमदान किया और हम घर-घर गए और हमने पैसा जमा किया क्योंकि हमको लड़कों के लिए एक सेकेंडरी स्कूल खोलना था गांजर में। वहाँ ज़मींदार भी थे जिनकी ज़मींदारी तो अब जा चुकी थी लेकिन उनके कुछ बाग थे जिनको वह उठाते थे और उनके पास कुछ ज़मीन थी जहाँ बाज़ार लगते थे। उन बाज़ारों से भी उनको आमदनी थी। आपको यह जानकर ख़ुशी होगी कि हमने गाँवों में से 40,000 रुपया जमा किया, हम बाहर से एक पैसा भी नहीं लाए और उस रुपये से हमने वहाँ पर इमारत बनाई है और अगर कोई चाहे तो चलकर देख सकता है कि उसमें बच्चे पढ़ रहे हैं।

इसके अलावा हमने वहाँ पर 28 पुल बनाए हैं और हमने ख़ुद इंजीनियरों को दिखाए जिन्होंने उनको पास किया। वहाँ पर कम्युनिटी प्रोजेक्ट के ब्लाक बराबर हमारी मदद कर रहे हैं और वह चाहते हैं कि हमने जो ब्लाक बनाया है उसका एक फ़िल्म बनाया जाए और शायद वह जल्दी बन भी जाएगा। तो यह हालत है देहात की जिसकी वजह से देहात में काम करने वालों को यक़ीन होता है कि वहाँ पर कामयाबी होगी।

इस सिलसिले में मुझे एक बात यह कहनी है कि आप देहातों के लिए जो भी स्कीम बनाएँ उसमें हमारा पहला फ़र्ज़ यह होना चाहिए कि हम उसे बनाने में देहातियों को भी अपने साथ लें और हम उस स्कीम को नीचे से बनावें। आज हालत यह है कि हम यहाँ दफ़्तरों में बैठकर देहातों के लिए प्रोग्राम बनाते हैं और उनको ऊपर से नीचे भेजते हैं, इसलिए हमारे देहाती भाई उनको अपनाते नहीं हैं। अगर आप चाहते हैं कि आपकी स्कीम्स अपनाई जाएँ, अगर आप चाहते हैं कि देहात में फिर से ज़िन्दगी आवे, तो आपका धर्म है कि आप स्कीमों को नीचे से ऊपर ले जाएँ। देहाती को यह महसूस होना चाहिए कि उस स्कीम को बनाने में वह भी हिस्सेदार है। जब तक वह यह महसूस नहीं करेंगे तब तक वह दिलचस्पी से उसमें काम भी नहीं कर सकते। इस चीज़ पर आपको ग़ौर करना चाहिए।

मुझे ख़ुशी है कि कम्युनिटी डिवेलपमेंट के साथ-साथ वहाँ पर और काम भी किया जा रहा है। हमारे कुछ भाइयों ने यहाँ पर सेविकाओं और सेवकों का ज़िक्र किया। किसी ने शिकायत की कि सेविकाओं की उम्र छोटी है। मैं नहीं समझती कि हिन्दुस्तान के अन्दर औरतों के लिए बीस या पच्चीस वर्ष की उम्र छोटी कही जा सकती है। यहाँ पर बीस-पच्चीस वर्ष की औरतों में काफ़ी ज़िम्मेदारी होती है। यह कहना कि उनकी ज़िम्मेदारी नहीं है, वे अपनी ड्यूटी नहीं जानतीं, यह बेकार की बात है। उनको तो यह सवाल हम बड़ी उम्र की औरतों से पूछना चाहिए कि

वे बेकार हैं या नहीं। पुरुष यह नहीं बता सकते कि कोई बहन बेकार है या नहीं।

मैंने वहाँ पर देखा है कि हमारे मिनिस्ट्री के लोग और ये सेविकाएँ सब मिलकर फार्म तैयार कर रहे हैं। उन्होंने अपने-अपने फार्म बनाए हैं। कितने ख़ूबसूरत हैं उनके फार्म। ये मर्द और औरतें बराबर गाँव वालों को समझाते हैं कि हमने इनमें कौन-कौन सी खाद डाली है और क्या-क्या किया है। तो वे इन फार्मों को डिवेलप कर रहे हैं और वह और लोगों को भी यह सब बातें बतलाते हैं। लेकिन यह सब देखने के बाद मुझे यह ख़्याल आता है कि सवाल प्रोडक्शन बढ़ाने का है। किस तरह से प्रोडक्शन बढ़े। मेरे ख़्याल में प्रोडक्शन बढ़ाने के लिए ज़रूरी है कि डिवेलपमेंट की स्कीम्स में काम करने वालों के साथ एग्रीकल्चर वालों का भी को-आपरेशन होना चाहिए। हमारे कम्युनिटी प्रोजेक्ट वालों के साथ सेंटर और स्टेट सबको मिलकर को-आपरेट करना चाहिए तो शायद हमारे प्रोडक्शन में कुछ फ़र्क़ आ जाए।

जब मैं नेशनल एक्सटेंशन सर्विस की तरफ़ देखती हूँ तो मुझे यह महसूस होता है कि यह नींव है, जड़ है, जिस पर हमें कम्युनिटी प्रोजेक्ट को तैयार करना है। मैं अफ़सरों से मिली। प्रिंसिपल डिवेलपमेंट आफ़िसर से भी मिली, और लोगों से भी मिली। मैंने देखा कि जितनी उनकी समझ है वह काम करते हैं। लेकिन इस समय हमारा फ़र्ज़ क्या है। आज बड़ी परेशानी हो रही है कि किस तरह से प्रोडक्शन बढ़े और कैसे हम काम करें, कैसे को-आपरेशन होवे। तो मैं समझती हूँ कि केवल कहने से या लेक्चर देने से, या बैठकर स्कीम लिखने से यह काम होने वाला नहीं है। अगर इस काम को आप करना चाहते हैं तो ज़रूरी है कि जाकर गाँवों में खेतों को फावड़े से खोदा जाए। जब तक हम यहाँ जाकर यह काम नहीं करेंगे तब तक ज़्यादा कामयाबी भी होने वाली नहीं है।

हम आज यहाँ सुबह से को-आपरेटिव फार्मिंग के बारे में सुन रहे हैं। हमने मसानी साहब की स्पीच सुनी। मैं हैरत में थी कि वह इतने दावे के साथ को-आपरेटिव फार्मिंग पर बोल रहे थे। उनकी सारी नालेज किताबों की है या उन लोगों से उन्होंने सबक़ लिया है जिन्होंने शायद कभी देहात की शक्ल भी नहीं देखी होगी। मैं चाहती हूँ कि हमारे मसानी साहब शहर के पास वाले देहातों में नहीं पर कोई तीस मील अन्दर के देहातों में जाएँ और वहाँ की हालत देखें तो शायद वह ऐसी बात नहीं करेंगे जैसी कि वे आज कर रहे हैं। उन्होंने प्राइम मिनिस्टर के बारे में बहुत-सी बातें कहीं कि उन्होंने यह कहा और वह नहीं कहा। मगर मैं उन बातों में नहीं जाना चाहती। लेकिन इन्हें मालूम हो जाना चाहिए कि तब तक देश का कल्याण होने वाला नहीं है जब तक कि को-आपरेटिव फार्मिंग नहीं होगा। को-आपरेटिव फार्मिंग तो आज आ गया है, चाहे वह किसी को अच्छा लगे या न लगे। वह तो ऐसा जादू है कि जो आपके सिर पर चढ़कर बोलेगा, आप मानें या न मानें। हम लोग तो इसका अरसे से इन्तिज़ार कर रहे थे। हम सुनते हैं कि लोहा बन रहा है,

फौलाद बन रहा है, इंडस्ट्रियलाइज़ेशन हो रहा है। लेकिन हम कहते थे कि लैंड रिफार्म कब आएगा। अब जब वह दिन आया तो हम उससे मुँह मोड़कर खड़े हो जाएँ तो यह बहुत ग़लत होगा। मैं आपको बता दूँ कि अगर आप को-आपरेशन को कामयाब बनाना चाहते हैं तो आप उन लोगों को लीजिए इस नये शिवाले को बनाने के लिए जो इसको समझते हों, जिनको इस पर विश्वास हो, जो हिम्मत से आगे आने वाले हों। अगर आप ऐसे लोगों को इस काम में लेंगे तो आपका शिवाला बन भी जाएगा, लेकिन जो डरपोक हैं, जो तरह-तरह के वहम करते हैं जो आगे क़दम रखने से घबराते हैं, वे तो इस काम को कर ही नहीं सकते। उनको आपको नहीं लेना चाहिए।

इस वक़्त को-आपरेटिव फार्मिंग पर बहस हो रही है, मैं को-आपरेटिव फार्मिंग को गाड सेंड समझती हूँ। मैं समझती हूँ कि यह बहुत अच्छी चीज़ है जो हमको बहुत आगे ले जाएगी और हमारा प्रोडक्शन भी इससे ख़ूब बढ़ेगा। जिस वक़्त कोई परिवर्तन होता है, जिस वक़्त समाज की नई सूरत पैदा करने की बात आती है तो ये सब दिक़्क़तें सामने आती हैं। लेकिन समाज वही क़ाबिल और देश वही अक़्लमन्द होता है जो समय के साथ परिवर्तन करता है। जो नेशन या जो कौम समय के अनुसार परिवर्तन नहीं करती है वह कौम या वह नेशन ख़त्म हो जाती है। इस वास्ते अधिक न कहकर मैं फिर मिनिस्टर साहब को धन्यवाद देना चाहती हूँ और जो डिमांड्स पेश की गई हैं उनका समर्थन करती हूँ और मैं चाहती हूँ कि यह कम्युनिटी डिवेलपमेंट का जो काम है, यह जो प्रोजेक्ट है, यह दिन दूनी रात चौगुनी तरक़्क़ी करे। मैं चाहती हूँ कि मैं सारे देश को एक कम्युनिटी में बाँध दूँ और अगर मेरे पास कोई मंत्र होता तो मैं मुद्दत हुए इन सब चीज़ों को करके आपके सामने रख देती।

April 24, 1959 Discussion Regarding Report of the Commissioner for Scheduled Castes and Scheduled Tribes

श्रीमान जी, आज दस-ग्यारह बरस के बाद भी जो हरिजनों की दशा है उसको देखते हुए अफ़सोस हुए बिना नहीं रहा जाता।

मैं समझती हूँ कि समाज को उन्नति के शिखर पर जो हम ले जाना चाहते हैं, जो तरक़्क़ी करना चाहते हैं, वह उन्नति और वह तरक़्क़ी अभी तक नहीं हो सकी है। इतना ही नहीं, समाज में इतनी सारी कमज़ोरियाँ आ गई हैं कि कुछ ठिकाना ही नहीं है और इन कमज़ोरियों को किस तरह से दूर किया जा सकता है, यह प्रश्न हमारे सामने हैं। आज से ही नहीं मुद्दत से हमारी समाज में घुन लगा हुआ है, दीमक लगी हुई है और इस घुन और इस दीमक को हमें दूर करना है, अलग करना है और समाज के शरीर को मज़बूत और तन्दुरुस्त करना है। ऐसा करने के लिए भारत में बराबर कोशिश हो भी रही है। मगर मुझे दुःख के साथ कहना पड़ता है कि कोशिश होने के बावजूद भी आज हमारी हालत यह है कि जब हम देहात में जाते हैं, वहाँ वह पाते हैं कि समाज जिसको अछूत कहकर पुकारती है, हरिजन कहकर पुकारती है, उनके लिए मकान और उनके लिए बस्तियाँ बिलकुल अलग से ही बनाई गई हैं और जो ऊँची जात वाले हैं, जो ठाकुर और ब्राह्मण हैं, वे इनसे बेहद परहेज़ करते हैं, इनके साथ मिलना भी नहीं चाहते हैं। यह बात मैं अपने अनुभव से आपको बतला रही हूँ मैंने ख़ुद अपनी आँखों से देखा है कि जो वहाँ सभाएँ होती हैं, जो मीटिंग्स होती हैं, वहाँ पर ये लोग आते हैं इनका दिल चाहता है कि दूसरे लोगों से मिलें और मिलने के लिए आते भी हैं, लेकिन जब वे आते हैं तो उनको एक फ़ासले पर दूर ही बिठा दिया जाता है। इतना ही नहीं मैंने यह भी देखा है कि ऊँची जात वालों की हमेशा यही कोशिश रहती है कि ऊँची जात वालों से ही मिला जाए और इस तरह की जो बातें हैं, इनको देखकर तकलीफ़ हुए बिना नहीं रहती।

यह बात देहातों में केवल हिन्दुओं की ही नहीं है बल्कि मुसलमान लोग जो देहातों में रहते हैं, उनकी भी यही हालत है। चमार या अछूत जो लोग होते हैं,

उनको कुओं पर से पानी भरने नहीं देते हैं। वे भी इन लोगों से परहेज़ करते हैं। इनकी भी हमेशा यही कोशिश रहती है कि चमार भी उनके पानी को न छू जाए। इन सब चीज़ों को देख करके हमारा सिर शर्म से झुक जाता है। आज जबकि संसार में चारों तरफ़ उन्नति हो रही है, संसार में अच्छी-अच्छी और नई-नई चीजें हो रही हैं। हमारी हालत यह है कि क्या हम बिलकुल चौबच्चे में ही पड़े रहें और ऊपर उठने की कोशिश न करें? यह देखकर आश्चर्य होता है, इसके साथ ही साथ मुझे अछूत भाइयों को, अनटचेबल्स जिनको कहा जाता है, उनसे यह कहना है और मैं हमेशा देश में यह कहती हूँ कि मुझे बड़ी तकलीफ़ होती है जब मैं यह सुनती हूँ कि हरिजन भाई यह चाहते हैं कि उन्हें ये-ये फ़ैसिलिटीज़ मिलें, ये-ये चीज़ें मिलें और इसका कारण यह है कि मैं चाहती हूँ जैसा अभी मेरे एक भाई ने कहा है कि उनमें भी शान होनी चाहिए, उनमें भी डिगनिटी होनी चाहिए और उनको भी किसी के सामने हाथ नहीं फैलाना चाहिए और जितने भी उनके हक़ूक हैं, उन सबको वे शान और डिगनिटी के साथ हासिल करें और शान और डिगनिटी के साथ वे उनको मिलें। यह तभी हो सकता है जब हम इस चीज़ को, इस विषय को अच्छी तरह से समझेंगे और सोचने की कोशिश करेंगे। यह काम जोश में आकर नहीं हो सकता है। हमको संजीदगी के साथ इस पर विचार करना होगा और फ़ैसले करने होंगे। आज हम देख रहे हैं कि बजाय इसके कि देश ऊपर जाए वह रोज़-ब-रोज़ नीचे की ओर जा रहा है। जिस जात-पाँत से हमने परहेज़ किया है, जिस जात-पाँत की हम चर्चा करते हैं कि यह मिथ्या है, यह नहीं होना चाहिए, जिसको हमने कहा है कि एक ही जात है और वह है इनसानियत और मनुष्यता की, उसको हम आज और भी कई रूपों में देख रहे हैं। हम देखते हैं कि जब इलेक्शन होते हैं, वे सब जात-पाँत पर ही होते हैं। इधर क्या होता है, ठाकुर-ठाकुर को वोट देता है, उधर क्या होता है, ब्राह्मण-ब्राह्मण को वोट करता है। यह बीमारी जो अछूत की थी उसका दूर होना तो अलग रहा, एक नये रूप में ही जो यह सामने आ रही है, वह बहुत तकलीफ़देह है। जब हम छुआछूत को ख़त्म करना चाहते हैं और चाहते हैं कि अछूत भाइयों को अपने साथ मिलावें, तो हुआ नहीं लेकिन चारों तरफ़ तरह-तरह के रंग-रूपों में यह हमारे सामने आ रही है। इसलिए मैं कहती हूँ कि हमारी हालत बजाय ऊँचे जाने के नीचे की तरफ़ जा रही है।

मेरा यक़ीन है कि हमारी सरकार जिसका आदर्श यह है, जिसका मकसद यह है कि सबको एक करके अपने साथ ले जाय, वह इस पर ज़रा ग़ौर करेगी। मैं यह भी चाहती हूँ जैसा एक भाई ने कहा है कि लैंड रिफार्म्स करने की ज़रूरत है और वह होनी चाहिए। इसमें कोई शक नहीं है कि लैंडलेस लेबर्स जो हैं, उनमें ज़्यादातर अछूत भाई ही हैं, और मैं चाहती हूँ कि उनका पहले ख़्याल किया जाए। जो फ़ैसिलिटीज़ इस बारे में दी जाती हैं, वे उनको पहले मिलनी चाहिए। यह काम

सरकार से ज़्यादा मैं समाज से उम्मीद करती हूँ, क्योंकि मैं समझती हूँ कि यह काम समाज का ज़्यादा करने का है, और सरकार का कम। मैं चाहती हूँ कि वे सभी काम किए जाएँ, जिससे अछूत भाई और बहनें ऊँची जात वालों के लेवल पर आ जाएँ, उनके बराबर आ जाएँ। अगर अछूत ऐसे कर्म करें जो हमसे भी ज़्यादा ऊँचे हों तो हमको नीचे आना होगा। इसलिए मैं समझती हूँ कि हमारा धर्म यह है कि हम उनको अपने बराबर लावें और हर तरह की उनको सुविधाएँ दें ताकि वे आगे बढ़ सकें।

मैं समझती हूँ जो सबसे बड़ी सहूलियत हमको उन्हें देनी है और जिससे परिवर्तन हो सकता है, वह शिक्षा की है। अगर उनको अच्छी तरह से शिक्षा दी गई और इसमें उनको जो भी सुविधाएँ वे चाहते हैं, दी गईं, तो बिना शक व शुबहे के यह कहा जा सकता है कि जो नक़्शा हम आज देखते हैं, वह बिलकुल ही बदल जाएगा।

आज उनकी आर्थिक स्थिति भी बड़ी ख़राब है। सरकार को चाहिए कि उनको लोन दे ताकि वे काम कर सकें। हमें चाहिए कि उनको तिजारत की तरफ़ भी ले जाएँ और जिस-जिस चीज़ को करने से उनकी तरक़्क़ी हो सकती है, उसको हम करें।

मन्दिर प्रवेश का सवाल भी हमारे सामने है। इसका मेरे एक भाई ने अभी ज़िक्र भी किया है। मैं आपको बतलाना चाहती हूँ कि जिस वक़्त हरिजनों के मन्दिरों में प्रवेश करने का सवाल उठा था और बापूजी ने मन्दिरों के द्वार इन लोगों के लिए खुलवाने शुरू किए थे उस वक़्त इलाहाबाद में भारद्वाज के मन्दिर में मैं ख़ुद हरिजन का हाथ पकड़ करके ले गई थी और वहाँ पर शान्ताकारम कमलनयनम पाठ हुआ था। उस वक़्त हरिजन भाई इन सब चीज़ों को देखकर रोने लग गए और जो नक़्शा उस वक़्त मेरे सामने आया मैं उसको बयान नहीं कर सकती हूँ। उन्होंने भगवान के सामने खड़े होकर यह प्रार्थना की कि हमने कौन-सा गुनाह किया है कि आपके दरवाजे हमारे लिए बन्द हो गए हैं। ऐसा दृश्य वहाँ देखने को मिला था कि कोई खड़ा नहीं हो सकता था। मैं दिल से चाहती हूँ कि हर मन्दिर के द्वार भगवान के सभी जीवों के लिए जिस किसी रूप में भी वे हों, खुल जाने चाहिए।

मैं चाहती हूँ कि जितने भी ये दुनियावी ढोंग हैं, जितने ये दुनियावी तमाशे हैं, उनसे हम हरिजनों को उभारें और उनको आगे ले जाएँ।

मैं ख़ास तौर पर हरिजन लड़कियों की शिक्षा के बारे में कहना चाहती हूँ। उनको अधिक शिक्षा देने का प्रबन्ध होना चाहिए। यह मैं इसलिए कहती हूँ क्योंकि मैं समझती हूँ कि अगर लड़कियाँ ज़्यादा पढ़ी-लिखी होंगी और ज़्यादा पढ़ेंगी तो बच्चे भी सब शिक्षित होंगे और उनके विचार और ख़्याल ज़्यादा अच्छे होंगे।

मैं समझती हूँ सरकार बहुत कुछ कर रही है और जो रिपोर्ट है, वे भी अच्छी हैं। ये सब जो तहरीरी चीज़ें हैं, अच्छी ही होती हैं। लेकिन हम चाहे कम ही करें, करें अच्छी तरह से और जो हम कहें उसको हम अमल में भी लावें। प्रैक्टिकल

होकर हमको आगे बढ़ना होगा और मैं समझती हूँ कि जिस रोज़ हमारे यहाँ इस प्रकार का विचार हो जाएगा, उस रोज यह जो जात-पाँत का विचार है, यह नहीं रहेगा, ये जो झगड़े अन्दर और बाहर के हैं, ये भी ख़त्म हो जाएँगे और यह तरह-तरह की जो पार्टियाँ हैं, इनकी भी सब बीमारियाँ दूर हो जाएँगी। सबसे अच्छा तरीक़ा यह है कि हम नीचे से शुरू करें और उसमें सबसे पहली चीज़ यह है कि हम हरिजनों और अपने में कोई भेदभाव न करें। इस ख़्याल को लेकर अगर हम चलते हैं और हर वाक ऑफ़ लाइफ़ में उनको बराबरी का स्थान देते हैं, उनकी उतनी ही इ़ज्ज़त करते हैं, जितनी कि अपने बच्चों की तो जो हमारा मकसद है, वह बहुत जल्द हासिल हो सकता है।

अन्त में मैं इतना ही कहना चाहती हूँ कि जो कुछ होम मिनिस्ट्री ने हरिजनों के बारे में किया है, वह बहुत अच्छा है और मैं चाहती हूँ कि इस दिशा में अधिक तेज़ी के साथ बढ़ा जाए और जितने तेज़ क़दम हमारे होंगे, उतना ही अच्छा होगा।

April 26, 1958, Probation of Offenders Bill

श्रीमान जी, मैं इस बिल का स्वागत करती हूँ। इस बिल को तो आज़ादी के फ़ौरन बाद ही आ जाना चाहिए था, जबकि आज आज़ादी को मिले दस साल से भी ज़्यादा हो गए हैं। जब मैं चीन गई, मैंने देखा कि उन लोगों ने पाँच-सात बरस के अन्दर ही प्रास्टिच्यूशन और इस तरह की दूसरी बातों को वहाँ से हटा दिया था। मैं वहाँ के हर होम में गई और मैंने देखा कि उनमें कैसे ट्रेनिंग दी जाती है। इसमें कोई शक नहीं है कि पाँच-सात बरस में जितना उन्होंने वहाँ काम किया, जितनी समाज की शक्ल बदली, उतना हम नहीं कर सके हैं। यह एक सही बात है। लेकिन उनको देखने के बाद मेरी राय यह हुई है कि ऐसा करना नामुमकिन नहीं है—हर एक चीज़ मुमकिन है, अगर इनसान का इरादा और दिल उस तरफ़ हो। इस बिल में मेरी भी शिरकत है और मुझे इसके बारे में यह कहना है कि इसको समझने के लिए लाइयर की क़ाबिलियत की ज़रूरत नहीं है। मैं देख रही थी कि हमारे आगे-पीछे, सब तरफ़ लाइयर्स ही इस बिल पर बहस कर रहे हैं।

लेकिन बात यह है कि मैं लाइयर तो नहीं हूँ, पर थोड़ी सी कामनसेंस मुझमें है। मैं समझती हूँ अगर मैं उस कामनसेंस को इस्तेमाल करके इस बिल को देखूँ तो एक क्रिमिनल लाइयर की तरह मैं भी इस बिल के चिथड़े और धज्जियाँ कर सकती हूँ। लेकिन जब मैं समाज की मारैलिटी की तरफ़ देखती हूँ और समाज के मारल्स को उठाने का ख़्याल करती हूँ, तो मैं समझती हूँ कि यह बिल हमारे लिए गॉड-मेन्ट बिल आया। इसलिए मुझे क़ानून की कोई चिन्ता नहीं है। चिन्ता इस बात की है कि हमने समाज की सूरत को बिलकुल बदल देना है, समाज में हमको परिवर्तन करना है, उसके कोने-कोने में परिवर्तन करना है। और वह परिवर्तन क्यों करना है? अगर समाज में परिवर्तन आप नहीं करते हैं, तो जो आज़ादी आपने ली है, यह नहीं रहने पावेगी। क्या समाज में परिवर्तन इतना दुश्वार है, इतना मुश्किल है और क्या यह बिल कुछ भी नहीं है? इस बिल के बारे में कई शकूक का इज़हार किया गया है। कहा गया है कि साहब, प्रोबेशन आफ़िसर्स इस क़ाबिल नहीं होंगे, वहाँ करप्शन होगी, फ़लाँ चीज़ होगी। लेकिन इस हाउस में कोई नहीं सोचता कि आख़िर यह गवर्नमेंट भी तो कुछ दिमाग़ रखती है। जब वह कोई बिल लाती है

और समाज में कुछ परिवर्तन करना चाहती है, तो उसके सामने भी ये मुश्किलें होती हैं और उन मुश्किलों का वह हल करना चाहती है। आज़ादी मिलने के इतने बरस बाद यह बिल हमारे सामने आया है आज गवर्नमेंट इन मुश्किलों को हल करना चाहती है, लेकिन हम चाहते हैं कि पहले समाज का नक़्शा बदलो और फिर इस बिल को लाओ। इसमें आपने कोई कमाल तो नहीं किया। पहले बरसों तक समाज को बदला जाए और फिर यह बिल लाया जाए। मैं कहना चाहती हूँ कि पहले आज़ादी के बारे में भी हमारे मुल्क में यही बहस होती थी। जो भाई-बहन आज़ादी की लड़ाई में सिपाहियों की तरह लड़ रहे थे, उनसे बार-बार कहा जाता था कि अभी मुल्क इस क़ाबिल नहीं है कि वह आज़ाद हो। मुल्क आज़ाद हुआ और आज़ाद होने के बाद यहाँ कितने परिवर्तन हुए। यहाँ बड़े-बड़े क़ानून लाए गए और बड़े-बड़े काम किए गए। लेकिन इस छोटे से क़ानून के बारे में हरेक वकील ने अपना-अपना नक़्शा और अपनी-अपनी तस्वीर बनाकर रख दी है—कोई दो तस्वीरें एक नहीं हैं। मैं यह कहना चाहती हूँ कि अगर इस बिल को देखना है, तो वकील की निगाह से नहीं, दूसरी निगाह से देखना है।

मैं यह भी बताना चाहती हूँ कि इस बिल में जो भी रिफ़ार्म्स रखे गए हैं, जो भी परिवर्तन करने का इरादा किया गया है इस मसले के हरेक पहलू पर अच्छी तरह से सोच-विचार करके ही उनको रखा गया है। मुझे मालूम नहीं कि जो भाई-बहन इस बिल के बारे में बोले हैं, उनमें से कितनों ने इस बिल को अच्छी तरह से पढ़ा भी है। हमारे यू.पी. में तो जेलों के बारे में बड़ा परिवर्तन कर दिया गया है। वहाँ के क़ैदी बाहर के बड़े-बड़े काम भी करते हैं और एक तरीक़े से वे आज़ाद हैं। जो लोग आज़ाद हुए, उनमें से एक धोबी था और एक बार्बर। उनका कहना है कि हमें साधन दो, सब चीज़ दे दो, हम अपना काम ख़ुद करेंगे। आज दिन भी वे लोग मुझसे मिलते हैं और उसके बाद उन्होंने कोई चोरी वग़ैरह नहीं की। जैसे हम लोग रहते हैं वैसे ही वे भी रहते हैं।

मैं यह भी बताना चाहती हूँ कि इस संसार में कोई क्रिमिनल पैदा नहीं होता है। बल्कि क्रिमिनल तो बनाए जाते हैं। हम उनको क्रिमिनल बनाते हैं, समाज उनको क्रिमिनल बनाता है, सर्कमस्टेंसिज से वे क्रिमिनल बनते हैं। अब हमने पक्का इरादा कर लिया है कि हम इन सर्कमस्टेंसिज को बदलेंगे और समाज में परिवर्तन लाएँगे। मुमकिन है कि मेरे बैठने के बाद लोग यह कहें कि जो कुछ मैं कह रही हूँ, उसमें इमोशन ज़्यादा है, उसमें क़ानूनी बात नहीं है, क़ानूनी आँकड़ा उसमें नहीं है। इसलिए ऐसे लोगों से...वकीलों से...मेरा कहना है जब तक आप अपने क़ानूनी दिमाग़ को नहीं हटाएँगे तब तक आपको हमारा नक़्शा साफ़ नहीं दिखाई देगा। अगर कोई चोर चोरी करता है, तो हम उसकी ज़रूर शुद्धि करेंगे और कोशिश करेंगे कि वह फिर चोरी न करे। हम इस ख़्याल से मुत्तफ़िक़ नहीं हैं कि अगर जुर्म हल्का

है, तो उसको रहने दो और अगर जुर्म संगीन है, तो क्रिमिनल लॉ को ले आओ। मैं कहना चाहती हूँ कि हमें क्रिमिनल लॉ बदलना चाहिए। इस वक़्त हमारी कन्ट्री में जो क्रिमिनल लॉ है उसमें बहुत नुक्स हैं और इसलिए उसको बदलना चाहिए। इसलिए ज़रूरत इस बात की है कि इस ख़्याल को सामने रखकर इतना अन्याय न हो, यह देखकर इनसान को इतना गिरा हुआ न समझकर हमारे वकीलों को इस नक़्शे को देखना है।

इसके बाद मैं यह कहना चाहती हूँ कि जब यह काम होगा, तो मुझे पूरा विश्वास है कि हमारी गवर्नमेंट की तरफ़ से ऐसे होम्स बनाए जाएँगे जहाँ कि छूटे हुए क़ैदी और माफ़ी पाए हुए आफेंडर रह सकें और उनकी रक्षा की जा सके, उनको रिहैविलिटेट किया जा सके, उनका ख़्याल रखा जावे और उनको इनसान बनाया जाए। मुझे यह नक़्शा इस बिल में दिखाई देता है। हमारी कोशिश यह है जिसको हम जुर्म समझते हैं हम उस जुर्म को मिटाएँगे।

मैं भी कई बार जेल गई हूँ और मैंने जुबेनाइल जेलों को भी देखा है, और उस वक़्त देखा है जब अंग्रेज़ों का राज्य था। वहाँ पर बच्चों को मैंने देखा है 14-15 वर्ष की लड़कियों को देखा है और जब वे वहाँ से निकलकर बाहर जाते थे तो और ज़्यादा क्रिमिनल बन जाते थे। वहाँ पर और भी ज़्यादा क्रिमिनल बना दिया जाता था, बजाय इसके कि उनको मोरल सेंस बताएँ, समझाएँ, गाली देकर, मारपीट कर, और हज़ारों तरह से तंग किया जाता था और एक बार उनको छोड़ भी दिया जाता था, उसके बाद वे फिर भी जेल में ही आते थे। यह चीज़ हमें नहीं करनी है।

अगर किसी इनसान से ग़लती हो जाती है तो इनसान का फ़र्ज़ है कि उसको माफ़ कर दे। यह जो भावना है, इसे हमें लोगों में पैदा करना होगा।

यहाँ पर जजों का भी ज़िक्र किया गया है, जो नक़्शा और जो सूरतें हम पैदा करना चाहते हैं उनमें हम नहीं समझते हैं कि हमारे जो जज हैं वे भी उस रंग में नहीं रंग जाएँगे। जो भी नुक्स हम इसमें देखते हैं वह हमारे देखने का नुक्स है। हमें इसको जिस भावना से देखना चाहिए उस भावना से नहीं देख रहे हैं।

इस बिल का मैं फिर स्वागत करती हूँ और समझती हूँ कि मिसनरी स्पिरिट से इस बिल को यदि आगे बढ़ाया जाएगा तो कुछ नहीं होगा। मैंने कमेटी में भी कहा था और अब भी मैं कहती हूँ और मेरी यह निश्चित राय है कि इस बिल के अन्तर्गत जो अफ़सर रखे जाएँ उनमें से ज़्यादातर औरतों को—बड़ी उम्र की औरतों को ही रखा जाए क्योंकि वे बच्चों को ज़्यादा अच्छी तरह से समझ सकती हैं। वे उन बच्चों को जो उलटे रास्ते पर चले जाते हैं, फिर से सीधे रास्ते पर लाने में ज़्यादा सफल हो सकती हैं।

May 01, 1959, Equal Remuneration Bill

श्रीमान जी, श्रीमती रेणु चक्रवर्ती ने जो बिल पेश किया है, मैं उसको पूरी तरह से सपोर्ट करती हूँ। मैं समझती हूँ कि यहाँ इस हाउस भर में कोई ऐसा न होगा, जो इस बिल से सहमत न होगा, लेकिन यह ज़रूर है कि हालाँकि सहमत सब होंगे और उसके प्रिंसिपल्स से तो हम ऐग्री करते हैं, उसको अमल में लाने में हमें दिक़्क़तें मालूम होती हैं। इस बिल के बारे में मेरा कहना यह है कि बिल तो बहुत छोटी सी चीज़ है, लेकिन इससे मुझे हमारे यहाँ की सामाजिक स्थिति का सारा नक़्शा दिखाई दे रहा है, यहाँ पर कितना भी हम लोग कहें, कितना भी सोशल रिफ़ार्म लाएँ, लेकिन उसमें स्त्री की जो स्थिति होनी चाहिए थी, समाज में जो उसकी पोज़िशन होनी चाहिए थी, वह अभी तक नहीं है और उसी के कारण हम चारों तरफ़ देखते हैं कि अगर स्त्री वही काम करती है, जो कि पुरुष करता है, तो भी उसको वे वेजेज़ नहीं मिलते हैं जो कि पुरुष को मिलते हैं और यही प्रश्न हमारे सामने है। अगर हम भारत और दुनिया भर में देखें तो, हम पाते हैं कि पुरुष और स्त्री में जो इक्वैलिटी होनी चाहिए, वह हमको दिखाई नहीं देती है। हाँ, पश्चिम के कुछ देशों ने स्त्रियों की तरफ़ से अपना रवैया बदला है और उन्होंने स्त्रियों को आगे बढ़ाया है जो मुल्क स्त्रियों को आगे बढ़ाता है और उनको बिलकुल उसी लेवल पर रखता है, जो कि पुरुष को हासिल है, उस मुल्क में प्रासपैरिटी होती है। पश्चिम में ऐसा किया गया है और वहाँ प्रासपैरिटी बढ़ी है। हमारे सामने यह एक बड़ा प्रश्न है। हमारे लेबर के मिनिस्टर साहब यहाँ बैठे हुए हैं और वह सब बातों का जवाब भी देंगे। लेकिन इसमें कोई सन्देह नहीं है कि जब हम कारखानों में जाकर देखते हैं या मिलों में जाकर देखते हैं और वहाँ पर औरतों की स्थिति को देखते हैं तो यह देखकर हमें तकलीफ़ होती है कि उनको बहुत ही रद्दी-सा काम दे दिया जाता है। टेक्सटाइल मिल्स में हम चारों तरफ़ जहाँ पर औरतें बैठकर काम करती हैं देखते हैं कि उनको सूत सुलझाने का काम दे दिया जाता है और बैठकर वे उस काम को करती रहती हैं। जो चीज़ें उलझ जाती हैं, पुरुषों द्वारा उसको सुलझाया नहीं जा सकता है, वे स्त्रियों को सुलझाने के लिए दे दी जाती हैं। सुलझाने का काम उनका होता है। इतना होने पर भी स्त्रियों को कम वेजेज़ मिलती हैं। जब स्त्रियाँ मर्दों के

बराबर मेहनत करती हैं, मर्दों के बराबर काम करती हैं तो कोई वजह नहीं है कि उनको उतना ही वेज न मिले, उतनी ही तनखा न मिले जितनी कि मर्द को मिलती है।

मैं यहाँ पर पार्लियामेंट में देखती हूँ कि यहाँ पर मुट्ठी भर स्त्रियाँ भी नहीं हैं। यहाँ पर पुरुषों को और स्त्रियों को बराबर 21 रुपये रोज मिलता है। जब स्त्रियों के साथ डिफरेंट सलूक होना होता है तो यहाँ पर भी स्त्रियों को कम पैसे क्यों नहीं दिए जाते हैं और उनके लिए अलग क़ानून क्यों नहीं बनाया जाता। स्त्रियों के भत्ते को तो कम करना चाहिए। लेकिन इनको बराबर पैसे मिलते हैं। आज यह हम स्त्रियों के बस में बात मालूम नहीं होती है कि कहाँ तक किस क़ानून को हमने लागू करना है।

हम हर जगह पर देख रही हैं एजुकेशन इंस्टीट्यूशंस में स्कालरशिप के मामले में, अस्पतालों में, मेडिकल इन्स्टीट्यूशंस में प्रसिपिशिप और प्रिफरेंस मर्दों को दी जाती हैं, औरतों को नहीं दी जाती हैं, इस वास्ते मुझे बहन रेणुका चतुर्वेदी से यह कहना है कि यहाँ जो हम अपील कर रही हैं वह भी पुरुषों से ही कर रही हैं। वही हमारे चारों तरफ़ हैं। यह काम इस तरह से नहीं हो सकता है, हम स्त्रियों को मिलकर काम करना होगा। अजिज़ी से और मिन्नत से यह काम होने वाला नहीं है। मैं पुरुषों के ख़िलाफ़ नहीं हूँ लेकिन पुरुषों की हुकूमत से मैं ख़ूब वाक़िफ़ हूँ चाहे वे कांग्रेस के हों, चाहे सोशलिस्टों के हों और चाहे कम्युनिस्टों के हों सब पुरुष एक ही होते हैं, पुरुषों में भेद नहीं होता है। हमारे कम्युनिस्ट या सोशलिस्ट भाई चाहे कुछ भी कहें और बेशक कहें कि वे इस चीज़ को मानते नहीं हैं, चूँकि उन्होंने ऐसा अपना आदर्श नहीं बनाया है, लेकिन दरअसल में औरतों के इक्वैलिटी की बात उनके दिल में भी घर नहीं कर पाई है। यह हालत मैं आज देख रही हूँ।

इस वास्ते मैं समझती हूँ कि जब तक स्त्रियों में ही स्ट्रेन्थ नहीं आएगी, मज़बूती नहीं आएगी, अपनी बात मनवाने की ताक़त नहीं आएगी, आगे बढ़ने की शक्ति नहीं आएगी वे आगे नहीं बढ़ पावेंगी। जितना उनको बढ़ना चाहिए था, जब तक अपने हक़ूक़ के लिए ख़ुद नहीं लड़ेंगी तब तक उनके लिए बहुत मुश्किल है किसी चीज़ को पा सकना। चाहे यहाँ कहा जाए या बाहर यह ठीक है कि वे पुरुषों की दया पर आज निर्भर हैं। लेकिन हमें भिक्षा नहीं माँगनी है। मैं उनमें से नहीं हूँ जो भिक्षा माँगती हैं। मैं समझती हूँ कि जो मेरा हक़ है वह मुझे मिलना ही चाहिए। अगर वह सीधी तरफ़ से मिलता है तब तो यह ख़ुशक़िस्मती की बात है, लेकिन अगर वैसे नहीं मिलता है, तो उसे लड़कर हमें लेना है, उसके लिए हमको लड़ना है। मैं नहीं चाहती कि इस तरह की नौबत आए अगर इसकी नौबत आई तो वह बड़ा बदक़िस्मत दिन होगा जब स्त्री और पुरुष में झगड़े होने लगेंगे।

इस वास्ते मैं अपने लेबर मिनिस्टर साहब से कहना चाहती हूँ कि मुमकिन है वह इन सब बातों के बारे में कहें कि अम्ली दिक़्क़तें हैं और यह दिक़्क़त पेश आएँगी और वह दिक़्क़त पेश आवेंगी, कि वह इन दिक़्क़तों को पेश करने के साथ-साथ

यह तस्लीम करें आज इस हाउस में कि यहाँ यह बेइंसाफ़ी औरतों के साथ ज़रूर हो रही है, कारखानों इत्यादि में और दूसरी जगहों पर भी।

ये बेइंसाफ़ियाँ यहाँ भी हमने नहीं देखी हैं जहाँ औरतें हैं। लेकिन अपनी कांस्टिट्यूशन में मैंने देखा है...मुझे मालूम नहीं है कि वह सही है या नहीं है, या मैंने सही देखा है या नहीं...कि इसमें औरतों की कोई भी इंडिविजुएलिटी नहीं दिखाई देती है। यहाँ पर हम इस वक़्त इक्वल पे और इक्वल राइट्स की बात कर रहे हैं लेकिन कांस्टिट्यूशन तक में औरतों की कोई भी इंडिविजुएलिटी दिखाई नहीं देती। सभी चीज़ों को देखकर मैं इस नतीजे पर पहुँची हूँ कि अपनी नेशनैलिटी वह अपने आप क़ायम नहीं कर सकती है। उसको अपने पति की नेशनैलिटी लेकर चलना होता है। जो लड़की होती है, वह जब विवाह कर लेती है और उसकी इंडियन नेशनैलिटी है और फ़र्ज़ कीजिए कि उसने इंडियन से विवाह नहीं किया है, तो उसकी नेशनैलिटी इंडिपेंडेंटली उसके पति से दूसरी नहीं हो सकती है।

इस वास्ते अगर आप ग़ौर से देखें तो आपको पता चलेगा कि यह बीमारी चारों तरफ़ फैली हुई है, हम आज़ाद हो गए हैं और इक्वैलिटी की दुहाई भी देते हैं। बराबर देश को आगे बढ़ाना भी चाहते हैं, नक़्शा भी अच्छा खींचते हैं, लेकिन दरअसल में उस नक़्शे के अन्दर से सब चीज़ें दिखाई पड़ती हैं। जो कि औरतों के ख़िलाफ़ जाती हैं। इस वास्ते ज़्यादा न कहकर मैं माननीय मंत्री महोदय से इतना ज़रूर कहूँगी कि आप इस पर ग़ौर करें और चूँकि मैं क़ानून नहीं जानती हूँ इस वास्ते क़ानूनी बात मैं कोई नहीं कह सकती हूँ। लेकिन अगर कोई क़ानूनी रुकावट न हो तो इस बिल को सर्क्यूलेशन के लिए आप ज़रूर भेज दें।

May 08, 1959, Resolution Regarding Inclusion of English in the Eighth Schedule of Constitution

सभापति जी, जब किसी देश को ग़ुलाम बनाना होता है तो इसके लिए ज़रूरी है कि उसकी ज़बान को ख़त्म कर दिया जाए। जब तक आप किसी देश की ज़बान को ख़त्म नहीं करेंगे तब तक वह देश ग़ुलाम नहीं होगा। जब अंग्रेज़ यहाँ आए उन्होंने सबसे पहली बात यह की कि हमारे देश की ज़बान पर हमला किया। नतीजा यह हुआ कि जो हमारे हिन्दू भाई थे वह तो कुछ उनके फेर में आ गए और जो अंग्रेज़ों के वार हुए वह उन पर कामयाबी से हुए। लेकिन कुछ अर्से तक मुसलमानों ने प्रोटेस्ट किया। कुछ अर्से तक वह नहीं गिरे लेकिन आख़िर कब तक न गिरते। वह भी गिरे। जिस दिन हिन्दू और मुसलमान दोनों गिर गए, दोनों की ज़बान ख़त्म हो गई उस दिन से अंग्रेज़ों का राज्य यहाँ पर पूरी तौर से हो गया। यह चीज़ें कोई मैं ही नहीं कह रही हूँ। अंग्रेज़ों की जो किताबें हैं उनमें ख़ुद उन्होंने इसे बयान किया है कि किस तरह से उन्होंने हिन्दुस्तान में आकर इस बात को सोचा कि हिन्दुस्तान को इसी तरह से ग़ुलाम बनाया जा सकता है। उनका ही कहना है कि हम हिन्दुस्तान को ग़ुलाम उसी वक़्त बना सकेंगे जबकि हम उनकी ज़बान को ख़त्म कर देंगे।

आज भारत स्वतंत्र हुआ है, जो फिरंगी यहाँ आए थे, जिन्होंने हमारे हिन्दुस्तान को अपना ग़ुलाम देश करके रखा और हमको ग़ुलाम बनाया, आज हमने उनको दूर कर दिया है। लेकिन जब से मैं यहाँ बैठी हूँ मैं अफ़सोस के साथ सुन रही हूँ कि जिन अंग्रेज़ों को हमने निकाला, जिन्होंने हमारी नदियों को, हमारी ज़मीन को, हमारे आसमान को अपना कहकर रखा, हमको दबाकर रखा, आज हम उनकी जो ज़बान है उसके लिए कोशिश कर रहे हैं कि उसे कांस्टिट्यूशन के शेड्यूल में शामिल कर लिया जाए। मैं अंग्रेज़ी के ख़िलाफ़ नहीं हूँ। मैं उनमें से हूँ, मैं एन्थनी साहब को बता दूँ, जिसको छुटपन से ही बिलकुल अंग्रेज़ी की तालीम दी गई। वह ज़माना दूसरा था। मुझे हर चीज़ अंग्रेज़ों की मिली। उनकी किताबें, उनका खाना, उनका पीना, उनका रहन-सहन, सब कुछ अंग्रेज़ी। और मेरी क़िस्मत ऐसी कि जहाँ मैं ब्याही गई वह भी पूरे अंग्रेज़ थे। हालत यह थी कि पहले मैं हिन्दुस्तानियों से चिढ़ती थी। और आज भी हालत यह है कि मैं ज़्यादा किताबें अंग्रेज़ी की पढ़ती

हूँ। लेकिन वह ज़माना चला गया। यहाँ जागृति आई। वह जागृति किस तरह से आई जब हम इसका इतिहास पढ़ चुके हैं तो मेरी समझ में नहीं आता कि किस तरह से यह चीज़ हमारे सामने आ सकती है कि अपने कांस्टिट्यूशन के शेड्यूल में अंग्रेज़ी को लाना है।

एन्थनी साहब बड़े क़ाबिल आदमी हैं, अक़्लमन्द आदमी हैं। बड़े भारी वकील भी हैं। इन्होंने जो स्पीच दी वह बहुत उम्दा थी, जैसे अच्छे वकील अपने मुक़दमे को पेश किया करते हैं वैसे इन्होंने किया। आज उन्होंने देश में एक हलचल-सी मचा दी है। यह मुक़दमा ऐसा लाए हैं जिसने सारे देश में हलचल मचा दी है आपको सुनकर ताज्जुब होगा कि कल शाम को जब मैं पार्लियामेंट से जा रही थी मेरी कांस्टिट्यूएंसी के जो जनसंघ के भोलानाथ हैं ख़ुद उनका ख़त मेरे पास आया। मुझे लेक्चर दिया गया है कि जो हमारी मादरी ज़बान है वह कैसे क़ायम रहे। मुझे हँसी आई कि हमारे एन्थनी साहब के मुक़दमे ने सारे देश में कितनी हलचल मचाई सारे देश को हिला दिया है, और उसी का नतीजा यह है कि जो हमारे श्री राजगोपालाचारी जी इतने बड़े बुज़ुर्ग हैं वह भी कुछ इसके बारे में लिख रहे हैं। और भी कुछ लोग लिख रहे हैं। हालाँकि वह बात मेरी समझ में नहीं आती लेकिन मैं एन्थनी साहब को ज़रूर मुबारकबाद देती हूँ कि उन्होंने अपने मुक़दमे को बहुत उम्दा, बहुत सुन्दर तरीक़े से और बहुत कामयाबी के साथ पेश किया है।

मैं एन्थनी साहब से कहना चाहती हूँ कि माना, उनकी ज़बान अंग्रेज़ी है, लेकिन उनका वतन हिन्दुस्तान है। पहले उनको अपने वतन का ख़्याल करना है कि उनके वतन में कौन-सी राष्ट्रीय भाषा होनी चाहिए। आज मैं सच्चे और साफ़ दिल से बात करना चाहती हूँ। मेरे दिल में बहुत दिनों से ज़बान का झगड़ा उठता रहा है। मैं हिन्दी की प्रेमी हूँ लेकिन जो हिन्दी का नक़्शा हिन्दुस्तान में मैंने देखा वह मेरे जैसे आदमी के लिए बहुत तकलीफ़देह है। वह हिन्दी ऐसी है जो मेरी समझ में नहीं आती है। वह हिन्दी लिटरेरी क़िस्म की है। यहाँ तक कि सड़कों के हिन्दी नाम सकील हिन्दी में लिखे गए हैं। पार्लियामेंट और असेम्बलीज़ में इतने बड़े-बड़े नाम लिखकर रखे हैं, एक-एक गज़ के हिन्दी नाम लिखे गए हैं, कि अगर उनको कोई आदमी पढ़े तो उसकी समझ में न आए जब तक वह डिक्शनरी लेकर न चले। हालत यह हो गई है। मैं समझती हूँ कि जिस तरह से जब कोई आदमी प्याज शुरू-शुरू में खाना शुरू करे या शराब पीना शुरू करे तो वह बहुत ज़्यादा आगे बढ़ जाता है, इसमें भी यही बात हुई। इसी के साथ दूसरा नक़्शा भी हमारे सामने आया कि एक तरफ़ तो हिन्दी के इतने लम्बे-लम्बे नाम कि हमारे समझ में नहीं आते हैं और इसीलिए मद्रास वाले हमसे बिलकुल ख़िलाफ़ हो गए और दूसरी तरफ़...साहबान थे वह उर्दू के पीछे इस तरह से डंडा लेकर चले कि हमें परेशानी हो गई।

मैं आपको बतलाऊँ कि जब हम लोग इलाहाबाद में थे तो प्रेमचन्द लेखक जो थे हमारे हिन्दी के गुरु थे वह हमको समझाया करते थे कि किस तरह से लेख लिखा जाता है। अगर आप उनकी किताबें पढ़ें तो आपको पता चलेगा कि कितनी मीठी उनकी ज़बान है। यह चीज़ क्यों है? इसलिए कि हिन्दी और उर्दू दोनों ज़बानें एक-दूसरे से मिली हुई हैं।

इसी तरह से मैं जानती हूँ कि जितनी भी हमारी ज़बानें हैं, तमिल, तेलगू, कैनरीज़, मराठी, सिन्धी, वह जितनी ही आपस में मिलेंगी उतनी ही सुन्दर ज़बान पैदा होगी और हमको यह करना भी वाजिब है। हर ज़बान को हमें ज़िन्दा रखना है। अगर हिन्दी को ज़िन्दा रखना है तो हमको यह चीज़ करनी ही होगी।

दूसरी बात यह है कि जो साहित्यिक लोग होते हैं, लिटरेरी लोग होते हैं, लिखना-पढ़ना जानते हैं उन्होंने भी इस ज़बान के झगड़े को देखा। उनकी समझ में नहीं आता है कि यह ज़बान का कैसा झगड़ा हो रहा है। मैं कहती हूँ कि जितनी हमारी भारतीय भाषाएँ हैं, वह सब हमारे देश के ख़ज़ाने हैं। हम अंग्रेज़ी से लड़ना नहीं चाहते हैं, हम अंग्रेज़ों से लड़े और उनको हमने निकाल दिया, जितनी भी ज़बानें हैं हम उनको सीखना चाहते हैं लेकिन हम एन्थनी साहब से यह झगड़ा आज इसलिए कर रहे हैं कि हम यह तो ज़रूर चाहते हैं कि अंग्रेज़ी ज़िन्दा रहे और हम उससे फ़ायदा उठाएँ लेकिन हम उसको अपने सिर का ताज नहीं बना सकते। अगर आप मुझसे कहें कि हम उसको अपने सिर का ताज बना लें तो यह नहीं हो सकता। किसी तरह से भी नहीं बना सकते। मैं एन्थनी साहब को यक़ीन दिलाती हूँ कि अगर यह हमारी अंग्रेज़ी ज़बान ज़िन्दा न रहने की लड़ाई हुई तो मैं ख़ुद उनके साथ शामिल हो जाऊँगी, अगर अंग्रेज़ी को धक्का लगाने की बात हुई तो मैं उनके साथ हूँगी, लेकिन अंग्रेज़ी यहाँ ज़िन्दा रहेगी, अंग्रेज़ी यहाँ से जाने वाली नहीं है। स्कूलों में मुसीबतें आई हुई हैं, इसमें कोई शक नहीं है कि ज़माना भी बदल रहा है और इस बदलते हुए ज़माने के बीच में यह मुसीबतें आती ही हैं। स्कूलों की हालत यह हो गई है कि देखकर रोना आता है। आज अगर आप स्कूलों में जाकर देखें तो वहाँ हालत यह है कि स्कूल में बच्चों ने हिन्दी पढ़ी, मैं अपने प्रदेश की बात कर रही हूँ लेकिन जब वह बी.ए. में पहुँचते हैं तो उनको एक किताब दी जाती है 50 सफों की जो कि संस्कृत में होती है और उसमें उसको एक परीक्षा पास करनी होती है। मैंने अपने बच्चे को पूछा कि आख़िर वह क्या करते हैं? उन्होंने कहा कि हम रट लेते हैं और रटकर लिख देते हैं। लेकिन मेरी समझ में यह बात नहीं आती कि आख़िर ग्रामर जाने बग़ैर काम कैसे चलता है। यह चीज़ें हमारे लिए मुश्किल की हो गई हैं। आज कहा जाता है कि हमको स्कूलों की शिक्षा को बदलना है। लेकिन अफ़सोस तो यह है कि जितना हमें बदलना चाहिए था हम अभी तक उसे बदल भी नहीं पाए हैं। अकेले हिन्दी ही नहीं, और सब्जेक्ट्स को भी नहीं बदल

पाए हैं। आज हमने अपनी ज़बान हिन्दी मान ली है लेकिन जो लोग यहाँ से फॉरेन कंट्रीज़ को जाया करते हैं वह हिन्दी नहीं बोलते हैं यहाँ पर जो भी विदेशी आते हैं, हालाँकि वह अंग्रेज़ी भी जानते हैं लेकिन वह उसे यहाँ बोलते नहीं हैं वह अपनी बोली यहाँ पर बोलते हैं और इंटरप्रेटर्स उनका मतलब बतलाते हैं। मैं एक साहब को जानती हूँ कि जो कई बोलियाँ जानते हैं लेकिन यहाँ बोलते नहीं क्योंकि उनको अपनी पश्चिमी भाषा का घमंड है। इसीलिए मैं चाहती हूँ कि जो ऐंग्लो-इंडियन भाई हमारे देश के रहने वाले हैं, भारतीय हैं और दूसरे लोग जो कि रीज़नल लैंग्वेज़ेज़ को बोलते हैं वह इस सवाल पर ठंडे दिल से ग़ौर करें। मैं श्री जयपाल सिंह जी से कहती हूँ कि मैं उनके ख़िलाफ़ बिलकुल नहीं हूँ, लेकिन उनको ठंडे दिल से सोचना चाहिए। मैं इस वक़्त ठंडे दिल से अपनी बात कह रही हूँ। इस वक़्त मेरी स्थिति बिलकुल नार्मल है, मैं एक्साइटेड नहीं हूँ। मैं चाहती हूँ कि हर ज़बान ज़िन्दा रहे, मैं यह भी चाहती हूँ कि सब ज़बानें मिलकर रहें, किसी ज़बान का झगड़ा नहीं होना चाहिए, लड़ाई नहीं होनी चाहिए लेकिन साथ ही यह भी चाहती हूँ कि जो हमारी हिन्दुस्तान की बोलियाँ हैं वह भी ज़िन्दा रहें, इसी से हम आगे बढ़ सकते हैं। लेकिन अगर आपने यह कहा कि हम हिन्दी की कास्ट पर अंग्रेज़ी को अपने कांस्टिट्यूशन में जगह दें, तो मैं आपको विश्वास दिलाती हूँ कि आपकी सारी दलील बेकार है क्योंकि याद रखिए कि आज़ादी उसी मुल्क की बरकरार रहती है जिस मुल्क की ज़बान ज़िन्दा रहती है। मैं श्री फ्रेंक एन्थनी से प्रार्थना करती हूँ कि वह इस पर ज़रूर विचार करें और अपने प्रस्ताव को वापिस लें।

November 27, 1959, Code of Criminal Procedure (Amendment) Bill

श्रीमान जी मैं बहन सुभद्रा जोशी के बिल का पूरी तरह समर्थन करती हूँ लेकिन इसमें एक सवाल बहुत ज़रूरी है वह यह कि अगर इसको हम काग्निजेबल ऑफेंस करते हैं तो इससे समाज में क्या नुकसान होगा, यह भी हमको देखना चाहिए। जैसा कि अभी एक भाई ने कहा कि जब विवाह होता है तो अग्नि के सामने लड़का और लड़की दोनों प्रतिज्ञा करते हैं कि वह एक-दूसरे के साथ वफ़ादार होंगे, एक-दूसरे का ख़्याल रखेंगे, दुःख-सुख में साथ देंगे, और ऐसा ही एक गृहस्थ के लिए करना ठीक भी है। यह सब करने के बाद भी हम देखते हैं कि पुरुष को समाज ने इतना अधिकार दे रखा है कि वह एक शादी के बाद दूसरी स्त्री को भी ले आता है और दूसरी शादी कर लेता है। अभी एक भाई ने कहा कि अक्सर ऐसा भी होता है कि स्त्री खेतों वग़ैरह के काम के वास्ते अपने पति की दूसरी शादी करवाती हैं। यह भी हमने देखा है। लेकिन हम समझते हैं कि समाज के सुधार के वास्ते समाज को आगे बढ़ाने के वास्ते यह बिलकुल ज़रूरी है कि एक गृहस्थी में एक पुरुष और एक स्त्री ही हों। मुझे ख़ुशी है कि यह बिल आया है। इससे यह नतीजा निकल सकता है लेकिन मुझे अपनी बहन से एक बात कहनी है और वह यह अगर इसको काग्निजेबल ऑफेंस बना दिया जाए तो यह बड़ी तकलीफ़देह चीज़ हो जाएगी। अभी हमारे समाज में काफ़ी शिक्षा नहीं है और यह समाज अभी काफ़ी उन्नति नहीं कर पाया है। ऐसी हालत में अगर इसको काग्निजेबल ऑफेंस बना दिया गया तो घरों में बड़ी तबाही दिखाई देगी। इसलिए मेरा कहना है मिनिस्टर साहब से कि इसको काग्निजेबल ऑफेंस में न बनवाएँ बल्कि इसमें कुछ ऐसा प्रोविजन कर दें कि कुछ दूसरे लोग भी जिनको कि इस चीज़ पर एतराज़ हो इस मामले की पुलिस में रिपोर्ट कर सकें। अगर इसको काग्निजेबल कर दिया जाए तो हमारे घरों में पुलिस जाएगी और गिरफ़्तारियाँ होंगी। और जो हमारे घरों की शान्ति है वह भंग हो जाएगी। मैं इस विचार की हूँ कि हमारे देश में घरों में जितनी शान्ति है उतनी उन मुल्कों के घरों में नहीं है जिन्होंने आज बड़ी तरक़्क़ी कर ली है। जो हारमनी और शान्ति हमारे घरों में है वह उन मुल्कों में नहीं है। आप समाज के इतिहास को देखें

तो आपको मालूम होगा कि समाज में बहुत सारे परिवर्तन हुए हैं। लेकिन आख़िर समाज इसी नतीजे पर पहुँचा है कि एक पुरुष के एक स्त्री होनी चाहिए और एक स्त्री के एक ही पुरुष होना चाहिए तभी गृहस्थी को आगे बढ़ाया जा सकता है। अगर हमको इस समाज को दुरुस्त करना है तो हम इस क़ानून में ऐसा कुछ रख सकते हैं कि जो दूसरे रिश्तेदार हों या कोई दूसरे लोग इस पर एतराज़ कर सकें। जब हम क़ानून में यह चीज़ रख देंगे तो जिन लोगों को इस पर एतराज़ होगा वह ख़ुद कार्यवाही करेंगे। मुझे इतना ही कहना है कि इसको काग्निजेबल ऑफेंस न बनाया जाए और इसलिए मैं अपनी बहन से कहना चाहती हूँ कि और जितने चाहे वह रेस्ट्रिक्शन रखें लेकिन इसको काग्निजेबल ऑफेंस न बनावें क्योंकि ऐसा करने से घरों की हारमनी और शान्ति गड़बड़ा जाएगी।

December 04, 1959, Dowry Prohibition Bill

श्रीमान जी इस हाउस में डावरी बिल पर बहुत एक्साइटेड स्पीचेज़ हो रही हैं और मैं समझती हूँ कि इससे भी ज़्यादा जोश भरी स्पीचेज़ होंगी। लेकिन मुझे इस हाउस को एक बात बतानी है और वह यह है कि डावरी के बारे में हम चाहे कितने ही क़ानून बनाएँ, या उस पर एतराज़ करें, लेकिन एक बात यह है कि डावरी इटसेल्फ़, बख़ुद, औरत के लिए एक ज़िल्लत की बात है। यह वह ज़माना है कि औरतें रीयलाइज करने लगी हैं कि डावरी हमारे लिए ज़िल्लत की बात है, आज समाज में हमारी हैसियत यह है कि हम बेची जाएँ, हमारा भाव-तौल हो, हमारी बारगेनिंग हो, और यह हमको बर्दाश्त नहीं है। हमारे भाई इस बात को मंजूर करें या न करें लेकिन औरतों ने तो पक्का इरादा कर लिया है कि इनके मंजूर करने या न करने से बात नहीं चल सकती, अब तो हमको अपने पैरों पर खड़े होना है। आज इस हाउस में यह ज़िक्र हो रहा है कि बिटिया को क्या दिया जाए और क्या न दिया जाए। मैं यह कहना चाहती हूँ कि अब सवाल यह है क्या अब बिटिया कुछ लेना भी पसन्द करेगी या नहीं और अगर उसके बारे में भाव-तौल किया जाता है, तो वह शादी भी करेगी या नहीं। मैं चाहती हूँ कि आज सबको यह महसूस करना चाहिए कि स्त्री की इज़्ज़त रुपये-पैसे, ज़ेवर और कपड़े से ज़्यादा है। जहाँ तक इस बिल का ताल्लुक़ है, यह तो एक छोटा-सा बिल है और हमने बहुत सोच-समझ कर, हर एक चीज़ को देखकर इसको तैयार किया है। यह बात हम औरत की हैसियत से कहते हैं, क्योंकि यह बिल ज़्यादातर हमसे वास्ता रखता है, मर्दों से नहीं। इस बारे में सबसे ज़्यादा अहमियत इकोनॉमिक फ़ैक्टर की है। यही वजह है कि आज लड़कियाँ घर छोड़-छोड़ कर नौकरी करने लगी हैं, ताकि उनको इकोनॉमिक इंडिपेंडेंस मिले।

इस बिल को हमको जोश से नहीं देखना है, बल्कि ठंडे दिल से बैठकर इसको देखना है। जब इस बिल का ज़िक्र आता है, तो स्त्री का सारा इतिहास सामने आ जाता है। हमने इतने सोशल रिफ़ार्म्स के लॉज़ पास किए हैं। मैं यह अर्ज़ करना चाहती हूँ कि यह डावरी बिल उन्हीं सोशल रिफ़ार्म्स का एक छोटा-सा टुकड़ा है, उनसे अलग नहीं है। यह मैं मानती हूँ कि स्त्री को हक़ दिया गया है कि उसको भी

जायदाद का कुछ हिस्सा मिलेगा, लेकिन अभी श्री ठाकुर दास जी ने इस सिलसिले में यह तस्वीर खींची कि हम अपनी लड़कियों को गिफ़्ट भी नहीं कर सकते। उन्होंने यह भी कहा, अगर हम लड़की की शादी सनातन धर्म के रिवाज के मुताबिक़ करें, तो हम कन्यादान कर नहीं सकते। मैं उनसे एक ही बात कहना चाहती हूँ कि जब नौ-दस बरस की लड़कियों की शादी होती थी, तब तो कन्यादान होता था, लेकिन अब बीस, चालीस बरस की लड़कियों का कन्यादान कैसे होगा? वह तो पहले ही मिथ्या हो गया है।

मुझे अफ़सोस इस बात का है कि अगर आज कोई अठारह बरस की लड़की कहे कि मैं फ़लाँ से शादी करूँगी, तो आज आफत मच जाती है।

हमारे यहाँ कई तरीक़े की शादियाँ हैं। आज इस बारे में सीता और राम का और सत्यवान और सावित्री का ज़िक्र किया जाता है, मैं चाहती हूँ कि जो क़ानून उस ज़माने में थे, जो मैरिज के कस्टमरी लॉज़ थे, जिनके मुताबिक़ लड़की अपने वर को आप पसन्द करती थी, जयमाल डालती थी और अपनी क़िस्मत अपने साथ लेकर चली जाती थी, फिर चाहे उसको कम्बल पर रहना पड़े, चाहे दोशाले पर, अगर उनको ले आया जाए, तो बहुत अच्छा हो।

इस बिल में, जिस पर हमने बड़ी मेहनत की है, हमको ताज्जुब की कोई बात नज़र नहीं आती है। असल बात यह है कि दुनिया इस वक़्त बड़ी तेज़ी से उन्नति कर रही है और इतनी तेज़ी से चल रही है कि अगर आप ख़ामोश खड़े रहें, तो आप ख़त्म होते हैं आज आपको दुनिया में सब चीज़ें...चल और अचल सब चीज़ें चलती हुई दिखाई दे रही हैं। अगर इस दुनिया में स्त्री अपने पैरों पर खड़ी होकर तेज़ी से चलना चाहे तो उसके रास्ते में रुकावटें आती हैं। उन रुकावटों को अब स्त्री दूर करेगी, छोड़ेगी नहीं, क्योंकि अब उसको ज्ञान आ गया है।

अगर हमारी रबिश दुनिया रबिश के संग न हो, तो मेरी समझ में नहीं आता कि फिर समाज और इनसान की क्या हालत होने वाली है।

इन बातों को छोड़कर मैं यह कहना चाहती हूँ कि किसी ने भी लड़कियों को गिफ़्ट देने पर एतराज़ नहीं किया है, लेकिन उनके लिए यह कितनी ज़िल्लत की बात है कि उनके लिए बारगेनिंग किया जाए, पचास हज़ार, एक लाख या दो लाख की बात की जाए और फिर उनको ब्याहा जाए।

कोई नहीं कहता कि मुहब्बत से, प्रेम से अपनी बेटी को गिफ़्ट न दो, लेकिन सवाल यह है कि गिफ़्ट क्या होता है। कोई लाखों रुपयों का गिफ़्ट नहीं होता है। आख़िर कितने लोगों के पास लाखों रुपये होते हैं? मैं तो डावरी का मतलब यह समझती हूँ कि शादी से पहले डिमांड करना कि इतना दोगे, तब तुम्हारी लड़की हम लेंगे। इसीलिए मैंने शुरू में कहा कि अब सवाल यह है कि लड़कियाँ खड़ी होकर कहें कि जहाँ से कुछ डिमांड किया जाता है, वहाँ हम शादी नहीं करेंगी।

अब रहा यह सवाल कि हम कोमल हैं, हम निर्बल हैं, हम बिलकुल मर्दों के ऊपर पड़ी हुई हैं। आज समाज में हमारी यह स्थिति है। उस हालत में अगर शादी होती है, तो घर का सब सामान, कपड़े, ज़ेवर, वग़ैरह सब कुछ दिया जाता है। मेरी समझ में नहीं आता कि जिस घर में लड़की जाती है, क्या वह ऐसा निखट्टू है कि उस घर में कुछ भी नहीं है, फर्नीचर नहीं है, और कुछ नहीं है। लेकिन सब देते हैं—हिन्दू भी देते हैं, मुसलमान भी देते हैं और ईसाई भी देते हैं—यह रिवाज चला आता है—और इस वजह से देते हैं कि हमेशा से यह समझा गया है कि स्त्री वीकर सेक्स है और इकोनॉमिक तौर पर हम पर डिपेंडेंट है उसको गृह-लक्ष्मी नाम दिया गया है। मैं सिर्फ़ यह कहना चाहती हूँ कि अगर कोई अफ़ेक्शन में कुछ देता है, तो उसके लिए किसी ने मना नहीं किया है। अगर कोई गिफ़्ट देता है, तो वह डावरी में नहीं आता है।

अब रहा यह सवाल कि कौन इत्तिला करेगा कि इस घर ने डावरी ली है। मैं ख़ुद भी इसको काग्निजेबल ऑफेंस नहीं बनाना चाहती थी, क्योंकि राजनैतिक काम करने वाली मैं कम हूँ—मैं ज़्यादातर समाज में काम करती हूँ और मैं अच्छी तरह से वाक़िफ़ हूँ कि क़ानून पास करने से हमें थोड़ी-बहुत मदद ज़रूर मिलेगी, लेकिन उससे यह बात हटने वाली नहीं है। उसके लिए हमको समाज का परिवर्तन करना है और मैं अपने भाइयों को यक़ीन दिलाती हूँ कि हमने सोच लिया है कि हम अपनी स्त्रियों की आर्गनाइजेशंज में काम करेंगी। चाहे इस पार्लियामेंट में हम आना-जाना कम करें, लेकिन हम सब काम करेंगी ताकि स्त्री की स्थिति समाज में ऊँची हो।

इस बिल से हमको घबराना नहीं चाहिए अगर कोई मुझसे पूछे तो हम तो समाज में बिलकुल उलट-पलट करना चाहते हैं।

मैंने त्यागी जी की बात सुनी है और मैं समझती हूँ कि हर बच्चा इसी तरह की बात करता है। मुझे आपसे केवल इतना कहना है कि आप समाज के हित के जितने भी बिल बनाएँ, जितने भी बिल पास करें, समाज का कल्याण तब तक नहीं हो सकता जब तक कि हम स्त्रियों...

मुझे त्यागी जी से यह कहना है कि स्त्रियाँ जो यह करती हैं इसलिए करती हैं क्योंकि वे भारतीय नेशन को देख रही हैं, उसकी दशा को देख रही हैं। वे सोचती हैं कि इन मर्दों में, जिनको कि माताओं की हैसियत से पैदा किया गया है, कमज़ोरियाँ क्यों आ गई हैं और क्यों ये अड़चनें रास्ते में खड़ी करते हैं। माँ का स्वरूप आप स्त्री को देते हैं और फिर भी आप उनके रास्ते में अड़चन डालते हैं फिर जो मर्द हैं, जो कि दावे के साथ कह रहे हैं कि हम कमाने वाले हैं, आज स्त्री का भाव तौल करने बैठे हैं, यह क्यों, मेरी समझ में नहीं आता है।

बाक़ी सब चीज़ों को छोड़कर मैं इतना ही कहना चाहती हूँ कि इस बिल को मैं पूरे तौर से सपोर्ट करती हूँ। काग्निजेबल ऑफेंस इसको बनाया जाना हमें

बिलकुल मंजूर नहीं है क्योंकि पुलिस का काम हम ख़ुद स्त्रियाँ करेंगी और मैं समझती हूँ कि यह बिलकुल ग़लत बात होगी अगर हम पुलिस को कहीं भी अपने क़रीब लाएँ। ठाकुरदास जी से तथा त्यागी जी से, जो कि बोलने वाले नहीं हैं, लेकिन इतनी दिलचस्पी इसमें ले रहे हैं कि बैठे ही रहेंगे, मैं यह कहना चाहती हूँ कि यह बिल हम इसलिए लाई हैं कश्मीरियों में यह चीज़ नहीं है कि हम समाज में परिवर्तन लाना चाहती हैं और चाहती हैं कि इससे समाज का कल्याण हो। समाज के नुकसान के लिए हम हरगिज़ इसको नहीं लाई हैं।

December 09, 1959, Dowry Prohibition Bill

श्रीमान जी कल जब हमारे सामने गवर्नमेंट की तरफ़ से अमेंडमेंट आया, तो हमको ऐसा मालूम हुआ कि गवर्नमेंट ने अपना माइंड मेक-अप नहीं किया है। मुझे सिर्फ़ यह कहना है कि गवर्नमेंट को अपना माइंड मेक-अप करना चाहिए। उस अमेंडमेंट को हम सबने मंजूर किया और उसको सपोर्ट किया, लेकिन आख़िरी वक़्त पर हमको कहा गया कि वह अमेंडमेंट हम विदड्रा कर रहे हैं। मैं समझती हूँ कि यह ठीक नहीं है और उसी अमेंडमेंट को पेश होना चाहिए, जैसा कि वह लाए थे।

February 12, 1960, Resolution Regarding Compulsory Military Training in Educational Institutions

इस बिल पर आज जितनी स्पीचेज़ हुई हैं उन सबको मैंने सुना। मुझे ऐसा लगता है कि जैसे कोई वार आफिस में आदमी बैठे हुए हों और बातें कर रहे हों या कोई कहीं लड़ाई हो रही हो जिसके लिए इस क़ानून की ज़रूरत हुई। हमारे सभी जो मद हैं वे चाहते यह हैं कि यहाँ पर क़ानून कोई ऐसा हो जिसके ज़रिये मिलिटरी ट्रेनिंग ही नहीं बल्कि कम्पलसरी मिलिटरी ट्रेनिंग दी जा सके। मेरे सामने उत्तर प्रदेश का नक़्शा भी रखा गया और बताया गया कि यहाँ पर स्टूडेंट्स में कितना इंडिसिप्लिन है। इस बारे में मैं आपको एक बात बतलाना चाहती हूँ। हमारा जो जीता-जागता इतिहास भारत का है वह हमें क्या बतलाता है। इस इतिहास को हम सब जानते हैं। हमने जिस तरह से आज़ादी हासिल की, उससे आप वाक़िफ़ हैं। आप कुछ भी कहें कि हम डिसिप्लिंड थे या डिसिप्लिंड नहीं थे, लेकिन हमने इस मुल्क को आज़ाद करवाया है। महात्मा गांधी के पीछे हम चले, रंग-बिरंगे कपड़े पहने हुए और मिलिटरी के क़दम हमारे साथ नहीं उठते थे, लेकिन हमारे क़दम जो उठे, हमने जो क़दम उठाए, हममें जो मारल स्ट्रेंथ आई, उसके बल पर हमने मुल्क को आज़ाद करवाया।

आज स्टूडेंट इंडिसिप्लिन पर सब लोग परेशान हैं और सब सवाल करते हैं कि यह क्यों है ख़ास तौर पर हम औरतों के सामने यह सवाल आता है, हम माताओं के सामने यह सवाल आता है, कि इन लड़कों और लड़कियों में इंडिसिप्लिन क्यों है। मैं तो इसके बारे में इस नतीजे पर पहुँची हूँ कि इंडिसिप्लिन तभी होता है जब ख़ुद वालदेन में, पैरेन्ट्स में इंडिसिप्लिन होता है, बुज़ुर्गों में इंडिसिप्लिन होता है, स्कूलों और कालेजों में टीचर्स में इंडिसिप्लिन होता है। मैं अपने पर्सनल तजुर्बे के बिना पर आपको बतलाती हूँ कि मैं ख़ूब घूमी हूँ इसका पता लगाने के लिए और बहुत अच्छी तरह से इस चीज़ को स्टडी किया है और मैं इस नतीजे पर पहुँची हूँ कि यूनिवर्सिटी प्रोफ़ेसर्स में इतना इंडिसिप्लिन है, इतनी बातें मैंने उनके बारे में सुनी हैं कि उन सबको सुनकर और देखकर बहुत अफ़सोस हुआ है। चाहे लखनऊ यूनिवर्सिटी हो, चाहे इलाहाबाद यूनिवर्सिटी हो, चाहे बनारस यूनिवर्सिटी हो वहाँ

पढ़ने वाले बच्चों में इतनी इंडिसिप्लिन की बात नहीं है और न उनमें वे बीमारियाँ हैं इम्मारल या दूसरी, जितनी की चर्चा की जाती है, जितनी कि वे वहाँ के प्रोफ़ेसर्स में हैं। जब इन चीज़ों को हम वहाँ देखते हैं तो हमें सोचने पर मजबूर हो जाना पड़ता है कि आगे अपने बच्चों को वहाँ पढ़ने के लिए भेजें या न भेजें। आज जब यह हालत हमारे गुरुओं की है जो कि हमको शिक्षा देते हैं तो फिर हम यह सोचें कि वहाँ पर कम्पलसरी मिलिटरी ट्रेनिंग दी जाए ताकि उनका चरित्र ठीक हो जाए, तो यह बात मुझे कुछ ग़लत मालूम देती है।

मैं समझती हूँ कि असली बात यह है कि जब तक शिक्षा ठीक नहीं दी जाएगी तब तक कुछ होने वाला नहीं है। मैं तो इस नतीजे पर पहुँची हूँ कि शिक्षा का महकमा चाहे सेंटर में हो चाहे स्टेट्स में हो, यह महकमा योग्य, समझदार और पढ़ी-लिखी औरतों के हाथों में होना चाहिए। जब तक यह महकमा उनके हाथों में नहीं होगा तब तक जो स्पीचेज़ हमने सुनी है, इनसे भी बुरी स्पीचेज़ सुनने को मिलेंगी। इसलिए अधिक न कहते हुए मैं सिर्फ़ इतना ही कहना चाहती हूँ कि इंडिसिप्लिन स्टूडेंट में इतना नहीं है जितना कि स्टूडेंट को पढ़ाने वाले जो हैं, उनमें दिखाई दे रहा है।

February 29, 1960, Railway Budget

अध्यक्ष महोदय, आधा घंटा हो गया है मैं खड़ी हुई फिर बैठी, फिर खड़ी हुई।

जब मैंने यहाँ यह हालत देखी तो कोई ताज्जुब नहीं है अगर रेलवे में भी ऐसा हो।

सबसे पहले मैं मिनिस्टर साहब को और रेलवे बोर्ड को मुबारकबाद देती हूँ। और वह इसलिए देती हूँ कि हर साल मैंने बराबर रेलवे के बारे में कुछ न कुछ कहा और मैंने अपने मिनिस्टर से चाहा कि वह तरक़्क़ी और उन्नति करें। इस वक़्त जब भी मैं घूमती हूँ तो देखती हूँ कि पहले से बहुत तरक़्क़ी हुई है बमुक़ाबले उस वक़्त जिस वक़्त हम यहाँ आए थे और उस वक़्त जो रेलवे की हालत थी।

आज रेलवे में बहुत गनीमत है। लेकिन इसके साथ ही साथ मैं यह नहीं कह सकती कि जो गनीमत है उसके बाद उसे और अच्छा नहीं होना है। रेलवे को अभी भी बहुत तरक़्क़ी करनी है। मुझे यहाँ फ़र्स्ट और सेकेंड क्लास के फेर में नहीं पड़ना है, लेकिन इतना ज़रूर कहूँगी कि अभी तक जो कोचेज़ हैं उन कोचेज़ में बहुत-सी चीज़ें ऐसी हैं कि कभी तो मालूम होता है कि नई कोच आई है कभी मालूम होता है कि पुरानी कोच को नया बनाया हुआ है और कभी-कभी मालूम होता है कि उसके अन्दर की चीज़ें ठीक नहीं हैं। यह ठीक है, जैसा कि मणिबेन ने कहा था कि बहुतों में तो हालत यह है कि पंखे हैं लेकिन चलते नहीं हैं, रोशनी नहीं है, यह सब दिक़्क़तें हम देखते रहते हैं लेकिन इन सब दिक़्क़तों को देखने के बाद मुझे और भी कुछ बातें कहनी हैं। आज हम रेलवे वालों से मुख़्तलिफ़ काम करने वालों को देखते हैं तो बहुत अच्छा नहीं लगता। ख़ास तौर से जो लोग सफ़ाई करते हैं आप उनको हरिजन क्लास कहें या मेहतर क्लास कहें, एक ओर वह हैं और दूसरी ओर क़ुली वग़ैरह हैं। मैं चाहती हूँ कि मिनिस्टर साहब से कहूँ कि जब हम उन लोगों को देखते हैं ख़ास तौर से जो स्वीपर्स हैं नीले कपड़े पहने हुए और सिर में पट्टी बाँधे हुए वह एक अलग क्लास दिखलाई देती है स्टेशनों पर। मैं चाहती हूँ कि स्टेशनों पर सबकी वर्दी एक-सी होनी चाहिए। आज जो पोर्टर्स हैं उनकी वर्दी एक हो और जो स्वीपर्स हैं उनकी वर्दी दूसरी हो, यह नहीं होना चाहिए। अगर मिनिस्टर साहब मुनासिब समझें तो

सबकी वर्दी एक-सी कर दें और जो नीले कपड़े उनको दे दिए गए हैं, उनको देखकर कुछ तकलीफ़देह चीज़ मालूम होती है।

दूसरा रंग हो तो ज़्यादा अच्छा मालूम होगा। एक चीज़ तो मैं यह चाहती हूँ। यह बहुत ज़रूरी है। दूसरी बात जो सबसे बड़ी है वह मेरी कांस्टिट्यूएंसी की है। मेरी कांस्टिट्यूएंसी मीटरगेज पर है और मुझे वहाँ बार-बार जाना पड़ता है साथ ही चूँकि मैं कम्युनिटी डिवेलपमेंट में इन्ट्रेस्टेड हूँ इसलिए भी वहाँ जाती हूँ। अभी तक वहाँ हालत यह है कि यह जो मीटरगेज का डिस्ट्रिक्ट सीतापुर है, उसमें लहरपुर और मिसरिक में काफ़ी अनाज पैदा होता है, कच्चा माल है, सबसे बड़ा सवाल यह है कि हम वहाँ से किस तरह से अपने माल को, गुड़ है, दालें हैं, अनाज है, उसको निकालें। बहुत कोशिश करने पर भी हम उसको निकाल नहीं पा रहे हैं। कोशिश तो है पहले से कुछ ज़्यादा निकलती हैं लेकिन जिस तरीक़े से हम चाहते हैं कि उसको निकाल करके और हम आगे देश में फैलाएँ वह ज़रा हमारी दिक़्क़त है। एक तो बसेज़ की अभी दिक़्क़त रहती है और वैगन्स भी हमको ठीक तरीक़े से सहूलियत से नहीं मिलते ताकि हम तैयार होने वाले माल को यहाँ से वहाँ तक ले जाएँ। मैं शुरू से यह कहती आई हूँ और मैं आपसे फिर यह कह रही हूँ कि सबसे बड़ी बात जो मैंने उस बैकवर्ड एरिया में देखी कि सीतापुर से आगे लहरपुर तक जो चावल वग़ैरह आता है अजीब तमाशा है कि लहरपुर में कोई रेलवे स्टेशन नहीं है। आज से कुछ वर्ष पहले जब मैं मेम्बर हुई, मैंने बार-बार कहा कि वहाँ पर कोई स्टेशन नहीं है। मिसरिक में स्टेशन है, सीतापुर में स्टेशन है लेकिन वहाँ लहरपुर में कोई रेलवे स्टेशन नहीं है। हालाँकि ढेरों माल वहाँ पर पैदा होता है। पहले तो वहाँ पर पोस्ट ऑफिस, टेलीग्राफ ऑफिस कुछ नहीं था यह तो सब वहाँ पर हो गए, गवर्नमेंट ने उनकी व्यवस्था कर दी है लेकिन जहाँ तक एक रेलवे स्टेशन क़ायम करने का सवाल है वह अभी तक वहाँ पर स्थापित नहीं किया गया। अब मिनिस्टर साहब यह कह सकते हैं कि वहाँ से तो अनाज और कच्चा माल निकलता है और हमने तो रेलवे लाइन को उसी जगह बढ़ाया है जहाँ कि हमको स्टील और आयरन ले जाना है और हमने ऐसी ही जगह पर रेलवे लाइन डाली है तो मैं उनसे यह कहना चाहूँगी कि ख़ाली स्टील और आयरन से तो हमारा काम चलने वाला नहीं है और ज़ाहिर है कि अगर हमें अपने प्लान को कामयाब बनाना है तो हमको अपनी एग्रीकल्चर को बढ़ाना है और कृषि की उन्नति करनी है। इसलिए मैं चाहती हूँ कि मंत्री महोदय मीटरगेज के जो कोई जनरल मैनेजर होवें उनका ध्यान इस ओर आकृष्ट कराएँ कि लहरपुर में एक रेलवे स्टेशन का होना ज़रूरी है। मिसरिक में स्टेशन है लेकिन उसके आगे लहरपुर में स्टेशन नहीं है और वहाँ पर अभी या तो बस द्वारा जाया जा सकता है या मोटर द्वारा पहुँचा

जा सकता है, रेल का कोई कनेक्शन नहीं है और यह बहुत ज़रूरी है कि इसे रेल से जोड़ा जाए।

इसके अलावा मुझे आपसे यह कहना है कि आपकी सर्विसेज़ के जो ग़रीब लोग हैं जो नीचे तबके के लोग हैं वे अगर कुछ अपनी छोटी-मोटी दिक़्क़तों और शिकायतों को लेकर मिलते-जुलते हैं तो रेलवे बोर्ड और अन्य अधिकारियों को उनकी छोटी-छोटी शिकायतों को सुनकर उनको रफ़ा करने की कोशिश करनी चाहिए। उनकी छोटी-मोटी तकलीफ़ों को दूर कर देना चाहिए।

एक सबसे बड़ी शिकायत मुझे रेलवे मंत्रालय से है और जो शिकायत कि मणिबेन को भी और वह यह कि आपके मंत्रालय में मालूम नहीं क्या बात है कि ख़त लिखो लेकिन उसका कोई जवाब नहीं मिलता अगर कभी जवाब मिलता भी है तो काफ़ी अर्से के बाद जाकर मिलता है। मैं चाहूँगी कि मंत्री महोदय इस आम शिकायत की ओर ज़रा अपने रेलवे अधिकारियों का ध्यान आकृष्ट करें। हमको यह बताया गया है कि हमारा एक-एक प्लान आ रहा है और हर प्लान जो हमारे सामने आएगा उसको हमें तेज़ी से चलाना है और इसलिए मैं चाहूँगी जब हम आपकी मिनिस्ट्री में किसी डिपार्टमेंट को पत्र लिखें तो कम से कम और कुछ नहीं तो एक अकनॉलेजमेंट का पोस्टकार्ड आ जाया करे कि हमारी भेजी हुई चिट्ठी उन्हें मिल गई है और वह उनके विचाराधीन है। मुझे आशा है कि मिनिस्टर साहब ज़रा इसका ख़्याल रखेंगे।

यह कुछ चीज़ें मैंने आपके सामने रखी हैं ख़ास तौर से यह जो मीटरगेज की चीज़ है इस पर आपको ध्यान देना है। मैं आपके डिप्टी मिनिस्टर साहब को भी सीतापुर के वास्ते बहुत दफ़ा लिख चुकी हूँ और मैं समझती हूँ कि अगर आप ज़रा इस पर ग़ौर करेंगे तो यह काम पूरा हो जाएगा।

कोचेज़ के सम्बन्ध में मुझे यह कहना है कि जो थर्ड क्लास के कोचेज़ हैं वह बहुत कम हैं और थर्ड क्लास के डिब्बों में ठसाठस आदमी भरे रहते हैं और इतना ही नहीं बल्कि फुटबोर्ड्स पर भी खड़े होकर लोग यात्रा करते हैं और उनके लिए यह कहना है कि फुटबोर्ड पर खड़े होकर यात्रा करने वाले टिकट नहीं लेते हैं इसीलिए ये वहाँ पर खड़े होकर सफ़र करते हैं, यह ग़लत बात है। और मैं इसको सही नहीं मानती। कारण यह है कि डिब्बों में जगह जब उनको किसी तरह नहीं मिलती तब वे फुटबोर्ड पर खड़े होते हैं। स्टेशनों पर ऐसा बन्दोबस्त नहीं होता है कि टिकट उतने ही इश्यू किए जाएँ जितनी की सीट्स हों। सीट्स से ज़्यादा टिकट बेचे ही न जाएँ और अगर ऐसी व्यवस्था चले तो यह ओवरक्राउडिंग और फुटबोर्ड्स पर खड़े होकर यात्रा करना कम हो सकती है और धीरे-धीरे बन्द हो सकती है। आज होता यह है कि सीटों से टिकट कई अधिक बाँट दिए जाते हैं जिसके कारण यह दिक़्क़त होती है।

मैं मंत्री महोदय को धन्यवाद देते हुए यह कहना चाहूँगी कि जो आपके हायस्ट ऑफ़िसर्स हैं, रेलवे बोर्ड के मेम्बर हैं, उन हायस्ट अफ़सरान को आप मेहरबानी करके हम्बलेस्ट काम करने को दें। हम्बलेस्ट काम आपके हायस्ट ऑफ़िसर्स को करना है और इस तरह वह जाकर देखेंगे कि कितनी मुश्किलें, दिक़्क़तें पैसेंजर को हैं। अब जो पार्लियामेंट के मेम्बर्स हैं उनको तो सफ़र करने में आम दिक़्क़तें जिनका कि अनुभव आम यात्री करते हैं, नहीं हो पाता। कारण पहले से ही रेलवे के मुलाज़िम पार्लियामेंट के मेम्बरों के नाम पढ़कर सतर्क हो जाते हैं और जिस कम्पार्टमेंट में वह जाकर बैठते हैं तो उसी समय सफ़ाई करने के लिए एक स्वीपर आ जाता है जो कि झाड़ू लगाकर तमाम कम्पार्टमेंट की सफ़ाई कर डालता है। लैवेटरी बिलकुल साफ़ कर दी जाती है। बिजली वाला आकर बल्ब और पंखे आदि टेस्ट कर लेता है कि सब कुछ ठीक-ठाक है कि नहीं और ज़रूरी मरम्मत कर देता है। बढ़ई आकर चटकनी और दूसरी चीज़ों की देखभाल करने लगता है और टिक-टिक करता रहता है। ग़रज़ ये कि मेम्बर वाले कम्पार्टमेंट की तो ख़ूब देखभाल कर ली जाती है लेकिन बाक़ी कम्पार्टमेंट की ओर तवज्जो नहीं दी जाती है और जो हमारी अन्य दूसरी बहनें बैठी रहती हैं उनकी दिक़्क़तों को कोई नहीं देखता। मैं आपको सच बताऊँ कि मैं तो उस समय कुछ अपने को एक आउट कास्ट सा महसूस करने लगती हूँ। इसके अलावा मैं समझती हूँ कि यह चीज़ ऐसी है जो कि हमारे मिज़ाज को भी ख़राब करती है।

अब माननीय सदस्य कहते हैं कि पार्लियामेंट की मेम्बरों की भी कोई परवाह नहीं होती है और न पंखे और न कुछ और ही चीज़ का माकूल इन्तज़ाम किया जाता है। बहरहाल जो भी हो मैं यह ज़रूर मानती हूँ कि रेलों में पहले की अपेक्षा बहुत अधिक तरक़्क़ी हुई है और जो प्रगति मंत्री महोदय ने करके दिखाई है उसके लिए मैं उनको मुबारकबाद देती हूँ। मैं आशा रखती हूँ कि जो कुछ मैंने निवेदन किया है उस पर ध्यान देंगे और हायस्ट अफ़सरान हम्बलेस्ट काम करेंगे तो वह ग़रीबों का ज़्यादा ख़्याल करेंगे।

March 16, 1960, Demands for Grants

श्रीमान जी, मैं चाहती हूँ मिनिस्टर साहब से कि एक इन्फ़ार्मेशन मुझे यह दें कि जो बच्चे इन पब्लिक स्कूलों में पढ़ाए जाते हैं, क्या ज़्यादातर उनको इसलिए उन स्कूलों में पढ़ाया जाता है कि जब वह सर्विस के लिए कम्पिटीटिव एक्ज़ैमिनेशंस में आते हैं तो उनसे पूछा जाता है कि तुम्हारी एजुकेशन कहाँ हुई है, और अगर बच्चा कहता है कि पब्लिक स्कूल में तो उसको बहुत सारे मार्क्स मिल जाते हैं। तो पहले गवर्नमेंट का यह फ़र्ज़ है कि वह इस फ़र्क़ को दूर करे कि जो बच्चे पब्लिक स्कूल में पढ़ते हैं उनको हायर पोस्ट्स मिलती हैं। इसलिए पहले गवर्नमेंट की तरफ़ से इस फ़र्क़ को दूर किया जाना चाहिए।

श्रीमान जी, बिल का ख़्याल तो बहुत अच्छा है लेकिन इस बिल का नाम देखकर दिल दहल जाता है। कारण यह है कि जिस वक़्त हमने यह विचारा था कि यह मुल्क आज़ाद हुआ और इसमें हमारी सोशलिस्ट गवर्नमेंट होगी, तो उस वक़्त हमें यह पूरा ख़्याल था कि जितने भी कालेज और स्कूल हमारे यहाँ होंगे अगर उनके कम्युनल नाम होंगे तो हम उनको हटा देंगे और जितनी ऐसी चीज़ें होंगी जैसे विधवा आश्रम, आरफनेज या यतीमख़ाने, जिनको हम बर्दाश्त नहीं कर सकते। यह जो हमारे देश में यतीमख़ाने और विधवा आश्रम हैं, इन सबों में मैं बहुत काफ़ी घूमी हूँ। जो भी मर्द भाई यहाँ बैठे हैं, मैं उनसे कहना चाहती हूँ कि मैं इनमें घूमी हूँ और बहुत काम भी किया है और मुझे इन आश्रमों की हालत देखकर रोना भी आया है। मैं कहना चाहती हूँ कि इन आश्रमों, विधवा आश्रमों और बच्चों के यतीमख़ानों के साथ समाज ने अन्याय का बर्ताव किया है। यतीम बच्चों को भिखमंगा बनाया है। यह चीज़ देखने के बाद हमारे ऊपर यह असर हुआ कि नहीं तरीक़ा ग़लत है और इनका तरीक़ा ठीक होना चाहिए। इसलिए ज़्यादातर स्त्रियों को उसमें रखने की बात सोची गई जो बोर्ड बने उसमें सारी स्त्रियाँ होंवें और पुरुष एक भी न हों। स्त्री-पुरुष में कोई झगड़ा नहीं है लेकिन यही विचार है कि पुरुष ने इन आश्रमों में बिलकुल ग़लत तरीक़े से बर्ताव किया है, इसलिए स्त्रियाँ चाहती हैं कि पुरुष इन होम्स से दूर रहें। ये बिल तो बहुत अच्छा है, ख़्याल भी अच्छा है, लेकिन यह बात मेरी समझ में नहीं आई है लेकिन इसके मुतल्लिक सारा काम तो स्टेट गवर्नमेंट करेगी, लेकिन

यह बिल हमारे पास आया है। धन का प्रश्न बड़ा वेग है। हमें यह मालूम नहीं है कि धन कहाँ से आएगा, कहाँ से हम भीख माँगेंगे, या फिर गवर्नमेंट ही इसका इन्तज़ाम करेगी। जैसा हमारा नेशन बिल्डिंग हो रहा है, इस तरह अनेक आश्रम और अनेक बोर्ड वग़ैरह बनाना बिलकुल ग़लत तरीक़ा है। हमारे यहाँ सोशल वेलफ़ेयर बोर्ड मौजूद है। उसके ज़रिये से कुछ काम होता है। फिर पंचायतें क़ायम हो रही हैं और उनके ज़रिये भी यह काम होगा। कार्पोरेशंस के ज़रिये भी काम होगा। इतने सारे बोर्ड और दूसरी संस्थाएँ हम बना रहे हैं। ऐसी सूरत में इस काम के लिए एक और बोर्ड बनाने की ज़रूरत नहीं है। मैं समझती हूँ कि जो बोर्ड और संस्थाएँ सरकार ने बनाई हुई हैं उन्हीं के ज़रिये से हमको काम करना चाहिए मेरी राय यह भी है कि और बातों में भी हमारी संस्थाओं में एक-दूसरे के साथ को-आपरेशन और को-आर्डिनेशन नहीं है। ज़रूरत इस बात की है कि ये संस्थाएँ एक-दूसरे के साथ को-आर्डिनेशन से काम करें। जब तक हम सिमटेंगे तब तक हम कामयाब नहीं हो सकते हैं। फैलना आसान होता है लेकिन सिमटना मुश्किल हो जाता है। हमको सिमटकर चलना है और ठीक तरह से देश का संगठन करना है। इसलिए मैं इस बोर्ड के बनाए जाने के ख़िलाफ़ हूँ।

कुछ भाइयों ने यह ज़िक्र किया है कि इस बोर्ड में स्त्रियों का नाम क्यों आए। श्री भट्टाचार्य ने भी खड़े होकर इस बारे में कहा है। मैं उन भाइयों से यह कहना चाहती हूँ कि हमारी ज़िन्दगी का अनुभव यही है कि हम कामयाबी से स्त्रियों के होम नहीं चला सके। मैं ऐसी जगहों में पुरुषों के होने के बिलकुल ख़िलाफ़ हूँ। मैं लड़कियों के स्कूलों और कालेजों की मैनेजिंग कमेटीज़ में पुरुषों के रखे जाने के ख़िलाफ़ हूँ क्योंकि इसके मुतल्लिक मुझे बहुत सारा एक्सपीरियंस है। इसलिए मैं यह चाहती हूँ। जहाँ तक इस बिल का ताल्लुक़ है वह इन्होंने बहुत अच्छे ख़्याल से बनाया है। और मैं समझती हूँ कि वह भी इस बात से सहमत होंगे कि अनेक बोर्ड बनाना ग़लत है।

मैं इससे सहमत नहीं कि कोई धनी व्यक्ति इन आश्रमों वग़ैरह के लिए धन दे। अभी तक यहाँ के कैपिटलिस्ट लोग, तिजारती लोग इन आश्रमों और विधवा आश्रमों को रुपया देते रहे हैं, लेकिन मैं आपको बताऊँ कि वह रुपया देने का नतीजा यह है कि वे लोग इन होम्स को मिस यूज करते हैं और वे होम्स पर हावी हो जाते हैं। इस वक़्त जो सोशल वेलफ़ेयर बोर्ड, पंचायतें और कार्पोरेशन हैं, ये संस्थाएँ ही इन होम्स का काम चलाएँ। हमें ज़्यादा फैलाव नहीं फैलाना चाहिए। मैं इसके ख़िलाफ़ नहीं हूँ लेकिन मैं यह ज़रूर सोचती हूँ कि यह स्टेट का सामान है, यह वहीं होना चाहिए था। यह यहाँ पर आया, यह अच्छी बात है। ग़ालिबन हमारे ज़िक्र करने से स्टेट गवर्नमेंट्स इस पर विचार करेंगी। इस बोर्ड के मैं ख़िलाफ़ हूँ। मैं समझती हूँ कि जो हमारे एक्ज़िस्टिंग बोर्ड और दूसरी संस्थाएँ हैं, वे ही इन होम्स को चलाने के लिए काफ़ी हैं।

April 08, 1960, Resolution Regarding Development of Backward Areas in the Third Five Year Plan

सभापति महोदय, अंग्रेज़ों की शहंशाही हुकूमत के बाद हमने देखा कि हमारा सारा भारत देश एक बिलकुल बैकवर्ड शक्ल में था। अंग्रेज़ों ने अपनी हुकूमत के ज़माने में ज़रा भी इस बात की परवाह नहीं की कि वे भारत को सँभालें और जनता को ख़ुशहाल बनाएँ। उनका तो बस ध्यान यही रहा कि किस तरह से यहाँ भारत में से जहाज़ों में लाद-लाद कर सोना और दूसरा माल विलायत भेजा जाए और इसी में वे लगे रहे और उन्होंने इसकी कोई परवाह नहीं की कि कहाँ-कहाँ सड़कें और रेलें बनाई जाएँ। इस देश की ख़ुशहाली की ओर उनकी नज़र नहीं रही और वे इस देश की दौलत वग़ैरह को जहाज़ों से ढो-ढो कर विलायत ले जाने में लगे रहे। नतीजा यह है कि विलायत हर तरह से समृद्धिशाली होता गया और अगर आप विलायत जाएँ तो विलायत तो आपको गुलज़ार मालूम देगा लेकिन उसके बरख़िलाफ़ हिन्दुस्तान उजड़ा हुआ मालूम देगा।

अब मैंने माननीय सदस्यों को यह बतलाते हुए सुना कि कौन-कौन से प्रदेश भारतवर्ष के अविकसित और बैकवर्ड हैं लेकिन अगर मुझसे पूछा जाए तो मेरी समझ में तो यह सारा भारत देश ही बैकवर्ड है और इस नाते हमारे प्लानिंग मिनिस्टर के सामने बहुत बड़ा काम है और वह है तमाम भारतवर्ष का हर दृष्टि से विकास करना और उसको समृद्धिशाली बनाना। उनको सारे भारत के वास्ते प्लान करना है और योजना बनाकर सारे भारत के विकास के कार्यक्रम को लागू करना है। अब मैं इस बैकवर्डनेस पर ज़्यादा दावे के साथ बोल सकती हूँ क्योंकि मैं एक स्त्री होने के नाते सबसे ज़्यादा इस चीज़ को महसूस करती हूँ क्योंकि यह हक़ीक़त है कि सबसे ज़्यादा चोट संसार में यदि किसी ने खाई है तो वह स्त्री जाति ने खाई है। स्त्रियों में बहुत बैकवर्डनेस है और आज तक उनकी उपेक्षा होती चली आई है और अगर आप देखेंगे तो पाएँगे कि हम स्त्रियाँ बहुत सारी बातों में बैकवर्ड हैं और बैकवर्ड क्लास रखते हैं तो बहुत-सी स्त्रियाँ भी बैकवर्ड क्लास में शुमार होती हैं। ख़ैर, यह तो दूसरा क़िस्सा रहा, लेकिन यह ख़्याल हमारे सामने ज़रूरी है कि कैसे हम प्लान करें कि हम समाज का नक़्शा बदल सकें। यह दो-तीन-चार बातों से ही

हो सकता है और उन बातों के बारे में मिनिस्ट्री कार्यवाही कर रही है। लेकिन मैं यह ज़रूर कहूँगी कि हम जो प्लान लाते हैं वह तेज़ी से नहीं बढ़ता, इसका कारण क्या है। यह तभी हो सकता है, जब देश के कोने-कोने में जो पिछड़े हुए लोग हैं, जहाँ न रेलवे है, न शिक्षा है, न ट्रांसपोर्ट है, उनकी हालत को सुधारें। जब तक हम देश के कोने-कोने को इस तरह नहीं छान डालेंगे और वहाँ के लोगों को इतना नहीं उभारेंगे कि वह एक लेवल पर आ जाएँ तब तक आपका प्लान कामयाबी के साथ आगे नहीं बढ़ सकती। हमें अंग्रेज़ों की तरह प्लान नहीं करना है कि हम सिर्फ़ शहरों को ही बनाएँ या जहाँ हम रहते हैं उन जगहों को गुलज़ार करें। हमारे देश की जो ज़रा-ज़रा सी ज़मीन है उसको हमें गुलज़ार करना है और उसको सामने रखकर प्लान करना है।

मेरे पास समय नहीं है, लेकिन मैं दो-एक बात और कहना चाहती हूँ। मिनिस्टर साहब का जो प्लान है वह बहुत अच्छा है। लेकिन मैं कहना चाहती हूँ कि शिक्षा, कॉटेज इंडस्ट्री, एम्प्लायमेंट, हाउसिंग, सैनिटेशन, रेलवे और ट्रांसपोर्ट इन सब चीज़ों की तरफ़ जब ठीक तरीक़े से ग़ौर किया जाएगा तो हमको प्लान में बहुत मदद मिलेगी।

April 20, 1960, Finance Bill

उपाध्यक्ष महोदय, मैं आपकी बहुत मशकूर हूँ कि मुझे आपने इस बिल पर बोलने का समय दिया। देश के विकास के लिए तीन चीज़ों की ज़रूरत होती है। सबसे पहले परिश्रम की, परिश्रम के साथ त्याग की और त्याग के बाद धन की। तीन चीज़ों से देश आगे जाता है। इन तीनों चीज़ों के लिए आज हमारे फ़ाइनेंस मिनिस्टर ने अपना बिल पेश किया है और इन्हीं तीन चीज़ों को लाने के लिए और देश को आगे बढ़ाने के लिए टैक्सेज़ लगाए हैं।

मेरा वैसे फ़ाइनेंस बिल पर बोलने का कोई इरादा नहीं था लेकिन जब हमारी साइकिलों पर टैक्स लगाया गया तो इसके कारण दिल में हमारे काफ़ी परेशानी हुई। मैं मानती हूँ कि बाइसिकल ग़रीब आदमियों की सवारी है और वह हमारे देश में बहुत लोकप्रिय सवारी है और अब तो देहातों तक में लोग साइकिलों पर चढ़े घूमते हैं। देहातों में भी साइकिलों का काफ़ी प्रचार हो गया है। हमारे फ़ाइनेंस मिनिस्टर साहब इस बात से अच्छी तरह से वाक़िफ़ हैं कि यह सवारी ग़रीबों की सवारी है और हम देखते हैं कि एक साइकिल के ऊपर पति, पत्नी और बच्चा सारा उनका परिवार सवार होकर जाता दिखाई देता है। अब इसमें कॉमन मैन, लोअर, मिडिल या अपर मिडिल के चक्कर में न पड़ते हुए मैं यह ज़रूर कहूँगी और दावे के साथ कहूँगी कि जिन लोगों की कम आमदनी होती है और जो कम आमदनी वाले लोग होते हैं उनको साइकिल लेनी पड़ती है और वह मजबूरी तौर पर लेनी पड़ती है क्योंकि उनके लड़के, पति एवं अन्य मर्द लोग इधर-उधर नौकर होते हैं उनको साइकिल पर सवार होकर जाना पड़ता है ताकि वह वक़्त से अपने-अपने स्थानों पर पहुँच सकें। अगर आपको यह देखना हो कि साइकिल मिडिल क्लास के लोगों में कितनी पापुलर है तो शाम के पाँच बजे के क़रीब सेक्रेटैरियेट के पास खड़े हो जाइए और आपको साइकिलों की क़तार की क़तार दफ़्तर के मुलाज़िमों को ले जाती हुई दिखाई देंगी, साइकिलों पर सवार लोग अपना-अपना कटोरदान और नाश्तेदान लिये इधर-उधर जाते हुए दिखाई देंगे। इसलिए साइकिल पर यदि एक पैसा भी टैक्स लगाया जाता है तो वह तकलीफ़देह है क्योंकि उसका प्रतिकूल असर ग़रीब लोगों पर पड़ता है। हमारे मिनिस्टर साहब ने साइकिल पर 10 रुपये टैक्स लगाया है तो एक दफ़े हम

साइकिल ख़रीदने जाएँ तो यह दिल को समझा सकते हैं कि चलो जितना हमने एक साइकिल ख़रीदने के लिए जमा किया था किसी तरह इधर-उधर से काट-छाँटकर 10 रुपये और निकाल लेंगे और जैसे भी होगा हम साइकिल ख़रीद लेंगे भले यह 10 रुपये अधिक क्यों न देने पड़ें क्योंकि जैसे मैंने कहा ग़रीबों की यह सवारी होती है और इसके बग़ैर उनका काम नहीं चलता है। लेकिन यहीं पर बात ख़त्म नहीं होती है क्योंकि अगर हमारी उस साइकिल का कुछ अर्से के बाद रिम टूट जाए अथवा फ्री व्हील टूट जाए तो फिर से हमको वह ख़रीदने के वास्ते 10 रुपये टैक्स का देना है। आज मुझे सुबह यह जानकर ख़ुशी हुई कि चलो भगवान ने हमारी कुछ सुनी तो और हमारी जो तकलीफ़ें थीं उनके बारे में हमारे मिनिस्टर साहब ने मेहरबानी करके कुछ रियायतें दीं तो भले ही वह काफ़ी न हों लेकिन कुछ नहीं से तो कुछ मिलना अच्छा ही है। मैंने अच्छी तरह से सुना नहीं शायद उन्होंने वह 10 रुपये के स्थान पर उसको घटाकर अब 5 रुपये कर दिया है।

मुझे तो इसके सम्बन्ध में यही कहना है कि आपने यह जो साइकिल पर टैक्स लगाया है तो आख़िर इससे आपको कितनी आमदनी होगी और मेरी समझ में तो यह ज़्यादा मुनासिब होता अगर ग़रीबों पर और जो कि मेजारिटी की सवारी है उस पर यह टैक्स न लगाया जाता। इसके ऊपर ज़रा सा भी टैक्स, एक पुराना या एक नया पैसा टैक्स भी लगाना हमको अच्छा नहीं लगता है। मैं तो समझती हूँ कि अगर आप इस साइकिल टैक्स को हटा देंगे तो वह एक मुनासिब और स्वागत योग्य चीज़ होगी।

सरकार यह जो डाइरेक्ट और इनडाइरेक्ट टैक्सेज़ लगाती है तो हमें यह बुरा नहीं लगता और जितने भी आप टैक्सेज़ लगाएँ हम उनको देने को तैयार हैं लेकिन तकलीफ़ इस वजह से होती है कि उनके एवज में आपको भी हमको कुछ देना है और वह आप नहीं देते हैं। आपका भी फ़र्ज़ है और धर्म है हमें टैक्सेज़ के एवज में ज़रूरी सहूलियतें मिलें और हमारी ज़िन्दगी की ज़रूरियात सरकार सुलभ करे लेकिन मुझे अफ़सोस के साथ कहना पड़ता है कि उस दिशा में अभी तक हम कामयाब नहीं हुए हैं। आज हमको आज़ाद हुए 10-12 वर्ष हो चुके हैं। क्या अभी तक हम बच्चों की शिक्षा फ्री हो इसका प्रबन्ध कर पाए हैं? इसी तरह लोगों के इलाज और दवा-दारू के मुफ़्त इन्तज़ाम की क्या हम व्यवस्था कर पाए हैं? हालत यह है कि हमारी ज़िन्दगी की जो ज़रूरी और मामूली-मामूली चीज़ें हैं वे फ्री नहीं हैं। आप मार्केट में जाएँ तो आपको हर ज़रूरत की चीज़ महँगी मिलेगी और हमको यह देखना चाहिए कि हमारे जो कॉमन आदमी हैं उनके दोनों ऐड्स ऐसी महँगाई की हालत में कैसे पूरे हो सकते हैं। हमको यह नहीं भूल जाना है कि इस देश में अधिकतर संख्या ग़रीबों की है और हर कोई पार्लियामेंट का मेम्बर और रईस नहीं है। हमारा भारतवर्ष देश एक ग़रीब देश है और यहाँ की जनता ग़रीब है और जब

मैं साइकिल पर टैक्स लगते हुए देखती हूँ तो मुझे वह मसल याद आ जाती है कि दौलत तो लुट रही है लेकिन कोयले पर मुहर लगानी शुरू कर दी। आपने डीजल आयल पर टैक्स लगाया, दियासलाई, चाय, कॉफ़ी, पोस्टकाइर्स, रेलवे फ़ेयर्स और चीज़ों पर टैक्स लगाया और इस देश की जनता ने उन आपके तमाम टैक्सेज़ को शान्ति से बर्दाश्त किया है। बाइसिकल पर टैक्स के बाद हम देखते हैं कि डीजल आयल पर भी टैक्स लगाया गया है और मुझे अपने मिनिस्टर साहब को बतलाना है, देहातों में हालत यह है कि तेल के कोल्हू बन्द पड़े हुए हैं। मुझे भी पसन्द है कि सब लोग कोल्हू का तेल खाएँ लेकिन हालत यह है कि देहातों में जो सरसों का तेल निकालने की मशीनें लगाई गई हैं मैं अपने वहाँ का ज़िक्र कर रही हूँ कि वहाँ पर सब कोल्हू बन्द पड़े हुए हैं। बन्द इसलिए पड़े हुए हैं कि वे ग़रीब हैं और कहते हैं कि हमारी आमदनी नहीं है लेकिन हमको इतना अधिक कर देना पड़ता है और हमको इस तेल को बेचने से आमदनी नहीं होती। मैं चाहती हूँ कि आप उस पर ग़ौर करके उनको कुछ रिआयतें दें।

अब फ़िल्म्स के बारे में आपने जो एक्साइज़ ड्यूटी लगाई थी उस पर फ़िल्म व्यवसाय में काफ़ी खलबली फैली और उनका डेपुटेशन भी मंत्री महोदय से उस सम्बन्ध में मिला और अब जो उन्होंने उनको थोड़ी सी रिआयत प्रदान की वह ठीक ही दी है। जहाँ आपने फ़िल्मों की लम्बाई में कमी की है तो मैं समझती हूँ कि आपने ऐसा करके ठीक ही किया है क्योंकि मैं ख़ुद दो-ढाई घंटे से अधिक का पिक्चर देखना पसन्द नहीं करती और यह तीन-तीन और चार-चार घंटे के फ़िल्म दिखाना ग़लत बात है।

इसके अलावा मैं मंत्री महोदय का ध्यान इस ओर भी दिलाना चाहती हूँ कि ऐल्युमिनियम के बर्तन ज़्यादातर ग़रीब आदमी ही ख़रीदते हैं और अगर यह टैक्स लगा देने से ऐल्युमिनियम के बर्तन लोगों को महँगे दामों पर बाज़ार में मिलते हैं तो यह एक तकलीफ़देह चीज़ है। आज हो यह रहा कि ग़रीबों की ज़रूरत का जितना भी सामान है उस पर मुसीबत आ रही है और वह निरन्तर महँगा होता चला जा रहा है। आपके इस तरह से टैक्स लगाने पर मुझे ज़रा भी परवाह न होगी अगर आप टैक्स लगाने के साथ-साथ हमारे लोगों की आमदनी भी बढ़ाते चले जाएँ। हमारी आमदनी तब बढ़ेगी जब देश उन्नति करेगा। तो हमें चाहिए कि हम देश की उन्नति करें। एक चक्कर के अन्दर दूसरा चक्कर है और हमें ख़ूब सोच-समझ कर चलना होगा। हमें सभी को एक साथ आगे ले जाना है, किसी को पीछे नहीं छोड़ना है और देखना है कि सभी समान रूप से तरक़्क़ी करें।

अब मैं रेशम के बारे में कुछ कहना चाहती हूँ। मैं समझती हूँ कि इसके बारे में भी आपने कुछ कन्सेशन दिए थे। हैंडलूम्स जो हैं, उन पर तो यह कर शायद था ही नहीं। जो पावरलूम्स हैं, उनके ऊपर था। आज जब आप हर चीज़ का

प्लानिंग कर रहे हैं तो आपको ठीक तरह से उस प्लानिंग को करना होगा। जहाँ तक रेशम का ताल्लुक़ है, उसकी इंडस्ट्री काश्मीर के अन्दर है, बनारस के अन्दर है, असम के अन्दर है और आपको देखना चाहिए कि इस इंडस्ट्री पर इस टैक्स से बुरा प्रभाव न पड़े। हम प्लानिंग ज़रूर कर रहे हैं लेकिन प्लानिंग ऐसा नहीं होना चाहिए कि हम अपनी तरफ़ से तो आगे दौड़ते चले जाएँ लेकिन बाद में हमें पता चले कि हम पीछे ही जा रहे हैं। ऐसा नहीं होना चाहिए कि यह इंडस्ट्री तबाह हो जाए, वह इंडस्ट्री तबाह हो जाए। प्लानिंग वह है जिसके द्वारा हम सबको साथ लेकर आगे बढ़ सकें।

अब मैं कुछ शब्द लॉटरी के बारे में कहना चाहती हूँ। अभी यहाँ कुछ माननीय सदस्यों ने उसके बारे में ज़िक्र किया है। जहाँ तक मेरा सम्बन्ध है, मैं पहले ही बता देना चाहती हूँ कि मैं रेसकोर्स को बहुत ज़्यादा पसन्द नहीं करती हूँ, घोड़े दौड़ाना मुझे बहुत पसन्द नहीं है। रेसकोर्स में जो जुआ खेला जाता है वह ज़रा मुझे भाता नहीं है। लेकिन ये जो प्राइज़ बांड्स ज़ारी किए गए हैं जिसको लॉटरी भी कहते हैं, इस पर मैंने बड़ा विचार किया है। मैं समझती हूँ कि यह कोई नई चीज़ नहीं है। जहाँ तक मुझे मालूम है विलायत में भी नेशनल बांड्स हैं। तो यहाँ जो चीज़ है यह कोई नई नहीं है। हाँ, यह ज़रूर है कि यह अब कुछ दिन ही हुए यहाँ पर पहली बार चालू की गई है। इसके लिए मैं मिनिस्टर साहब को धन्यवाद देती हूँ, उनको मुबारकबाद देती हूँ कि यह बहुत कामयाब रही है। मैंने देखा है कि पोस्टमास्टर मुझे फ़ोन कर रहा है और मुझसे कह रहा है कि आप प्राइज़ बांड्स लेने के लिए नहीं आएँगी। मैंने यह भी देखा है कि कांस्टिट्यूशन हाउस के जितने बेयरर्स हैं, वे सब भागे-भागे गए हैं और उन्होंने पाँच-पाँच रुपये के प्राइज बांड्स ख़रीदे हैं। मैं तो मिनिस्टर साहब की इस बात के लिए तारीफ़ किए बग़ैर नहीं रह सकती हूँ कि उन्होंने इनको चालू करके—"इसको चाहे आप सटल वे में जुआ कहें या कुछ और कहें" ऐसा जुआ खिलाया है कि लोगों की सारी साइकोलोजी को ही उन्होंने बदल डाला है—

लोग इनको ख़रीदते चले जा रहे हैं और इसका नतीजा यह हो रहा है कि नोट कम होते जा रहे हैं और कम होते जाएँगे और आप और नोट छापते जाएँगे। इस सेंस में मैं इसको जुआ कहती हूँ कि एक हैंकरिंग होती है, एक ख़्याल होता है कि अगर मैंने पाँच रुपये का या सौ रुपये का बांड ख़रीद लिया तो शायद मेरा इनाम निकल आए। इसमें यह बात ज़रूर है कि लोगों को ख़्याल होता है कि शायद उनको इनाम मिल जाए और इनाम न भी मिले तो रुपया तो बाद में उनको मिल ही जाएगा, वह तो पड़ा ही हुआ है वह तो कहीं जाता ही नहीं है। सूद मिले या न मिले, लेकिन वह मेंटेलिटी जो इनाम की है, उसके पीछे मुझे ऐसा लगता है कि वही भावना है जो भावना किसी क्रास-वर्ड पज़ल को साल्व करते वक़्त होती है। लेकिन सबसे बड़ी चीज़ तो मुझे यह दिखाई दी है कि माननीय मंत्री जी ने जो एक

नेशन की साइकोलोजी को बदल दिया है, वह कोई आसान काम नहीं किया है। इसको वह ही कर सकते थे।

हमने डायरेक्ट और इनडायरेक्ट दोनों तरह के टैक्स लगा रखे हैं। हमारे मंत्री महोदय ने हमें बतलाया है कि मुल्क को आगे बढ़ाने के लिए इनडायरेक्ट टैक्सों का लगाया जाना बहुत ज़रूरी होता है और हर इनसान को अपनी-अपनी जगह अपने धर्म का पालन करना होता है। लेकिन मुझे तकलीफ़ इस बात की है कि जो डायरेक्ट टैक्स हमने लगाए थे, जैसे वेल्थ टैक्स, एक्सपेंडिचर टैक्स, इनकम टैक्स इत्यादि और उनको लगाते समय हमने जो यह कहा था कि हमें इतने करोड़ इससे आमदनी होगी, इतने करोड़ इससे होगी वह हमें क्यों नहीं हुई है। इनकम टैक्स की चोरी को रोकने के लिए हमने एक महकमा भी बनाया था लेकिन उसका नतीजा भी कुछ नहीं निकला। मैदान वैसे ही सफाचट है, जैसे पहले था। इस वास्ते मैं समझती हूँ कि जो डायरेक्ट टैक्स हमने लगाए थे, उनकी तरफ़ सरकार का ध्यान जाना चाहिए और हमें देखना चाहिए कि जो हमें उनसे आमदनी होनी चाहिए, वह आमदनी क्या हो रही है और अगर नहीं हो रही है, तो वह हमें होनी चाहिए। अगर हमारी आमदनी उससे या दूसरे तरीक़ों से बढ़ती है तो उसका हमें ठीक इस्तेमाल भी करना चाहिए। मैं चाहती हूँ कि हमें शिक्षा की सुविधाएँ मिलनी चाहिए, दवा-दारू का मुफ़्त इंतज़ाम होना चाहिए।

जहाँ तक सिनेमा वालों का ताल्लुक़ है और उन पर जो 75 लाख के नये टैक्स लगाए गए हैं, उन्हें हटाने की जब मिनिस्टर साहब से माँग की गई तो उन्होंने एक बार कहा था कि अगर मुझे कहीं और से 75 लाख रुपये दिला दिया जाए तो मैं इस टैक्स को हटाने के लिए तैयार हूँ। मैंने इस पर बहुत सोच-विचार किया है कि यह 75 लाख रुपये कहाँ से आए। इसका एक रास्ता मैंने सोचा है। दिल्ली में एक जिमख़ाना क्लब है और उस जिमख़ाना क्लब में रोज़ शराब चलती है। यह बात नहीं है वहाँ पर सिर्फ़ एम्बेसी वाले ही शराब पीते हैं, दूसरे भी पीते हैं...।

एम्बेसी वालों को तो मिलती ही है। वहाँ पर हमारे देश के लोग भी पीते हैं। अगर शराब की बोतल आज चालीस रुपये की बेची जाती है, उसको साठ रुपये की बेची जाए तो भी वे लोग शराब पीयेंगे।

शराब पर आप टैक्स और लगा सकते हैं। यह एक आसान-सा तरीक़ा है। अगर दस रुपये की बोतल ड्यूटी बढ़ा दी जाए तो 75 लाख क्या 75 करोड़ रुपये की आपको आमदनी हो सकती है। (Interruption) मैं यह कह देना चाहती हूँ कि अगर कोई शराब पीता है, तो मैं उसके ख़िलाफ़ नहीं हूँ और मेरे भाई बिगड़े नहीं। मेरा कहना तो सिर्फ़ इतना है कि जिस भाव पर वह आज बिकती है, उसको दस रुपये बढ़ा दिया जाए तो आसानी से मिनिस्टर साहब को रुपया मिल सकेगा।

December 14, 1960, Maternity Benefits Bill

श्रीमान जी, मैं अपनी सरकार को और मिनिस्टर साहब को मुबारकबाद देती हूँ कि एक अर्से के बाद आज हमारे सामने यह मैटरनिटी बेनिफिट बिल पेश हुआ है। मुझे यक़ीन है कि इसमें जो भी कमियाँ हैं, वे सिलेक्ट कमेटी में दूर हो जाएँगी और वहाँ से वापस आकर यह वाकई एक मैटरनिटी बेनिफिट बिल बन जाएगा और मुल्क के लिए बहुत फ़ायदेमन्द होगा। हमारे मिनिस्टर साहब ख़ूब अच्छी तरह से जानते हैं कि हमारे देश में औरतों की हालत क्या है। जैसा कि अभी मेरे भाइयों और बहनों ने कहा है, उनके पास जो एजुकेशन है, पुरुषों के मुक़ाबले में नहीं के बराबर है। हमने इकोनॉमिक इंडिपेंडेंस ऑफ़ विमेन का जो नक़्शा खींचा है उसको दृष्टि में रखते हुए जब मैं इस बिल को देखती हूँ, तो मुझे यह अजीब और कमज़ोर दिखाई देता है। मुझे यक़ीन है कि सिलेक्ट कमेटी में इसको ठीक कर दिया जाएगा।

यह ठीक है कि कन्फ़ाइनमेंट से पहले और बाद में छः-छः हफ़्ते की छुट्टी होना स्त्री के लिए बहुत ज़रूरी है। लेकिन एक बहुत बड़ा सवाल यह है कि एम्प्लायर उसको पहले ही निकाल देगा, ताकि उस स्त्री को छुट्टी वग़ैरह न देनी पड़े। इसमें उसको बहुत मुसीबत का सामना करना पड़ेगा। बिल में कहा गया है कि डिलीवरी से छः हफ़्ते पहले और छः हफ़्ते बाद में छुट्टी मिलनी चाहिए, लेकिन अगर वर्किंग औरत को मिसकैरेज होता है तो उसको भी उतनी ही छुट्टी मिलनी चाहिए, जितनी कि डिलीवरी की हालत में मिलती है। अगर मिसकैरेज नहीं होता और अगर तीन महीने का अबार्शन हो जाता है तो उस वक़्त भी उसको उतनी ही छुट्टी मिलनी चाहिए यानी छः हफ़्ते की। यह बात जो है, इसको पुरुष नहीं समझ सकते हैं, कोई मेडिकल औरत ही बता सकती है कि क्यों छुट्टी मिलनी चाहिए या क्यों नहीं मिलनी चाहिए। मैं आशा करती हूँ कि इस पर सिलेक्ट कमेटी ज़रूर ग़ौर करेगी और सिर्फ़ कन्फ़ाइनमेंट को नहीं रखेगी बल्कि ये जो सब स्टेजिज हैं, अबार्शन और मिसकैरेज की, इनको भी उसके साथ-साथ शामिल कर लिया जाएगा।

अगर यह समझा जाता है कि जो औरतें बड़ी-बड़ी इंडस्ट्रीज में काम करती हैं उन्हीं के वास्ते यह बिल है, तो मैं समझती हूँ कि यह बिल अधूरा है, यह बिल पूरा नहीं है। सभी उद्योग-धन्धों में जो औरतें काम करती हैं उन सभी पर यह बिल लागू

होना चाहिए। अभी हमारे माननीय सदस्य श्री रामसिंह भाई वर्मा ने बताया है कि औरतें दाल फटकने का काम करती हैं, बीड़ी बनाती हैं और मैं चाहती हूँ उन सभी पर यह क़ानून लागू होना चाहिए। औरतों से बीड़ियाँ इसलिए बनवाई जाती हैं कि उनकी अँगुलियाँ जो हैं, वे बहुत डैलिकेट होती हैं और उनसे जो काम वे कारीगरी का करती है, वह मर्द नहीं कर सकते। इसलिए उन पर भी यह क़ानून लागू होना चाहिए। मैंने सुना है और इसमें कोई शक वाली बात भी नहीं है कि मध्य प्रदेश में बीड़ी वाले बेहद रईस हो गए हैं। वे रईस हुए हैं औरतों की मेहनत से। हमें देखना है कि उन औरतों पर इस बिल का असर कहाँ तक पड़ेगा। सरकार को देखना चाहिए कि वे औरतें रजिस्टर हों ताकि वे आसानी से अपनी ड्यूटी अदा करने से छूट न जाएँ और उनको आसानी से निकाला न जा सके।

एक सबसे बड़ी और अजीब बात मैं इस बिल में देखती हूँ। इस बिल में मिसकंडक्ट का नाम आया है। इस मिसकंडक्ट शब्द के माने मैं आज तक समझ नहीं सकी हूँ। मुमकिन है कि वकील साहिबान समझे हों। अभी एक भाई ने कहा है कि वकील बड़े पवित्र और पाक होते हैं। लेकिन सच को झूठ और झूठ को सच भी तो वही बनाते हैं। लेकिन इसमें हमें कोई शिकायत नहीं है। लेकिन यह देखना हमारा फ़र्ज़ है कि अगर कोई वकील कहता है कि इसने मिसकंडक्ट किया है तो हम उस वकील के कंडक्ट को भी देखें। इसका भी पता लगाएँ कि उसका कंडक्ट कैसा है, इस वास्ते मैं समझती हूँ कि यह जो मिसकंडक्ट का लफ़्ज़ आया है इसको हम बिलकुल ही निकाल दें, इसको बिलकुल ही इस बिल से अलग कर दें। मैं चाहती हूँ कि सिलेक्ट कमेटी इस पर ग़ौर करे और इसको इस बिल में से निकाल दे। मैं आशा करती हूँ कि जब यह बिल सिलेक्ट कमेटी से वापस आएगा तो जो भी खामियाँ इसमें इस वक़्त है, उनको हम इसमें नहीं पाएँगे। हम जो बहनें हैं वे चाहती हैं कि इसका बेनिफिट औरतों को मिले।

एक मुद्दत हुई कि हमने सरकार से कहा कि जो हमारे बच्चे स्कूलों में पढ़ते हैं उनको दूध मुफ़्त मिलना चाहिए। बड़ी मुश्किल से आज वह दिन आया है जब बच्चों को फ्री दूध मिलने की नौबत आई है। अब अगर आप चाहते हैं कि औरतें आगे बढ़ें और उनकी इकोनॉमिक इंडिपेंडेंस का विचार अगर आपके सामने है तो आपको दरअसल पहली बार जो करनी है, यह है कि हर अस्पताल में कन्फ़ाइनमेंट के वास्ते जो मेडिकल एड दी जाती है, वह औरतों को फ्री दी जाए। औरतों को या उसके घरवालों को इसके लिए एक टका भी खर्च करने पर आपको मजबूर नहीं करना चाहिए। जिस वक़्त बच्चा होने की नौबत आती है उस वक़्त औरत को फ्री मेडिकल ट्रीटमेंट होना चाहिए और हर अस्पताल में होना चाहिए। यह व्यवस्था सरकार की तरफ़ से होनी चाािहए। अगर स्टेट गवर्नमेंट इसको इस वक़्त बरदाश्त नहीं कर सकती है तो दूसरी मेरी सजेशन यह है कि सेंटर गवर्नमेंट इसको बरदाश्त

करे या दोनों मिलकर करें। अगर यह बोझा एम्प्लायर्स पर डाला जाता है तो उनकी हमेशा ही यह कोशिश रहेगी कि औरतों को नौकर रखा ही न जाए और अगर किसी वजह से वे उनको रख लेते हैं तो जब ज़रूरत महसूस होगी तो किसी न किसी बहाने से उनको नौकरी से अलग कर देंगे। इस वास्ते जो सुझाव मैंने दिया है, मैं चाहती हूँ कि उस पर ग़ौर किया जाए। सरकार को चाहिए कि जो मेडिकल एड इस कंडीशन में दी जाती है वह औरत को फ्री दी जावे और इसके लिए स्टेट गवर्नमेंट्स को मजबूर किया जाए।

जहाँ तक मिसकंडक्ट का ताल्लुक़ है, इसको बिलकुल ही हटा दिया जाना चाहिए। अगर आप यह कहकर कि किसी औरत ने मिसकंडक्ट किया है, उसको हटा देते हैं तो ज़रूरी है कि उसके साथ-साथ कोई आदमी भी इन्वाल्व्ड होगा और अगर उस आदमी को आप पनिश नहीं करते हैं और सिर्फ़ औरत को ही निकाल देते हैं तो यह बिलकुल बेइंसाफ़ी की बात होगी। हज़ारों तरीक़ों से आज औरत सताई जाती है और बाद में भी सताई जाएगी और जो इंस्पेक्टर हैं या दूसरे लोग हैं, वे इस बिना पर कि उसने मिसकंडक्ट किया है, उसको सताएँगे। इस वास्ते आपको चाहिए कि आप उसकी रक्षा करें और इस मिसकंडक्ट लफ़्ज़ को इसमें से निकाल दें। दुनिया में मिसकंडक्ट नाम की कोई चीज़ नहीं है।

अगर मुझसे पूछा जाए तो मैं कहूँगी कि मर्द और औरत दोनों एक चीज़ हैं। आज हमने यह प्रिंसिपल पाना है, 'इक्वल वर्क और इक्वल वेजिज' और यह आपकी पालिसी भी है। जहाँ तक मिसकंडक्ट का ताल्लुक़ है, वह एकतरफ़ा नहीं हो सकता है। उसमें स्त्री भी आती है और मर्द भी। इस वास्ते अगर मिसकंडक्ट के लिए आपको पनिश करना है तो मर्द को भी करिए और औरत को भी करिए, सिर्फ़ औरत को ही नहीं। लेकिन मुझे यह जो लफ़्ज़ मिसकंडक्ट का है बहुत ही बुरा लगता है और इसको इसमें से हटा दिया जाना चाहिए।

आज हम प्लानिंग कर रहे हैं हम विलेज इंडस्ट्रीज़ को भी बढ़ावा दे रहे हैं, उद्योग-धन्धों को भी बढ़ावा दे रहे हैं। इनको इंडस्ट्रियलिस्ट लोग चलाते हैं और इनमें से नफ़ा कमाते हैं। मैं चाहती हूँ कि छोटे-छोटे उद्योग-धन्धों में भी जो औरतें काम करती हैं, उनको रजिस्टर कर लिया जाए। ताकि उनमें जो काम करने वाली औरतें हैं, उनका जो बोझा है, वह इन इंडस्ट्रीज़ को चलाने वालों के ऊपर पड़े।

यह जो मेटरनिटी बेनिफिट बिल आया है इसका एक नतीजा यह होना चाहिए कि जो हमारे सरकारी अस्पताल हैं, वहाँ पर औरतों का जो कन्फ़ाइनमेंट होगा वह फ्री होगा और मेडिकल एड जो उनको मिलेगी वह फ्री मिलेगी, अगर आप ऐसा कर सकें तो इस बिल का जो मंशा है, वह पूरा हुआ समझा जाएगा।

December 22, 1960, Children Bill

सभानेत्री महोदया, पेश्तर इसके कि मैं इस बिल पर कुछ कहूँ, मैं एजुकेशन मिनिस्ट्री और एजुकेशन मिनिस्टर साहब को बहुत मुबारकबाद देती हूँ कि आज वह दिन आया कि यह चिल्ड्रेंस बिल इस हाउस में आया, इस चिल्ड्रेन बिल के बारे में मैं समझती हूँ कि पिछले 6-7 साल से इसका ज़िक्र मैं सुनती चली आती हूँ कि इस तरह का एक एक्ट बच्चों के लिए बनने वाला है। इस बिल को तैयार करने और इम्प्रूव करने के लिए जो ज्वाइंट कमेटी बैठाई गई थी उसमें मैं भी थी और हमने वहाँ इस बिल के हर एक क्लाज़ को बहुत अच्छी तरह से देखा-समझा और जहाँ तक हमसे बन पड़ा हमने इस बिल को सुधारकर मौजूदा शक्ल में तैयार किया।

जैसे कि श्रीमती रेणु चक्रवर्ती ने कई चीज़ें बताईं और प्रोबेशन आफ़िसर्स के नाम का ज़िक्र किया और कहा कि यह ठीक नहीं है और मैं भी इस चीज़ को मानती हूँ कि यह शब्द ज़रूर हमारे कानों को कुछ बुरा-सा लगता है लेकिन हमारे यहाँ और कोई दूसरा नाम अभी आया नहीं है और पश्चिमी देशों में जैसे कि बच्चों के वास्ते आफ्टर केयर आर्गनाइज़ेशन हैं मसलन चिल्ड्रेन नर्सरीज या चिल्ड्रेन होम्स और ऑब्ज़रवेशन होम्स वग़ैरह होते हैं। हमारे यहाँ अभी ऐसी व्यवस्था नहीं हो पाई है और हम अभी उस दिशा में शुरुआत कर ही रहे हैं। पश्चिम में इन संस्थानों के नाम भी अलग-अलग हैं और उनमें बच्चों के साथ बर्ताव अलग-अलग होता है। इस बिल के बारे में मुझे यही कहना है कि बच्चों की साइकोलोजी को समझना और इसके मुताबिक़ काम करना एक बड़ी सख़्त मुश्किल चीज़ है। मेरी राय में यह बिल बड़ा कठिन और सख़्त है और इसको चलाना आसान काम नहीं है। थर्ड फ़ाइव इयर प्लान हमारे सामने है। इसके साथ-साथ हमको अपने नेशन को, अपने राष्ट्र को बनाना है, जिसका मतलब यह है कि हमको देश के हर एक व्यक्ति को तैयार करना है, ख़ासकर बच्चों को तैयार करना है। बच्चों को तैयार करने के बारे में यह सवाल हमारे सामने आता है कि हम किन हाथों से बच्चों को तैयार करें। हमारे मिनिस्टर साहब पुरुष हैं, हमारे भाई हैं, लेकिन हमको ऐसा लगता है कि पुरुषों के हाथ से यह काम होने वाला नहीं है। इसलिए नहीं कि पुरुषों में कोई कमी है, बल्कि इसलिए कि स्त्री को भगवान के घर से ही बच्चों की देखभाल करने का

गुण मिला है। उनका ध्यान रखना, उनकी देखभाल करना उनका धर्म है। नेचर ने उसको ऐसा बनाया है। जिस पुरुष को पाल-पोस कर, अच्छी बातें सिखाकर माँ ने बड़ा किया है, वह यह नहीं कह सकता कि अगर उसके पालन-पोषण में उसकी माँ का हाथ न होता, तो वह ख़ुद ब ख़ुद बड़ा हो जाता और सब कुछ सीख जाता। माँ बच्चों के लिए सैक्रीफ़ाइस करती है।

इसलिए इन व्याख्यानों को सुनकर मुझे लगता है कि इस बिल को चलाने के लिए हमको बहुत सारे मसाले की ज़रूरत है, मसलन होम्स, आफ़िसर्स और कचहरियाँ वग़ैरह। लेकिन सबसे पहले हमको ऐसे लोगों को तैयार करना है, जो चाइल्ड साइकोलोजी को समझते हैं, जिनके हृदय में दया हो, जो बर्दाश्त करना जानते हों, जो बच्चों को ज़रा-ज़रा सी बात पर चपत और चाँटा न लगाएँ। अगर हम इन होम्स को चलाने के लिए ऐसे लोगों को तैयार कर पाएँ तभी हम इन बच्चों को अच्छे सिटिज़न्स बना सकेंगे। अगर ऐसे न हुआ, तो बच्चों को इस बिल से कोई लाभ नहीं होगा, मुझे बच्चों से और ख़ासकर उनकी शिक्षा से बहुत शौक़ है। जो लोग मान्टेसरी सिस्टम को जानते हैं और बच्चों की साइकोलोजी को समझते हैं, उनको मेरी तरह यह जानकर हैरत होगी कि मैंने जो मान्टेसरी स्कूल देखे हैं, जहाँ अच्छे बच्चे पढ़ते हैं, उनमें टीचर को ज़रा भी पेशेन्स नहीं है, कोई सब्र नहीं है कि बच्चे को समझाएँ। अगर बच्चा ज़्यादा सवाल करता है तो उसको डाँटकर, मारकर बिठा दिया जाता है। यह इस वक़्त भी मान्टेसरी स्कूल में हो रहा है। जब हमारी एजुकेशन की यह हालत है तो फिर उन होम्स की हालत क्या होगी जहाँ मामूली बच्चे नहीं बल्कि ग़ैर-मामूली बच्चे रखे जाएँगे? इसलिए वहाँ पर औरतों को मुकर्रर करना ज़रूरी है। मर्दों को भी रखा जाए, लेकिन औरतों को रखना ज़्यादा ज़रूरी है।

जैसा कि डॉ. अचमम्बा ने कहा है कि इस बिल में हर एक चीज़ के बारे में एक औरत का ज़िक्र है। मेरे ख़्याल में ज़्यादा मुनासिब होगा, अगर और औरतों को रखा जाए और रखना पड़ेगा, अगर हम इस काम को आगे बढ़ाना चाहते हैं। वह गाड़ी चल ही नहीं सकती है, अगर इस काम में औरतों का हाथ ज़्यादा न हो।

बच्चों का भीख के लिए हाथ फैलाना और भिक्षा माँगना बहुत तकलीफ़देह है, जहाँ तक हो सके, इसको जल्दी बन्द करना चाहिए। जहाँ तक इसमें पुलिस का ताल्लुक़ है, कुदरती तौर पर हमको पुलिस की वर्दी बुरी लगती है और उसको देखकर हम परेशान हो जाते हैं। यह अच्छा नहीं लगता है कि जो आदमी बच्चों को पकड़े और कचहरी वग़ैरह में ले जाए, वह पुलिस की वर्दी पहने हुए दिखाई दे। वह पुलिस वाला भले ही हो, लेकिन वह सादे कपड़ों में हो तो अच्छा होगा। बच्चों के माइंड को डिवेलप करने के लिए उनको सुधारने के लिए निहायत अच्छी फ़िज़ा की ज़रूरत है। यह नहीं होना चाहिए कि एक पुलिस वाला घसीटकर उनको कोर्ट में ले जाए। मुझे यक़ीन है मिनिस्टर साहब इस पर ग़ौर करेंगे।

मुझे यह भी यक़ीन है कि इन होम्स को खोलने में कोई जल्दबाजी नहीं की जाएगी। सोशल वेलफ़ेयर बोर्ड ने आफ़्टर केयर होम खोले हैं। जब तक सरकार के पास मुनासिब आदमी तैयार न हों, इस काम को करने के लिए स्त्रियाँ तैयार न हों, तब तक इन होम्स को नहीं खोलना चाहिए, क्योंकि जब तक नींव मज़बूत नहीं होगी, जब तक पक्की ईंटों से नींव नहीं डाली जाएगी, तब तक मकान ठीक तरह से नहीं बनाया जा सकता है। आजकल तो ऐसा मालूम होता है कि हर एक के पीछे शैतान दौड़ रहा है, इस तरीक़े से सब काम कर रहे हैं। अगर इस बारे में जल्दी-जल्दी काम कर दिया जाएगा, तो वह सिर्फ़ दिखावट होगी, असलियत नहीं होगी। मैं मिनिस्टर साहब से कहूँगी कि इसमें दिखावट बिलकुल न हो, असलियत हो। एजुकेशन में हमको दिखावट की ज़रूरत नहीं है।

फ़ॉरेन कन्ट्रीज़ में जब हम जाते हैं, तो वहाँ की नर्सरीज़ को देखकर हैरत में पड़ जाते हैं। बच्चों के साथ वे किस तरह से बातचीत करते हैं, उनको एजुकेशन कैसे दी जाती है, ये लाजवाब चीज़ है, जो हमको उनसे सीखनी चाहिए। मैं मिनिस्टर साहब को मुबारकबाद देती हूँ और मुझे ख़ुशी है कि आज इतने दिन बाद यह चिल्ड्रेन्स बिल आया है और मुझे पूरी उम्मीद है कि सब भाई-बहन इसमें मदद करेंगे और यह देखेंगे कि इस बिल पर कामयाबी से अमल हो और हर एक ग़रीब और भिखारी बच्चा देश का अच्छा सिटिज़न हो और सिटिज़न के पूरे राइट्स उसको मिलें।